PHP y MySQL

Domine el desarrollo de un sitio Web dinámico e interactivo

ISBN : 978-2-7460-4502-6
Edición original: 978-2-7460-4230-8

Ediciones ENI

P° Ferrocarriles Catalanes, 97-117, 2a pl. of. 18
08940 - Cornellà de Llobregat (Barcelona)

Tel: 934 246 401
Fax: 934 231 576

e-mail: info@ediciones-eni.com
http://www.ediciones-eni.com

Autor: Olivier HEURTEL
Edición española: Daniel MARÍN
Colección **Recursos Informatico** dirigida por Joëlle MUSSET

Introducción a PHP

Capítulo 6

Utilizar las funciones PHP

Capítulo 7

Escribir funciones y clases PHP

Capítulo 8

Gestionar los errores en un script PHP
Capítulo 9

Gestionar los formularios y los vínculos con PHP
Capítulo 10

Acceder a una base de datos MySQL
Capítulo 11

Gestionar las sesiones

Capítulo 12

Anexos

Capítulo 13

Capítulo 1 : Introducción

A. Objetivo de la obra

El objetivo de este libro es iniciar al lector en el desarrollo de un sitio web dinámico e interactivo mediante PHP y MySQL.

Para alcanzar este objetivo, este libro estudia con detalle los elementos necesarios para la programación de un sitio web dinámico e interactivo:

- utilización del lenguaje SQL (*Structered Query Language* – lenguaje estándar de acceso a bases de datos relacionales) para consultar y modificar los datos de una base de datos MySQL;
- creación de una base de datos MySQL;
- utilización de las características básicas del lenguaje PHP;
- acceso a una base de datos MySQL a partir de PHP;
- gestión de los formularios;
- gestión de las sesiones (autenticación, gestión de un contexto, utilización de las cookies);
- envío de un mensaje electrónico (incluido el envío en formato HTML y con archivos adjuntos);
- gestión de los archivos, incluida la transferencia de archivos desde el equipo del usuario hacia el servidor ("file upload").

Esta obra se dirige a gestores de proyectos, diseñadores o desarrolladores con un conocimiento básico de la programación web en HTML.

Este libro se centra en las versiones 5 de PHP y de MySQL.

B. Breve historia de PHP y MySQL

1. PHP

El lenguaje PHP (históricamente *Personal Home Page*; oficialmente, acrónimo de *Hypertext Preprocessor*) fue creado en 1994 por Rasmus Lerdorf para sus proyectos personales antes de publicarse a principios de 1995.

En el año 1995 se publicó una nueva versión, completamente reescrita, con el nombre de PHP/FI versión 2. Esta versión, capaz de gestionar los formularios y de acceder a la base mSQL, permitió al lenguaje desarrollarse rápidamente.

En 1997, un equipo formado en torno a Rasmus Lerdorf se hizo cargo del desarrollo del lenguaje dando como resultado la salida de la versión 3.

En 2000, el analizador de PHP migró al motor de análisis de Zend para ofrecer un mejor rendimiento y soportar un mayor número de extensiones: era la versión 4 de PHP.

La versión 5 nació en 2004. Esta nueva versión, basada en la versión 2 del motor de Zend, aportó varias novedades, la mayor parte relacionada con la programación orientada a objetos.

Actualmente, los analistas estiman que PHP es utilizado por más de 20 millones de sitios web en el mundo (en número de dominios).

2. MySQL

MySQL es el *sistema de administración de bases de datos relacionales* (RDBMS) de código abierto más extendida del mundo. Está desarrollada por MySQL AB, una empresa sueca.

La primera versión de MySQL apareció en 1995. Esta primera versión fue creada para un uso personal a partir de mSQL.

En 2000, la versión 3.23 pasó a tener licencia GPL (*General Public License*).

En 2003, la versión 4, aparecida en 2001, se declaró estable. Esta versión aportó numerosas funcionalidades y mejoras: operador `UNION`, `DELETE` para varias tablas, nuevas opciones para la gestión de los privilegios, mejora del rendimiento, subconsultas (4.1), etc.

En 2005, la versión 5, aparecida en 2003, se declaró estable. Esta destacada versión introdujo numerosas características que faltaban en MySQL: rutinas, triggers, vistas.

A finales de 2007, se distribuyó la versión 5.1 como Release Candidate, cuya versión final debería publicarse a mediados de 2008.

MySQL está disponible con dos licencias diferentes:

- La licencia GPL;
- Una licencia comercial.

Si usted utiliza MySQL en un producto no comercial, puede utilizar MySQL con su licencia GPL (versión MySQL Community Server). Si utiliza MySQL en un producto comercial, o si desea tener asistencia técnica para el programa, debe adquirir una licencia comercial (versión MySQL Enterprise).

C. Dónde conseguir PHP y MySQL

Existen numerosos sitios web dedicados al lenguaje PHP y a MySQL. Permiten descargar los productos, consultar ejemplos de scripts o intervenir en foros:

Dirección	Contenido
www.php.net	Sitio web oficial de PHP que ofrece la descarga de PHP y un manual de referencia en línea muy útil. Puede ir directamente a la dirección `www.php.net/nombre_función` para acceder a la ayuda en línea de una función PHP.
www.mysql.com	Sitio web oficial de MySQL que ofrece la descarga de MySQL, ayuda en línea, artículos, un foro, etc.
http://www.programacion.com/php/	Sitio web en español dedicado a PHP que ofrece noticias, manuales, así como un foro de discusión.
www.zonaphp.com	Otro sitio web en español dedicado a PHP en formato blog.
www.zend.com	Sitio oficial del motor de script Zend que también tiene los clásicos apartados de descarga, ejemplos, foro...
www.easyphp.org	Sitio web en inglés y francés que ofrece gratuitamente un producto instalable (EasyPHP) para la plataforma Windows. Este producto incluye: un servidor Apache, PHP y MySQL. Sólo hay que descargar el producto y hacer doble clic en el ejecutable que instala los diferentes elementos. Cinco minutos después, su entorno PHP-MySQL es operativo. Este sitio web es interesante para quienes deseen montar rápidamente una configuración operativa completa en Windows. Las versiones utilizadas por EasyPHP suelen presentar un ligero retraso con relación a las últimas versiones oficiales.
http://www.apachefriends.org/en/xampp.html	Otro sitio web que ofrece un producto instalable (XAMPP) en diferentes plataformas (Linux, Windows, Solaris, Mac OS X). Este producto incluye, entre otras cosas, un servidor Apache, PHP y MySQL. La instalación es muy sencilla y rápida. Las versiones utilizadas por XAMPP son siempre muy recientes con relación a las últimas versiones oficiales.

Dirección	Contenido
www.ediciones-eni.com	Sitio web de Ediciones ENI desde la que pueden descargarse los ejemplos mostrados en este libro.

Obviamente, esta lista no es exhaustiva, pero todos los sitios web presentes ofrecen numerosos vínculos hacia otros sitios. No lo dude y navegue por ellos.

Todos los ejemplos de este libro han sido probados con XAMPP Windows 1.6.4 (MySQL 5.0.45 y PHP 5.2.4).

D. Convenciones de escritura

1. PHP

La sintaxis de las funciones PHP es descrita de la siguiente manera en este libro:

`tipo_retorno nombre_función(tipo_parámetro nombre_parámetro)`

tipo_retorno	Tipo de retorno de la función.
nombre_función	Nombre de la función.
tipo_parámetro	Tipo del parámetro aceptado por la función.
nombre_parámetro	Nombre dado al parámetro.

Los tipos de datos posibles se presentarán en el capítulo Introducción a PHP. En el caso en el que la función acepte un parámetro de cualquier tipo, se utiliza el término *mixto*.

Si la función no devuelve ningún valor, la información *tipo_retorno*, se omite.

Ejemplo

`nombre_función(tipo_parámetro nombre_parámetro)`

Si la función no toma ningún parámetro, la información *tipo_parámetro* y nombre_parámetro se omiten.

Ejemplo

`tipo_retorno nombre_función()`

Los parámetros opcionales se indican entre corchetes ([]).

Ejemplo

`tipo_retorno nombre_función([tipo_parámetro nombre_parámetro])`

Si la función acepta varios parámetros, estos últimos se indican, separados por una coma, según la misma convención.

Ejemplo

```
tipo_retorno nombre_función(tipo_parámetro_1 nombre_parámetro_1,
tipo_parámetro_2 nombre_parámetro_2)
```

Si un parámetro puede repetirse un número indeterminado de veces, detrás figurará la indicación [,...].

Ejemplo

```
tipo_retorno nombre_función(tipo_parámetro nombre_parámetro[,...])
```

2. MySQL

La sintaxis de las sentencias SQL es descrita de la siguiente manera en este libro:

`PALABRA EN MAYÚSCULAS`	Palabras clave del comando (`CREATE TABLE`, por ejemplo). En la práctica, puede introducirse indiferentemente en mayúsculas o en minúsculas.
`palabra en minúsculas`	Valores que deben introducirse relativos a la base de datos o a la aplicación (nombre de tabla, nombre de columna, etc.). Según el caso, estos valores distinguen entre mayúsculas/minúsculas (véase Introducción a MySQL - phpMyAdmin).
`[]`	Cláusula opcional.
`[,...]`	La cláusula anterior puede repetirse varias veces.
`|`	Indica una elección entre varias opciones.
`{}`	Delimita una lista de opciones.
<u>`palabra subrayada`</u>	Valor predeterminado.
`palabra en cursiva`	Cláusula del comando cuya sintaxis se detalla aparte.

Capítulo 2 : Introducción a MySQL

A. Introducción a las bases de datos relacionales

1. Conceptos

Una base de datos es un conjunto de datos estructurados que corresponden normalmente a un ámbito funcional (facturación, recursos humanos, etc.). Físicamente, una base de datos se corresponde con un cierto número de archivos almacenados en un dispositivo de almacenamiento.

Los datos de una base de datos son gestionados por un programa llamado *Sistema de Gestión de Base de Datos* (SGBD). Este programa ofrece diferentes características: acceso a los datos, gestión de las actualizaciones, mejora de la integridad, control de la seguridad de acceso, etc.

Una base de datos relacional presenta una organización de los datos basada en el modelo relacional, desarrollado en 1970 por Edgar Frank Codd. Es la estructura más extendida actualmente.

En una base de datos relacional, los datos se organizan en tablas enlazadas de manera lógica. Una tabla incluye columnas (o campos) que describen una fila (o registro). La relación entre las tablas se establece mediante una columna.

Ejemplo

```
libro
+----+--------------------------------+---------------+
| id | titulo                         | id_coleccion  |
+----+--------------------------------+---------------+
|  1 | PHP 5.2 - Desarrollo web       |             1 |
|  2 | Oracle 10g - Administración    |             1 |
|  3 | Oracle 10g - Recovery Manager  |             2 |
|  4 | BusinessObjects 6              |             1 |
|  5 | MySQL 5 - Instalación          |             1 |
|  6 | PHP y MySQL (versiones 4 y 5)  |             3 |
|  7 | MySQL 5 y PHP 5                |             4 |
+----+--------------------------------+---------------+

coleccion
+----+--------------------------+
| id | nombre                   |
+----+--------------------------+
|  1 | Recursos informáticos    |
|  2 | TechNote                 |
|  3 | Prácticas técnicas       |
|  4 | Pack Técnico             |
+----+--------------------------+
```

En este ejemplo, las tablas `libro` y `coleccion` están ligadas por las columnas `id_coleccion` de la tabla `libro` e `id` de la tabla `coleccion`.

la interacción con una base de datos relacional se realiza gracias al lenguaje SQL (*Structured Query Langage*). Este lenguaje permite la lectura y la actualización de los datos, así como la definición de la organización de los datos, la gestión de la seguridad, la mejora de la integridad, etc. El lenguaje SQL es un lenguaje normalizado, pero los diferentes editores de bases de datos no respetan íntegramente el estándar.

2. Principios de creación de una base de datos

La creación de una base de datos es un tema complejo; aquí abordaremos sólo los principios básicos, con un enfoque más práctico que teórico.

En una base de datos relacional, el objetivo es almacenar en diferentes tablas los datos correspondientes a diferentes entidades (objetos) del ámbito funcional. El objetivo es evitar las redundancias y hacer que un determinado dato no sea almacenado más que una vez. En nuestro ejemplo anterior, los datos sobre el autor de un libro no se almacenan en la tabla libro; el autor de un libro es una entidad funcional por sí sola y se almacena en una tabla separada.

Este proceso de separación de los datos en varias tablas se llama "normalización".

Una normalización llevada al extremo puede afectar al rendimiento de las consultas que deben leer una gran número de tablas. Para mejorar el rendimiento de las lecturas, es posible "invertir" el proceso de normalización del modelo, agrupando tablas, a riesgo de tener datos redundantes en las diferentes filas. Las bases de datos de los sistemas de toma de decisiones, que realizan sobre todo consultas normalmente complejas, siguen a menudo este procedimiento. Al contrario, las bases de datos de los sistemas transaccionales, que efectúan principalmente pequeñas consultas sencillas y muchas actualizaciones, respetan el principio de normalización.

En una base de datos relacional, cada tabla almacena la información relativa a un objeto de trabajo concreto o abstracto que debe ser identificado.

En la tabla, cada columna almacena información unitaria (atributo, propiedad) que caracteriza una fila de la tabla. Cada columna posee un tipo de datos (entero, cadena de caracteres, fecha, etc.) y puede ser obligatorio o no.

Una columna o combinación de columnas que identifica de manera única una fila de una tabla se denomina clave candidata. El valor de una clave candidata es diferente para todas las filas de la tabla (no puede repetirse en ningún caso). Una clave candidata puede estar constituida por una columna arbitraria utilizada específicamente para ello.

La clave primaria de una tabla es una de las claves candidatas de la tabla, elegida más o menos arbitrariamente, pues la clave primaria debe ser también obligatoria: hay una única clave primaria por tabla. Las otras claves candidatas de la tabla se denominan claves únicas.

Una columna o combinación de columnas de una tabla que hace referencia a una clave candidata de otra tabla (normalmente, la clave primaria) se denomina clave externa. Una tabla puede tener varias claves externas.

Ejemplo

autor

Field	Type	Null	Key
id	int(11)	NO	PRI
apellidos	varchar(40)	NO	MUL
nombre	varchar(40)	NO	
email	varchar(200)	YES	
tel_oficina	varchar(10)	YES	
tel_movil	varchar(10)	YES	
tel_domicilio	varchar(10)	YES	
contrasenia	blob	YES	
perfil	blob	YES	

tema

Field	Type	Null	Key
id	int(11)	NO	PRI
titulo	varchar(20)	NO	
id_primario	int(11)	YES	

autor_libro

Field	Type	Null	Key
id_autor	int(11)	NO	PRI
id_libro	int(11)	NO	PRI

tema_libro

Field	Type	Null	Key
id_tema	int(11)	NO	PRI
id_libro	int(11)	NO	PRI

libro

Field	Type	Null	Key
id	int(11)	NO	PRI
isbn	varchar(20)	YES	
titulo	varchar(100)	NO	MUL
subtitulo	varchar(100)	YES	
numero_paginas	int(11)	YES	
anio_publicacion	year(4)	YES	
nivel	enum('Básico',...)	YES	
id_coleccion	int(11)	YES	
id_promocion	int(11)	YES	
descripcion	text	YES	
portada	blob	YES	
fecha_actualizacion	timestamp	NO	

coleccion

Field	Type	Null	Key
id	int(11)	NO	PRI
nombre	varchar(25)	NO	UNI
precio_siniva	decimal(5,2)	YES	
gastos_siniva	decimal(5,2)	YES	

promocion

Field	Type	Null	Key
id	int(11)	NO	PRI
descripcion	varchar(40)	NO	
fecha_inicio	date	YES	
fecha_fin	date	YES	
est_activo	tinyint(1)	YES	

El esquema anterior presenta el modelo de la base de datos utilizada en este libro. Este modelo es un modelo simplificado de gestión de los libros de una editorial.

Este modelo incluye las siguientes tablas:

`autor` Autores de los libros.

`tema` Temas que permiten la clasificación de los libros en diferentes categorías (base de datos, lenguaje de programación, etc.). Los temas se organizan en dos niveles: tema principal y subtema. Un subtema está asociado a un tema primario por mediación de la columna `id_primario`. Para un tema primario, la columna `id_primario` está vacía.

`coleccion`	Colecciones de los libros que publica la editorial.
`promocion`	Promociones de los libros.
`libro`	Libros publicados por la editorial.
`autor_libro`	Relación entre los autores y los libros: un autor puede escribir varios libros y un libro puede tener varios autores.
`tema_libro`	Relación entre los temas y los libros: un tema puede englobar varios libros y un libro puede abarcar varios temas.

En todas las tablas, con la excepción de `autor_libro` y `tema_libro`, la clave primaria es la columna `id`. Para las tablas `autor_libro` y `tema_libro`, la clave primaria es la combinación de las dos columnas: `id_autor,id_libro` e `id_tema,id_libro`, respectivamente.

En el estado actual, hay una clave única en la columna `nombre` de la tabla `coleccion`. En el capítulo 4, añadiremos claves únicas en otras tablas.

La tabla `libro` incluye dos claves externas: `id_coleccion` (hacia la tabla `coleccion`) e `id_promotion` (hacia la tabla `promocion`).

La tabla `autor_libro` incluye dos claves externas: `id_autor` (hacia la tabla `autor`) e `id_libro` (hacia la tabla `libro`).

La tabla `tema_libro` incluye dos claves externas: `id_tema` (hacia la tabla `tema`) e `id_libro` (hacia la tabla `libro`).

La tabla `tema` incluye una clave externa: `id_primario` (hacia la tabla `tema`).

B. Trabajar con MySQL

1. Administración del servidor MySQL

Después de instalar MySQL, podemos administrar el servidor MySQL con la cuenta de superusuario `root` (nada que ver con la cuenta `root` en Unix o Linux).

Inicialmente, la cuenta `root` no tiene contraseña y dispone de todos los privilegios sobre todas las bases de datos del servidor MySQL. En cambio, sólo puede conectarse localmente (a partir del mismo servidor).

En el capítulo Construir una base de datos en MySQL, veremos cómo crear otros usuarios y asignarles privilegios.

2. Interfaz de la línea de comandos

La aplicación cliente `mysql` es un programa interactivo que permite conectarse a un servidor MySQL y ejecutar consultas en dicho servidor. Esta aplicación se encuentra en el directorio `bin` de su instalación MySQL.

Sintaxis

```
mysql [-h host] [-u usuario] [-p[contraseña]] [nombre_base]
```

`-h` *host*	Host al que debe conectarse (equipo local predeterminado).
`-u` *usuario*	Nombre de usuario para la conexión (nombre del usuario actual del sistema operativo de manera predeterminada).
`-p[`*contraseña* `]`	Contraseña para la conexión (ninguna contraseña predeterminada). Si no se introduce en la línea de comandos, se solicitará de manera interactiva, como cualquier contraseña. Si se especifica la contraseña en la línea de comandos (lo que no se recomienda por razones de seguridad), no debe haber ningún espacio tras la opción `-p`.
nombre_base	Base seleccionada de entrada (ninguna predeterminada).

Ejemplo

```
[root@xampp ~]# mysql -u root
Welcome to the MySQL monitor. Commands end with ; or \g.
Your MySQL connection id is 32
Server version: 5.0.45 Source distribution

Type 'help;' or '\h' for help. Type '\c' to clear the buffer.

mysql>
```

En este ejemplo, la conexión se realiza localmente, sin contraseña, como usuario `root`. Como el usuario actual es `root` en el sistema operativo, puede obtenerse el mismo resultado escribiendo simplemente el comando `mysql`:

```
[root@xampp ~]# mysql
Welcome to the MySQL monitor. Commands end with ; or \g.
...
```

Si se requiere una contraseña y no desea introducirla en la línea de comandos, puede utilizar el comando siguiente para conectarse:

```
[root@xampp ~]# mysql -u root -p
Enter password: ****
Welcome to the MySQL monitor. Commands end with ; or \g.
...
```

Si se requiere una contraseña e intenta conectarse sin contraseña, obtendrá un error:

```
ERROR 1045 (28000): Access denied for user 'root'@'localhost'
(using password: NO)
```

Asimismo, si intenta conectarse a partir de un equipo que no está autorizado, obtendrá un error similar.

En la interfaz de la línea de comandos podrá introducir comandos del cliente `mysql`, o bien consultas SQL.

Los comandos del cliente `mysql` son interpretados directamente por le cliente `mysql`. Este comando debe escribirse en una sola línea y la utilización del punto y coma al final del comando es innecesaria. Los comandos del cliente `mysql` no son sensibles a las mayúsculas y minúsculas, y pueden introducirse, por lo tanto, de las dos formas.

Las consultas SQL se envían al servidor para su ejecución. Un consulta SQL puede escribirse en varias líneas y debe terminarse mediante un punto y coma. Los comandos del cliente `mysql` no son sensibles a las mayúsculas y minúsculas, y pueden introducirse, por lo tanto, de las dos formas.

Los comandos del cliente `mysql` más utilizados son los siguientes:

`exit` o `quit`	Sale de la aplicación.
`use` *`nombre_base`*	Utiliza otra base de datos.
`source` *`archivo_script`*	Ejecuta un script SQL.
`delimiter` *`caracteres`*	Modifica el delimitador utilizado para terminar una consulta SQL.

Ejemplo

```
[root@xampp ~]# mysql -u root
Welcome to the MySQL monitor.  Commands end with ; or \g.
Your MySQL connection id is 37
Server version: 5.0.45 Source distribution

Type 'help;' or '\h' for help. Type '\c' to clear the buffer.

mysql> use information_schema
Database changed

mysql> SELECT schema_name FROM schemata;
+--------------------+
| schema_name        |
+--------------------+
| information_schema |
| cdcol              |
| mysql              |
| phpmyadmin         |
| test               |
+--------------------+
5 rows in set (0.01 sec)

mysql> exit
Bye
[root@xampp ~]#
```

Más adelante, explicaremos la sintaxis de la sentencia SQL `SELECT`, así como la base de datos `information_schema`.

Existe también una sentencia `USE` equivalente al comando `use`.

3. MySQL Query Browser

MySQL Query Browser es una aplicación gráfica desarrollada por la empresa MySQL AB que permite editar y ejecutar consultas SQL en una base de datos MySQL.

Puede descargar MySQL Query Browser en la siguiente dirección: http://dev.mysql.com/downloads/. El producto está disponible para las plataformas Windows, Linux y MacOS.

Cuando inicia la aplicación, se muestra un cuadro de diálogo donde se introducen los parámetros de conexión al servidor MySQL:

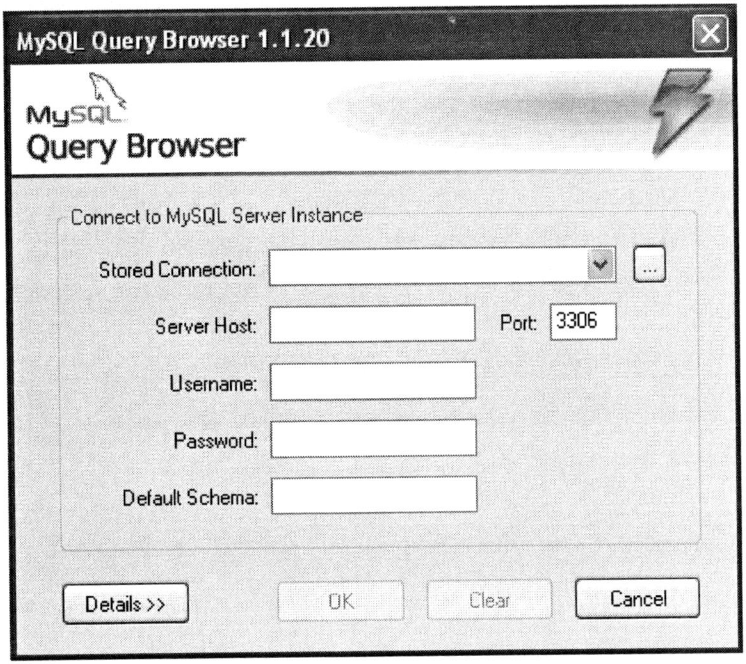

En este cuadro de diálogo, debe indicar la siguiente información:

Server Host	Host al que debe conectarse (obligatorio).
Username	Nombre de usuario para la conexión (nombre del usuario actual del sistema operativo de manera predeterminada).
Password	Contraseña para la conexión (ninguna contraseña predeterminada).
Default Schema	Base (o esquema) seleccionada de entrada (ninguna predeterminada).

Una vez conectado, aparece la siguiente ventana:

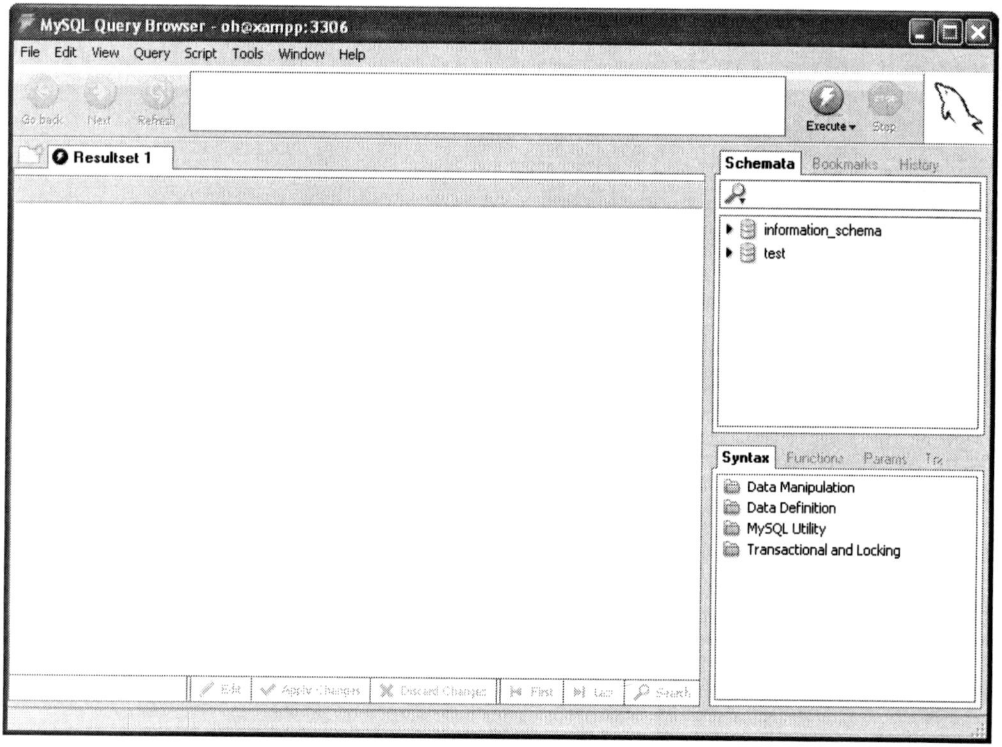

En el panel de la derecha, la herramienta muestra las bases de datos a las cuales el usuario tiene acceso. Haciendo clic en los pequeños triángulos, puede desplegar fácilmente la lista de las tablas almacenadas en una base de datos, así como la estructura de una tabla:

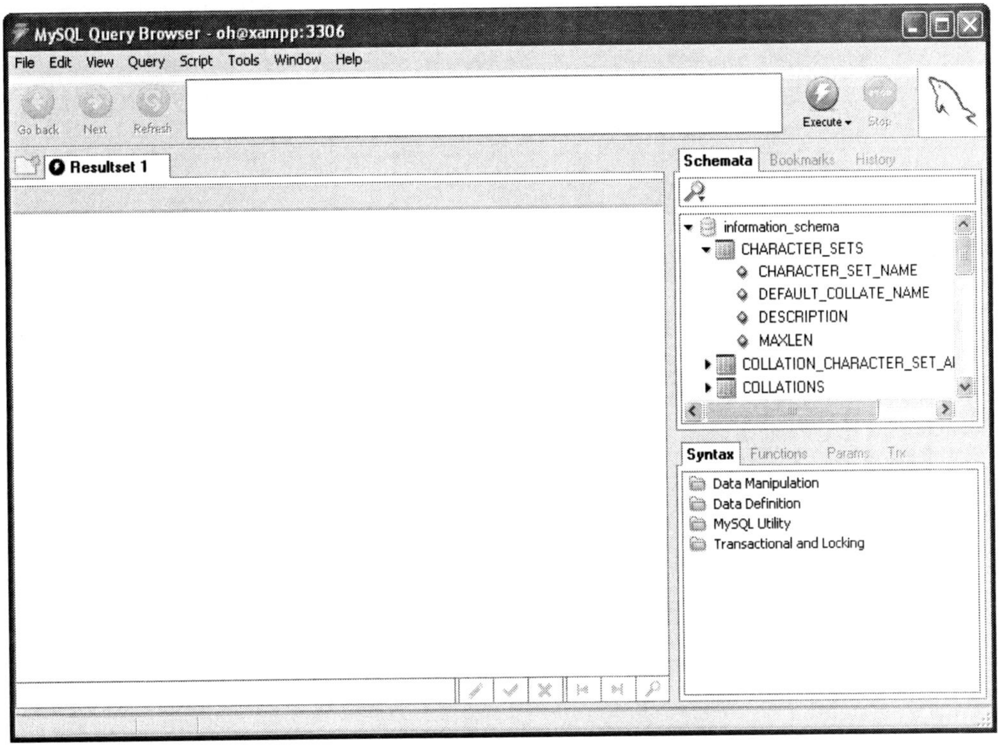

Si hace doble clic en el nombre de una base de datos, esta se convierte en la base de datos activa: su nombre se muestra en negrita.

En la zona de texto superior, puede introducir manualmente una consulta SQL y hacer clic en el botón **Execute** para ejecutarla; el resultado de la consulta se muestra en la pestaña **Resultset**:

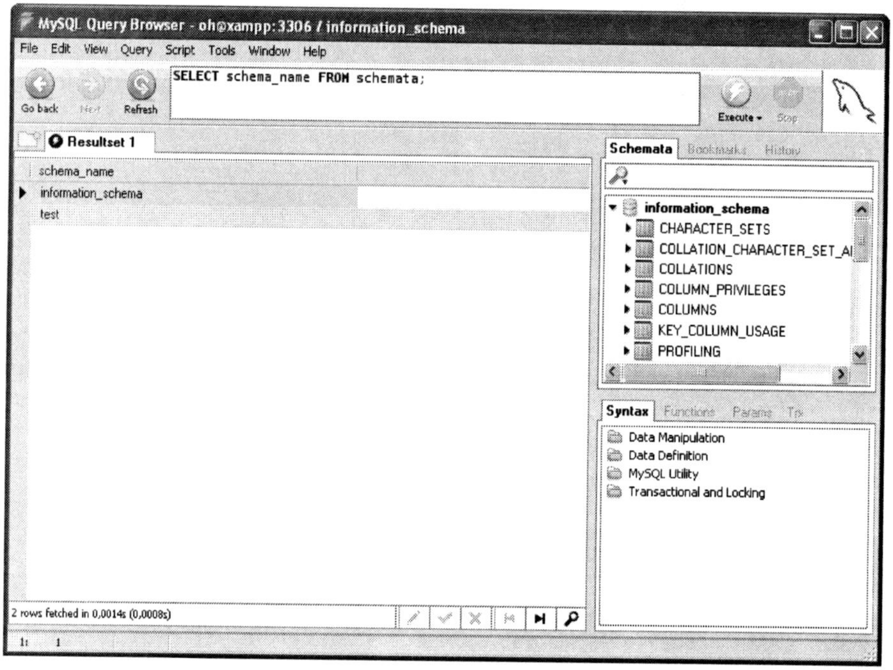

Si hace doble clic en el nombre de una tabla en el panel de la derecha, aparece automáticamente en la zona de texto superior una consulta que permite presentar todo el contenido de una tabla.

Si hace clic con el botón secundario del ratón en el panel de la derecha, se abrirá un menú contextual. Este le ofrece diferentes acciones para crear, modificar o eliminar los objetos (tabla, vista, rutina):

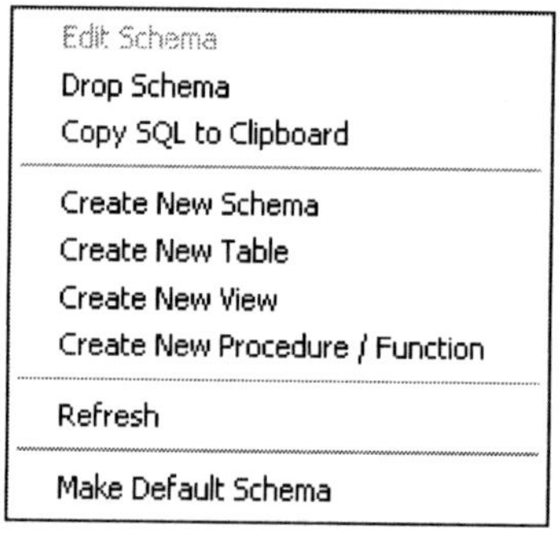

En conjunto, esta herramienta es muy fácil de usar y su aprendizaje es rápido.

4. phpMyAdmin

phpMyAdmin es una aplicación web desarrollada en PHP que permite administrar un servidor MySQL (a condición de disponer de una cuenta de usuario MySQL con los privilegios necesarios).

phpMyAdmin permite:

- gestionar las bases de datos del servidor MySQL;
- gestionar los usuarios y los privilegios;
- gestionar los diferentes objetos de una base de datos (tablas, columnas, índices, vistas, rutinas, etc.);
- modificar y ejecutar consultas SQL;
- cargar archivos de texto en tablas;
- exportar o importar tablas;
- exportar los datos de las tablas en diferentes formatos (CSV, XML, PDF, etc.);

Puede obtener phpMyAdmin en la siguiente dirección: **http://www.phpmyadmin.net/**

phpMyAdmin puede configurarse por medio del archivo `config.inc.php`.

Este archivo de configuración le ofrece sobre todo la posibilidad de especificar el método de autenticación.

Si no desea introducir un nombre y una contraseña cuando utilice phpMyAdmin, puede utilizar el método de autenticación `config`; con este método, el nombre del usuario y la contraseña se almacenan en el archivo de configuración. Este debe contener las siguientes tres líneas.

```
$cfg['Servers'][$i]['auth_type'] = 'config';
$cfg['Servers'][$i]['user'] = 'root'; // nombre del usuario
$cfg['Servers'][$i]['password'] = 'xhz12A8q0'; // contraseña
```

Si desea mejorar la seguridad del uso de phpMyAdmin, puede utilizar el método de autenticación `cookie`; con este método, phpMyAdmin solicita el nombre de usuario y la contraseña. El archivo de configuración debe contener las dos líneas siguientes:

```
$cfg['blowfish_secret'] = 'abZ123aXiu65';
...
$cfg['Servers'][$i]['auth_type'] = 'cookie';
```

La directiva `blowfish_secret` permite establecer una frase que se utilizará para cifrar la contraseña del usuario.

Independientemente del modo de autenticación elegido, el nombre de usuario y la contraseña utilizados para la conexión a phpMyAdmin deben ser los de una cuenta MySQL válida. Consulte la documentación de phpMyAdmin para obtener más información sobre el archivo de configuración y los diferentes modos de autenticación.

Página de inicio

La página de inicio de phpMyAdmin muestra información general sobre el servidor:

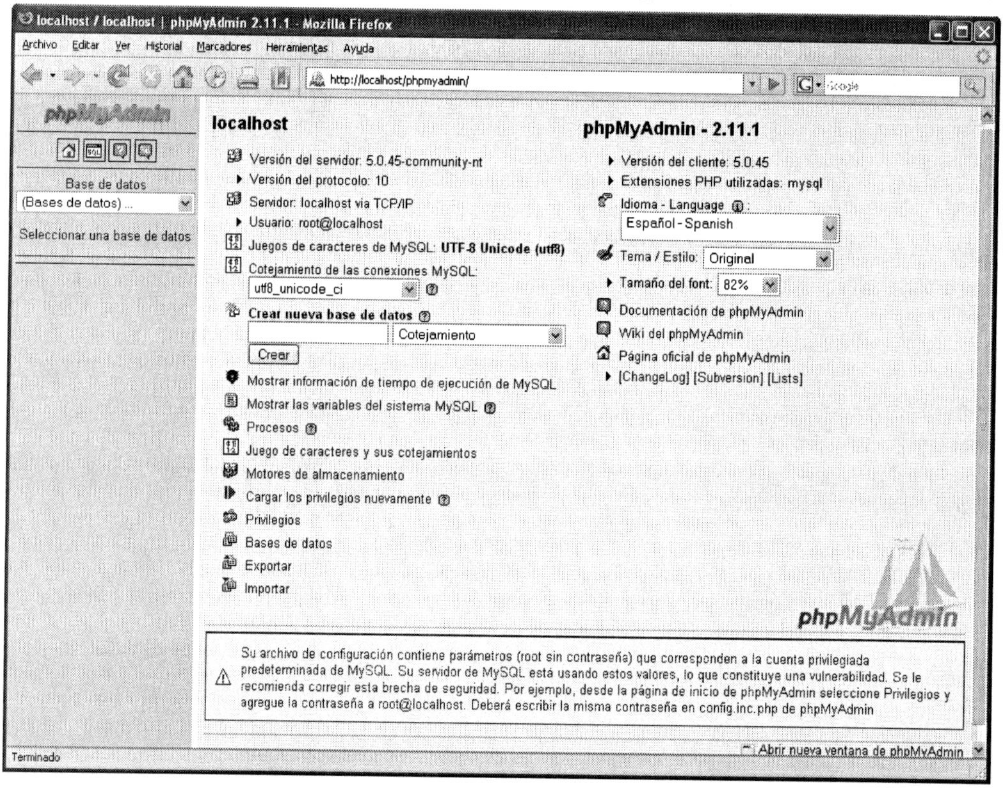

Entre otras acciones, esta página de inicio permite crear una nueva base de datos (formulario **Crear nueva base de datos**).

En la parte izquierda de la ventana, phpMyAdmin muestra la lista de las bases de datos administradas por el servidor MySQL.

En la página de inicio, puede seleccionar una base de datos para acceder a su página de administración.

Página de administración de una base de datos

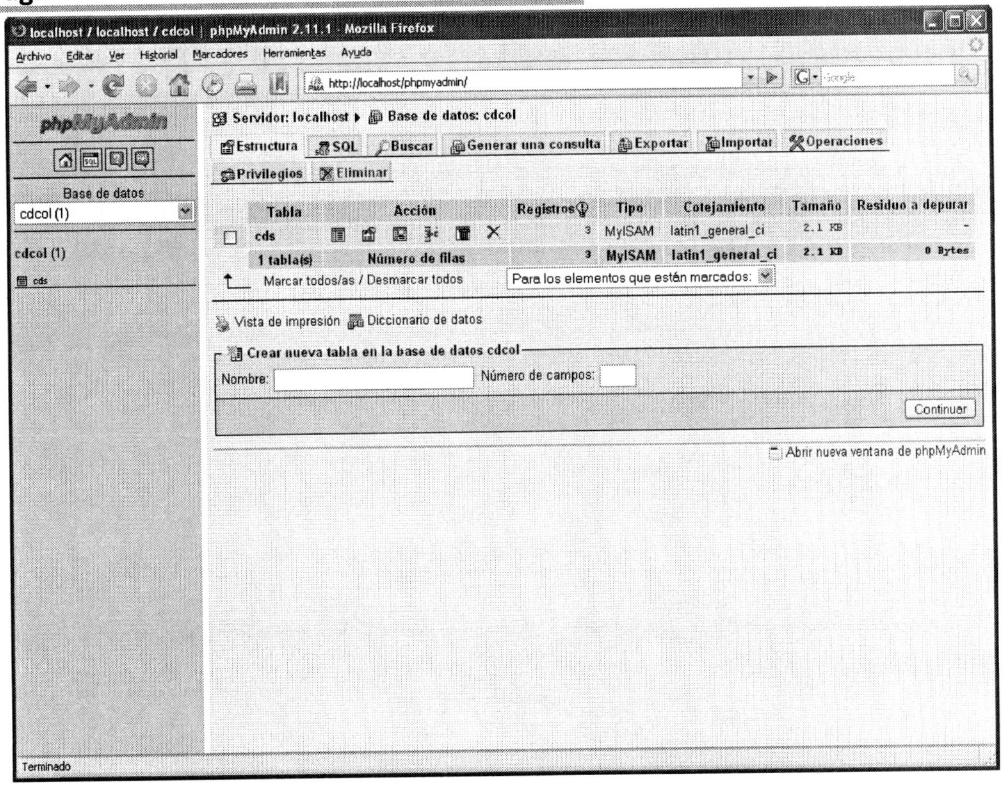

La página de administración de una base de datos contiene varias pestañas:

Estructura Esta pestaña muestra la lista de las tablas y la lista de rutinas, así como vínculos e iconos para gestionar estos objetos. Para modificar un objeto, sólo hay que hacer clic en el icono **Estructura** () asociado.

SQL Esta pestaña permite escribir consultas SQL en la base de datos que se encuentre seleccionada.

Buscar Esta pestaña permite buscar datos en una o varias tablas.

Generar una consulta Esta pestaña ofrece un editor para crear consultas SQL sin que deba conocerse el lenguaje SQL.

Exportar Esta pestaña permite exportar todo o parte de una base de datos en diferentes formas.

Importar Esta pestana permite ejecutar las consultas contenidas en un archivo.

Operaciones Esta pestaña permite efectuar diferentes operaciones en la base de datos.

Privilegios Esta pestaña muestra los privilegios de los usuarios que tienen acceso a la base de datos seleccionada.

Eliminar Esta pestaña permite eliminar la base de datos seleccionada.

En la parte izquierda de la ventana, phpMyAdmin muestra la lista de las tablas de la base de datos. Puede hacer clic en el vínculo correspondiente a una tabla para modificarla.

Página de edición de una tabla

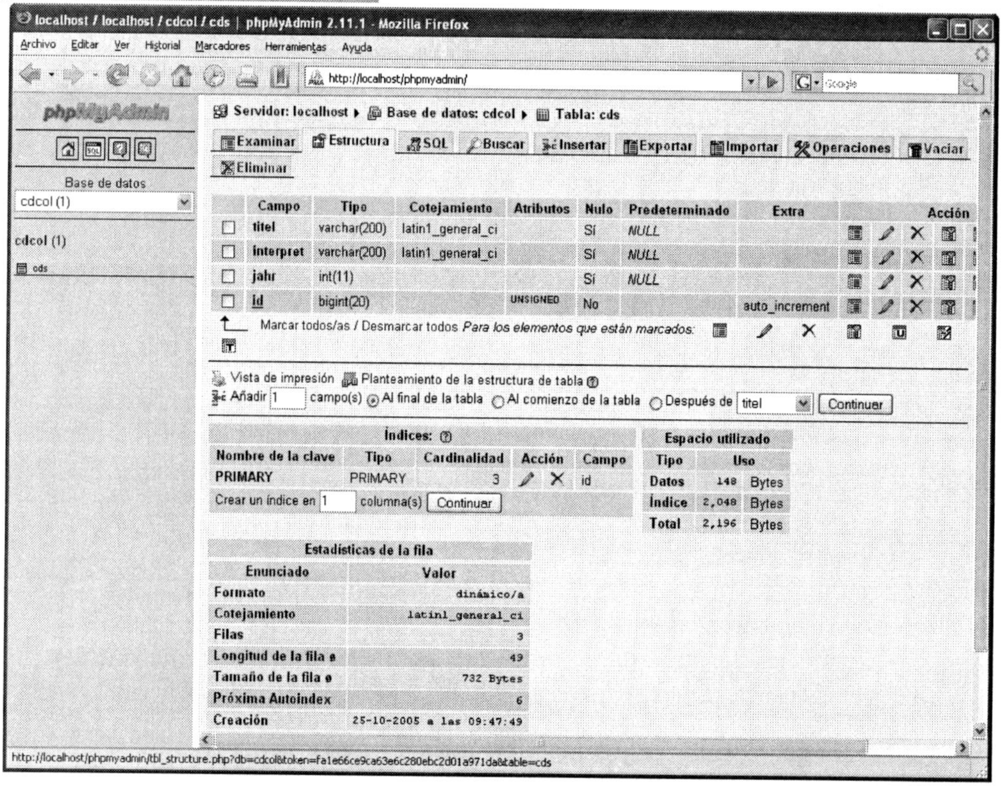

La página de edición de una tabla contiene varias pestañas:

Examinar Esta pestaña muestra los datos de la tabla y permite su modificación.

Estructura Esta pestaña muestra la estructura de la tabla e incluye varios vínculos e iconos para modificar esta estructura (agregar o eliminar columnas, índices, etc.). Para modificar un objeto, sólo hay que hacer clic en el icono **Cambiar** () asociado.

SQL Esta pestaña permite escribir consultas SQL en la tabla.

Buscar Esta pestaña permite buscar datos en la tabla.

Insertar Esta pestaña presenta un formulario que permite insertar nuevas filas en la tabla.

Exportar Esta pestaña permite exportar la tabla en diferentes formas.

Importar Esta pestaña permite importar datos en la tabla.

Operaciones Esta pestaña permite efectuar diferentes operaciones en la tabla.

Vaciar Esta pestaña permite vaciar el contenido de la tabla sin eliminarla (sentencia SQL `TRUNCATE`).

Eliminar Esta pestaña permite eliminar la tabla.

5. Archivo de configuración

Los diferentes programas MySQL, entre los que se encuentra `mysqld`, pueden configurarse mediante diferentes opciones desde la línea de comandos o especificarse en un archivo de configuración.

En una plataforma Linux, el archivo de configuración se denomina `my.cnf` y normalmente se encuentra en el directorio `/etc`. En una plataforma Windows, el archivo de configuración se denomina `my.ini` y normalmente se encuentra en el directorio de Windows (`c:\windows` por ejemplo).

El archivo de configuración incluye varias secciones delimitadas por palabras entre corchetes.

La sección `[client]` permite definir opciones para los programas cliente `mysql`: puerto, contraseña, etc.

La sección `[mysqld]` permite especificar opciones para el servidor.

C. Instalar nuestra base de datos de demostración

En este capítulo, trabajaremos con una base de datos llamada eni.

Esta base de datos ENI puede crearse mediante el siguiente script `crear-base-eni.sql`:

```
-- Creación de la base de datos.
DROP DATABASE IF EXISTS eni ;
CREATE DATABASE eni;
USE eni;

-- Creación de la tabla TEMA.
CREATE TABLE tema
  (
  id INT PRIMARY KEY AUTO_INCREMENT,
 titulo VARCHAR(20) NOT NULL,
  id_primario INT
```

```
  );
INSERT INTO tema
  (id,titulo,id_primario)
VALUES
  (1,'Base de datos',NULL),
  (2,'Programación',NULL),
  (3,'Internet',NULL),
  (4,'Open Source',NULL)
;
INSERT INTO tema
  (titulo,id_primario)
VALUES
  ('MySQL',1),
  ('Oracle',1),
  ('Lenguajes',2),
  ('Método',2),
  ('HTML - XML',3),
  ('Diseño web',3),
  ('Seguridad',3),
  ('Sistema',4),
  ('Lenguajes',4),
  ('Base de datos',4)
;

-- Creación de la tabla COLECCIÓN.
CREATE TABLE coleccion
  (
  id INT PRIMARY KEY AUTO_INCREMENT,
  nombre VARCHAR(25) NOT NULL UNIQUE,
  precio_siniva DECIMAL(5,2) DEFAULT 20,
  gastos_siniva DECIMAL(5,2)
  );
INSERT INTO coleccion
  (nombre,precio_siniva,gastos_siniva)
VALUES
  ('Recursos Informáticos',24.44,1.5),
  ('TechNote',9.48,NULL),
  ('Prácticas técnicas',25.59,1.5),
  ('Pack técnico',46.45,2)
;

-- Creación de la tabla AUTOR.
CREATE TABLE autor
  (
  id INT PRIMARY KEY AUTO_INCREMENT,
  apellidos VARCHAR(40) NOT NULL,
  nombre VARCHAR(40) NOT NULL,
  mail VARCHAR(200),
  tel_oficina VARCHAR(10),
  tel_movil VARCHAR(10),
```

```
  tel_domicilio VARCHAR(10),
  contrasena BLOB,
  perfil BLOB,
  UNIQUE (apellidos,nombre)
  );
INSERT INTO autor
  (apellidos,nombre,mail,tel_oficina,tel_movil,tel_domicilio)
VALUES
  ('HEURTEL','Olivier',NULL,NULL,'0687731346','0102030405'),
  ('THIBAUD','Cyril',NULL,'0203040506',NULL,NULL),
  ('GUERIN','Brice-Arnaud',NULL,NULL,NULL,'0304050607')
;

-- Creación de la tabla PROMOCION.
CREATE TABLE promocion
  (
  id INT PRIMARY KEY AUTO_INCREMENT,
  descripcion VARCHAR(40) NOT NULL,
  fecha_inicio DATE,
  fecha_fin DATE,
  est_activo BOOLEAN
  );
INSERT INTO promocion
  (descripcion,fecha_inicio,fecha_fin,est_activo)
VALUES
  ('-5% en este libro',CURDATE(),ADDDATE(CURDATE(),10),TRUE),
  ('Gastos de envío gratuitos para este libro',NULL,NULL,FALSE),
  ('Un supermarcapáginas de regalo',NULL,NULL,FALSE)
;

-- Creación de la tabla LIBRO.
CREATE TABLE libro
  (
  id INT PRIMARY KEY AUTO_INCREMENT,
  isbn VARCHAR(20),
  titulo VARCHAR(100) NOT NULL,
  subtitulo VARCHAR(100),
  numero_paginas INT,
  anio_publicacion YEAR(4),
  nivel ENUM('Básico','Medio','Avanzado','Experto'),
  id_coleccion INT,
  id_promocion INT,
  descripcion TEXT,
  cubierta BLOB,
  fecha_actualizacion TIMESTAMP
  );
INSERT INTO libro
  (isbn,titulo,subtitulo,numero_paginas,anio_publicacion,nivel,id_colec-
cion,
   id_promocion,descripcion,cubierta)
```

```
VALUES
  ('2-7460-1451-3','PHP 4',
   'Desarrollar un sitio web dinámico e interactivo',
   447,2001,'Medio',1,1,NULL,NULL),
  ('978-2-7460-3992-6','PHP 5.2',
   'Desarrollar un sitio web dinámico e interactivo',
   518,2007,'Medio',1,1,NULL,NULL),
  ('2-7460-3104-3','PHP 5',
   'El acceso a los datos (MySQL, Oracle, SQL Server, SQLite...)',
   211,2006,'Experto',2,1,NULL,NULL),
  ('2-7460-2778-X','Oracle 10g',
   'Administración',
   489,2005,'Medio',1,NULL,NULL,NULL),
  ('2-7460-2834-4','Oracle 10g',
   'Instalación del servidor en Windows/Linux - Oracle Net',
   161,2005,'Experto',2,NULL,NULL,NULL),
  ('2-7460-2833-6','Oracle 10g',
   'Copia de seguridad y restauración de la base de datos con RMAN',
   174,2005,'Experto',2,NULL,NULL,NULL),
  ('2-7460-2281-8','BusinessObjects 6',
   NULL,
   470,2004,'Medio',1,NULL,NULL,NULL),
  ('2-7460-3004-7','MySQL 5',
   'Instalación, aplicación, administración y programación',
   468,2006,'Medio',1,NULL,NULL,NULL),
  ('2-7460-2340-7','PHP y MySQL (versiones 4 y 5)',
   'Practique la creación de aplicaciones profesionales',
   272,2004,'Medio',3,NULL,NULL,NULL),
  ('2-7460-3377-1','MySQL 5 y PHP 5',
   'Domine los sitios web dinámicos',
   972,2006,'Medio',4,2,NULL,NULL)
;

-- Creación de la tabla AUTOR_LIBRO.
CREATE TABLE autor_libro
  (
  id_autor INT,
  id_libro INT,
  PRIMARY KEY (id_autor,id_libro)
  );
INSERT INTO autor_libro
  (id_autor,id_libro)
VALUES
  (1,1),
  (1,2),
  (1,3),
  (1,4),
  (1,5),
  (1,6),
  (1,7),
```

```
  (2,8),
  (3,9),
  (1,10),
  (2,10)
;

-- Creación de la tabla TEMA_LIBRO.
CREATE TABLE tema_libro
  (
  id_tema INT,
  id_libro INT,
  PRIMARY KEY (id_tema,id_libro)
  );
INSERT INTO tema_libro
SELECT tem.id,lib.id
FROM libro lib,tema tem
WHERE
lib.titulo like '%PHP%'
AND tem.titulo IN ('Lenguajes','Diseño Web')
AND tem.id_primario IS NOT NULL;
INSERT INTO tema_libro
SELECT tem.id,lib.id
FROM libro lib,tema tem
WHERE
lib.titulo like '%MySQL%'
AND tem.titulo IN ('MySQL','Bases de datos')
AND tem.id_primario IS NOT NULL;
INSERT INTO tema_libro
SELECT tem.id,lib.id
FROM libro lib,tema tem
WHERE
lib.titulo like '%Oracle%'
AND tem.titulo IN ('Oracle')
AND tem.id_primario IS NOT NULL;

-- Creación de la tabla CATALOGO.
CREATE TABLE catalogo
  (
  codigo VARCHAR(10) NOT NULL UNIQUE,
  titulo VARCHAR(100) NOT NULL UNIQUE,
  precio_coniva DECIMAL(5,2) NOT NULL
  );

-- Creación de tres rutinas
delimiter //
CREATE PROCEDURE pa_crear_coleccion
  (
  -- Nombre de la nueva colección.
  IN p_nombre VARCHAR(25),
  -- Precio sin IVA de la nueva colección.
```

```
  IN p_precio_siniva DECIMAL(5,2),
  -- Identificador de la nueva colección.
  OUT p_id INT
  )
BEGIN
  /*
  ** Insertar la nueva colección y
  ** recuperar el identificador asignado.
  */
  INSERT INTO coleccion (nombre,precio_siniva)
  VALUES (p_nombre,p_precio_siniva);
  SET p_id = LAST_INSERT_ID();
END;
//
CREATE PROCEDURE pa_leer_subtemas
  (
  -- Identificador de un tema (primario).
  IN p_id_primario INT
  )
BEGIN
  /*
  ** Seleccionar los subtemas de un
  ** tema cuyo identificador ha sido introducido
  ** como parámetro.
  */
  SELECT
    titulo
  FROM
    tema
  WHERE
    id_primario = p_id_primario;
END;
//
CREATE FUNCTION fa_numero_subtemas
  (
  -- Identificador de un tema (primario).
  p_id_primario INT
  )
  RETURNS INT
BEGIN
  /*
  ** Contar el número de subtemas de un
  ** tema cuyo identificador ha sido introducido
  ** como parámetro.
  */
  DECLARE v_resultado INT;
  SELECT
    COUNT(*)
  INTO
    v_resultado
```

```
  FROM
    tema
  WHERE
    id_primario = p_id_primario;
  RETURN v_resultado;
END;
//
delimiter ;

-- Creación de un usuario 'eniweb'.
DROP USER eniweb@localhost;
CREATE USER eniweb@localhost IDENTIFIED BY 'web';
GRANT SELECT,INSERT,UPDATE,DELETE,EXECUTE ON eni.*
TO eniweb@localhost;

-- Ver tablas.
SHOW TABLES;
```

Este script puede descargarse en el sitio web de la editorial (**www.www.ediciones-eni.com/**).

Para crear la base de datos `eni` mediante el script anterior, puede proceder de la siguiente manera:

- Inicie la aplicación cliente `mysql` y conéctese al servidor como usuario `root`:

```
[root@xampp ~]# mysql -u root
Welcome to the MySQL monitor.  Commands end with ; or \g.
...
```

- Ejecute el script mediante el comando `source`:

```
mysql> source crear-base-eni.sql
Query OK, 0 rows affected, 1 warning (0.00 sec)

Query OK, 1 row affected (0.00 sec)

Database changed
...
...
+----------------+
| Tables_in_eni  |
+----------------+
| autor          |
| autor_libro    |
| catalogo       |
| coleccion      |
| libro          |
| promocion      |
| tema           |
| tema_libro     |
+----------------+
8 rows in set (0.00 sec)
```

Si el script no se ha guardado en el directorio de instalación de MySQL, indique la ruta completa en el comando source.

D. Aprender las bases del lenguaje SQL

1. Tipos de datos

MySQL ofrece varios tipos de datos para la definición de las columnas de las tablas. En el capítulo Construir una base de datos en MySQL, veremos cómo utilizar estos tipos de datos en las sentencias para la creación de tablas.

a. Tipos de cadena de caracteres

MySQL ofrece los siguientes tipos para las cadenas de caracteres:

`CHAR[(n)] [BINARY]`	Cadena de longitud fija, de `n` caracteres (`n` entre 0 y `255`, `1` de manera predeterminada). Cuando se almacena, la cadena se completa a la derecha con espacios hasta la longitud definida; estos espacios son automáticamente eliminados cuando la cadena es leída.
`VARCHAR[(n)] [BINARY]`	Cadena de longitud variable, de `n` caracteres como máximo (`n` entre 0 y `65535`, `1` de manera predeterminada). Cuando se almacena, no se añade ningún espacio. Nótese que si la cadena contiene espacios a la derecha, estos no se eliminan cuando la cadena es leída.
`TINYTEXT [BINARY]`	Cadena de longitud variable hasta 255 caracteres, equivalente a `VARCHAR(255)`.
`TEXT [BINARY]`	Cadena de longitud variable hasta $2^{16}-1$ caracteres.
`MEDIUMTEXT [BINARY]`	Cadena de longitud variable hasta $2^{24}-1$ caracteres.
`LONGTEXT [BINARY]`	Cadena de longitud variable hasta $2^{32}-1$ caracteres.
`ENUM('valor'[,...])`	Enumeración. Cadena cuyo valor debe pertenecer a una lista de valores (o ser `NULL`). Una enumeración puede contener 65.535 valores distintos como máximo.
`SET('valor'[,...])`	Conjunto. Cadena que puede contener cero, uno o varios valores entre una lista de valores. Un conjunto puede contener 64 valores distintos como máximo.

De manera predeterminada, las cadenas de caracteres no tienen en cuenta las minúsculas/mayúsculas (`'A'` es igual a `'a'`). La palabra `BINARY`, en la definición del tipo, permite tener una cadena "binaria" que tenga en cuenta las minúsculas/mayúsculas.

Los tipos de datos `ENUM` y `SET` no tienen en cuenta las minúsculas/mayúsculas.

Dado que los espacios se eliminan en la lectura, `'ab '`(espacio al final de la cadena) almacenado en una columna de tipo `VARCHAR` no es igual a `'ab '` almacenado en una columna de tipo `CHAR`.

b. Tipos numéricos

Los tipos numéricos principales que ofrece MySQL son los siguientes:

`TINYINT[(m)]`	Entero positivo o negativo en 8 bits (de `-128` a `+127`).
`SMALLINT[(m)]`	Entero positivo o negativo en 16 bits (de `-32768` a `+32767`).
`SMALLINT[(m)] UNSIGNED`	Entero positivo en 16 bits (de `0` a `65535`).
`MEDIUMINT[(m)]`	Entero positivo o negativo en 24 bits (de -2^{23} a $+2^{23}-1$).
`MEDIUMINT[(m)] UNSIGNED`	Entero positivo en 24 bits (de `0` a $+2^{24}-1$).
`INT[(m)]`	Entero positivo o negativo en 32 bits (de -2^{31} a $+2^{31}-1$).
`INT[(m)] UNSIGNED`	Entero positivo en 32 bits (de `0` a $+2^{32}-1$).
`BIGINT[(m)]`	Entero positivo o negativo en 64 bits (de -2^{63} a $+2^{63}-1$).
`BIGINT[(m)] UNSIGNED`	Entero positivo en 64 bits (de `0` a $+2^{64}-1$).
`FLOAT[(n,d)] [UNSIGNED]`	Número de coma flotante de precisión simple. `n` especifica el número de cifras significativas y `d` el número de cifras después de la coma; si `n` y `d` se omiten, MySQL utiliza los valores máximos permitidos por el equipo. Si se especifica el parámetro `UNSIGNED`, los números negativos no estarán permitidos.
`DOUBLE[(n,d)] [UNSIGNED]`	Número de coma flotante de precisión doble. `n` especifica el número de cifras significativas y `d` el número de cifras después de la coma; si `n` y `d` se omiten, MySQL utiliza los valores máximos permitidos por el equipo. Si se especifica el parámetro `UNSIGNED`, los números negativos no estarán permitidos.
`FLOAT(p) [UNSIGNED]`	Número de coma flotante. `P` especifica la precisión en bits. MySQL utiliza esta precisión para determinar el tipo utilizado: `FLOAT` entre `0` y `24` y `DOUBLE` entre `25` y `53`.

DECIMAL[(n[,d])] [UNSIGNED]	Número de coma fija. n especifica el número cifras significativas (10 de manera predeterminada, 65 como máximo) y d el número de cifras después de la coma (0 de manera predeterminada, 30 como máximo). Si se especifica el parámetro UNSIGNED, los números negativos no estarán permitidos.

Para los diferentes tipos de enteros, el número opcional *m* permite definir una longitud de visualización (no es obligatorio en el margen de valores autorizados); los valores enteros cuya longitud es inferior a este límite se muestran completados a la izquierda con espacios. Para completar a la izquierda con ceros, es posible añadir la palabra ZEROFILL al final de la definición del tipo.

INTEGER es equivalente a INT.

DEC, NUMERIC y FIXED son equivalentes a DECIMAL.

c. Tipo booleano

BOOL, BOOLEAN	Equivalentes de TINYINT(1) utilizados para representar un valor booleano (0 es considerado como falso; cualquier otro valor es considerado como verdadero).

d. Tipos de fecha y hora

MySQL ofrece los siguientes tipos principales para las fechas y las horas:

DATE	Fecha situada entre el 01/01/1000 y el 31/12/9999. Formato predeterminado: YYYY-MM-DD.
DATETIME	Fecha situada entre el 01/01/1000 00:00:00 y el 31/12/9999 23:59:59. Formato predeterminado: YYYY-MM-DD HH:MM:SS.
TIMESTAMP	Fecha situada entre el 01/01/1970 00:00:01 y el 19/01/2038 04:14:08. Formato predeterminado: YYYY-MM-DD HH:MM:SS.
TIME	Hora situada entre la -838:59:59 y las 838:59:59. Formato predeterminado: HH:MM:SS.
YEAR[(2|4)]	Año en 2 ó 4 cifras (4 de manera predeterminada), situado entre el 70 (para 1970) y 69 (para 2069) para le año en 2 cifras y entre el 1901 y el 2155 para el año en 4 cifras. Formato predeterminado: YYYY.

En la versión 5, el tipo de datos TIMESTAMP ha cambiado con relación a la versión 4.

e. Tipos para los datos binarios

MySQL ofrece los siguientes tipos principales para los datos binarios (imagen, sonido, etc.):

TINYBLOB	Dato binario hasta 255 octetos.
BLOB	Dato binario hasta $2^{16}-1$ octetos.

MEDIUMBLOB	Dato binario hasta 2^{24} -1 octetos.
LONGBLOB	Dato binario hasta 2^{32} -1 octetos.

Si estos tipos se utilizan para almacenar cadenas de caracteres, tienen en cuenta la minúsculas/mayúsculas.

2. Nombre de los objetos

Un nombre de base de datos, de tabla, de columna o de índice está limitado a 64 octetos.

Para facilitar la tarea, es recomendable utilizar sólo caracteres sin acentos, cifras y los signos `$` y `_` (subraya) para los nombres de objetos. La utilización de cualquier otro carácter implica delimitar el nombre, bien con apóstrofos oblicuos (`` ` ``), bien con comillas (`"`) si la configuración del servidor lo permite.

Con MySQL, las bases de datos y las tablas corresponden a carpetas y archivos. Por consiguiente, los nombres de bases de datos y de tablas tienen en cuenta las minúsculas/mayúsculas si el sistema operativo también las tiene en cuenta para los nombres de archivos. Esto significa que las minúsculas/mayúsculas son pertinentes en las plataformas Unix y Linux, mientras que en las plataformas Windows son irrelevantes.

Los nombres de columnas no distinguen entre mayúsculas y minúsculas.

La sintaxis para identificar un nombre de tabla y un nombre de columna es la siguiente:

```
[nombre_base.]nombre_tabla
[[nombre_base.]nombre_tabla.]nombre_columna
```

Un nombre de tabla puede identificarse directamente si la tabla está almacenada en la base de datos seleccionada en ese momento. Si la tabla pertenece a otra base de datos, es necesario anteponer el nombre de la base de datos al nombre de la tabla para referirse a ella.

Asimismo, un nombre de columna puede llevar antepuesto un nombre de tabla (y este último un nombre de base de datos al mismo tiempo).

En adelante, en las descripciones de sintaxis, los términos `nombre_tabla` y `nombre_columna` designan respectivamente un nombre de tabla y un nombre de columna, con las diferentes posibilidades de sintaxis presentadas anteriormente.

3. Valores literales

a. Cadena

Una cadena literal está delimitada por dos apóstrofos: `'esto es una cadena'`.

Si la configuración del servidor MySQL lo permite, también es posible delimitar una cadena literal mediante comillas, aunque no se aconseja, ya que no respeta la norma ANSI.

En el interior de una cadena, ciertas secuencias de caracteres precedidas por el signo de escape (la antibarra \) tienen un significado especial:

`\'`	Apóstrofo
`\"`	Comilla
`\n`	Nueva línea
`\r`	Retorno de carro
`\t`	Tabulación
`\\`	Antibarra

Para incluir un apóstrofo en una cadena literal delimitada por apóstrofos, existen dos opciones:

- doblar el apóstrofo: `'C''est la vie'`;
- anteponer la antibarra de escape al apóstrofo: `'C\'est la vie'`;

De manera predeterminada, las cadenas de caracteres no hacen distinción entre mayúsculas y minúsculas, salvo si se han definido bajo la forma de una cadena binaria, lo que puede realizarse anteponiendo el valor del operador `BINARY`. Así, de manera predeterminada, `'a'` es igual a `'A'`, pero `BINARY 'a'`es diferente de `'A'`.

b. Número

Un número puede describirse directamente, sin delimitador. El separador decimal es el punto (.). Puede utilizarse la notación exponencial.

Ejemplos

```
123
-10
1.23
1.2e3
```

c. Fecha, hora, fecha/hora

Una fecha puede escribirse como una cadena en el formato `'YYYY-MM-DD'`, o bien como un número en formato `YYYYMMDD`.

Una hora puede escribirse como una cadena en el formato `'HH:MM:SS'`, o bien como un número en formato `HHMMSS`.

Una fecha/hora puede escribirse como una cadena en el formato `'YYYY-MM-DD HH:MM:SS'`, o bien como un número en formato `YYYYMMDDHHMMSS`. La hora estará comprendida entre 0 y 23.

Ejemplos

```
'2001-12-19'
20031213
'2001-12-19 23:15:00'
20031213031500
```

d. Booleano

Los dos valores booleanos «verdadero» y «falso» pueden ser representados por constantes `TRUE` (valor `1`) y `FALSE` (valor `0`). El nombre de estas constantes no tiene en cuenta las minúsculas/mayúsculas.

4. Expresión

Una expresión puede utilizar valores literales, nombres de columnas, variables, operadores aritméticos habituales (+, -, *, /), paréntesis y funciones (véase capítulo Utilizar las funciones de MySQL).

Ejemplos

```
precio_siniva * ( 1 + tipo_iva/100 )
UPPER(titulo)
```

5. Valor NULL

El valor `NULL` significa la ausencia de valor. `NULL` es diferente de `0`, y diferente de una cadena vacía.

Una expresión que contiene un valor `NULL` da siempre un resultado `NULL` (por ejemplo, `10 + NULL` es igual a `NULL`).

Los valores `NULL` son a menudo una fuente de problemas; en capítulos posteriores veremos cómo evitar esos problemas.

6. Variables

a. Variables de usuarios

MySQL permite utilizar variables de usuarios específicas de la conexión mediante la sintaxis `@nombre_variable`. Un nombre de variable puede contener caracteres alfanuméricos, así como los signos _, **$** y ..

No es necesario inicializar las variables antes de utilizarlas; de manera predeterminada, contienen el valor `NULL`. Una variable de usuario puede contener un número (entero o real) o una cadena de caracteres.

Las variables puede utilizarse en expresiones.

Para asignar un valor a una variable, se puede utilizar el comando `SET`.

Sintaxis

```
SET @nombre_variable = Expresión [,…]
```

Para mostrar el valor de una variable, puede utilizar una sintaxis simplificada de la sentencia `SELECT`.

Sintaxis

```
SELECT @nombre_variable [,…]
```

Ejemplo

```
mysql> SET @tipo_iva=16.0;
Query OK, 0 rows affected (0.00 sec)

mysql> SELECT ROUND(100 * ( 1 + @tipo_iva/100 ),2);
+--------------------------------------+
| ROUND(100 * ( 1 + @tipo_iva/100 ),2) |
+--------------------------------------+
|                               116.00 |
+--------------------------------------+
1 row in set (0.00 sec)
```

b. Variables de sistema

MySQL proporciona un gran número de variables que permiten obtener información sobre el funcionamiento del servidor. En la mayoría de los casos, el valor de estas variables puede modificarse para cambiar el funcionamiento del servidor.

Existen dos tipos de variables:

- Las variables globales que afectan al conjunto del servidor. Estas variables globales se inicializan con el arranque del servidor, a partir del archivo de configuración y de los parámetros indicados en la línea de comandos al servidor MySQL.
- Las variables de sesión que afectan a las conexiones. Estas variables de sesión se inicializan en el momento de la conexión a partir de los valores de las variables globales correspondientes.

El comando `SET` permite modificar el valor de una variable global o de sesión.

Sintaxis

```
SET GLOBAL nombre_variable = valor
SET @@global.nombrebre_variable = valor
SET [SESSION] nombre_variable = valor
SET [@@[session.]]nombre_variable = valor
```

Las dos primeras sentencias modifican una variable global y las dos últimas una variable de sesión (`SESSION` y `session` son opcionales). `LOCAL` es equivalente a `SESSION`.

La modificación de una variable global no afecta a las sesiones ya iniciadas (ni siquiera a la sesión que realiza la modificación).

Para mostrar el valor de una variable global o de sesión, puede utilizar una sintaxis simplificada de la sentencia `SELECT`.

Sintaxis

```
SELECT @@global.nombre_variable
SELECT @@[session.]nombre_variable
```

Ejemplo

```
mysql> SELECT @@lc_time_names;
+-----------------+
| @@lc_time_names |
+-----------------+
| en_US           |
+-----------------+
1 row in set (0.00 sec)

mysql> SET @@lc_time_names=es_ES;
Query OK, 0 rows affected (0.00 sec)
```

7. Comentarios

MySQL admite tres tipos de marcas para comentarios:

- desde el signo '#' (almohadilla) hasta el final de la línea;
- desde los caracteres '--' (dos guiones seguidos de un espacio) hasta el final de la línea;
- entre los caracteres '/*' y '*/', pudiendo aparecer en líneas diferentes.

Ejemplo

```
/*
   Ejemplo de comentario escrito
   en varias líneas
*/
SELECT *
FROM coleccion
ORDER BY rand(); -- ¡orden aleatorio! (comentario de una línea)
```

E. Ejecutar consultas SQL simples

1. El modo SQL del servidor

El servidor MySQL puede funcionar según diferentes modos SQL. El modo SQL define qué sintaxis SQL puede utilizarse y qué verificaciones debe hacer el servidor, sobre todo durante actualizaciones.

El modo SQL utilizado en el inicio viene definido por el valor de la opción `sql-mode` (en la línea de comandos de MySQL o en el archivo de configuración).

Desde la versión 4.1, se puede modificar el modo SQL tras el inicio gracias a la variable de sistema `sql_mode`. El modo SQL puede modificarse a nivel global o a nivel de sesión (cada conexión puede utilizar un modo diferente que se adapte a sus necesidades).

El modo SQL está definido por una lista de palabras clave separadas por comas. El valor predeterminado está vacio (sin modo configurado).

Con el modo predeterminado (sin modo), el servidor MySQL evita generar errores durante actualizaciones y no duda a la hora de modificar valores para permitir su asignación a una columna: se muestra una simple alerta.

Para modificar este comportamiento, pueden utilizarse los modos `STRICT_TRANS_TABLES` o `STRICT_ALL_TABLES`: es el modo SQL "strict". En este modo, los valores no válidos son rechazados y se genera un error. El modo `STRICT_ALL_TABLES` se aplica a todos los motores de almacenamiento; el modo `STRICT_TRANS_TABLES` se aplica únicamente a los motores de almacenamiento transaccional.

Examinaremos con detalle esta cuestión más adelante.

La noción de motor de almacenamiento aparece en el capítulo Construir una base de datos en MySQL – Administrar las tablas.

Ejemplo de presentación y de modificación del modo SQL

```
mysql> SELECT @@sql_mode;
+------------+
| @@sql_mode |
+------------+
|            |
+------------+
1 row in set (0.00 sec)

mysql> SET @@sql_mode=STRICT_ALL_TABLES;
Query OK, 0 rows affected (0.00 sec)

mysql> SELECT @@sql_mode;
+-------------------+
| @@sql_mode        |
+-------------------+
| STRICT_ALL_TABLES |
+-------------------+
1 row in set (0.00 sec)
```

Existen otros modos SQL (`ANSI`, `TRADITIONAL`, etc.). Para obtener más información, consulte la documentación.

2. Mostrar datos

La instrucción SQL `SHOW` ofrece diferentes formas para mostrar información sobre el servidor MySQL, las bases de datos que gestiona y el contenido de esas bases de datos (tablas, columnas, etc.).

En esta sección presentaremos las formas más utilizadas del comando `SHOW` que permite mostrar información sobre las bases de datos gestionadas por el servidor, las tablas almacenadas en una base de datos y la estructura de una tabla:

`SHOW DATABASES`

`SHOW SCHEMAS` Lista de las bases de datos gestionadas por el servidor MySQL.

`SHOW TABLES` Lista de las tablas almacenadas en la base de datos seleccionada.

`SHOW COLUMNS FROM nombre_tabla`

`{ DESCRIBE | DESC } nombre_table` Lista de las columnas de una tabla.

Ejemplo

```
mysql> SHOW DATABASES;
+--------------------+
| Database           |
+--------------------+
| information_schema |
| cdcol              |
| eni                |
| mysql              |
| phpmyadmin         |
| test               |
+--------------------+
6 rows in set (0.00 sec)

mysql> USE eni;
Database changed
mysql> SHOW TABLES;
+----------------+
| Tables_in_eni  |
+----------------+
| autor          |
| autor_libro    |
| catalogo       |
| coleccion      |
| libro          |
| promocion      |
| tema           |
| tema_libro     |
+----------------+
6 rows in set (0.00 sec)

mysql> DESC collection;
```

```
+---------------+-------------+------+-----+---------+---------------+
| Field         | Type        | Null | Key | Default | Extra         |
+---------------+-------------+------+-----+---------+---------------+
| id            | int(11)     | NO   | PRI | NULL    |auto_increment|
| nombre        | varchar(25) | NO   | UNI |         |               |
| precio_siniva | decimal(5,2)| YES  |     | 20.00   |               |
| gastos_ht     | decimal(5,2)| YES  |     | NULL    |               |
+---------------+-------------+------+-----+---------+---------------+
4 rows in set (0.00 sec)

mysql>
```

En el capítulo Construir una base de datos en MySQL, veremos otras variantes del comando SHOW que permiten recuperar datos sobre las vistas, los procedimientos y los triggers (desencadenadores o disparadores).

3. Mostrar los errores y las alertas

El comando SHOW WARNINGS permite visualizar las alertas o los errores generados por el último comando. El comando SHOW ERRORS permite visualizar únicamente los errores generados por el último comando.

En la aplicación cliente mysql, los errores generados por el último comando se muestran automáticamente. En cambio, en cuanto a las alertas, la aplicación indica sólo el número de alertas generadas, pero no las muestra; el comando SHOW WARNINGS es, por lo tanto, muy últil.

Ejemplo

```
mysql> INSERT INTO tema(titulo)
    -> VALUES('Mensajería y trabajo de grupo');
Query OK, 1 row affected, 1 warning (0.00 sec)

mysql> SHOW WARNINGS;
+---------+------+---------------------------------------------+
| Level   | Code | Message                                     |
+---------+------+---------------------------------------------+
| Warning | 1265 | Data truncated for column 'titulo' at row 1 |
+---------+------+---------------------------------------------+
1 row in set (0.00 sec)
```

4. Leer los datos

a. Sintaxis básica de la sentencia SELECT

La sentencia SELECT permite leer los datos.

La sintaxis más sencilla para la sentencia SELECT es la siguiente:

```
SELECT [DISTINCT] expresión[,...] | *
FROM nombre_tabla
```

La cláusula `FROM` indica en qué tabla deben leerse los datos. Veremos más adelante cómo leer los datos en varias tablas.

La cláusula `SELECT` contiene una lista de expresiones separadas por una coma. Una expresión puede ser una columna de una tabla, un valor literal o una expresión de cálculo utilizando, si es necesario, una o varias columnas de una tabla. En lugar de una lista de expresiones, es posible utilizar un asterisco para indicar que todas las columnas son seleccionadas.

Con la siguiente sintaxis, se devuelven todas las filas de la tabla. Veremos más adelante cómo restringir el resultado de una consulta.

Ejemplos

```
mysql> SELECT * FROM coleccion;
+----+-------------------------+-------------+--------------+
| id | nombre                  | precio_siniva | gastos_siniva |
+----+-------------------------+-------------+--------------+
|  1 | Recursos Informáticos   |       24.44 |         1.50 |
|  2 | TechNote                |        9.48 |         NULL |
|  3 | Prácticas técnicas      |       25.59 |         1.50 |
|  4 | Pack técnico            |       46.45 |         2.00 |
+----+-------------------------+--------+-------------------+
4 rows in set (0.00 sec)

mysql> SELECT id,nombre FROM coleccion;
+----+-------------------------+
| id | nombre                  |
+----+-------------------------+
|  1 | Recursos Informáticos   |
|  2 | TechNote                |
|  3 | Prácticas técnicas      |
|  4 | Pack Técnico            |
+----+-------------------------+
4 rows in set (0.00 sec)

mysql> SELECT nombre,precio_siniva+ROUND(precio_siniva*5.5/100,2)
FROM coleccion;
+---------------------+--------------------------------------+
| nombre              |precio_siniva+ROUND(precio_siniva*5.5/100,2) |
+---------------------+--------------------------------------+
| Recursos Informáticos |                                25.78 |
| TechNote            |                                10.00 |
| Prácticas Técnicas  |                                27.00 |
| Pack Técnico        |                                49.00 |
+---------------------+--------------------------------------+
4 rows in set (0.00 sec)
```

En el segundo ejemplo, `ROUND(precio_siniva*(1+5.5/100),2)` es una expresión de cálculo sobre la columna `precio_siniva`.

El modificador `DISTINCT` permite obtener una solo resultado de cada conjunto de filas duplicadas.

Ejemplo

```
mysql> SELECT anio_publicacion FROM libro;
+------------------+
| anio_publicacion |
+------------------+
|             2001 |
|             2007 |
|             2006 |
|             2005 |
|             2005 |
|             2005 |
|             2004 |
|             2006 |
|             2004 |
|             2006 |
+------------------+
10 rows in set (0.00 sec)

mysql> SELECT DISTINCT anio_publicacion FROM libro;
+------------------+
| anio_publicacion |
+------------------+
|             2001 |
|             2007 |
|             2006 |
|             2005 |
|             2004 |
+------------------+
5 rows in set (0.00 sec)

mysql> SELECT anio_publicacion,nivel FROM libro;
+------------------+---------+
| anio_publicacion | nivel   |
+------------------+---------+
|             2001 | Medio   |
|             2007 | Medio   |
|             2006 | Experto |
|             2005 | Medio   |
|             2005 | Experto |
|             2005 | Experto |
|             2004 | Medio   |
|             2006 | Medio   |
|             2004 | Medio   |
|             2006 | Medio   |
+------------------+---------+
10 rows in set (0.00 sec)
```

```
mysql> SELECT DISTINCT anio_publicacion,nivel FROM libro;
+------------------+---------+
| anio_publicacion | nivel   |
+------------------+---------+
|             2001 | Medio   |
|             2007 | Medio   |
|             2006 | Experto |
|             2005 | Medio   |
|             2005 | Experto |
|             2004 | Medio   |
|             2006 | Medio   |
+------------------+---------+
7 rows in set (0.00 sec)
```

La sentencia `SELECT` también puede utilizarse para leer expresiones de cálculo, o variables, sin que se refieran a una tabla. En este caso, la cláusula `FROM` está ausente.

Ejemplo

```
mysql> SELECT 1+2+3;
+-------+
| 1+2+3 |
+-------+
|     6 |
+-------+
1 row in set (0.00 sec)
```

Desde la versión 4.1, puede especificar `dual` como nombre de tabla en la cláusula `FROM`, en el caso de que no se haya señalado ninguna tabla. Esta posibilidad permite la compatibilidad con los servidores de base de datos que no admitan `SELECT` sin especificar `FROM`.

Ejemplo

```
mysql> SELECT 1+2+3 FROM dual;
+-------+
| 1+2+3 |
+-------+
|     6 |
+-------+
1 row in set (0.00 sec)
```

En la cláusula `SELECT`, una expresión puede seguirse de un alias que permita nombras la expresión.

Sintaxis

```
expresión [AS] alias
```

La palabra `AS` es opcional.

Ejemplo

```
mysql> SELECT nombre,precio_siniva+ROUND(precio_siniva*5.5/100,2)
precio_coniva
    -> FROM coleccion;
+-------------------------+---------------+
| nombre                  | precio_coniva |
+-------------------------+---------------+
| Recursos Informáticos   |         25.78 |
| TechNote                |         10.00 |
| Prácticas Técnicas      |         27.00 |
| Pack Técnico            |         49.00 |
+-------------------------+---------------+
4 rows in set (0.00 sec)
```

Un alias puede aplicarse a una simple columna, lo que implica el cambio de nombre de la columna sólo en la consulta (no en la tabla).

Si el alias incluye espacios o cualquier otro carácter especial, debe introducirse entre comillas.

Asimismo, en la cláusula `FROM`, un nombre de tabla puede estar seguido de un alias que permita cambiar el nombre de la tabla sólo en la consulta (no en la base de datos).

Sintaxis

```
nombre_tabla [AS] alias
```

La palabra `AS` es opcional.

Un alias de tabla puede utilizarse en lugar del nombre de la tabla como prefijo de una columna.

Ejemplo

```
mysql> SELECT col.nombre FROM coleccion col;
+-------------------------+
| nombre                  |
+-------------------------+
| Recursos Informáticos   |
| TechNote                |
| Prácticas Técnicas      |
| Pack Técnico            |
+-------------------------+
4 rows in set (0.00 sec)
```

Esta posibilidad es especialmente interesante en las consultas que atañen a varias tablas.

De hecho, en este tipo de consulta, se recomienda anteponer al nombre de las columnas el nombre de la tabla (o un alias de tabla) para facilitar la lectura de la consulta (puede verse rápidamente a qué tabla pertenece la columna). Por otro lado, el prefijo es obligatorio cuando dos tablas tienen una columna que lleva el mismo nombre y este está presente en la consulta; sin prefijo, la consulta es ambigua y provoca un error.

Ejemplo

```
mysql> SELECT id FROM libro,coleccion;
ERROR 1052 (23000): Column 'id' in field list is ambiguous
```

Utilizar un alias de tabla en lugar del nombre de la tabla para prefijar las columnas es interesante cuando las tablas tienen nombres “largos”; alias de 3 ó 4 caracteres bien elegidos (suficientemente relevantes) pueden sustituirlos cómodamente.

Para facilitar la tarea, es recomendable utilizar sólo caracteres sin acentos, cifras y los signos $ y _ (subraya) para los alias de tabla. La utilización de cualquier otro carácter implica delimitar el alias, bien con apóstrofos oblicuos (`), bien con comillas (") si la configuración del servidor lo permite.

b. Restringir el resultado: cláusula WHERE

Para restringir el resultado, puede añadirse una cláusula `WHERE` a la consulta `SELECT`.

Sintaxis

```
SELECT [DISTINCT] expresión[,...] | *
FROM nombre_tabla
WHERE condiciones
```

Sólo se devuelven las filas que se ajustan a las condiciones de la cláusula `WHERE`.

La sintaxis general de una condición es la siguiente:

```
expresión1 operador expresión2
```

`expresión1` y `expresión2` son expresiones del tipo de las que pueden aparecer en la cláusula `SELECT`: columna, valor literal o expresión de cálculo.

Una condición devuelve `TRUE`, `FALSE` o `NULL`.

Los operadores más utilizados son los siguientes:

=	Igualdad
>	Estrictamente superior
>=	Superior o igual
<	Estrictamente inferior
<=	Inferior o igual
<> o !=	Diferente
`BETWEEN` *mín* `AND` *máx*	Superior o igual a *mín* e inferior o igual a *máx*
`IN (valor,...)`	Igualdad con cualquier elemento de una lista
`IS NULL, IS NOT NULL`	Comprueba si una expresión es `NULL` o no
`LIKE`	Correspondencia con relación a un modelo

Los operadores BETWEEN, IN y LIKE pueden invertirse mediante el operador NOT (NOT BETWEEN, NOT IN y NOT LIKE).

Ejemplos

```
mysql> SELECT nombre FROM coleccion WHERE id = 1;
+----------------------------+
| nombre                     |
+----------------------------+
| Recursos Informáticos      |
+----------------------------+
1 row in set (0.01 sec)

mysql> SELECT id,nombre FROM coleccion WHERE id 1;
+----+----------------------+
| id | nombre               |
+----+----------------------+
|  2 | TechNote             |
|  3 | Prácticas técnicas   |
|  4 | Pack Técnico         |
+----+----------------------+
3 rows in set (0.00 sec)1 row in set (0.00 sec)

mysql> SELECT id,nombre FROM coleccion WHERE id IN (1,2);
+----+-------------------------+
| id | nombre                  |
+----+-------------------------+
|  1 | Recursos Informáticos   |
|  2 | TechNote                |
+----+-------------------------+
2 rows in set (0.00 sec)

mysql> SELECT nombre,precio_siniva FROM coleccion WHERE precio_siniva 25;
+-------------------------+---------------+
| nombre                  | precio_siniva |
+-------------------------+---------------+
| Recursos Informáticos   |         24.44 |
| TechNote                |          9.48 |
+-------------------------+---------------+
2 rows in set (0.00 sec)

mysql> SELECT nombre,precio_siniva FROM coleccion
    -> WHERE precio_siniva BETWEEN 10 AND 25;
+-------------------------+---------------+
| nombre                  | precio_siniva |
+-------------------------+---------------+
| Recursos Informáticos   |         24.44 |
+-------------------------+---------------+
1 row in set (0.00 sec)

mysql> SELECT precio_siniva FROM coleccion WHERE nombre = 'TECHNOTE';
```

```
+----------------+
| precio_siniva |
+----------------+
|          9.48 |
+----------------+
1 row in set (0.00 sec)

mysql> -- Búsqueda sensible a las mayúsculas/minúsculas
mysql> SELECT precio_siniva FROM coleccion WHERE nombre = BINARY 'TECHNOTE';
Empty set (0.00 sec)

mysql> -- Búsqueda en un par de columnas
mysql> SELECT subtitulo FROM libro
    -> WHERE (titulo,anio_publicacion) = ('Oracle 10g',2005);
+------------------------------------------------------------+
| subtitulo                                                  |
+------------------------------------------------------------+
| Administración                                             |
| Instalación del servidor en Windows/Linux - Oracle Net     |
| Copia de seguridad y restauración de la base de datos con RMAN |
+------------------------------------------------------------+
3 rows in set (0.00 sec)
```

Las columnas de tipo `DATETIME` o `TIMESTAMP` pueden almacenar un componente horario. Este componente horario puede plantear problemas para la búsqueda únicamente en la parte de la fecha. Un solución consiste en efectuar una búsqueda limitada; otra consistiría en aplicar la función `DATE` a la columna para eliminar el componente horario (véase Capítulo Utilizar las funciones MySQL - Funciones de fechas).

Ejemplo

```
mysql> SELECT titulo FROM libro WHERE fecha_actualizacion = '2008-01-19';
Empty set (0.01 sec)

mysql> SELECT titulo FROM libro WHERE DATE(fecha_actualizacion) = '2008-01-19';
+--------------------------------+
| titulo                         |
+--------------------------------+
| PHP 5.2                        |
+--------------------------------+
1 row in set (0.01 sec)

mysql> SELECT titulo FROM libro
    -> WHERE fecha_actualizacion BETWEEN
    ->          '2008-01-19 00:00:00' AND '2008-01-19 23:59:59';
+--------------------------------+
| titulo                         |
+--------------------------------+
| PHP 5.2                        |
+--------------------------------+
1 row in set (0.01 sec)
```

Para comprobar que una expresión es `NULL` (o no `NULL`), no hay que utilizar el operador = (o `!=`) sino el operador `IS NULL` (o `IS NOT NULL`). Utilizar los operadores = o != no produce ningún error, pero la consulta no devuelve ningún resultado.

Ejemplo

```
mysql> SELECT titulo FROM libro WHERE subtitulo = NULL;
Empty set (0.00 sec)

mysql> SELECT titulo FROM libro WHERE subtitulo IS NULL;
+-------------------+
| titulo            |
+-------------------+
| BusinessObjects 6 |
+-------------------+
1 row in set (0.00 sec)

mysql> SELECT DISTINCT titulo FROM libro
    -> WHERE subtitulo IS NOT NULL;
+---------------------------------+
| titulo                          |
+---------------------------------+
| PHP 4                           |
| PHP 5.2                         |
| PHP 5                           |
| Oracle 10g                      |
| MySQL 5                         |
| PHP y MySQL (versiones 4 y 5)   |
| MySQL 5 y PHP 5                 |
+---------------------------------+
7 rows in set (0.00 sec)
```

Con el operador `LIKE`, es possible utilizar dos caracteres comodín:

`%` Sustituye un número cualquier de caracteres (incluido ninguno).

_ (subraya) Sustituye exactamente un carácter.

Para buscar uno de estos dos caracteres, debe anteponer un carácter de escape, como la antibarra. Si desea utilizar otro carácter de escape, puede añadir la cláusula `ESCAPE 'c'`, siendo `c` equivalente al carácter de escape utilizado.

Ejemplo

```
mysql> SELECT DISTINCT titulo FROM libro WHERE titulo LIKE 'PHP%';
+---------------------------------+
| titulo                          |
+---------------------------------+
| PHP 4                           |
| PHP 5.2                         |
| PHP 5                           |
| PHP y MySQL (versiones 4 y 5)   |
+---------------------------------+
```

```
4 rows in set (0.00 sec)

mysql> SELECT DISTINCT titulo FROM libro
    -> WHERE titulo LIKE '%MySQL%PHP%';
+------------------+
| titulo           |
+------------------+
| MySQL 5 y PHP 5  |
+------------------+
1 row in set (0.00 sec)
```

Varias condiciones simples pueden combinarse con ayuda de los operadores `OR`, `AND` y `NOT`. El orden predeterminado de estos operadores es `NOT`, `AND` y `OR` (del más prioritario al menos prioritario). Para evaluar las condiciones en un orden diferente, hay que utilizar paréntesis.

Ejemplo

```
mysql> SELECT titulo FROM libro
    -> WHERE anio_publicacion = 2005 AND id_coleccion = 1;
+------------+
| titulo     |
+------------+
| Oracle 10g |
+------------+
1 row in set (0.00 sec)

mysql> SELECT titulo,anio_publicacion FROM libro
    -> WHERE (anio_publicacion = 2005 OR anio_publicacion = 2006)
    ->       AND id_coleccion = 1;
+------------+------------------+
| titulo     | anio_publicacion |
+------------+------------------+
| Oracle 10g |             2005 |
| MySQL 5    |             2006 |
+------------+------------------+
2 rows in set (0.00 sec)
```

c. Ordenar el resultado: cláusula ORDER BY

De manera predeterminada, el resultado de una consulta es devuelto en un orden indeterminado.

Una cláusula `ORDER BY` puede añadirse a la consulta `SELECT` para ordenar el resultado.

Sintaxis

```
SELECT [DISTINCT] expresión[,...] | *
FROM nombre_tabla
[WHERE condiciones]
ORDER BY expresión [ASC | DESC][,...]
```

Si la consulta incluye una cláusula `WHERE`, la cláusula `ORDER BY` debe aparecer después.

La ordenación puede ser creciente (`ASC`) o decreciente (`DESC`); es creciente de manera predeterminada. La cláusula `ORDER BY` puede contener varias expresiones de ordenación separadas mediante comas; el orden de las expresiones determina el orden de prioridad de los niveles de ordenación.

`expresión` puede ser:

- una columna;
- una expresión basada en columnas;
- un alias de columna;
- un número correspondiente a la posición de una expresión de la cláusula `SELECT` (sintaxis desaconsejada y obsoleta).

Ejemplos

```
mysql> SELECT nombre,precio_siniva+ROUND(precio_siniva*5.5/100,2)
    -> FROM coleccion
    -> ORDER BY nombre;
+-----------------------+---------------------------------------------+
| nombre                | precio_siniva+ROUND(precio_siniva*5.5/100,2) |
+-----------------------+---------------------------------------------+
| Pack Técnico          |                                       49.00 |
| Prácticas Técnicas    |                                       27.00 |
| Recursos Informáticos |                                       25.78 |
| TechNote              |                                       10.00 |
+-----------------------+---------------------------------------------+
4 rows in set (0.00 sec)

mysql> SELECT nombre,precio_siniva+ROUND(precio_siniva*5.5/100,2)
    -> FROM coleccion
    -> ORDER BY precio_siniva+ROUND(precio_siniva*5.5/100,2);
+-----------------------+---------------------------------------------+
| nombre                | precio_siniva+ROUND(precio_siniva*5.5/100,2) |
+-----------------------+---------------------------------------------+
| TechNote              |                                       10.00 |
| Recursos Informáticos |                                       25.78 |
| Prácticas Técnicas    |                                       27.00 |
| Pack Técnico          |                                       49.00 |
+-----------------------+---------------------------------------------+
4 rows in set (0.00 sec)

mysql> SELECT nombre,precio_siniva+ROUND(precio_siniva*5.5/100,2)
precio_coniva
    -> FROM coleccion
    -> ORDER BY precio_coniva DESC;
+-----------------------+---------------+
| nombre                | precio_coniva |
+-----------------------+---------------+
| Pack Técnico          |         49.00 |
| Prácticas Técnicas    |         27.00 |
| Recursos Informáticos |         25.78 |
```

```
| TechNote                    |          10.00 |
+-----------------------------+----------------+
4 rows in set (0.00 sec)

mysql> SELECT id_primario,titulo
    -> FROM tema
    -> ORDER BY id_primario,titulo;
+-------------+------------------------+
| id_primario | titulo                 |
+-------------+------------------------+
|        NULL | Base de datos          |
|        NULL | Desarrollo             |
|        NULL | Internet               |
|        NULL | Mensajería y trabajo   |
|        NULL | Open Source            |
|           1 | MySQL                  |
|           1 | Oracle                 |
|           2 | Lenguajes              |
|           2 | Método                 |
|           3 | Diseño web             |
|           3 | HTML - XML             |
|           3 | Seguridad              |
|           4 | Base de datos          |
|           4 | Lenguajes              |
|           4 | Sistema                |
+-------------+------------------------+
15 rows in set (0.00 sec)
```

Los valores `NULL` aparecen en primer lugar en un orden creciente.

d. Limitar el número de filas: cláusula `LIMIT`

Para restringir el número de filas devueltas, puede añadirse una cláusula `LIMIT` a la consulta `SELECT`.

Sintaxis

```
SELECT [DISTINCT] expresión[,...] | *
FROM nombre_tabla
[WHERE condiciones]
[ORDER BY expresión [ASC | DESC][,...]]
LIMIT [offset,] numero_lineas
```

`número_filas` es una constante entera que especifica el número de filas que deben devolverse.

`offset`, si está presente, es también una constante entera que especifica el número de la primera fila que debe devolverse (0 para la primera fila). `LIMIT n` es equivalente a `LIMIT 0,n`.

Si la consulta incluye una cláusula `WHERE`, y/o una cláusula `ORDER BY`, la cláusula `LIMIT` debe aparecer después.

La cláusula `LIMIT` es evaluada después de las cláusulas `WHERE` y `ORDER BY`. Combinada con una cláusula `ORDER BY`, la cláusula `LIMIT` es muy práctica para las consultas de tipo "palmarés" ("Top N").

Ejemplo

```
mysql> -- mostrar los tres libros más "grandes" (en número de páginas)
mysql> SELECT titulo,numero_paginas
    -> FROM libro
    -> ORDER BY numero_paginas DESC
    -> LIMIT 3;
+-------------------+----------------+
| titulo            | numero_paginas |
+-------------------+----------------+
| MySQL 5 y PHP 5   |            972 |
| PHP 5.2           |            518 |
| Oracle 10g        |            489 |
+-------------------+----------------+
3 rows in set (0.00 sec)

-- mostrar los dos siguientes
mysql> SELECT titulo,numero_paginas
    -> FROM libro
    -> ORDER BY numero_paginas DESC
    -> LIMIT 3,2;
+-------------------+----------------+
| titulo            | numero_paginas |
+-------------------+----------------+
| BusinessObjects 6 |            470 |
| MySQL 5           |            468 |
+-------------------+----------------+
2 rows in set (0.00 sec)
```

e. Leer en varias tablas: combinación

En una consulta, a menudo es necesario extraer información de varias tablas.

Para ello, es preciso indicar las tablas deseadas en la cláusula `FROM` y vincular ambas tablas. Una combinación consiste en decir al servidor MySQL cómo enlazar las tablas entre sí.

Indicar las tablas en la cláusula `FROM` y no escribir la vinculación no es un error de sintaxis. El servidor devuelve un resultado efectuando un producto cartesiano entre las tablas: cada fila de la primera tabla se combina con cada fila de la segunda tabla. Pero eso parece tener poca utilidad...

MySQL admite varias sintaxis para vincular tablas. Presentamos aquí las más utilizadas.

Combinación interna

Para realizar una **combinación interna** ("simple") entre dos tablas, puede utilizar una de las siguientes sintaxis:

```
FROM nombre_tabla1,nombre_tabla2
WHERE nombre_tabla1.nombre_columna1 = nombre_tabla2.nombre_columna2
```

```
FROM nombre_tabla1 [INNER] JOIN nombre_tabla2 ON nombre_tabla1.nombre_
columna1 = nombre_tabla2.nombre_columna2
```

```
FROM nombre_tabla1 [INNER] JOIN nombre_tabla2 USING
(nombre_columna[,...])
```

Una combinación se materializa habitualmente mediante una condición de igualdad entre una columna de la primera tabla y una columna de la segunda tabla: es una combinación por equivalencia, muy habitual, aunque también existen otros tipos de combinación no basadas en una igualdad.

En la primera sintaxis, la condición de unión está escrita en la cláusula `WHERE` y las tablas están separadas por una coma en la cláusula `FROM`. Esta sintaxis, aunque la soporten numerosos RDBMS, no es la sintaxis de la norma ANSI.

Las dos ultimas sintaxis se ajustan a la norma ANSI. Las tablas se unen en la cláusula `FROM` mediante la cláusula `JOIN` (`INNER` es opcional, es el valor predeterminado) y la condición de unión también se especifica en la cláusula `FROM`, bien con una cláusula `ON`, bien con una cláusula `USING`. Con la cláusula `ON`, la condición de unión está escrita explícitamente (como en la cláusula `WHERE` de la primera sintaxis). Con la cláusula `USING`, una combinación por equivalencia se realiza implícitamente en las columnas mencionadas que deben llevar, por lo tanto, el mismo nombre en las dos tablas; `USING (nombre_columna)` es equivalente a `ON nombre_tabla1.nombre_columna = nombre_tabla2.nombre_columna`.

Cuando se escriben consultas que afectan a varias tablas, es muy recomendable definir alias de tablas y utilizarlos para prefijar el nombre de las columnas.

Ejemplo con dos tablas

```
mysql> SELECT col.nombre,lib.titulo
    -> FROM coleccion col,libro lib
    -> WHERE col.id = lib.id_coleccion
    ->       AND lib.anio_publicacion=2006;
+--------------------------+------------------+
| nombre                   | titulo           |
+--------------------------+------------------+
| Recursos Informáticos    | MySQL 5          |
| TechNote                 | PHP 5            |
| Pack Técnico             | MySQL 5 y PHP 5  |
+--------------------------+------------------+
3 rows in set (0.00 sec)

mysql> SELECT col.nombre,lib.titulo
    -> FROM coleccion col JOIN libro lib
    ->      ON (col.id = lib.id_coleccion)
    -> WHERE lib.anio_publicacion=2006;
+--------------------------+------------------+
| nombre                   | titulo           |
+--------------------------+------------------+
| Recursos Informáticos    | MySQL 5          |
```

```
| TechNote                  | PHP 5              |
| Pack Técnico              | MySQL 5 y PHP 5    |
+---------------------------+--------------------+
3 rows in set (0.00 sec)
```

Ejemplo con tres tablas

```
mysql> SELECT
    ->    lib.id,
    ->    lib.titulo,
    ->    aut.nombre
    -> FROM
    ->    libro lib,
    ->    autor_libro aul,
    ->    autor aut
    -> WHERE
    ->    lib.id = aul.id_libro
    ->    AND aul.id_autor = aut.id
    ->    AND lib.anio_publicacion=2006
    -> ORDER BY
    ->    lib.titulo;
+----+------------------+---------+
| id | titulo           | nombre  |
+----+------------------+---------+
|  7 | MySQL 5          | THIBAUD |
|  9 | MySQL 5 y PHP 5  | HEURTEL |
|  9 | MySQL 5 y PHP 5  | THIBAUD |
|  2 | PHP 5            | HEURTEL |
+----+------------------+---------+
4 rows in set (0.00 sec)

mysql> SELECT
    ->    lib.id,
    ->    lib.titulo,
    ->    aut.nombre
    -> FROM
    ->    libro lib
    ->       JOIN
    ->    autor_libro aul
    ->       ON (lib.id = aul.id_libro)
    ->       JOIN
    ->    autor aut
    ->       ON (aul.id_autor = aut.id)
    -> WHERE
    ->    lib.anio_publicacion=2006
    -> ORDER BY
    ->    lib.titulo;
+----+------------------+---------+
| id | titulo           | nombre  |
+----+------------------+---------+
|  7 | MySQL 5          | THIBAUD |
|  9 | MySQL 5 y PHP 5  | HEURTEL |
```

```
|  9 | MySQL 5 y PHP 5   | THIBAUD |
|  2 | PHP 5             | HEURTEL |
+----+-------------------+---------+
4 rows in set (0.00 sec)
```

Combinación externa

En una **combinación interna**, sólo se devuelven las filas que se correspondan en las dos tablas: si un fila de la primera tabla no tiene correspondencia en la segunda tabla, no se devuelve (y recíprocamente).

Ejemplo

```
mysql> SELECT titulo,id_promocion FROM libro
    -> WHERE anio_publicacion = 2006;
+------------------+--------------+
| titulo           | id_promoción |
+------------------+--------------+
| PHP 5            |            1 |
| MySQL 5          |         NULL |
| MySQL 5 y PHP 5  |            2 |
+------------------+--------------+
3 rows in set (0.00 sec)

mysql> SELECT lib.titulo,pro.descripcion
    -> FROM libro lib JOIN promocion pro
    ->      ON (lib.id_promocion = pro.id)
    -> WHERE lib.anio_publicacion = 2006;
+------------------+-------------------------------------------+
| titulo           | descripcion                               |
+------------------+-------------------------------------------+
| PHP 5            | -5% en este libro                         |
| MySQL 5 y PHP 5  | Gastos de envío gratuitos para este libro |
+------------------+-------------------------------------------+
2 rows in set (0.00 sec)
```

En este ejemplo, la segunda consulta no devuelve el libro "MySQL 5", ya que no no tiene promoción.

Para devolver todas las filas de una de los tablas, incluso si no tienen correspondecia, es necesario escribir una **combinación externa**. Con una combinación externa, el servidor MySQL crea una fila con valores `NULL` para la tabla que no tiene fila que se corresponda con la otra tabla; esta fila "vacía" se utiliza para establecer la "correspondencia" con la otra tabla.

Cuando se establece una combinación, hay que plantearse siempre si no puede haber correspondencia entre las dos tablas, y, en caso afirmativo, qué se debe hacer: conservar o no las filas en cuestión.

Para realizar una **combinación externa** entre dos tablas, puede utilizar una de las siguientes sintaxis:

```
FROM nombre_tabla1 LEFT [OUTER] JOIN nombre_tabla2
ON nombre_tabla1.nombre_columna1 = nombre_tabla2.nombre_columna2
```

```
FROM nombre_tabla1 LEFT [OUTER] JOIN nombre_tabla2
USING (nombre_columna[,...])
```

```
FROM nombre_tabla1 RIGHT [OUTER] JOIN nombre_tabla2
ON nombre_tabla1.nombre_columna1 = nombre_tabla2.nombre_columna2
```

```
FROM nombre_tabla1 RIGHT [OUTER] JOIN nombre_tabla2
USING (nombre_columna[,...])
```

La palabra `OUTER` es opcional, ya que el sentido de la combinación externa debe precisarse con la palabra `LEFT` o `RIGHT`. En una combinación "izquierda" `nombre_tabla1 LEFT JOIN nombre_tabla2`, se devuelven las filas de la tabla de la "izquierda" `nombre_tabla1` aunque no tengan correspondencia en la otra tabla. En una combinación "derecha" `nombre_tabla1 RIGHT JOIN nombre_tabla2`, se devuelven las filas de la tabla de la "derecha" `nombre_tabla2` aunque no tengan correspondencia en la otra tabla.

Como para la combinación interna, la condición de unión puede especificarse mediante una cláusula `ON` o `USING`.

Ejemplo

```
mysql> SELECT lib.titulo,pro.descripcion
    -> FROM libro lib LEFT JOIN promocion pro
    ->      ON (lib.id_promocion = pro.id)
    -> WHERE lib.anio_publicacion = 2006;
+------------------+------------------------------------------+
| titulo           | descripcion                              |
+------------------+------------------------------------------+
| PHP 5            | -5% en este libro                        |
| MySQL 5          | NULL                                     |
| MySQL 5 y PHP 5  | Gastos de envío gratuitos para este libro |
+------------------+------------------------------------------+
3 rows in set (0.00 sec)
```

Ahora, el libro "MySQL 5" ha sido devuelto correctamente como resultado, aunque no tenga promoción.

Si la consulta incluye una condición suplementaria sobre la tabla externa (en la que se genera una fila vacía para la búsqueda de correspondencia), hay que indicarla en la cláusula `ON` de la combinación y no en la cláusula `WHERE`, so pena de obtener una combinación simple en lugar de la combinación externa.

Ejemplo

```
mysql> SELECT lib.titulo,pro.descripcion
    -> FROM libro lib LEFT JOIN promocion pro
    ->      ON (lib.id_promocion = pro.id)
    -> WHERE lib.anio_publicacion = 2006
    ->        AND pro.est_activa = TRUE;
+----------+--------------------+
| titulo   | descripcion        |
+----------+--------------------+
| PHP 5    | -5% en este libro  |
+----------+--------------------+
1 row in set (0.00 sec)

mysql> SELECT lib.titulo,pro.descripcion
    -> FROM libro lib LEFT JOIN promocion pro
    ->      ON (lib.id_promocion = pro.id
    ->        AND pro.est_activa = TRUE)
    -> WHERE lib.anio_publicacion = 2006;
+----------------+--------------------+
| titulo         | descripcion        |
+----------------+--------------------+
| PHP 5          | -5% en este libro  |
| MySQL 5        | NULL               |
| MySQL 5 y PHP 5 | NULL              |
+----------------+--------------------+
3 rows in set (0.00 sec)
```

Autocombinación

Es posible unir una tabla consigo misma (noción de **autocombinación**). Para ello, la tabla debe figurar dos veces en la cláusula `FROM`, con alias de tabla diferentes, y escribir la combinación entre las dos tablas como si se tratara de tablas diferentes. Esta técnica es especialmente útil para consultar una tabla que implementa una estructura jerárquica.

Ejemplo

```
mysql> SELECT pri.titulo tema,sec.titulo subtema
    -> FROM tema pri,tema sec
    -> WHERE sec.id_primario = pri.id;
+----------------+----------------+
| tema           | subtema        |
+----------------+----------------+
| Base de datos  | MySQL          |
| Base de datos  | Oracle         |
| Desarrollo     | Lenguajes      |
| Desarrollo     | Métodos        |
| Internet       | HTML - XML     |
| Internet       | Diseño Web     |
| Internet       | Seguridad      |
| Open Source    | Sistema        |
| Open Source    | Lenguajes      |
```

```
| Open Source     | Base de datos    |
+-----------------+------------------+
10 rows in set (0.00 sec)
```

5. Añadir filas en una tabla

La sentencia `INSERT` permite añadir filas en una tabla.

Sintaxis 1

```
INSERT [IGNORE]
[INTO] nombre_tabla [(nombre_columna,...)]
VALUES ({expresión | DEFAULT},...),(...),...
[ ON DUPLICATE KEY UPDATE nombre_columna=expresión, ... ]
```

Sintaxis 2

```
INSERT [IGNORE]
[INTO] nombre_tabla
SET nombre_columna ={ expresión | DEFAULT}, ...
[ ON DUPLICATE KEY UPDATE nombre_columna= expresión, ... ]
```

`nombre_tabla` es el nombre de la tabla en la que se añaden los datos.

Las columnas afectadas por la inserción se especifican, bien mediante una lista de nombres de columnas tras el nombre de la tabla (primera sintaxis), bien mediante la cláusula `SET` (segunda sintaxis). En la primera sintaxis, si la lista de las columnas está ausente, la sentencia afecta a todas las columnas de la tabla de manera predeterminada. Hay que precisar que no es obligatorio insertar un valor en todas las columnas de la tabla.

Los valores de las columnas se especifican, bien mediante la cláusula `VALUES` (primera sintaxis), bien mediante la cláusula `SET` (segunda sintaxis). En la primera sintaxis, la cláusula `VALUES` debe incluir una expresión para cada columna mencionada en la lista de columnas (en el orden correspondiente); si la lista de columnas está ausente, la cláusula `VALUES` debe proporcionar un valor para cada columna de la tabla, en el orden de las columnas de la tabla. En la segunda sintaxis, el valor de cada columna viene dado por la expresión situada a la derecha del signo =. En la primera sintaxis, pueden especificarse varias listas de valores (separados por comas) con el fin de insertar varias filas en una sola operación.

En la primera sintaxis, cuando se trate de código sin terminar, es aconsejable especificar siempre la lista de las columnas para que la consulta pueda continuar funcionando incluso si se añaden columnas en la tabla.

Ejemplos

```
mysql> DESC coleccion;
+----------------+--------------+------+-----+---------+----------------+
| Field          | Type         | Null | Key | Default | Extra          |
+----------------+--------------+------+-----+---------+----------------+
| id             | int(11)      | NO   | PRI | NULL    | auto_increment |
| nombre         | varchar(25)  | NO   | UNI |         |                |
```

```
| precio_siniva   | decimal(5,2) | YES  |     | 20.00   |                |
| gastos_ht       | decimal(5,2) | YES  |     | NULL    |                |
+-----------------+--------------+------+-----+---------+----------------+
3 rows in set (0.00 sec)

mysql> INSERT INTO coleccion
    -> VALUES(5,'Soluciones informáticas',36.97,1.25);
Query OK, 1 row affected (0.01 sec)

mysql> INSERT INTO coleccion(nombre)
    -> VALUES('ExpertIT');
Query OK, 1 row affected (0.00 sec)

mysql> SELECT * FROM coleccion WHERE id >= 5;
+----+-------------------------+---------------+---------------+
| id | nombre                  | precio_siniva | gastos_siniva |
+----+-------------------------+---------------+---------------+
|  5 | Soluciones Informáticas |         36.97 |          1.25 |
|  6 | ExpertIT                |         20.00 |          NULL |
+----+-------------------------+---------------+---------------+
2 rows in set (0.00 sec)
```

Como muestra este ejemplo, si una columna no se menciona en la inserción, pero ha sido definida con el atributo `AUTO_INCREMENT` (véase capítulo Construir una base de datos en MySQL – Administrar las tablas), se le asigna un entero único. Si no es el caso, se le asigna el valor predeterminado de la columna; la palabra clave `DEFAULT` permite asignar explícitamente el valor predeterminado de la columna.

Como veremos en el capítulo Construir una base de datos en MySQL, el valor predeterminado de una columna puede definirse en el momento de la creación de la tabla. En la inserción, si no hay ningún valor predeterminado definido explícitamente para una columna y la columna admite los valores `NULL`, se asigna el valor `NULL` como valor predeterminado. Por el contrario, si la columna es obligatoria, el funcionamiento depende del modo SQL activo:

- Si el modo SQL estricto no está activo (por defecto), MySQL utiliza su propio valor predeterminado ligado al tipo de datos: 0 para un número, cadena vacía para una cadena, fecha "cero" para una fecha.
- Si el modo SQL estricto está activo, se produce un error.

Ejemplos

```
mysql> SELECT @@sql_mode;
+------------+
| @@sql_mode |
+------------+
|            |
+------------+
1 row in set (0.00 sec)

mysql> INSERT INTO coleccion()  -- un poco raro para un INSERT
```

```
    -> VALUES();                    -- pero es una prueba
Query OK, 1 row affected, 1 warning (0.00 sec)

mysql> SHOW WARNINGS;
+---------+------+------------------------------------------+
| Level   | Code | Message                                  |
+---------+------+------------------------------------------+
| Warning | 1364 | Field 'nombre' doesn't have a default value |
+---------+------+------------------------------------------+
1 row in set (0.00 sec)

mysql> SELECT nombre,precio_siniva FROM coleccion
    -> WHERE id = last_insert_id();
+--------+---------------+
| nombre | precio_siniva |
+--------+---------------+
|        | 20.00         |
+--------+---------------+
1 row in set (0.00 sec)

mysql> SET @@sql_mode=STRICT_ALL_TABLES;
Query OK, 0 rows affected (0.00 sec)

mysql> INSERT INTO coleccion()
    -> VALUES();
ERROR 1364 (HY000): Field 'nombre' doesn't have a default value

mysql> SET @@sql_mode='';
Query OK, 0 rows affected (0.00 sec)
```

La función `last_insert_id` utilizada en este ejemplo devuelve el valor automáticamente generado por una columna de tipo `AUTO_INCREMENT` en el último `INSERT` (véase capítulo Utilizar las funciones MySQL – Funciones de sistema).

El comportamiento de MySQL ante la inserción de un valor no válido (una fecha inexistente, por ejemplo) o demasiado grande (el nombre `Daniel` en un `VARCHAR(4)`) depende también del modo SQL:

- Si el modo SQL estricto no está activo (por defecto), MySQL genera una alerta y modifica el valor para permitir su inserción:
- una cadena demasiado grande quedaría cortada;
- una fecha no válida se sustituiría por una fecha "cero";
- un número demasiado grande se sustituiría por el valor máximo autorizado por el tipo.
- Si el modo SQL estricto está activo, se produce un error.

Ejemplos

```
mysql> SELECT @@sql_mode;
+------------+
| @@sql_mode |
+------------+
|            |
+------------+
1 row in set (0.00 sec)

mysql> INSERT INTO coleccion(nombre,precio_siniva)
    -> VALUES('Pack Técnico Certificación',1234);
Query OK, 1 row affected, 2 warnings (0.00 sec)

mysql> SHOW WARNINGS;
+---------+----+----------------------------------------------------------+
| Level   |Code|Message                                                   |
+---------+----+----------------------------------------------------------+
| Warning |1265|Data truncated for column 'nombre' at row 1               |
| Warning |1264|Out of range value adjusted for column 'precio_siniva' at row 1 |
+---------+------+--------------------------------------------------------+
2 rows in set (0.00 sec)

mysql> SELECT nombre,precio_siniva FROM coleccion
    -> WHERE id = last_insert_id();
+--------------------------+---------------+
| nombre                   | precio_siniva |
+--------------------------+---------------+
| Pack Técnico Certifi     |        999.99 |
+--------------------------+---------------+
1 row in set (0.00 sec)

mysql> SET @@sql_mode= STRICT_ALL_TABLES;
Query OK, 0 rows affected (0.00 sec)

mysql> INSERT INTO coleccion(nombre,precio_siniva)
    -> VALUES('Pack Técnico Certificación',1234);
ERROR 1406 (22001): Data too long for column 'nombre' at row 1

mysql> SET @@sql_mode='';
Query OK, 0 rows affected (0.00 sec)
```

Cláusula IGNORE

La cláusula `IGNORE` permite ignorar los errores ligados a la inserción de una fila que provocaría un duplicado en una clave primaria o única; si esto se produce, no se inserta la fila y no se muestra ningún mensaje de error.

Ejemplos

```
mysql> INSERT INTO coleccion(id,nombre,precio_siniva)
    -> VALUES(1,'Epsilon',51.18);
ERROR 1062 (23000): Duplicate entry '1' for key 1

mysql> INSERT IGNORE INTO coleccion (id,nombre,precio_siniva)
    -> VALUES(1,'Epsilon',51.18);
Query OK, 0 rows affected (0.01 sec)

mysql> SELECT nombre FROM coleccion WHERE id = 1;
+-------------------------+
| nombre                  |
+-------------------------+
| Recursos Informáticos   |
+-------------------------+
1 row in set (0.00 sec)
```

Cláusula ON DUPLICATE KEY UPDATE

La cláusula `ON DUPLICATE KEY UPDATE` permite transformar en `UPDATE` la inserción de una fila que generaría un duplicado en una clave primaria o única.

En la cláusula `UPDATE`, la expresión `VALUES(nombre_columna)` permite hacer referencia al valor de la columna en la cláusula `INSERT` original.

Ejemplos

```
mysql> INSERT INTO autor(apellidos,nombre,email)
    -> VALUES('HEURTEL','Olivier','contact@olivier-heurtel.fr');
ERROR 1062 (23000): Duplicate entry 'HEURTEL-Olivier' for key 2

mysql> INSERT INTO autor(apellidos,nombre,email)
    -> VALUES('HEURTEL','Olivier','contact@olivier-heurtel.fr')
    -> ON DUPLICATE KEY UPDATE email = VALUES(email);
Query OK, 2 rows affected (0.00 sec)

mysql> SELECT email FROM autor WHERE apellidos = 'HEURTEL';
+----------------------------+
| email                      |
+----------------------------+
| contact@olivier-heurtel.fr |
+----------------------------+
1 row in set (0.00 sec)
```

Atención: Si la fila insertada genera un duplicado en dos filas (por ejemplo, en la clave primaria para la primera fila y en una clave única para la segunda fila), sólo se actualizará una fila. Es preferible evitar este tipo de situación.

Inserción de varias filas

En la primera sintaxis de la sentencia `INSERT`, pueden especificarse varias listas de valores (separados por comas) con el fin de insertar varias filas en una sola operación.

Si se produce un error en un `INSERT` de varias filas, la sentencia se interrumpe y las filas ya introducidas se conservan o no según el tipo de tabla:

- para una tabla no transaccional (es el caso por defecto en general), las filas ya introducidas se conservan;
- para una tabla transaccional (véase capítulo Técnicas avanzadas con MySQL – Administrar las transacciones y los accesos coincidentes), las filas ya introducidas son anuladas.

Ejemplo con una tabla no transaccional

```
mysql> INSERT INTO
    ->    autor(apellidos,nombre)
    -> VALUES
    ->    ('NOIRAULT','Claire'),
    ->    ('GABILLAUD','Jérôme'),
    ->    ('HEURTEL','Olivier'), -- ¡ya existe!
    ->    ('HUGO','Victor');
ERROR 1062 (23000): Duplicate entry 'HEURTEL-Olivier' for key 2

mysql> SELECT id,apellidos,nombre FROM autor WHERE id > 3;
+----+-----------+--------+
| id | apellidos | nombre |
+----+-----------+--------+
|  4 | NOIRAULT  | Claire |
|  5 | GABILLAUD | Jérôme |
+----+-----------+--------+
2 rows in set (0.00 sec)
```

El autor "Victor Hugo" no se ha introducido en la tabla.

En el capítulo Técnicas avanzadas con MySQL – Utilizar subconsultas, veremos cómo añadir filas en una tabla con ayuda de otra consulta (subconsultas).

6. Modificar filas en una tabla

La sentencia SQL `UPDATE` permite modificar filas en una tabla.

Sintaxis

```
UPDATE [IGNORE] nombre_tabla
SET nombre_columna={ expresión | DEFAULT} [,...]
[WHERE condición]
[ORDER BY orden]
[LIMIT número_filas]
```

`nombre_tabla` es el nombre de la tabla en la que se modifican los datos.

La cláusula `SET` indica las columnas que deben modificarse con su nuevo valor. Hay que precisar que no es obligatorio modificar todas las columnas de la tabla.

La palabra clave `DEFAULT` permite asignar explícitamente el valor predeterminado de la columna. Como en el caso de la inserción, si se menciona el valor `DEFAULT`, pero no se ha definido explícitamente ningún valor predeterminado en la columna y la columna es obligatoria, MySQL utiliza su propio valor predeterminado asociado al tipo de datos (0 para un número, cadena vacía para una cadena, fecha "cero" para una fecha).

La cláusula `WHERE` es opcional. Si se omite, se modifican todas las filas de la tabla. Si se especifica, sólo se actualizan las filas que cumplen la condición. La sintaxis para escribir una condición es la misma que para la cláusula `WHERE` de la sentencia `SELECT`.

Ejemplos

```
mysql> UPDATE autor SET email = 'olivier.heurtel@gmail.com'
    -> WHERE apellidos = 'HEURTEL' AND nombre = 'Olivier';
Query OK, 1 row affected (0.01 sec)
Rows matched: 1  Changed: 1  Warnings: 0

mysql> UPDATE coleccion SET apellidos = 'Epsilon',precio_siniva=51.18
    -> WHERE apellidos = '';
Query OK, 1 row affected (0.01 sec)
Rows matched: 1  Changed: 1  Warnings: 0

mysql> UPDATE coleccion
    -> SET precio_siniva = ROUND(precio_siniva*1.015,2) - incremento
del 1,5%
    -> WHERE apellidos = 'Epsilon';
Query OK, 1 row affected (0.01 sec)
Rows matched: 1  Changed: 1  Warnings: 0

mysql> UPDATE libro SET nivel='Avanzado' WHERE id_coleccion = 2;
Query OK, 3 rows affected (0.00 sec)
Rows matched: 3  Changed: 3  Warnings: 0
```

Si el valor de una columna no implica ningún cambio, MySQL no realiza la actualización; es decir, puede haber una diferencia entre el número de filas seleccionadas y el número de filas modificadas.

Ejemplo

```
mysql> UPDATE libro SET id_promocion=1 WHERE id_coleccion=1;
Query OK, 3 rows affected (0.00 sec)
Rows matched: 5  Changed: 3  Warnings: 0
```

En este ejemplo, dos libros de la colección nº 1 tienen ya el código promocional nº 1; por consiguiente, la consulta sólo actualiza realmente tres libros de los cinco de la colección.

El comportamiento ante valores no válidos o demasiado grandes, o ante errores en un `UPDATE` de varias filas es el mismo que para la sentencia `INSERT`.

Ejemplo

```
mysql> UPDATE coleccion SET precio_siniva = 5200 WHERE apellidos = 'Epsilon';
Query OK, 1 row affected, 1 warning (0.01 sec)
Rows matched: 1  Changed: 1  Warnings: 1

mysql> SHOW WARNINGS;
+---------+------+--------------------------------------------------------------------+
| Level   | Code | Message                                                            |
+---------+------+--------------------------------------------------------------------+
| Warning | 1264 | Out of range value adjusted for column 'precio_siniva' at row 1    |
+---------+------+--------------------------------------------------------------------+
1 row in set (0.00 sec)

mysql> SELECT precio_siniva FROM coleccion WHERE apellidos = 'Epsilon';
+---------------+
| precio_siniva |
+---------------+
|  999.99       |
+---------------+
1 row in set (0.00 sec)
```

Cláusulas ORDER BY y LIMIT

Si se especifica una cláusula `ORDER BY`, las filas son modificadas en el orden definido por la cláusula. En la práctica, esta cláusula sólo es interesante cuando se utiliza con la cláusula `LIMIT`.

La cláusula `LIMIT` permite limitar el número de filas seleccionadas (antes de la versión 4.0.13, esta cláusula limitaba el número de filas modificadas).

Ejemplo: aumentar el precio de la colección más barata

```
mysql> SELECT nombre,precio_siniva FROM coleccion ORDER BY precio_siniva
LIMIT 1;
+----------+---------------+
| nombre   | precio_siniva |
+----------+---------------+
| TechNote |          9.48 |
+----------+---------------+
1 row in set (0.00 sec)

mysql> UPDATE coleccion SET precio_siniva = precio_siniva + 0.50
    -> ORDER BY precio_siniva LIMIT 1;
Query OK, 1 row affected (0.01 sec)
Rows matched: 1  Changed: 1  Warnings: 0

mysql> SELECT nombre,precio_siniva FROM coleccion ORDER BY precio_siniva
LIMIT 1;
+----------+---------------+
| nombre   | precio_siniva |
+----------+---------------+
| TechNote |          9.98 |
+----------+---------------+
1 row in set (0.01 sec)
```

Cláusula IGNORE

La cláusula `IGNORE` permite ignorar los errores ligados a la modificación de filas que provocaría un duplicado en una clave primaria o única; si esto se produce, no se modifica la fila, no se muestra ningún mensaje de error y la modificación continúa en las otras filas.

Ejemplo

```
mysql> UPDATE coleccion SET apellidos = 'TechNote' WHERE id = 1;
ERROR 1062 (23000): Duplicate entry 'TechNote' for key 2

mysql> UPDATE IGNORE coleccion SET nombre = 'TechNote' WHERE id = 1;
Query OK, 0 rows affected (0.00 sec)
Rows matched: 1  Changed: 0  Warnings: 0

mysql> SELECT nombre FROM coleccion WHERE id = 1;
+--------------------------+
| nombre                   |
+--------------------------+
| Recursos Informáticos    |
+--------------------------+
1 row in set (0.00 sec)
```

Actualización en varias tablas combinadas

MySQL admite también una sintaxis de actualización en varias tablas unidas.

Ejemplo

```
mysql> SELECT col.nombre,col.precio_siniva,lib.isbn,lib.id_promocion
    -> FROM libro lib JOIN coleccion col
    ->      ON (lib.id_coleccion = col.id)
    -> WHERE
    ->    col.nombre = 'TechNote';
+----------+---------------+---------------+--------------+
| nombre   | precio_siniva | isbn          | id_promocion |
+----------+---------------+---------------+--------------+
| TechNote |          9.98 | 2-7460-3104-3 |            1 |
| TechNote |          9.98 | 2-7460-2834-4 |         NULL |
| TechNote |          9.98 | 2-7460-2833-6 |         NULL |
+----------+---------------+---------------+--------------+
2 rows in set (0.00 sec)

mysql> UPDATE
    ->    libro lib JOIN coleccion col
    ->      ON (lib.id_coleccion = col.id)
    -> SET
    ->    -- aumentar el precio de la colección
    ->    col.precio_siniva = col.precio_siniva + 0.5,
    ->    -- poner los libros (de la colección) en promoción
    ->    lib.id_promocion = 2
    -> WHERE
```

```
    ->    col.nombre = 'TechNote'
    ->    AND lib.id_promocion IS NULL; -- sin promoción todavía
Query OK, 3 rows affected (0.01 sec)
Rows matched: 3  Changed: 3  Warnings: 0

mysql> SELECT col.nombre,col.precio_siniva,lib.isbn,lib.id_promocion
    -> FROM libro lib JOIN coleccion col
    ->      ON (lib.id_coleccion = col.id)
    -> WHERE
    ->    col.nombre = 'TechNote';
+----------+--------------+---------------+--------------+
| nombre   | precio_siniva | isbn          | id_promocion |
+----------+--------------+---------------+--------------+
| TechNote |        10.48 | 2-7460-3104-3 |            1 |
| TechNote |        10.48 | 2-7460-2834-4 |            2 |
| TechNote |        10.48 | 2-7460-2833-6 |            2 |
+----------+--------------+---------------+--------------+
3 rows in set (0.00 sec)
```

En este ejemplo, las tablas `coleccion` y `libro` se actualizan con una sola sentencia `UPDATE`: se ha aumentado el precio de la colección "TechNote" y se ha aplicado la promoción a los libros de esta colección que no la tenían todavía. Hay tres filas actualizadas: una en la tabla `coleccion` y dos en la tabla `libro`.

Las diferentes sintaxis de combinación (interna y externa) presentadas anteriormente son posibles. Para más información sobre esta sintaxis, consulte la documentación.

7. Eliminar filas en una tabla

La sentencia `DELETE` permite eliminar filas en una tabla.

Sintaxis

```
DELETE [IGNORE] FROM nombre_tabla
[WHERE condición]
[ORDER BY orden]
[LIMIT número_filas]
```

`nombre_tabla` es el nombre de la tabla en la que se eliminan los datos.

La cláusula `WHERE` es opcional. Si se omite, se eliminan todas las filas de la tabla. Si se especifica, sólo se eliminan las filas que cumplen la condición. La sintaxis para escribir una condición es la misma que para la cláusula `WHERE` de la sentencia `SELECT`.

Ejemplos

```
mysql> DELETE FROM promocion WHERE id = 3;
Query OK, 1 row affected (0.00 sec)

mysql> DELETE FROM coleccion WHERE precio_siniva = 999.99;
Query OK, 2 rows affected (0.00 sec)
```

Cláusulas ORDER BY y LIMIT

Si se especifica una cláusula `ORDER BY`, las filas son eliminadas en el orden definido por la cláusula. En la práctica, esta cláusula sólo es interesante cuando se utiliza con la cláusula `LIMIT`.

La cláusula `LIMIT` permite limitar el número de filas eliminadas.

Ejemplo: eliminar la "última" fila (identificador más alto)

```
mysql> SELECT id,titulo FROM tema ORDER BY id DESC LIMIT 1;
+----+----------------------+
| id | titulo               |
+----+----------------------+
| 15 | Mensajería y trabajo |
+----+----------------------+
1 row in set (0.00 sec)

mysql> DELETE FROM tema ORDER BY id DESC LIMIT 1;
Query OK, 1 row affected (0.00 sec)

mysql> SELECT id,titulo FROM tema ORDER BY id DESC LIMIT 1;
+----+-----------------+
| id | titulo          |
+----+-----------------+
| 14 | Base de datos   |
+----+-----------------+
1 row in set (0.00 sec)
```

Cláusula IGNORE

La cláusula `IGNORE` permite ignorar los errores ligados a la eliminación de filas que provocaría un error (violación de clave externa, véase capítulo Construir una base de datos en MySQL - Utilizar las claves y los índices); si esto se produce, no se elimina la fila, no se muestra ningún mensaje de error y la eliminación continúa en las otras filas.

Eliminación en varias tablas unidas

MySQL admite también una sintaxis de eliminación en varias tablas unidas.

Ejemplo

```
mysql> SELECT id,isbn FROM libro WHERE id = 1;
+----+---------------+
| id | isbn          |
+----+---------------+
|  1 | 2-7460-1451-3 |
+----+---------------+
1 row in set (0.00 sec)
```

```
mysql> SELECT * FROM tema_libro WHERE id_libro = 1;
+-------------+----------+
| id_tema     | id_libro |
+-------------+----------+
|           7 |        1 |
|          10 |        1 |
|          13 |        1 |
+-------------+----------+
3 rows in set (0.01 sec)

mysql> SELECT * FROM autor_libro WHERE id_libro = 1;
+----------+----------+
| id_autor | id_libro |
+----------+----------+
|        1 |        1 |
+----------+----------+
1 row in set (0.00 sec)

mysql> DELETE FROM
    ->    lib,tel,aul -- alias definidos en la cláusula USING
    -> USING
    ->    libro lib,tema_libro tem,autor_libro aul
    -> WHERE
    ->    lib.id = tel.id_libro
    ->    AND lib.id = aul.id_libro
    ->    AND lib.isbn = '2-7460-1451-3';
Query OK, 5 rows affected (0.00 sec)

mysql> SELECT id,isbn FROM libro WHERE id = 1;
Empty set (0.01 sec)

mysql> SELECT * FROM tema_libro WHERE id_libro = 1;
Empty set (0.01 sec)

mysql> SELECT * FROM autor_libro WHERE id_libro = 1;
Empty set (0.00 sec)
```

En este ejemplo, la sentencia `DELETE` elimina una fila en la tabla `libro`, así como las filas unidas en las tablas `tema_libro` y `autor_libro` (estas filas carecen ya de sentido).

La cláusula `FROM` especifica las tablas en las que deben eliminarse las filas. La cláusula `USING` especifica todas las tablas utilizadas en la combinación; en la cláusula `USING` puede haber tablas no presentes en la cláusula `FROM` (tablas utilizadas en la combinación pero en las que no hay filas que suprimir).

Si se ha definido un alias en la cláusula `USING`, este alias debe utilizarse en la cláusula `FROM`.

Las diferentes sintaxis de combinación (interna y externa) presentadas anteriormente son posibles. Puede utilizarse otra sintaxis de eliminación para varias tablas. Para más información sobre las diferentes sintaxis de eliminación en varias tablas, consulte la documentación.

8. Exportar e importar datos

a. Exportar datos

La sentencia SQL `SELECT` puede contener una cláusula `INTO OUTFILE` que permite almacenar el resultado de la consulta en un archivo.

Sintaxis

```
INTO OUTFILE 'nombre_archivo'
[FIELDS [TERMINATED BY 'caracteres']
        [[OPTIONALLY] ENCLOSED BY 'carácter']
        [ESCAPED BY 'carácter' ]]
[LINES [STARTING BY 'caracteres'] [TERMINATED BY 'caracteres']]
```

La cláusula `INTO OUTFILE`, si está presente, debe definirse justo antes de la cláusula `FROM`.

Para utilizar esta cláusula, el usuario debe tener el privilegio `FILE` (véase capítulo Construir una base de datos en MySQL - Gestionar los usuarios y los privilegios).

El archivo en el que se escriben los datos no debe existir previamente. Además, el servidor MySQL debe tener los privilegios necesarios para escribir en el archivo. En una plataforma Windows, para especificar la ruta del archivo, debe utilizar, bien la antibarra (`c:\\temp\\data.txt`), bien la barra (`c:/temp/data.txt`).

La cláusula opcional `FIELDS` permite definir las opciones siguientes:

`TERMINATED BY`	Delimitador de fin de campo (varios caracteres autorizados, tabulación por defecto: `\t`).
`[OPTIONALLY] ENCLOSED BY`	Carácter utilizado para rodear los campos (un solo carácter autorizado, vacío por defecto). Si la palabra clave `OPTIONALLY` está ausente, sólo se rodean los campos de tipo texto; si está presente, se rodean todos los campos.
`ESCAPED BY`	Carácter utilizado como espape para los siguientes caracteres (un solo carácter autorizado, antibarra por defecto: `\\`) : - el carácter mismo; - el carácter definido por la opción `ENCLOSED BY`; - el primer carácter de las opciones `TERMINATED BY` (`FIELDS` y `LINES`); - el carácter de código ASCII 0.

Si se omite la cláusula `FIELDS`, los valores predeterminados son los siguientes:

```
FIELDS TERMINATED BY '\t' ENCLOSED BY '' ESCAPED BY '\\'
```

La cláusula opcional `LINES` permite definir las opciones siguientes:

`STARTING BY` Delimitador de principio de fila (varios caracteres autorizados, vacío por defecto).

`TERMINATED BY` Delimitador de fin de fila (varios caracteres autorizados, salto de línea por defecto: `\n`).

Si se omite la cláusula `LINES`, los valores predeterminados son los siguientes:

```
LINES TERMINATED BY '\n'
```

La manera en que los valores `NULL` se escriben en el archivo depende del valor de la opción `ESCAPED BY`:

- Si la opción está vacía, la palabra `NULL` se escribe en el campo.
- Si la opción no está vacía, la letra `N` precedida por el carácter de escape definido por la opción se escribe en el campo (`\N`, por ejemplo).

Ejemplo

```
SELECT lib.isbn,lib.anio_publicacion,pro.descripcion
FROM libro lib LEFT JOIN promocion pro
     ON lib.id_promocion = pro.id
INTO OUTFILE '/tmp/lista-libro-1.txt';
```

Resultado en el archivo `lista-libro-1.txt`

```
978-2-7460-3992-6    2007    -5% para este libro
2-7460-3104-3        2006    -5% para este libro
2-7460-2778-X        2005    -5% para este libro
2-7460-2834-4        2005    Gastos de envío gratuitos para este libro
2-7460-2833-6        2005    Gastos de envío gratuitos para este libro
2-7460-2281-8        2004    -5% para este libro
2-7460-3004-7        2006    -5% para este libro
2-7460-2340-7        2004    \N
2-7460-3377-1        2006    Gastos de envío gratuitos para este libro
```

Ejemplo

```
SELECT lib.isbn,lib.anio_publicacion,pro.descripcion
FROM libro lib LEFT JOIN promocion pro
     ON lib.id_promocion = pro.id
INTO OUTFILE '/tmp/lista-libro-2.txt'
FIELDS TERMINATED BY '|'
       OPTIONALLY ENCLOSED BY '"'
LINES STARTING BY '->';
```

Resultado en el archivo `lista-libro-2.txt`

```
->"978-2-7460-3992-6"|2007|"-5% para este libro"
->"2-7460-3104-3"|2006|"-5% para este libro"
->"2-7460-2778-X"|2005|"-5% para este libro"
->"2-7460-2834-4"|2005|"Gastos de envío gratuitos para este libro"
->"2-7460-2833-6"|2005|"Gastos de envío gratuitos para este libro"
->"2-7460-2281-8"|2004|"-5% para este libro"
->"2-7460-3004-7"|2006|"-5% para este libro"
->"2-7460-2340-7"|2004|\N
->"2-7460-3377-1"|2006|"Gastos de envío gratuitos para este libro"
```

b. Importar datos

La sentencia SQL `LOAD DATA` permite importar datos en una tabla.

Sintaxis

```
LOAD DATA [LOCAL] INFILE 'nombre_archivo'
   [REPLACE | IGNORE]
   INTO TABLE nombre_tabla
   [FIELDS [TERMINATED BY 'caracteres']
           [[OPTIONALLY] ENCLOSED BY 'carácter']
           [ESCAPED BY 'carácter']]
   [LINES [STARTING BY 'caracteres'] [TERMINATED BY 'caracteres']]
   [IGNORE nombre LINES]
   [(nombre_columna[,...])]
   [SET nombre_columna = expresión[,...]]
```

Para utilizar este comando, el usuario debe tener el privilegio `FILE` (véase capítulo Construir una base de datos en MySQL - Gestionar los usuarios y los privilegios).

Si se especifica la palabra `LOCAL`, el archivo es leído a partir del equipo cliente; si no, el archivo es leído en el servidor. Según el caso, el cliente MySQL o el servidor MySQL debe tener el privilegio de leer el archivo. En una plataforma Windows, para especificar la ruta del archivo, debe utilizar, bien la antibarra (`c:\\temp\\data.txt`), bien la barra (`c:/temp/data.txt`).

La cláusula `IGNORE` o `REPLACE` indica a MySQL si debe ignorar las filas que tienen la misma clave primaria o única que los registros ya presentes en la tabla, o si debe sustituir los registros en cuestión.

Las cláusulas `FIELDS` y `LINES` son idénticas a las de la cláusula `INTO OUTFILE` explicada anteriormente.

La cláusula `IGNORE` permite ignorar un cierto número de líneas al principio del archivo (línea del título, por ejemplo).

La lista de nombres de columnas permite definir las columnas en las que MySQL va a cargar el contenido de los diferentes campos. Si se omite la lista, los campos se cargarán en todas las columnas de la tabla, en el orden de las columnas de la tabla. Si no hay suficientes campos en la fila cargada, las columnas restantes se alimentarán con el valor predeterminado de la columna.

La cláusula `SET` puede utilizarse para asignar a columnas de las tablas valores calculados mediante una expresión. Esta expresión puede hacer referencia a otras columnas de la tabla alimentadas directamente por el archivo. En la lista de columnas, es posible especificar un nombre de variable de usuario en lugar de un nombre de columna, y utilizar esta variable en la cláusula `SET`. Especificar un nombre de variable en la lista de columnas y no utilizar esta variable es útil para ignorar un campo del archivo.

Ejemplo

- Contenido del archivo `catalogo.txt`:

```
titulo|codigo|precio_siniva
Oracle 10g - Administración|RI410GORAA|33.18
PHP 5 - El acceso a los datos|TE5PHPAD|9.48
```

- Carga en la tabla `catalogo`:

```
mysql> LOAD DATA INFILE '/tmp/catalogo.txt' INTO TABLE catalogo
    -> FIELDS TERMINATED BY '|' - separador de campo
    -> LINES TERMINATED BY '\n'
    -> IGNORE 1 LINES - ignorar la línea de título
    -> (titulo,codigo,@precio_siniva) - cargar los pre-
cios sin iva en una variable
    -> -- calcular los precios con iva en la tabla
    -> -- a partir del precio sin iva
    -> SET precio_coniva = @precio_siniva+ROUND(@precio_siniva*5.5/100,2);
Query OK, 2 rows affected (0.00 sec)
Records: 2  Deleted: 0  Skipped: 0  Warnings: 0

mysql> SELECT * FROM catalogo;
+------------+-------------------------------+---------------+
| codigo     | titulo                        | precio_coniva |
+------------+-------------------------------+---------------+
| RI410GORAA | Oracle 10g - Administración   |         35.00 |
| TE5PHPAD   | PHP 5 - El acceso a los datos |         10.00 |
+------------+-------------------------------+---------------+
2 rows in set (0.00 sec)
```

Capítulo 3 : Utilizar las funciones MySQL

A. Introducción

Como ya hemos visto, podemos utilizar expresiones en las diferentes cláusulas de las sentencias SQL. Una expresión puede escribirse utilizando columnas, expresiones literales, operadores y funciones SQL.

En este capítulo, presentaremos las funciones SQL utilizadas más a menudo. No mencionaremos todas las funciones existentes (¡hay más de 250!). Tampoco examinaremos sistemáticamente todas las opciones posibles de una función. Para saber más, consulte la documentación de SQL.

La sintaxis general de una función es la siguiente:

```
nombre_función([argumento][,...])
```

`argumento` puede ser cualquier expresión cuyo valor se pase como parámetro a la función; `argumento` también puede invocar otras funciones.

Recuerde: salvo indicación contraria, una expresión que contiene NULL da un resultado NULL.

B. Funciones de control

En este apartado veremos las funciones siguientes:

`IF`	Función del tipo "si, entonces, si no" basada en una condición.
`IFNULL`	Función del tipo "si, entonces, si no" basada en la nulidad de una expresión.
`NULLIF`	Devuelve `NULL` si dos expresiones son iguales.
`CASE`	Estructura de control condicional de tipo "si, entonces, si no" (generalización de la función `IF`).

IF

Sintaxis

```
IF(condición,valor_si_verdadero,valor_si_falso)
```

Si la expresión `condición` es verdadera (`TRUE`), la función devuelve la expresión `valor_si_verdadero`; si no (`condición = FALSE` o `NULL`), devuelve la expresión `valor_si_falso`.

Ejemplo

```
mysql> SELECT
    ->   titulo,
    ->   anio_publicacion,
    ->   IF(2008-anio_publicacion > 2,'Antiguo','Reciente') antiguedad
    -> FROM libro
    -> WHERE id_coleccion = 1;
```

```
+-------------------+-----------------+------------+
| titulo            | anio_publicacion | antiguedad |
+-------------------+-----------------+------------+
| PHP 5.2           |            2007 | Reciente   |
| Oracle 10g        |            2005 | Antiguo    |
| BusinessObjects 6 |            2004 | Antiguo    |
| MySQL 5           |            2006 | Reciente   |
+-------------------+-----------------+------------+
4 rows in set (0.00 sec)
```

IFNULL

Sintaxis

```
IFNULL(expresión,valor_si_null)
```

Si la expresión `expresión` es `NULL`, la función devuelve la expresión `valor_si_null`; si no (`expresión` no es `NULL`), devuelve la expresión `expresión`.

En las expresiones, la función `IFNULL` es muy útil para dar un valor a una expresión `NULL` y evitar así el resultado `NULL`.

Ejemplo

```
mysql> SELECT
    ->  nom,precio_siniva,gastos_siniva,precio_siniva+gastos_siniva total_siniva
    -> FROM coleccion;
+-------------------------+---------------+---------------+--------------+
| nombre                  | precio_siniva | gastos_siniva | total_siniva |
+-------------------------+---------------+---------------+--------------+
| Recursos Informáticos   |         24.44 |          1.50 |        25.94 |
| TechNote                |         10.48 |          NULL |         NULL |
| Prácticas Técnicas      |         25.59 |          1.50 |        27.09 |
| Pack Técnico            |         46.45 |          2.00 |        48.45 |
| Soluciones Informáticas |         36.97 |          1.25 |        38.22 |
| ExpertIT                |         20.00 |          NULL |         NULL |
+-------------------------+---------------+---------------+--------------+
6 rows in set (0.00 sec)

mysql> SELECT
    ->   nombre,precio_siniva,gastos_siniva,precio_siniva+IFNULL(gastos_siniva,0)
total_siniva
    -> FROM coleccion;
+-------------------------+---------------+---------------+--------------+
| nombre                  | precio_siniva | gastos_siniva | total_siniva |
+-------------------------+---------------+---------------+--------------+
| Recursos Informáticos   |         24.44 |          1.50 |        25.94 |
| TechNote                |         10.48 |          NULL |        10.48 |
| Prácticas Técnicas      |         25.59 |          1.50 |        27.09 |
| Pack Técnico            |         46.45 |          2.00 |        48.45 |
| Soluciones Informáticas |         36.97 |          1.25 |        38.22 |
| ExpertIT                |         20.00 |          NULL |        20.00 |
+-------------------------+---------------+---------------+--------------+
6 rows in set (0.00 sec)
```

NULLIF

Sintaxis

```
NULLIF(expresión1,expresión2)
```

Si les expresiones `expresión1` y `expresión2` son iguales, la función devuelve `NULL`; si no (`expresión` no es `NULL`), devuelve la expresión `expresión1`.

CASE

Sintaxis 1

```
CASE valor_para_comprobar
WHEN valor1 THEN resultado1
[ WHEN valor2 THEN resultado2 ]
[...]
[ ELSE resultado ]
END
```

Sintaxis 2

```
CASE
WHEN condición1 THEN resultado1
[ WHEN condición2 THEN resultado2 ]
[...]
[ ELSE resultado ]
END
```

Con la primera sintaxis, la función devuelve la primera expresión `resultadoN` para la cual las expresiones `valor_para_comprobar` y `valorN` son iguales. Con la segunda sintaxis, la función devuelve la primera expresión `resultadoN` para la cual la expresión `condiciónN` es verdadera. En las dos sintaxis, si no hay correspondencia, es la expresión `resultado` de la cláusula `ELSE` la que se devuelve (`NULL` si no hay `ELSE`).

Ejemplo

```
mysql> SELECT
    ->   titulo,
    ->   numero_paginas,
    ->   CASE
    ->     WHEN numero_paginas  400
    ->     THEN 1.5
    ->     WHEN numero_paginas BETWEEN 400 AND 500
    ->     THEN 2
    ->     ELSE 2.5
    ->   END gastos_envio
    -> FROM libro
    -> WHERE id_coleccion  2
    -> ORDER BY numero_paginas;
```

```
+--------------------------------+---------------+--------------+
| titulo                         | numero_paginas | gastos_envio |
+--------------------------------+---------------+--------------+
| PHP y MySQL (versiones 4 y 5)  |           272 |          1.5 |
| MySQL 5                        |           468 |            2 |
| BusinessObjects 6              |           470 |            2 |
| Oracle 10g                     |           489 |            2 |
| PHP 5.2                        |           518 |          2.5 |
| MySQL 5 y PHP 5                |           972 |          2.5 |
+--------------------------------+---------------+--------------+
6 rows in set (0.00 sec)

mysql> SELECT
    ->   titulo,
    ->   anio_publicacion,
    ->   CASE anio_publicacion
    ->     WHEN 2007 THEN 'Muy reciente'
    ->     WHEN 2006 THEN 'Reciente'
    ->     ELSE           'Antiguo'
    ->   END antiguedad
    -> FROM libro
    -> WHERE id_coleccion = 1;
+-------------------+------------------+--------------+
| titulo            | anio_publicacion |  antiguedad  |
+-------------------+------------------+--------------+
| PHP 5.2           |             2007 | Muy reciente |
| Oracle 10g        |             2005 | Antiguo      |
| BusinessObjects 6 |             2004 | Antiguo      |
| MySQL 5           |             2006 | Reciente     |
+-------------------+------------------+--------------+
4 rows in set (0.00 sec)
```

C. Funciones de comparación

En este apartado veremos las funciones siguientes:

`LEAST`	Valor más pequeño de una lista de valores.
`GREATEST`	Valor más grande de una lista de valores.
`COALESCE`	Primera expresión no `NULL` de una lista de expresiones.

LEAST - GREATEST

Sintaxis

```
LEAST(expresión1,expresión2[,…])
GREATEST(expresión1,expresión2[,…])
```

Las funciones `LEAST` y `GREATEST` devuelve respectivamente el valor más pequeño y el más grande de una lista de expresiones.

Ejemplo

```
mysql> -- Cálculo de un descuento
mysql> -- de un 5% limitado a 1,5
mysql> SELECT
    ->   nombre,
    ->   precio_siniva,
    ->   LEAST(ROUND(precio_siniva*5/100,2),1.5) descuento
    -> FROM coleccion;
+--------------------------+---------------+-----------+
| nombre                   | precio_siniva | descuento |
+--------------------------+---------------+-----------+
| Recursos Informáticos    |         24.44 |      1.22 |
| TechNote                 |         10.48 |      0.52 |
| Prácticas Técnicas       |         25.59 |      1.28 |
| Pack Técnico             |         46.45 |       1.5 |
| Soluciones Informáticas  |         36.97 |       1.5 |
| ExpertIT                 |         20.00 |      1.00 |
+--------------------------+---------------+-----------+
6 rows in set (0.01 sec)

mysql> -- Cálculo de un descuento
mysql> -- de un 5% con un mínimo de 1
mysql> SELECT
    ->   nombre,
    ->   precio_siniva,
    ->   GREATEST(ROUND(precio_siniva*5/100,2),1) descuento
    -> FROM coleccion;
+--------------------------+---------------+-----------+
| nombre                   | precio_siniva | descuento |
+--------------------------+---------------+-----------+
| Recursos Informáticos    |         24.44 |      1.22 |
| TechNote                 |         10.48 |         1 |
| Prácticas Técnicas       |         25.59 |      1.28 |
| Coffret Technique        |         46.45 |      2.32 |
| Solutions Informatiques  |         36.97 |      1.85 |
| ExpertIT                 |         20.00 |      1.00 |
+--------------------------+---------------+-----------+
6 rows in set (0.00 sec)
```

COALESCE

Sintaxis

```
COALESCE(expresión1,expresión2[,...])
```

La función devuelve la primera expresión `expresiónN` que es no `NULL`; la función devuelve `NULL` si todas las expresiones son `NULL`.

Ejemplo

```
mysql> -- Mostrar un número de teléfono entre los números
mysql> -- de teléfono posibles de los autores
mysql> SELECT
    ->   apellidos,
    ->   tel_oficina,
    ->   tel_movil,
    ->   tel_domicilio,
    ->   COALESCE(tel_oficina,tel_movil,tel_domicilio) telefono
    -> FROM
    ->   autor;
+-----------+-------------+------------+---------------+------------+
| apellidos | tel_oficina | tel_movil  | tel_domicilio | telefono   |
+-----------+-------------+------------+---------------+------------+
| HEURTEL   | NULL        | 0687731346 | 0102030405    | 0687731346 |
| THIBAUD   | 0203040506  | NULL       | NULL          | 0203040506 |
| GUERIN    | NULL        | NULL       | 0304050607    | 0304050607 |
| NOIRAULT  | NULL        | NULL       | NULL          | NULL       |
| GABILLAUD | NULL        | NULL       | NULL          | NULL       |
+-----------+-------------+------------+---------------+------------+
5 rows in set (0.01 sec)
```

D. Funciones numéricas

En este apartado veremos las funciones siguientes:

`ABS`	Valor absoluto de un número.
`CEILING,CEIL`	Entero más pequeño no inferior a un número.
`DIV`	Resultado de la división entera de dos números.
`FLOOR`	Entero más grande no superior a un número.
`MOD, %`	Resto de la división entera de dos números.
`RAND`	Número aleatorio superior o igual a 0 y estrictamente inferior a 1.
`ROUND`	Número redondeado con la precisión solicitada.
`TRUNCATE`	Número truncado con la precisión solicitada.

Una división por cero da un resultado NULL.

ABS

Sintaxis

```
ABS(número)
```

La función `ABS` devuelve el valor absoluto de un número.

CEILING - CEIL

Sintaxis

```
CEIL(número)
```

La función `CEILING` (o su equivalente `CEIL`) devuelve el entero más pequeño no inferior a un número.

Ejemplo

```
mysql> SELECT nombre,precio_siniva,CEIL(precio_siniva) FROM coleccion;
+--------------------------+---------------+---------------------+
| nombre                   | precio_siniva | CEIL(precio_siniva) |
+--------------------------+---------------+---------------------+
| Recursos Informáticos    |         24.44 |                  25 |
| TechNote                 |         10.48 |                  11 |
| Prácticas Técnicas       |         25.59 |                  26 |
| Pack Técnico             |         46.45 |                  47 |
| Soluciones Informáticas  |         36.97 |                  37 |
| ExpertIT                 |         20.00 |                  20 |
+--------------------------+---------------+---------------------+
6 rows in set (0.00 sec)
```

DIV

Sintaxis

```
dividendo DIV divisor
```

El operador `DIV` devuelve el resultado de la división entera de dos números.

Ejemplo

```
mysql> SELECT
    ->   titulo,numero_paginas,numero_paginas DIV 100 num_cent_paginas
    -> FROM libro WHERE id_coleccion = 1;
+-------------------+----------------+------------------+
| titulo            | numero_paginas | num_cent_paginas |
+-------------------+----------------+------------------+
| PHP 5.2           |            518 |                5 |
| Oracle 10g        |            489 |                4 |
| BusinessObjects 6 |            470 |                4 |
| MySQL 5           |            468 |                4 |
+-------------------+----------------+------------------+
4 rows in set (0.00 sec)
```

FLOOR

Sintaxis

```
FLOOR(número)
```

La función `FLOOR` devuelve el entero más grande no superior a un número.

Ejemplo

```
mysql> SELECT nombre,precio_siniva,FLOOR(precio_siniva) FROM coleccion;
+-------------------------+---------------+----------------------+
| nombre                  | precio_siniva | FLOOR(precio_siniva) |
+-------------------------+---------------+----------------------+
| Recursos Informáticos   |         24.44 |                   24 |
| TechNote                |         10.48 |                   10 |
| Prácticas Técnicas      |         25.59 |                   25 |
| Pack Técnico            |         46.45 |                   46 |
| Soluciones Informáticas |         36.97 |                   36 |
| ExpertIT                |         20.00 |                   20 |
+-------------------------+---------------+----------------------+
6 rows in set (0.00 sec)
```

MOD – %

Sintaxis

```
MOD(dividendo,divisor)
dividendo MOD divisor
dividendo % divisor
```

La función `MOD` (módulo) devuelve el resto de la división entera de dos números. `MOD` es también un operador; el operador `%` da el mismo resultado.

Ejemplo

```
mysql> SELECT
    ->   titulo,numero_paginas,numero_paginas MOD 100 resto_paginas
    -> FROM libro WHERE id_coleccion = 1;
+-------------------+----------------+---------------+
| titulo            | numero_paginas | resto_paginas |
+-------------------+----------------+---------------+
| PHP 5.2           |            518 |            18 |
| Oracle 10g        |            489 |            89 |
| BusinessObjects 6 |            470 |            70 |
| MySQL 5           |            468 |            68 |
+-------------------+----------------+---------------+
4 rows in set (0.01 sec)
```

RAND

Sintaxis

```
RAND()
```

La función `RAND` devuelve un número aleatorio superior o igual a 0 y estrictamente inferior a 1.

Ejemplo

```
mysql> SELECT rand(),rand(),rand();
+------------------+-------------------+------------------+
| rand()           | rand()            | rand()           |
+------------------+-------------------+------------------+
| 0.23858279198276 | 0.075853456813706 | 0.66351893885389 |
+------------------+-------------------+------------------+
1 row in set (0.00 sec)
```

Esta función puede utilizarse para ordenar el resultado de una consulta según un orden aleatorio, o extraer al azar una o varias líneas.

Ejemplo

```
mysql> SELECT nombre FROM coleccion ORDER BY rand() LIMIT 1;
+-------------------+
| nombre            |
+-------------------+
| Pack Técnico      |
+-------------------+
1 row in set (0.00 sec)

mysql> SELECT nombre FROM coleccion ORDER BY rand() LIMIT 1;
+----------+
| nombre   |
+----------+
| TechNote |
+----------+
1 row in set (0.00 sec)
```

ROUND

Sintaxis

```
ROUND(número[,precisión])
```

La función `ROUND` devuelve un número redondeado con la precisión solicitada.

`precisión` es igual a cero de manera predeterminada (redondea al entero más próximo). `precisión` puede ser negativo para redondear a un cierto número de cifras antes de la coma.

Ejemplo

```
mysql> SELECT
    ->   apellidos,
    ->   precio_siniva,
    ->   ROUND(precio_siniva) r1,
    ->   ROUND(precio_siniva,1) r2,
    ->   ROUND(precio_siniva,-1) r3
    -> FROM coleccion;
+--------------------------+---------------+------+------+------+
| nombre                   | precio_siniva | r1   | r2   | r3   |
```

```
+--------------------------+--------------+------+------+------+
| Recursos Informáticos    |        24.44 |   24 | 24.4 |   20 |
| TechNote                 |        10.48 |   10 | 10.5 |   10 |
| Prácticas Técnicas       |        25.59 |   26 | 25.6 |   30 |
| Pack Técnico             |        46.45 |   46 | 46.5 |   50 |
| Soluciones Informáticas  |        36.97 |   37 | 37.0 |   40 |
| ExpertIT                 |        20.00 |   20 | 20.0 |   20 |
+--------------------------+--------------+------+------+------+
6 rows in set (0.00 sec)
```

TRUNCATE

Sintaxis

```
TRUNCATE(número,precisión)
```

La función `TRUNCATE` devuelve un número truncado con la precisión solicitada.

Si `precisión` es igual a 0 el truncamiento se realiza al entero más próximo). `precisión` puede ser negativo para truncar a un cierto número de cifras antes de la coma.

Ejemplo

```
mysql> SELECT
    ->   apellidos,
    ->   precio_siniva,
    ->   TRUNCATE(precio_siniva,0) r1,
    ->   TRUNCATE(precio_siniva,1) r2,
    ->   TRUNCATE(precio_siniva,-1) r3
    -> FROM coleccion;
+--------------------------+--------------+------+------+------+
| nombre                   | precio_siniva | r1  | r2   | r3   |
+--------------------------+--------------+------+------+------+
| Recursos Informáticos    |        24.44 |   24 | 24.4 |   20 |
| TechNote                 |         10,4 |   10 | 10.5 |   10 |
| Prácticas Técnicas       |        25.59 |   25 | 25,5 |   20 |
| Pack Técnico             |        46.45 |   46 | 46,4 |   40 |
| Soluciones Informáticas  |        36.97 |   36 | 36,9 |   30 |
| ExpertIT                 |        20.00 |   20 | 20.0 |   20 |
+--------------------------+--------------+------+------+------+
6 rows in set (0.00 sec)
```

E. Funciones de cadenas

En este apartado veremos las funciones siguientes:

`CONCAT`, `CONCAT_WS`	Concatenación de cadenas de caracteres.
`INSTR`	Posición de la primera coincidencia de una cadena dentro de otra cadena.
`LEFT`, `RIGHT`	n primeros o n últimos caracteres de una cadena.

LENGTH	Longitud de una cadena.
LOWER, UPPER	Cadena en minúsculas o en mayúsculas.
LPAD, RPAD	Cadena completada a la izquierda o a la derecha por una secuencia de caracteres hasta una cierta longitud.
LTRIM, RTRIM, TRIM	Eliminación de espacios (o de otros caracteres) al principio o al final de la cadena.
REPEAT, SPACE	Cadena construida repitiendo una secuencia de caracteres un cierto número de veces.
REPLACE	Sustitución de todas las coincidencias de una cadena por otra.
SUBSTRING, SUBSTR, SUBSTRING_INDEX	Parte de una cadena.

Recuerde: sólo las cadenas de caracteres "binarios" tienen en cuenta las mayúsculas/minúsculas.

CONCAT - CONCAT_WS

Sintaxis

```
CONCAT(cadena1,cadena2[,...])
CONCAT_WS(separador,cadena1,cadena2[,...])
```

La función CONCAT devuelve una cadena de caracteres que concatena todos sus argumentos.

La función CONCAT_WS es una variante de la función CONCAT. El primer argumento es una cadena que es utilizada como separador en la concatenación de otros argumentos.

Ejemplo

```
mysql> SELECT CONCAT(nombre,' ',apellidos) FROM autor;
+-----------------------------+
| CONCAT(apellidos,' ',nombre) |
+-----------------------------+
| Jérôme GABILLAUD             |
| Brice-Arnaud GUERIN          |
| Olivier HEURTEL              |
| Claire NOIRAULT              |
| Cyril THIBAUD                |
+-----------------------------+
5 rows in set (0.00 sec)

mysql> SELECT CONCAT_WS(',',apellidos,nombre) FROM autor;
+---------------------------------+
| CONCAT_WS(',',apellidos,nombre) |
+---------------------------------+
```

```
| GABILLAUD,Jérôme                  |
| GUERIN,Brice-Arnaud               |
| HEURTEL,Olivier                   |
| NOIRAULT,Claire                   |
| THIBAUD,Cyril                     |
+-----------------------------------+
5 rows in set (0.00 sec)
```

INSTR

Sintaxis

```
INSTR(cadena,cadena_buscada)
```

La función `INSTR` devuelve la posición de la primera coincidencia de una cadena dentro de otra cadena.

La función devuelve 0 si no se encuentra la cadena buscada.

Ejemplo

```
mysql> SELECT nombre,INSTR(nombre,'Informática') FROM coleccion;
+--------------------------+-----------------------------+
| nombre                   | INSTR(nombre,'Informática') |
+--------------------------+-----------------------------+
| Pack Técnico             |                           0 |
| ExpertIT                 |                           0 |
| Prácticas Técnicas       |                           8 |
| Recursos Informáticos    |                          12 |
| Soluciones Informáticas  |                          11 |
| TechNote                 |                           0 |
+--------------------------+-----------------------------+
6 rows in set (0.01 sec)
```

LEFT – RIGHT

Sintaxis

```
LEFT(cadena,número_caracteres)
RIGHT(cadena,número_caracteres)
```

Las funciones `LEFT` y `RIGHT` devuelven respectivamente los *n* primeros o los *n* últimos caracteres de una cadena.

Ejemplo

```
mysql> SELECT nombre,LEFT(nombre,8),RIGHT(nombre,8) FROM coleccion;
+--------------------------+----------------+-----------------+
| nombre                   | LEFT(nombre,8) | RIGHT(nombre,8) |
+--------------------------+----------------+-----------------+
| Pack Técnico             | Pack Téc       |  Técnico        |
| ExpertIT                 | ExpertIT       | ExpertIT        |
| Prácticas Técnicas       | Práctica       | Técnicas        |
| Recursos Informáticos    | Recursos       | rmáticos        |
| Soluciones Informáticas  | Solucion       | rmáticas        |
```

```
| TechNote                  | TechNote        | TechNote         |
+---------------------------+-----------------+------------------+
6 rows in set (0.01 sec)
```

LENGTH

Sintaxis

```
LENGTH(cadena)
```

La función `LENGTH` devuelve la longitud de una cadena.

Ejemplo

```
mysql> SELECT nombre,LENGTH(nombre) FROM coleccion;
+--------------------------+----------------+
| nombre                   | LENGTH(nombre) |
+--------------------------+----------------+
| Pack Técnico             |             12 |
| ExpertIT                 |              8 |
| Prácticas Técnicas       |             18 |
| Recursos Informáticos    |             21 |
| Soluciones Informáticas  |             23 |
| TechNote                 |              8 |
+--------------------------+----------------+
6 rows in set (0.00 sec)
```

LOWER - UPPER

Sintaxis

```
LOWER(cadena)
UPPER(cadena)
```

Las funciones `LOWER` y `UPPER` devuelven una cadena con todas las letras en minúsculas o en mayúsculas.

Ejemplo

```
mysql> SELECT LOWER(apellidos),UPPER(nombre) FROM autor;
+------------------+---------------+
| LOWER(apellidos) | UPPER(nombre) |
+------------------+---------------+
| gabillaud        | JÉRÔME        |
| guerin           | BRICE-ARNAUD  |
| heurtel          | OLIVIER       |
| noirault         | CLAIRE        |
| thibaud          | CYRIL         |
+------------------+---------------+
5 rows in set * sec)
```

LPAD - RPAD

Sintaxis

```
LPAD(cadena,longitud,caracteres)
RPAD(cadena,longitud,caracteres)
```

Las funciones `LPAD` y `RPAD` devuelven una cadena completada a la izquierda o a la derecha por una secuencia de caracteres hasta una cierta longitud.

Ejemplo

```
mysql> SELECT LPAD(nombre,30,'.') FROM coleccion;
+--------------------------------+
| LPAD(nombre,30,'.')            |
+--------------------------------+
| ..................Pack Técnico |
| ......................ExpertIT |
| ............Prácticas Técnicas |
| .........Recursos Informáticos |
| .......Soluciones Informáticas |
| ......................TechNote |
+--------------------------------+
6 rows in set * sec)

mysql> SELECT RPAD(nombre,30,'.') FROM coleccion;
+--------------------------------+
| RPAD(nombre,30,'.')            |
+--------------------------------+
| Pack Técnico.................. |
| ExpertIT...................... |
| Prácticas Técnicas............ |
| Recursos Informáticos......... |
| Soluciones Informáticas....... |
| TechNote...................... |
+--------------------------------+
6 rows in set * sec)
```

LTRIM - RTRIM - TRIM

Sintaxis

```
LTRIM(cadena)
RTRIM(cadena)
TRIM([[BOTH | LEADING | TRAILING] [caracteres] FROM] cadena)
```

Las funciones `LTRIM` y `RTRIM` devuelven una cadena después de eliminar los espacios situados al principio o al final de la cadena.

La función `TRIM` es una generalización de las funciones `LTRIM` y `RTRIM` que sobre todo permite especificar la secuencia de caracteres que debe eliminarse.

`caracteres` especifica la secuencia de caracteres que debe eliminarse (por defecto, los espacios). `BOTH`, `LEADING` et `TRAILING` indican que la eliminación debe efectuarse por los dos lados (de manera predeterminada), al principio y al final de la cadena.

Ejemplo

```
mysql> SET @x='   abc   ';
Query OK, 0 rows affected (0.00 sec)

mysql> SELECT
    ->   CONCAT('|',@x,'|') x,
    ->   CONCAT('|',LTRIM(@x),'|') "ltrim(x)",
    ->   CONCAT('|',RTRIM(@x),'|') "rtrim(x)",
    ->   CONCAT('|',TRIM(@x),'|') "trim(x)";
+-------------+----------+----------+---------+
| x           | ltrim(x) | rtrim(x) | trim(x) |
+-------------+----------+----------+---------+
| |   abc   | | |abc   | |    abc| | |abc|   |
+-------------+----------+----------+---------+
1 row in set (0.00 sec)

mysql> SET @x='***abc***';
Query OK, 0 rows affected (0.00 sec)

mysql> SELECT
    ->   @x x,
    ->   TRIM(BOTH '*' FROM @x) "trim(x)";
+-----------+---------+
| x         | trim(x) |
+-----------+---------+
| ***abc*** | abc     |
+-----------+---------+
1 row in set (0.00 sec)
```

REPEAT - SPACE

Sintaxis

```
REPEAT(caracteres,numero_veces)
SPACE(numero_veces)
```

La función `REPEAT` devuelve una cadena construida repitiendo una secuencia de caracteres un cierto número de veces.

La función `SPACE` es un caso particular de `REPEAT` donde la secuencia de caracteres es un espacio.

Ejemplo

```
mysql> SELECT CONCAT(REPEAT('*',5),SPACE(5),REPEAT('*',5)) x;
+-----------------+
| x               |
+-----------------+
| *****     ***** |
+-----------------+
1 row in set (0.01 sec)
```

REPLACE

Sintaxis

```
REPLACE(cadena,cadena_buscada,cadena_sustitución)
```

La función `REPLACE` devuelve una cadena tras la sustitución de todas las coincidencias de una cadena por otra.

Ejemplo

```
mysql> SELECT nombre,REPLACE(nombre,'Informáticas','Técnicas') nuevo
    -> FROM coleccion WHERE nombre LIKE '%informáticas%';
+--------------------------+----------------------+
| nombre                   | nuevo                |
+--------------------------+----------------------+
| Soluciones Informáticas  | Soluciones Técnicas  |
+--------------------------+----------------------+
1 row in set * sec)
```

SUBSTRING - SUBSTR - SUBSTRING_INDEX

Sintaxis

```
SUBSTRING(cadena,posición[,longitud])
SUBSTRING(cadena FROM posición [FOR longitud])
SUBSTRING_INDEX(cadena,delimitador,coincidencia)
```

La función `SUBSTRING` devuelve la parte de una cadena que comienza en una posición de inicio dada y que tiene una cierta longitud. La función `SUBSTR` es equivalente a la función `SUBSTRING`.

`posición` especifica la posición del primer carácter que debe extraerse (1 para el primer carácter de la cadena); si `posición` es negativo, la posición se cuenta a partir del final de la cadena.

`longitud` especifica el número de caracteres que deben extraerse; si se omite, la función devuelve todos los caracteres hasta el final de la cadena.

La función `SUBSTRING_INDEX` devuelve la parte de una cadena situada antes o después de la enésima coincidencia de un delimitador.

`delimitador` especifica la cadena utilizada como delimitador.

`coincidencia` especifica el número de coincidencias del delimitador que debe tenerse en cuenta (1 para la primera coincidencia). Si `coincidencia` es positivo, las coincidencias se cuentan partiendo del principio de la cadena y la función devuelve la parte de la cadena situada antes del delimitador. Si `coincidencia` es negativo, las coincidencias se cuentan partiendo del final de la cadena y la función devuelve la parte de la cadena situada tras el delimitador.

Ejemplo

```
mysql> SELECT
    ->   apellidos,
    ->   SUBSTR(nombre,6),
    ->   SUBSTR(nombre,6,3)
    -> FROM coleccion;
+--------------------------+---------------------+---------------------+
| nombre                   | SUBSTR(nombre,6)    | SUBSTR(nombre,6,3)  |
+--------------------------+---------------------+---------------------+
| Pack Técnico             | Técnico             | Téc                 |
| ExpertIT                 | tIT                 | tIT                 |
| Prácticas Técnicas       | icas Técnicas       | ica                 |
| Recursos Informáticos    | sos Informáticos    | sos                 |
| Soluciones Informáticas  | iones Informáticos  | ion                 |
| TechNote                 | ote                 | ote                 |
+--------------------------+---------------------+---------------------+
6 rows in set * sec)

mysql> SELECT
    ->   apellidos,
    ->   SUBSTR(nombre,-6),
    ->   SUBSTR(nombre,-6,3)
    -> FROM coleccion;
+--------------------------+-------------------+---------------------+
| nombre                   | SUBSTR(nombre,-6) | SUBSTR(nombre,-6,3) |
+--------------------------+-------------------+---------------------+
| Pack Técnico             | écnico            | écn                 |
| ExpertIT                 | pertIT            | per                 |
| Prácticas Técnicas       | cnicas            | cni                 |
| Recursos Informáticos    | áticos            | áti                 |
| Soluciones Informáticas  | áticas            | áti                 |
| TechNote                 | chNote            | chN                 |
+--------------------------+-------------------+---------------------+
6 rows in set * sec)

mysql> SET @x='/ruta/a/archivo.txt';
Query OK, 0 rows affected (0.00 sec)

mysql> SELECT SUBSTRING_INDEX(@x,'/',2);
+---------------------------+
| SUBSTRING_INDEX(@x,'/',2) |
+---------------------------+
| /ruta                     |
```

```
+---------------------------+
1 row in set (0.00 sec)

mysql> SELECT SUBSTRING_INDEX(@x,'/',-1);
+----------------------------+
| SUBSTRING_INDEX(@x,'/',-1) |
+----------------------------+
| archivo.txt                |
+----------------------------+
1 row in set (0.00 sec)
```

F. Funciones de fechas

En este apartado veremos las funciones siguientes:

ADDDATE, DATE_ADD, DATE_SUB,SUBDATE	Añade o resta un intervalo de tiempo a una fecha.
CURDATE, CURRENT_DATE, UTC_DATE	Fecha actual.
CURTIME, CURRENT_TIME, UTC_TIME	Hora actual.
CURRENT_TIMESTAMP, NOW, LOCALTIME, LOCALTIMESTAMP, SYSDATE, UTC_TIMESTAMP	Fecha/hora actual.
DATE	Extrae la parte de fecha de una fecha/hora.
DATEDIFF	Diferencia en número de días entre dos fechas.
DAYOFWEEK, WEEKDAY, DAYOFMONTH, DAYOFYEAR	Extrae el número del día en la semana, en el mes o en el año de una fecha.
EXTRACT	Extrae un elemento de una fecha.
LAST_DAY	Último día del mes de una fecha.
MONTH	Número de mes de una fecha.
WEEK,WEEKOFYEAR	Número de semana de una fecha.
YEAR	Año de una fecha.

Con la excepción de SYSDATE, las funciones que devuelven la fecha y/o la hora "actual" se evalúan una vez al principio de la consulta; estas funciones devuelven, pues, la fecha y/o la hora de inicio de ejecución de la consulta. Por lo tanto, si una función de este tipo es invocada varias veces dentro de una consulta, siempre se devuelve el mismo valor.

ADDDATE - DATE_ADD - DATE_SUB - SUBDATE

Sintaxis

```
ADDDATE(fecha,INTERVAL valor unidad)
ADDDATE(fecha,número_días)
DATE_ADD(fecha,INTERVAL valor unidad)
DATE_SUB(fecha,INTERVAL valor unidad)
SUBDATE(fecha,INTERVAL valor unidad)
SUBDATE(fecha,número_días)
```

Las funciones `ADDDATE`, `DATE_ADD`, `DATE_SUB` y `SUBDATE` devuelven una fecha después de añadir o restar un intervalo de tiempo.

En la sintaxis con la palabra clave `INTERVAL`, `unidad` especifica la unidad del intervalo (véase más abajo) y `valor` es una expresión que da el valor del intervalo que debe añadirse o restarse a la fecha (`valor` puede ser positivo o negativo).

Ejemplos de intervalo

Palabra clave	Valor
SECOND	Segundos
MINUTE	Minutos
HOUR	Horas
DAY	Días
WEEK	Semanas
MONTH	Meses
QUARTER	Trimestres
YEAR	Años
MINUTE_SECOND	Minutos y segundos en formato 'm:s'
HOUR_SECOND	Horas, minutos y segundos en formato 'h:m:s'
HOUR_MINUTE	Horas y minutos en formato 'h:m'
DAY_SECOND	Días, horas, minutos y segundos en formato 'j h:m:s'
DAY_MINUTE	Días, horas y minutos en formato 'j m:s'
DAY_HOUR	Días y horas en formato 'j h'
YEAR_MONTH	Años y meses en formato 'a-m'

Existen también intervalos que permiten especificar microsegundos. Puede utilizarse cualquier delimitador en los formatos.

ADDDATE, en su sintaxis con la palabra clave INTERVAL, es un equivalente de DATE_ADD. SUBDATE, en su sintaxis con la palabra clave INTERVAL, es un equivalente de DATE_SUB.

ADDDATE(fecha,n) es equivalente a DATE_ADD(fecha,INTERVAL n DAY). SUBDATE(fecha,n) es equivalente a DATE_SUB(fecha,INTERVAL n DAY).

Las mismas operaciones pueden efectuarse directamente sobre una fecha +, - y la palabra clave INTERVAL:

```
fecha + INTERVAL valor unidad
```

```
fecha - INTERVAL valor unidad
```

En una operación con los años y los meses, si el resultado da un día más grande que el número de días del mes, el día se ajusta al número máximo de días del mes del resultado.

Ejemplo

```
mysql> SET @d='2008-01-22';
Query OK, 0 rows affected (0.00 sec)

mysql> SELECT
    ->   @d,
    ->   ADDDATE(@d,1) "+ 1 día",
    ->   ADDDATE(@d,INTERVAL 10 DAY)  "+ 10 días",
    ->   ADDDATE(@d,INTERVAL '1-3' YEAR_MONTH)  "+ 1 año y 3 meses";
+------------+------------+------------+-------------------+
| @d         | + 1 día    | + 10 días  | + 1 año y 3 meses |
+------------+------------+------------+-------------------+
| 2008-01-22 | 2008-01-23 | 2008-02-01 | 2009-04-22        |
+------------+------------+------------+-------------------+
1 row in set (0.00 sec)
```

CURDATE - CURRENT_DATE - UTC_DATE

Sintaxis

```
CURDATE()
CURRENT_DATE()
UTC_DATE()
```

Las funciones CURDATE y CURRENT_DATE devuelven la fecha del inicio de ejecución de la consulta en formato YYYY-MM-DD o YYYYMMDD dependiendo de si la función es invocada en un contexto de cadena o de nombre.

La función UTC_DATE devuelve lo mismo, pero para la fecha UTC.

Ejemplo

```
mysql> SELECT CURDATE();
+------------+
| CURDATE()  |
```

```
+------------+
| 2008-01-22 |
+------------+
1 row in set (0.00 sec)

mysql> SELECT fecha_incio,fecha_fin FROM promocion WHERE id = 2;
+--------------+-----------+
| fecha_inicio | fecha_fin |
+--------------+-----------+
| NULL         | NULL      |
+--------------+-----------+
1 row in set (0.01 sec)

mysql> UPDATE promocion
    -> SET fecha_inicio = CURDATE(),fecha_fin = ADDDATE(CURDATE(),7)
    -> WHERE id = 2;
Query OK, 1 row affected (0.01 sec)
Rows matched: 1  Changed: 1  Warnings: 0

mysql> SELECT fecha_incio,fecha_fin FROM promocion WHERE id = 2;
+--------------+------------+
| fecha_inicio | fecha_fin  |
+--------------+------------+
| 2008-01-22   | 2008-01-29 |
+--------------+------------+
1 row in set (0.00 sec)
```

CURTIME - CURRENT_TIME - UTC_TIME

Sintaxis

```
CURTIME()
CURRENT_TIME()
UTC_TIME()
```

Las funciones `CURTIME` y `CURRENT_TIME` devuelven la hora del inicio de ejecución de la consulta en formato `HH:MM:SS` o `HHMMSS` dependiendo de si la función es invocada en un contexto de cadena o de nombre.

La función `UTC_TIME` devuelve lo mismo, pero para la hora UTC.

Ejemplo

```
mysql> SELECT CURTIME();
+-----------+
| CURTIME() |
+-----------+
| 15:30:16  |
+-----------+
1 row in set (0.00 sec)
```

CURRENT_TIMESTAMP - NOW - LOCALTIME - LOCALTIMESTAMP- SYSDATE - UTC_TIMESTAMP

Sintaxis

```
CURRENT_TIMESTAMP()
NOW()
LOCALTIME()
LOCALTIMESTAMP()
SYSDATE()
UTC_TIMESTAMP()
```

La función `NOW` devuelve la fecha/hora del inicio de ejecución de la consulta en formato `YYYY-MM-DD HH:MM:SS` o `YYYYMMDDHHMMSS` dependiendo de si la función es invocada en un contexto de cadena o de nombre. Las funciones `CURRENT_TIMESTAMP`, `LOCALTIME` y `LOCALTIMESTAMP` son equivalentes a la función `NOW`. Si la función `NOW` es invocada varias veces en una consulta (o en un procedimiento almacenado), devuelve siempre el mismo resultado.

La función `UTC_TIMESTAMP` devuelve lo mismo, pero para la fecha/hora UTC.

La función `SYSDATE` devuelve la fecha/hora actual en formato `YYYY-MM-DD HH:MM:SS` o `YYYYMMDDHHMMSS` dependiendo de si la función es invocada en un contexto de cadena o de nombre. Si la función `SYSDATE` es invocada varias veces en una consulta (o en un procedimiento almacenado), es calculada cada vez.

Ejemplo

```
mysql> SELECT NOW(),UTC_TIMESTAMP();
+---------------------+---------------------+
| NOW()               | UTC_TIMESTAMP()     |
+---------------------+---------------------+
| 2008-01-22 15:30:51 | 2008-01-22 14:30:51 |
+---------------------+---------------------+
1 row in set (0.00 sec)
```

DATE

Sintaxis

```
DATE(fecha)
```

La función `DATE` devuelve la parte de fecha de una fecha/hora.

Ejemplo

```
mysql> SELECT fecha_actualizacion,DATE(fecha_actualizacion) FROM li-
bro  WHERE id = 2;
+---------------------+---------------------------+
| fecha_actualizacion | DATE(fecha_actualizacion) |
+---------------------+---------------------------+
| 2008-01-22 15:26:16 | 2008-01-22                |
+---------------------+---------------------------+
1 row in set (0.00 sec)
```

DATEDIFF

Sintaxis

```
DATEDIFF(fecha1,fecha2)
```

La función `DATEDIFF` devuelve la diferencia en número de días entre dos fechas (los componentes horarios, si los hay, son ignorados).

Ejemplo

```
mysql> SELECT DATEDIFF(fecha_fin,fecha_inicio)
    -> FROM promocion WHERE id = 2;
+----------------------------------+
| DATEDIFF(fecha_fin,fecha_inicio) |
+----------------------------------+
|                                7 |
+----------------------------------+
1 row in set (0.00 sec)
```

DAYOFWEEK - DAYOFMONTH - DAYOFYEAR - WEEKDAY

Sintaxis

```
DAYOFWEEK(fecha)
DAYOFMONTH(fecha)
DAYOFYEAR(fecha)
```

Las funciones `DAYOFWEEK` (o `WEEKDAY`), `DAYOFMONTH` y `DAYOFYEAR` devuelven respectivamente el número del día en la semana, en el mes o en el año de una fecha.

La función `DAYOFWEEK` devuelve un número comprendido entre 1 y 7 (1 = domingo). La función `WEEKDAY` devuelve un número comprendido entre 0 y 6 (0 = lunes).

Ejemplo

```
mysql> SET @d='2008-04-06'; -- domingo 6 abril
Query OK, 0 rows affected (0.00 sec)

mysql> SELECT
    ->   @d,
    ->   DAYOFWEEK(@d),
    ->   DAYOFMONTH(@d),
    ->   DAYOFYEAR(@d)
    ->   ;
+------------+---------------+----------------+---------------+
| @d         | DAYOFWEEK(@d) | DAYOFMONTH(@d) | DAYOFYEAR(@d) |
+------------+---------------+----------------+---------------+
| 2008-04-06 |             1 |              6 |            97 |
+------------+---------------+----------------+---------------+
1 row in set (0.00 sec)
```

EXTRACT

Sintaxis

```
EXTRACT(unidad FROM fecha)
```

La función `EXTRACT` devuelve un componente de una fecha.

`unidad` es una palabra clave que especifica el componente que debe recuperarse; son las mismas palabras que para la especificación del intervalo en las funciones `DATE_ADD` y `DATE_SUB`.

Ejemplo

```
mysql> SELECT
    ->   NOW(),
    ->   EXTRACT(DAY FROM NOW()) dia,
    ->   EXTRACT(MONTH FROM NOW()) mes,
    ->   EXTRACT(YEAR FROM NOW()) anio,
    ->   EXTRACT(HOUR FROM NOW()) hora
    ->   ;
+---------------------+-----+-----+------+------+
| NOW()               | dia | mes | anio | hora |
+---------------------+-----+-----+------+------+
| 2008-01-22 15:42:25 |  22 |   1 | 2008 |   15 |
+---------------------+-----+-----+------+------+
1 row in set (0.00 sec)
```

LASTDAY

Sintaxis

```
LAST_DAY(fecha)
```

La función `LAST_DAY` devuelve una fecha que corresponde al último día del mes de una fecha.

Ejemplo

```
mysql> SELECT
    ->   LAST_DAY(NOW()),
    ->   LAST_DAY(NOW()+INTERVAL 1 MONTH);
+-----------------+----------------------------------+
| LAST_DAY(NOW()) | LAST_DAY(NOW()+INTERVAL 1 MONTH) |
+-----------------+----------------------------------+
| 2008-01-31      | 2008-02-29                       |
+-----------------+----------------------------------+
1 row in set (0.01 sec)
```

MONTH

Sintaxis

```
MONTH(fecha)
```

La función `MONTH` devuelve el número de mes de una fecha.

Ejemplo

```
mysql> SELECT CURRENT_DATE(),MONTH(CURRENT_DATE());
+----------------+-----------------------+
| CURRENT_DATE() | MONTH(CURRENT_DATE()) |
+----------------+-----------------------+
| 2008-01-22     |                     1 |
+----------------+-----------------------+
1 row in set (0.00 sec)
```

WEEK - WEEKOFYEAR

Sintaxis

```
WEEK(fecha,modo)
WEEKOFYEAR(fecha)
```

Las funciones `WEEK` y `WEEKOFYEAR` devuelven el número de semana de una fecha.

`modo` permite indicar si la semana empieza un domingo o un lunes, y si el resultado debe estar entre 0 y 53 o entre 1 y 53. Los valores posibles son los siguientes:

Modo	Primer día de la semana	Resultado	La semana 1 es la semana
0	Domingo	0-53	Con un domingo en este año
1	Lunes	0-53	Con más de 3 días este año
2	Domingo	1-53	Con un domingo en este año
3	Lunes	1-53	Con más de 3 días este año
4	Domingo	0-53	Con más de 3 días este año
5	Lunes	0-53	Con un lunes en este año
6	Domingo	1-53	Con más de 3 días este año
7	Lunes	1-53	Con un lunes en este año

`WEEKOFYEAR(fecha)` es equivalente a `WEEK(fecha,3)`.

Ejemplo

```
mysql> SELECT CURRENT_DATE(),WEEKOFYEAR(CURRENT_DATE());
+----------------+----------------------------+
| CURRENT_DATE() | WEEKOFYEAR(CURRENT_DATE()) |
+----------------+----------------------------+
| 2008-01-22     |                          4 |
+----------------+----------------------------+
1 row in set (0.00 sec)
```

YEAR

Sintaxis

```
YEAR(date)
```

La función `YEAR` devuelve el año de una fecha.

Ejemplo

```
mysql> SELECT CURRENT_DATE(),YEAR(CURRENT_DATE());
+----------------+----------------------+
| CURRENT_DATE() | YEAR(CURRENT_DATE()) |
+----------------+----------------------+
| 2008-01-22     |                 2008 |
+----------------+----------------------+
1 row in set (0.01 sec)
```

G. Funciones de conversión y de formato

En este apartado veremos las funciones siguientes:

`BINARY`	Conversión de una cadena en cadena binaria.
`CAST,CONVERT`	Conversión de un dato de un tipo en otro.
`DATE_FORMAT`	Da formato a una fecha.
`FORMAT`	Da formato a un número.
`STR_TO_DATE`	Conversión de una cadena en fecha.

BINARY

Sintaxis

```
BINARY cadena
```

El operador `BINARY` convierte una cadena en cadena binaria.

Ejemplo

```
mysql> -- Búsqueda no sensible a las mayúsculas/minúsculas
mysql> SELECT precio_siniva FROM coleccion WHERE nombre = 'TECHNOTE';
+---------------+
| precio_siniva |
+---------------+
|         10.48 |
+---------------+
1 row in set (0.00 sec)

mysql> -- Búsqueda sensible a las mayúsculas/minúsculas
mysql> SELECT precio_siniva FROM coleccion WHERE nombre = 'TECHNOTE';
BINARY 'TECHNOTE';
Empty set (0.00 sec)
```

CAST - CONVERT

Sintaxis

```
CAST(expresión AS tipo)
CONVERT(expresión,tipo)
```

Las funciones `CAST` y `CONVERT` convierten una expresión de un tipo cualquiera en otro tipo.

`tipo` puede ser uno de los siguientes valores:

`BINARY[(n)]`	Cadena binaria (si es necesario, limitada a `n` octetos)
`CHAR[(n)]`	Cadena binaria (si es necesario, limitada a `n` caracteres)
`DATE`	Fecha
`DATETIME`	Fecha/hora
`DECIMAL`	Número decimal
`SIGNED [INTEGER]`	Entero con signo
`TIME`	Hora
`UNSIGNED [INTEGER]`	Entero sin signo

Ejemplo

```
mysql> SELECT
    ->   precio_siniva,
    ->   CAST(precio_siniva AS SIGNED) entero,
    ->   CAST(precio_siniva AS CHAR) cadena
    -> FROM
    ->   coleccion;
+---------------+--------+--------+
| precio_siniva | entero | cadena |
+---------------+--------+--------+
|         24.44 |     24 | 24.44  |
|         10.48 |     10 | 10.48  |
|         25.59 |     26 | 25.59  |
|         46.45 |     46 | 46.45  |
|         36.97 |     37 | 36.97  |
|         20.00 |     20 | 20.00  |
+---------------+--------+--------+
6 rows in set * sec)
```

Si la conversión no puede realizarse, la función devuelve un valor arbitrario, pero no genera ningún error.

DATE_FORMAT

Sintaxis

```
DATE_FORMAT(fecha,formato)
```

La función `DATE_FORMAT` devuelve una fecha con un determinado formato.

`format` permite especificar el formato; las secuencias siguientes pueden utilizarse para especificar el formato (lista no exhaustiva):

`%e`	Número del día del mes (1-31)
`%d`	Número del día del mes (01-31)
`%c`	Número del mes (1-12)
`%m`	Número del mes (01-12)
`%Y`	Año en 4 cifras
`%y`	Año en 2 cifras
`%H`	Hora (00-23)
`%i`	Minutos (00-59)
`%S`, `%s`	Segundos (00-59)
`%T`	Hora (en 24 horas), minutos y segundos en formato `hh:mm:ss`
`%j`	Número del día en el año (001-366)
`%W`	Nombre del día de la semana
`%M`	Nombre del mes

La variable de sistema `lc_time_names` define el idioma utilizado para mostrar los nombres de día o de mes. El valor `es_ES` puede utilizarse para obtener los nombres en español (`SET lc_time_names = 'es_ES'`).

La función `GET_FORMAT` puede utilizarse para recuperar formatos estándar.

Sintaxis:

```
GET_FORMAT(DATE | TIME | TIMESTAMP, 'EUR' | 'USA' | 'JIS' | 'ISO' |
'INTERNAL')
```

Denominación	Resultado
`GET_FORMAT(DATE,'USA')`	`'%m.%d.%Y'`
`GET_FORMAT(DATE,'JIS')`	`'%Y-%m-%d'`
`GET_FORMAT(DATE,'ISO')`	`'%Y-%m-%d'`
`GET_FORMAT(DATE,'EUR')`	`'%d.%m.%Y'`

Denominación	Resultado
GET_FORMAT(DATE,'INTERNAL')	'%Y%m%d'
GET_FORMAT(TIMESTAMP,'USA')	'%Y-%m-%d-%H.%i.%s'
GET_FORMAT(TIMESTAMP,'JIS')	'%Y-%m-%d %H:%i:%s'
GET_FORMAT(TIMESTAMP,'ISO')	'%Y-%m-%d %H:%i:%s'
GET_FORMAT(TIMESTAMP,'EUR')	'%Y-%m-%d-%H.%i.%s'
GET_FORMAT(TIMESTAMP,'INTERNAL')	'%Y%m%d%H%i%s'
GET_FORMAT(TIME,'USA')	'%h:%i:%s %p'
GET_FORMAT(TIME,'JIS')	'%H:%i:%s'
GET_FORMAT(TIME,'ISO')	'%H:%i:%s'
GET_FORMAT(TIME,'EUR')	'%H.%i.%S'
GET_FORMAT(TIME,'INTERNAL')	'%H%i%s'

Ejemplo

```
mysql> SELECT
    ->   NOW(),
    ->   DATE_FORMAT(NOW(),'%d/%m/%Y %H:%i:%s') esp,
    ->   DATE_FORMAT(NOW(),GET_FORMAT(TIMESTAMP,'EUR')) euro;
+---------------------+---------------------+---------------------+
| NOW()               | esp                 | euro                |
+---------------------+---------------------+---------------------+
| 2008-01-22 16:21:50 | 22/01/2008 16:21:50 | 2008-01-22 16.21.50 |
+---------------------+---------------------+---------------------+
1 row in set (0.00 sec)
```

FORMAT

Sintaxis

```
FORMAT(número,decimales)
```

La función `FORMAT` devuelve un número con un formato del tipo #,###,###.##.

El número se redondea al número de decimales especificado por el argumento `decimales`.

Ejemplo

```
mysql> SET @x=1234.567;
Query OK, 0 rows affected (0.00 sec)

mysql> SELECT @x,FORMAT(@x,2);
+----------+--------------+
| @x       | FORMAT(@x,2) |
+----------+--------------+
| 1234.567 | 1,234.57     |
+----------+--------------+
1 row in set (0.00 sec)
```

STR_TO_DATE

Sintaxis

```
STR_TO_DATE(cadena,formato)
```

La función `STR_TO_DATE` convierte una cadena en fecha; es la función inversa de `FORMAT_DATE`.

`format` permite especificar el formato de la cadena mediante los mismos símbolos que el la función `FORMAT_DATE`.

Ejemplo

```
mysql> SET @x='20080122-180709';
Query OK, 0 rows affected (0.00 sec)

mysql> SELECT @x,STR_TO_DATE(@x,'%Y%m%d-%H%i%s');
+-----------------+---------------------------------+
| @x              | STR_TO_DATE(@x,'%Y%m%d-%H%i%s') |
+-----------------+---------------------------------+
| 20080122-180709 | 2008-01-22 18:07:09             |
+-----------------+---------------------------------+
1 row in set (0.00 sec)
```

H. Funciones de sistema

En este apartado veremos las funciones siguientes:

`CURRENT_USER`, `SESSION_USER`, `SYSTEM_USER`, `USER`	Usuario actual.
`DATABASE`,`SCHEMA`	Base de datos actual.
`FOUND_ROWS`	Número de filas devueltas por la última sentencia `SELECT`.

`LAST_INSERT_ID`	Valor automáticamente generado por una columna de tipo `AUTO_INCREMENT` en el último `INSERT`.
`ROW_COUNT`	Número de filas actualizadas por la última sentencia `INSERT`, `UPDATE` o `DELETE`.
`VERSION`	Versión de MySQL.

CURRENT_USER - SESSION_USER - SYSTEM_USER - USER

Sintaxis

```
CURRENT_USER()
USER()
SESSION_USER()
SYSTEM_USER()
```

La función `CURRENT_USER` devuelve el nombre del usuario y el nombre del equipo de la sesión actual, bajo la forma `usuario@máquina`.

La función `USER` devuelve el nombre del usuario y el nombre del equipo especificados en la conexión al servidor MySQL, bajo la forma `usuario@máquina`. Las funciones `SESSION_USER` y `SYSTEM_USER` son equivalentes a la función `USER`.

El resultado de las dos funciones puede ser diferente. Por ejemplo, si un cliente ha sido identificado por el servidor como usuario anónimo, la función `CURRENT_USER` devolverá un nombre de usuario vacío, mientras que la función `USER` devuelve el nombre realmente especificado en la cadena de conexión.

Ejemplo

```
[root@xampp ~]# mysql -u root
...
mysql> SELECT CURRENT_USER(),USER();
+----------------+----------------+
| CURRENT_USER() | USER()         |
+----------------+----------------+
| root@localhost | root@localhost |
+----------------+----------------+
1 row in set (0.00 sec)

mysql> exit
Bye

[root@xampp ~]# mysql -u eni
...
mysql> SELECT CURRENT_USER(),USER();
+----------------+---------------+
| CURRENT_USER() | USER()        |
+----------------+---------------+
| @localhost     | eni@localhost |
+----------------+---------------+
1 row in set (0.00 sec)
```

DATABASE - SCHEMA

Sintaxis

`DATABASE() SCHEMA()`

Las funciones `DATABASE` y `SCHEMA` devuelven el nombre de la base de datos actual (`NULL` si no hay base de datos actual). La función `SCHEMA` es equivalente a la función `DATABASE` que apareció en la versión 5.0.2.

Ejemplo

```
mysql> SELECT DATABASE(),SCHEMA();
+------------+----------+
| DATABASE() | SCHEMA() |
+------------+----------+
| NULL       | NULL     |
+------------+----------+
1 row in set (0.00 sec)

mysql> USE eni;
Database changed
mysql> SELECT DATABASE(),SCHEMA();
+------------+----------+
| DATABASE() | SCHEMA() |
+------------+----------+
| eni        | eni      |
+------------+----------+
1 row in set (0.00 sec)
```

FOUND_ROWS

Sintaxis

`FOUND_ROWS()`

La función `FOUND_ROWS` devuelve el número de filas recuperadas por la última sentencia `SELECT`.

Ejemplo

```
mysql> SELECT titulo FROM libro WHERE id_coleccion = 1;
+-------------------+
| titulo            |
+-------------------+
| PHP 5.2           |
| Oracle 10g        |
| BusinessObjects 6 |
| MySQL 5           |
+-------------------+
4 rows in set * sec)
```

```
mysql> SELECT FOUND_ROWS();
+--------------+
| FOUND_ROWS() |
+--------------+
|            4 |
+--------------+
1 row in set (0.01 sec)
```

LAST_INSERT_ID

Sintaxis

```
LAST_INSERT_ID();
```

La función `LAST_INSERT_ID` devuelve el valor automáticamente generado por una columna de tipo `AUTO_INCREMENT` en el último `INSERT`. Si el último `INSERT` ha insertado varias filas, se devuelve el valor generado para la primera fila insertada.

Cuando utiliza una sentencia `INSERT IGNORE` y una línea es ignorada, el contador `AUTO_INCREMENT` incrementa a pesar de todo. Antes de la versión 5.1.12, la función `LAST_INSERT_ID` devolvía el valor generado para la primera fila insertada, incluso si esta ha sido ignorada; desde la versión 5.1.12, la función devuelve el valor generado para la primera fila insertada con éxito.

Ejemplo

```
mysql> INSERT INTO tema(titulo) VALUES('Certificación');
Query OK, 1 row affected (0.00 sec)

mysql> SELECT LAST_INSERT_ID();
+------------------+
| LAST_INSERT_ID() |
+------------------+
|               16 |
+------------------+
1 row in set (0.01 sec)
```

ROW_COUNT

Sintaxis

```
ROW_COUNT()
```

La función `ROW_COUNT` devuelve el número de líneas tratadas con éxito por la última sentencia `INSERT`, `UPDATE` o `DELETE`.

Ejemplo

```
mysql> DELETE FROM catalogo;
Query OK, 2 rows affected (0.00 sec)

mysql> SELECT ROW_COUNT();
+-------------+
| ROW_COUNT() |
```

```
+-------------+
|           2 |
+-------------+
1 row in set (0.01 sec)
```

VERSION

Sintaxis

```
VERSION()
```

La función `VERSION` devuelve la versión del servidor MySQL.

Ejemplo

```
mysql> SELECT VERSION();
+-----------+
| VERSION() |
+-----------+
| 5.0.45    |
+-----------+
1 row in set (0.00 sec)
```

I. Funciones de cifrado y de compresión

En este apartado veremos las funciones siguientes:

`AES_ENCRYPT`, `AES_DECRYPT`	Cifrar/descifrar datos utilizando el algoritmo AES.
`COMPRESS`, `UNCOMPRESS`	Comprimir/descomprimir datos.
`MD5`, `SHA1`, `SHA`	Suma de comprobación de una cadena.
`PASSWORD`	Contraseña cifrada.

Las funciones de cifrado y de descompresión devuelven cadenas binarias; para el almacenamiento en la base de este tipo de datos, es recomendable utilizar una columna de tipo `BLOB`.

AES_ENCRYPT – AES_DECRYPT

Sintaxis

```
AES_ENCRYPT(cadena,clave)
AES_DECRYPT(cadena,clave)
```

Las funciones `AES_ENCRYPT` y `AES_DECRYPT` cifran y descifran una cadena por medio del algoritmo AES (*Advanced Encryption Standard*) con una clave de 128 bits.

Ejemplo

```
mysql> UPDATE autor
    -> SET contrasenia = AES_ENCRYPT('abc123','secretdefense')
    -> WHERE id = 1;
Query OK, 0 rows affected (0.00 sec)
Rows matched: 1  Changed: 0  Warnings: 0

mysql> SELECT contrasenia FROM autor WHERE id = 1;
+-------------------+
| contrasenia       |
+-------------------+
| ~YU®(@zôBÁ«       |
+-------------------+
1 row in set (0.00 sec)

mysql> SELECT AES_DECRYPT(contrasenia,'secretdefense')
    -> FROM autor WHERE id = 1;
+------------------------------------------+
| AES_DECRYPT(contrasenia,'secretdefense') |
+------------------------------------------+
| abc123                                   |
+------------------------------------------+
1 row in set (0.00 sec)
```

COMPRESS - UNCOMPRESS

Sintaxis

```
COMPRESS(cadena)
UNCOMPRESS(cadena)
```

Las funciones `COMPRESS` y `UNCOMPRESS` comprimen y descomprimen una cadena. Estas funciones necesitan que MySQL haya sido compilado con una biblioteca de compresión; si no es el caso, estas funciones devuelven siempre `NULL`.

Ejemplo

```
mysql> UPDATE autor
    -> SET perfil = COMPRESS('Una larga descripción...')
    -> WHERE id = 1;
Query OK, 1 row affected (0.01 sec)
Rows matched: 1  Changed: 1  Warnings: 0

mysql> SELECT perfil FROM autor WHERE id = 1;
+----------------------------------------+
| perfil                                 |
+----------------------------------------+
|     x
      ÍKUÈÉÏK/MUHI-N.Ê,(ÉÌÏSÐÓÓ         A |
+----------------------------------------+
1 row in set (0.00 sec)
```

```
mysql> SELECT UNCOMPRESS(perfil) FROM autor WHERE id = 1;
+----------------------------+
| UNCOMPRESS(perfil)         |
+----------------------------+
| Una larga descripción...   |
+----------------------------+
1 row in set (0.00 sec)
```

MD5 - SHA1 - SHA

Sintaxis

```
MD5(cadena)
SHA1(cadena)
```

Las funciones `MD5` y `SHA1` devuelven la suma de comprobación de una cadena utilizando respectivamente los algoritmos MD5 (128 bits) y SHA-1 (160 bits). La función `SHA` es equivalente a la función `SHA1`.

Ejemplo

```
mysql> SELECT SHA1('Olivier Heurtel');
+------------------------------------------+
| SHA1('Olivier Heurtel')                  |
+------------------------------------------+
| 7c9e072cdc1132ce6e3746911cfc65d63db99959 |
+------------------------------------------+
1 row in set (0.00 sec)
```

PASSWORD

Sintaxis

```
PASSWORD(cadena)
```

La función `PASSWORD` es la función utilizada por MySQL para cifrar una contraseña; el cifrado es irreversible.

Ejemplo

```
mysql> UPDATE autor
    -> SET contrasenia = PASSWORD('abc123')
    -> WHERE id = 1;
Query OK, 1 row affected (0.00 sec)
Rows matched: 1  Changed: 1  Warnings: 0

mysql> SELECT 'OK' FROM autor
    -> WHERE id = 1 AND contrasenia = PASSWORD('123abc');
Empty set (0.00 sec)

mysql> SELECT 'OK' FROM autor
    -> WHERE id = 1 AND contrasenia = PASSWORD('abc123');
+----+
| OK |
```

```
+----+
| OK |
+----+
1 row in set (0.00 sec)
```

J. Funciones de agregación

Las funciones de agregación se distinguen porque devuelven una fila de resultado por grupo de filas de entrada.

Estas funciones se utilizan la mayor parte de las veces en las consultas que agrupan los datos (utilización del cláusula `GROUP BY`, véase capítulo Técnicas avanzada con MySQL – Agrupar los datos).

Si estas funciones se utilizan en una consulta que no realiza agrupamiento de datos, lo que hacen es agrupar todas las filas: la función devuelve una sola fila como resultado. En ese caso, la cláusula `SELECT` de la consulta sólo debe contener expresiones que utilicen una función de agregado.

En este apartado veremos las funciones siguientes:

`MIN`,`MAX`	Mínimo o máximo.
`SUM`	Suma.
`AVG`	Media.
`COUNT`	Número.

Para todas esas funciones, los valores `NULL` son ignorados; la presencia de un valor `NULL` en el cálculo no da un resultado `NULL`.

MIN - MAX

Sintaxis

```
MIN(expresión)
MAX(expresión)
```

Las funciones `MIN` y `MAX` devuelven respectivamente el mínimo y el máximo de todos los valores de `expresión`.

Ejemplo

```
mysql> SELECT MIN(numero_paginas),MAX(numero_paginas)
    -> FROM libro WHERE id_coleccion = 1;
+---------------------+---------------------+
| MIN(numero_paginas) | MAX(numero_paginas) |
+---------------------+---------------------+
|                 447 |                 518 |
+---------------------+---------------------+
1 row in set (0.00 sec)
```

SUM - AVG

Sintaxis

```
SUM(expresión)
AVG(expresión)
```

Las funciones `SUM` y `AVG` devuelven respectivamente la suma y la media de todos los valores de `expresión`.

Para la función `AVG`, el hecho de que los valores `NULL` sean ignorados influye en el número de valores considerados en el cálculo.

Ejemplo

```
mysql> SELECT gastos_siniva FROM colección;
+---------------+
| gastos_siniva |
+---------------+
|          1.50 |
|          NULL |
|          1.50 |
|          2.00 |
|          1.25 |
|          NULL |
+---------------+
6 rows in set * sec)

mysql> SELECT SUM(gastos_siniva),AVG(gastos_siniva) FROM coleccion;
+--------------------+--------------------+
| SUM(gastos_siniva) | AVG(gastos_siniva) |
+--------------------+--------------------+
|               6.25 |           1.562500 |
+--------------------+--------------------+
1 row in set (0.01 sec)

mysql> SELECT SUM(gastos_siniva),AVG(gastos_siniva),AVG(IFNULL
(gastos_siniva,0))
    -> FROM coleccion;
+--------------------+--------------------+-----------------------------+
| SUM(gastos_siniva) | AVG(gastos_siniva) | AVG(IFNULL(gastos_siniva,0))|
+--------------------+--------------------+-----------------------------+
|               6.25 |           1.562500 |                    1.041667 |
+--------------------+--------------------+-----------------------------+
1 row in set (0.00 sec)
```

```
mysql> -- Comprobación
mysql> SELECT (1.5+1.5+2+1.25)/4,(1.5+0+1.5+2+1.25+0)/6;
+--------------------+------------------------+
| (1.5+1.5+2+1.25)/4 | (1.5+0+1.5+2+1.25+0)/6 |
+--------------------+------------------------+
|           1.562500 |               1.041667 |
+--------------------+------------------------+
1 row in set (0.00 sec)
```

COUNT

Sintaxis

```
COUNT([DISTINCT] expresión)
COUNT(*)
```

En su primera sintaxis, la función `COUNT` cuenta el número de veces en el que `expresión` no es `NULL`. Con la palabra clave `DISTINCT`, la función cuenta el número de valores distintos de `expresión`, ignorando el valor `NULL`.

En su segunda sintaxis, la función `COUNT` cuenta el número total de líneas.

Ejemplo

```
mysql> SELECT gastos_siniva FROM colección;
+---------------+
| gastos_siniva |
+---------------+
|          1.50 |
|          NULL |
|          1.50 |
|          2.00 |
|          1.25 |
|          NULL |
+---------------+
6 rows in set * sec)

mysql> SELECT
    ->   COUNT(*),
    ->   COUNT(gastos_siniva),
    ->   COUNT(DISTINCT gastos_siniva)
    -> FROM coleccion;
+----------+----------------------+-------------------------------+
| COUNT(*) | COUNT(gastos_siniva) | COUNT(DISTINCT gastos_siniva) |
+----------+----------------------+-------------------------------+
|        6 |                    4 |                             3 |
+----------+----------------------+-------------------------------+
1 row in set (0.00 sec)
```

Capítulo 4 : Construir una base de datos en MySQL

A. Crear y eliminar una base de datos

La sentencia SQL `CREATE DATABASE` permite crear una nueva base de datos.

Sintaxis

```
CREATE {DATABASE | SCHEMA} [IF NOT EXISTS] nombre_base
```

`nombre_base` es el nombre de la nueva base de datos. Este nombre debe respetar las reglas para los nombres de objetos MySQL.

`CREATE SCHEMA` es equivalente a `CREATE DATABASE` (desde la versión 5, una base de datos también es llamada "esquema").

Se produce un error si ya existe una base de datos con el mismo nombre y la cláusula `IF NOT EXISTS` no está presente.

Para crear una base de datos, es necesario el privilegio global `CREATE`.

Físicamente, una base de datos MySQL se materializa en un directorio que contiene los archivos correspondientes a las diferentes tablas de la base de datos.

Ejemplo

```
mysql> CREATE DATABASE biblio;
Query OK, 1 row affected (0.00 sec)
```

La sentencia SQL `DROP DATABASE` permite eliminar una base de datos.

Sintaxis

```
DROP {DATABASE | SCHEMA} [IF EXISTS] nombre_base
```

`DROP SCHEMA` es equivalente a `DROP DATABASE`.

Se produce un error si no existe la base de datos y la cláusula `IF EXISTS` no está presente.

Para eliminar una base de datos, es necesario el privilegio global `DROP`.

La sentencia `DROP DATABASE` elimina todo, sin solicitar confirmación. ¡Hay que pensarlo dos veces antes de ejecutar este comando!

B. Gestionar los usuarios y los privilegios

1. Visión de conjunto

En la instalación de MySQL, se crea automáticamente una cuenta de superusuario con el nombre `root`.

La cuenta `root` se reserva normalmente a la administración del servidor MySQL.

Como complemento a la cuenta `root`, es recomendable crear como mínimo una cuenta por aplicación y, si es necesario, una cuenta por usuario final de la aplicación. De esta manera, será posible gestionar con mayor precisión los privilegios otorgados a cada usuario/aplicación y limitar los riesgos ligados a la utilización de la cuenta `root`.

En MySQL, un usuario está identificado de manera única por la combinación de dos datos:

- un nombre de usuario;
- un nombre de host (o dirección IP) a partir del cual el usuario puede conectarse.

Cada pareja de usuario/host es considerada por MySQL como un usuario único que tiene una contraseña para conectarse (en algún caso ninguna) y privilegios. Un mismo usuario (en el sentido de un nombre de usuario dado) puede tener privilegios diferentes según el host a partir del cual se conecte.

Por lo tanto, la sintaxis utilizada para designar a un usuario es la siguiente:

```
nombre_usuario[@nombre_host]
```

Para el nombre de host, el valor `'%'` significa "cualquier host"; es el valor predeterminado cuando no ha sido especificado el nombre del host. El signo `%` también puede utilizarse como carácter comodín en el nombre del host o la dirección IP para especificar una lista de equipo (`oheurtel@'%.olivier-heurtel.fr'`) un intervalo de direcciones IP (`oheurtel@'192.168.1.%'`). El nombre de usuario puede estar vacío (usuario anónimo).

Es posible tener un usuario `nombre_usuario@'%'` que puede conectarse a partir de cualquier equipo con determinados privilegios y otro usuario `nombre_usuario@nombre_host` con el mismo nombre, pero que puede conectarse a partir de un equipo con privilegios diferentes (por ejemplo, más restrictivos si el equipo es considerado como poco seguro, o menos restrictivos si el equipo es considerado como muy seguro.

Cuando un usuario se conecta localmente (directamente al servidor), es el nombre de host `localhost` el que se utiliza para su identificación; este nombre de host no es considerado como parte de "todos los host" definido por `'%'`. Si un usuario no está autorizado a conectarse a partir de cualquier equipo, incluido el servidor, será necesario crear dos cuentas: `xxxx@'%'` y `xxxx@localhost` (y gestionar correctamente los privilegios de las dos cuentas).

Los datos sobre los usuarios y sus derechos se almacenan en la base de datos `mysql`:

Tabla	Contenido
`user`	Lista de los usuarios con sus privilegios globales (privilegios que se aplican al servidor MySQL y a todas las bases de datos del servidor).
`db` y `host`	Lista de los privilegios de nivel base de datos otorgados a los usuarios.
`tables_priv`, `columns_priv` y `procs_priv`	Lista de los privilegios de nivel objeto otorgados a los usuarios.

Para gestionar a los usuarios y los privilegios, son necesarios privilegios globales precisos (`CREATE USER`, `GRANT OPTION`, etc.). De manera predeterminada, estos privilegios son otorgados a la cuenta `root`, puesto que esta última tiene todos los privilegios. En adelante, daremos por supuesto que la gestión de los usuarios y de los privilegios se efectúa mediante la cuenta `root` y no precisaremos qué privilegio se requiere para efectuar cada acción. Para saber más, consulte la documentación de MySQL.

2. Gestionar los usuarios

a. Crear usuarios

Antes de la versión 5.0.2, se creaba un nuevo usuario implícitamente por concesión de un primer privilegio mediante la sentencia `GRANT` (véase más adelante).

Desde la versión 5.0.2, la sentencia `CREATE USER` permite crear explícitamente un usuario.

Sintaxis

```
CREATE USER especificación_usuario [,…]

especificación_usuario =
nombre_usuario[@nombre_host] [IDENTIFIED BY [PASSWORD] 'contraseña']
```

`nombre_usuario` y `contraseña` son respectivamente el nombre y la contraseña de la nueva cuenta. Si la cláusula `IDENTIFIED BY` está ausente, la cuenta es creada sin contraseña.

`nombre_host` permite especificar el nombre del equipo a partir del cual el nuevo usuario puede conectarse. Si se omite esta cláusula, se utiliza el valor predeterminado `'%'`; en ese caso, el usuario puede conectarse a partir de cualquier host.

Si se omite la palabra clave `PASSWORD`, la contraseña debe introducirse en claro; se cifrará automáticamente (hash) por MySQL mediante la función `PASSWORD` antes de ser almacenada en la base `mysql`. Si la palabra clave `PASSWORD` está presente, es necesario introducir una contraseña ya cifrada (número hexadecimal de 41 cifras).

Ejemplo

```
mysql> CREATE USER eniadm IDENTIFIED BY 'eni';
Query OK, 0 rows affected (0.01 sec)

mysql> CREATE USER oheurtel@localhost IDENTIFIED BY 'oh';
Query OK, 0 rows affected (0.00 sec)

mysql> SELECT host,user,password FROM mysql.user;
+-----------+----------+-------------------------------------------+
| host      | user     | password                                  |
+-----------+----------+-------------------------------------------+
| localhost | root     |                                           |
| linux     | root     |                                           |
| localhost |          |                                           |
| linux     |          |                                           |
| localhost | pma      |                                           |
| localhost | eniweb   | *7F3BF7031A324F9FA79930B44A098C84FA3FBB97 |
| %         | eniadm   | *EF068FAEFCC1D0D291B52D66CA1CAD5D3B1546F1 |
| localhost | oheurtel | *BE6735F99EBE04720DC10FB173FF7E76A881E16F |
+-----------+----------+-------------------------------------------+
8 rows in set (0.01 sec)

mysql> exit
Bye

[root@xampp ~]# mysql -u eniadm -p
Enter password:
ERROR 1045 (28000): Access denied for user 'eniadm'@'local-
host' (using password: YES)
```

Este ejemplo ilustra el punto explicado anteriormente: el host `localhost` no es considerado como parte de "todos los host" definido por `'%'`. El usuario así creado no puede conectarse a partir del servidor (en cambio, puede conectarse a partir de cualquier otro equipo).

Para resolver este problema, es posible crear un "segundo" usuario.

Ejemplo

```
mysql> CREATE USER eniadm@localhost IDENTIFIED BY 'eni';
Query OK, 0 rows affected (0.01 sec)

mysql> SELECT host,user,password
    -> FROM mysql.user WHERE user = 'eniadm';
+-----------+--------+-------------------------------------------+
| host      | user   | password                                  |
+-----------+--------+-------------------------------------------+
```

```
| localhost | eniadm | *EF068FAEFCC1D0D291B52D66CA1CAD5D3B1546F1 |
| %         | eniadm | *EF068FAEFCC1D0D291B52D66CA1CAD5D3B1546F1 |
+-----------+--------+-------------------------------------------+
2 rows in set (0.00 sec)

mysql> exit
Bye

[root@xampp ~]# mysql -u eni -p
Enter password:
Welcome to the MySQL monitor.  Commands end with ; or \g.
...
```

Este segundo usuario podría haber sido creado con una contraseña diferente (incluso sin contraseña).

b. Eliminar usuarios

Antes de la versión 4.1.1, un usuario era eliminado con un `DELETE` directamente en la tabla `mysql.user`, tras las revocación de todos sus privilegios por medio de la sentencia `REVOKE` (véase más abajo).

Desde la versión 4.1.1, la sentencia `DROP USER` permite eliminar explícitamente un usuario.

Sintaxis

```
DROP USER nombre_usuario[@nombre_host[,…]
```

Si se omite el nombre del host, se toma el valor predeterminado `'%'`.

En la eliminación de un usuario, los privilegios del usuario también se eliminan; en cambio, los objetos creados por el usuario, si los hay, no son eliminados.

c. Modificar la contraseña de los usuarios

La sentencia SQL `SET PASSWORD` permite modificar la contraseña de un usuario.

Sintaxis

```
SET PASSWORD [FOR nombre_usuario[@nombre_host]] =
        PASSWORD('nueva_contraseña_en_claro')
      | 'nueva_contraseña_hash'
```

Si se omite el nombre del host, se toma el valor predeterminado `'%'`.

Si se omite la cláusula `FOR`, este comando permite modificar la contraseña del usuario actual.

La función `PASSWORD` aplicada a la nueva contraseña introducida en claro permite cifrarla (mediante un hash) antes de su almacenamiento en la base de datos `mysql`. La contraseña con el hash puede introducirse directamente en el comando.

Ejemplo

```
mysql> SET PASSWORD FOR eniadm = PASSWORD('secret');
Query OK, 0 rows affected (0.00 sec)

mysql> SELECT host,user,password
    -> FROM mysql.user WHERE user = 'eniadm';
+-----------+--------+-------------------------------------------+
| host      | user   | password                                  |
+-----------+--------+-------------------------------------------+
| %         | eniadm | *14E65567ABDB5135D0CFD9A70B3032C179A49EE7 |
| localhost | eniadm | *EF068FAEFCC1D0D291B52D66CA1CAD5D3B1546F1 |
+-----------+--------+-------------------------------------------+
2 rows in set (0.00 sec)

mysql> SELECT PASSWORD('secret');
+-------------------------------------------+
| PASSWORD('secret')                        |
+-------------------------------------------+
| *14E65567ABDB5135D0CFD9A70B3032C179A49EE7 |
+-------------------------------------------+
1 row in set (0.00 sec)

mysql> SET PASSWORD FOR eniadm@localhost =
    ->   '*14E65567ABDB5135D0CFD9A70B3032C179A49EE7';
Query OK, 0 rows affected (0.00 sec)

mysql> SELECT host,user,password
    -> FROM mysql.user WHERE user = 'eniadm';
+-----------+--------+-------------------------------------------+
| host      | user   | password                                  |
+-----------+--------+-------------------------------------------+
| %         | eniadm | *14E65567ABDB5135D0CFD9A70B3032C179A49EE7 |
| localhost | eniadm | *14E65567ABDB5135D0CFD9A70B3032C179A49EE7 |
+-----------+--------+-------------------------------------------+
2 rows in set (0.00 sec)
```

3. Administrar los privilegios de los usuarios

a. Atribuir privilegios a los usuarios

La sentencia `GRANT` permite conceder privilegios a los usuarios.

Sintaxis simplificada

```
GRANT privilegio,[,...]
ON especificación_meta
TO especificación_usuario [,...]

especificación_meta =
    *.*
  | [nombre_base.]*
  | [TABLE | FUNCTION | PROCEDURE] [nombre_base.]nombre_objeto

especificación_usuario =
nombre_usuario[@nombre_host] [IDENTIFIED BY [PASSWORD] 'contraseña']
```

La cláusula *`especificación_usuario`* es la misma que para la sentencia `CREATE USER`. Si el usuario (en el sentido usuario/host) no existe, se crea automáticamente, con o sin contraseña, en función de si la cláusula `IDENTIFIED BY` está o no presente.

Los privilegios pueden otorgarse en tres niveles:

Global

Los privilegios otorgados globalmente se aplican en todas las bases de datos del servidor. Para otorgar un privilegio a nivel global, es necesario utilizar el valor `*.*` para la cláusula *`especificación_meta`*.

Base de datos

Los privilegios otorgados a nivel de base de datos se aplican a todos los objetos de una base de datos. Para otorgar un privilegio a nivel de base de datos, es necesario utilizar el valor `[nombre_base].*` para la cláusula *`especificación_meta`*. Si se omite `nombre_base`, los privilegios son concedidos para la base de datos actual.

Objeto

Los privilegios otorgados a nivel de objeto se aplican a un objeto de una base de datos: tabla, vista, rutina. Para otorgar un privilegio a nivel de objeto, es necesario utilizar el valor `[TABLE | FUNCTION | PROCEDURE] [nombre_base.]nombre_objeto` para la cláusula *`especificación_meta`*. Si se omite `nombre_base`, el objeto es buscado en la base de datos actual. Le palabra clave `TABLE`, `FUNCTION` o `PROCEDURE` permite precisar la naturaleza del objeto en cuestión; para otorgar un privilegio sobre una tabla o una vista, la palabra clave `TABLE` puede omitirse (es el valor predeterminado).

`privilegio` es un nombre de privilegio. Los privilegios más utilizados son los siguientes:

Nombre	Significado	Nivel (1)		
		G	B	O
`ALL [PRIVILEGES]`	Todos los privilegios aplicables para el nivel en cuestión.	✓	✓	✓
`ALTER`	Autoriza la modificación de las tablas (sentencia `ALTER TABLE`). A nivel global o de base de datos, autoriza también la modificación de una base de datos (sentencia `ALTER DATABASE`).	✓	✓	✓
`ALTER ROUTINE`	Autoriza la modificación o la eliminación de las rutinas (sentencias `{ALTER | DROP} {FUNCTION | PROCEDURE}`).	✓	✓	✓
`CREATE`	Autoriza la creación de las tablas (sentencia `CREATE TABLE`). A nivel global o de base de datos, autoriza también la creación de una base de datos (sentencia `CREATE DATABASE`).	✓	✓	
`CREATE ROUTINE`	Autoriza la creación de las rutinas (sentencias `CREATE {FUNCTION | PROCEDURE}`).	✓	✓	
`CREATE TEMPORARY TABLES`	Autoriza la creación de las tablas temporales (sentencia `CREATE TEMPORARY TABLE`).	✓	✓	
`CREATE USER`	Autoriza la gestión de los usuarios (sentencias `{CREATE | DROP | RENAME} USER`).	✓		
`CREATE VIEW`	Autoriza la creación de las vistas (sentencia `CREATE VIEW`).	✓	✓	
`DELETE`	Autoriza la eliminación de las filas en las tablas (sentencia `DELETE`).	✓	✓	✓
`DROP`	Autoriza la eliminación de las tablas y de las vistas (sentencia `DROP {TABLE | VIEW}`). A nivel global o de base de datos, autoriza también la eliminación de una base de datos (sentencia `DROP DATABASE`).	✓	✓	✓

Nombre	Significado	Nivel (1)		
		G	B	O
`EXECUTE`	Autoriza la ejecución de las rutinas (sentencia `CALL` o llamada a una función almacenada).	✓	✓	✓
`FILE`	Autoriza las cargas y descargas de datos (sentencias `SELECT ... INTO OUTFILE` y `LOAD DATE INFILE`).	✓		
`GRANT OPTION`	Autoriza la concesión y la revocación de los privilegios (sentencias `GRANT` y `REVOKE`).	✓	✓	✓
`INDEX`	Autoriza la creación y la eliminación de los índices (sentencias `{CREATE | DROP} INDEX`).	✓	✓	✓
`INSERT[ (nombre_columna[,...])]`	Autoriza la inserción de las filas en las tablas (sentencia `INSERT`).	✓	✓	✓
`LOCK TABLES`	Autoriza el bloqueo de las tablas (sentencia `LOCK TABLE`). Requiere también el privilegio `SELECT` en las tablas.	✓	✓	✓
`SELECT[ (nombre_columna[,...])]`	Autoriza la selección de las filas en las tablas (sentencia `SELECT`).	✓	✓	✓
`SHOW DATABASES`	Autoriza la visualización de la lista de las bases de datos (sentencia `SHOW DATABASES`).	✓		
`SHOW VIEW`	Autoriza la visualización de la definición de una vista (sentencia `SHOW CREATE VIEW`).	✓	✓	✓
`TRIGGER`	Autoriza la creación y la eliminación de los triggers (sentencias `{CREATE | DROP} TRIGGER`).	✓	✓	✓
`UPDATE[ (nombre_columna[,...])]`	Autoriza la modificación de las filas en las tablas (sentencia `UPDATE`).	✓	✓	✓

(1) G = nivel global - B = nivel de base de datos - O = nivel objeto

Cuando no se ha otorgado ningún privilegio de nivel global a un usuario, este último tiene el privilegio predeterminado `USAGE`.

Cuando se otorgan los privilegios SELECT, INSERT o UPDATE sobre una tabla o sobre una vista (nivel objeto), es posible restringir el privilegio a una lista de columnas; sólo las columnas mencionadas podrán ser leídas, insertadas o modificadas.

El comando SHOW PRIVILEGES muestra la lista de todos los privilegios que admite MySQL.

Ejemplos

```
mysql> -- El usuario "eniadm" es el administrador de
mysql> -- la base "eni": tiene todos los privilegios sobre esta base.
mysql> GRANT ALL ON eni.* TO eniadm,eniadm@localhost;
Query OK, 0 rows affected (0.00 sec)

mysql> -- el usuario "eniadm" también tiene el privilegio de leer
mysql> -- los datos de la tabla "tema" de la base "demo".
mysql> GRANT SELECT ON demo.tema TO eniadm,eniadm@localhost;
Query OK, 0 rows affected (0.00 sec)

mysql> -- El usuario "oheurtel" es un usuario de
mysql> -- la base "eni": tiene únicamente los privilegios
mysql> -- de leer y actualizar los datos, y de ejecutar
mysql> -- las rutinas.
mysql> GRANT SELECT,INSERT,UPDATE,DELETE,EXECUTE ON eni.*
    -> TO oheurtel@localhost;
Query OK, 0 rows affected (0.00 sec)

mysql> -- Demos también al usuario "oheurtel" el privilegio
mysql> -- de cargar y descargar datos.
mysql> GRANT FILE ON *.* TO oheurtel@localhost;
Query OK, 0 rows affected (0.00 sec)
```

Un usuario no necesita el privilegio SHOW DATABASES para ver las bases de datos para las cuales tiene algún tipo de privilegio.

Por otro lado, cuando un usuario muestra las tablas mediante la sentencia SHOW TABLES, sólo ve las tablas en las que tiene al menos un privilegio.

b. Mostrar los privilegios de un usuario

La sentencia SQL SHOW GRANTS muestra los privilegios de un usuario.

Sintaxis

```
SHOW GRANTS [FOR nombre_usuario[@nombre_host]]
```

Si se omite la cláusula FOR, el comando enumera los privilegios de la sesión actual.

Ejemplo

```
mysql> SHOW GRANTS FOR oheurtel@localhost;
+-----------------------------------------------------------------------------+
| Grants for oheurtel@localhost                                               |
+-----------------------------------------------------------------------------+
| GRANT FILE ON *.* TO 'oheurtel'@'localhost' IDENTIFIED BY PASSWORD
 '*BE6735F99EBE04720DC10FB173FF7E76A881E16F|
| GRANT SELECT, INSERT, UPDATE, DELETE, EXECUTE ON `eni`.* TO
 'oheurtel'@'localhost'                          |
+-----------------------------------------------------------------------------+
2 rows in set (0.00 sec)
```

Como puede observar en este ejemplo, los privilegios se muestran en forma de lista de comandos de concesión de privilegios.

Para obtener otra presentación, hay que realizar una consulta directamente a las tablas de la base `mysql`.

c. Revocar privilegios de un usuario

La sentencia `REVOKE` permite revocar privilegios de un usuario.

Sintaxis 1

```
REVOKE privilegio,[,…]
ON especificación_meta
FROM nombre_usuario[@nombre_host][,…]
```

```
especificación_meta =
    *.*
  | [nombre_base.]*
  | [TABLE | FUNCTION | PROCEDURE] [nombre_base.]nombre_objeto
```

`especificación_meta` tiene el mismo significado que para la sentencia `GRANT`.

Sintaxis 2

```
REVOKE ALL PRIVILEGES, GRANT OPTION
FROM nombre_usuario[@nombre_host][,…]
```

Esta segunda sintaxis permite revocar fácilmente todos los privilegios de un usuario, a todos los niveles (global, base de datos y objeto).

> MySQL no elimina automáticamente los privilegios cuando se elimina una tabla, una vista o una base de datos. Por el contrario, cuando una rutina es eliminada, los privilegios otorgados sobre el procedimiento son eliminados. Cuando se elimina un usuario, se eliminan los privilegios que se le habían otorgado.

Ejemplo

```
mysql> -- Finalmente, el usuario "oheurtel" ya no tiene el privilegio
mysql> -- de cargar y descargar datos.
mysql> REVOKE FILE ON *.* FROM oheurtel@localhost;
Query OK, 0 rows affected (0.00 sec)
```

```
mysql> SHOW GRANTS FOR oheurtel@localhost;
+------------------------------------------------------------------------------+
| Grants for oheurtel@localhost                                                |
+------------------------------------------------------------------------------+
| GRANT USAGE ON *.* TO 'oheurtel'@'localhost' IDENTIFIED BY PASSWORD
 '*BE6735F99EBE04720DC10FB173FF7E76A881E16F|
| GRANT SELECT, INSERT, UPDATE, DELETE, EXECUTE ON `eni`.* TO
 'oheurtel'@'localhost'                                |
+------------------------------------------------------------------------------+
2 rows in set (0.00 sec)
```

C. Administrar las tablas

1. Crear una tabla

La sentencia `CREATE TABLE` permite crear una nueva tabla.

Sintaxis simplificada

```
CREATE [TEMPORARY] TABLE [IF NOT EXISTS] nombre_table
(
especificación_columna,
...
)
[ENGINE|TYPE[=] motor]
```

```
especificación_columna=
   nombre_columna tipo_columna [opción_columna]
```

```
opción_columna=
   [NOT NULL | NULL] [DEFAULT valor] [AUTO_INCREMENT]
   [[PRIMARY] KEY] [UNIQUE [KEY]]
```

Ejemplo simple

```
mysql> CREATE TABLE evento
    ->   (
    ->   id INT,
    ->   nombre VARCHAR(20)
    ->   );
Query OK, 0 rows affected (0.00 sec)

mysql> DESC evento;
+--------+-------------+------+-----+---------+-------+
| Field  | Type        | Null | Key | Default | Extra |
+--------+-------------+------+-----+---------+-------+
| id     | int(11)     | YES  |     | NULL    |       |
| nombre | varchar(20) | YES  |     | NULL    |       |
+--------+-------------+------+-----+---------+-------+
2 rows in set (0.00 sec)
```

El nombre de la nueva tabla debe respetar las reglas para los nombres de los identificadores de MySQL. De manera predeterminada, la tabla es almacenada en la base de datos actual; el nombre de la tabla puede tener la forma `nombre_base.nombre_tabla` para almacenarla en otra base de datos.

La palabra clave `TEMPORARY` indica que la tabla es temporal. Una tabla temporal sólo es visible en la conexión actual y es automáticamente eliminada cuando la transacción actual se termina. Dos conexiones diferentes pueden utilizar el mismo nombre de tabla temporal sin conflicto.

La cláusula `IF NOT EXISTS` evita obtener un error si una tabla del mismo nombre existe (la estructura de la tabla no se comprueba para saber si se trata efectivamente de la misma tabla).

La cláusula opcional `ENGINE` (antiguamente `TYPE`) permite definir el motor de almacenamiento utilizado para la tabla. El motor determina la manera en que los datos se almacenan y qué operaciones son posibles sobre estos datos. Los motores de almacenamiento más utilizados son los siguientes:

`ARCHIVE`	Motor que almacena los datos en un formato comprimido. Este motor es interesante para las tablas voluminosas, pero la compresión/descompresión ralentiza las operaciones de lectura o de actualización.
`MEMORY` (antiguamente `HEAP`)	Motor que almacena los datos en memoria. Este motor es muy interesante para las tablas temporales (pero los datos se pierden cuando el servidor se detiene).
`InnoDB`	Motor que permite administrar las claves externas (véase en este capítulo Utilizar las claves y los índices - Clave externa), así como las transacciones y el bloqueo de nivel de fila (véase capítulo Técnicas avanzadas con MySQL - Administrar las transacciones y los accesos coincidentes). Para autorizar la utilización de las tablas InnoDB, es preciso poner como comentario el parámetro `skip-innodb` en el archivo de configuración de MySQL.
`MyISAM`	Motor utilizado de manera predeterminada. Este motor tiene un alto rendimiento, pero no administra las transacciones.

Cada motor posee sus propios parámetros en el archivo de configuración de MySQL (véase la documentación). El comando `SHOW ENGINES` permite ver cuáles son los motores disponibles en el servidor MySQL. Si se especifica un motor que no está disponible, MySQL utiliza el motor predeterminado (normalmente MyISAM) y genera una alerta (no un error).

Cada columna de la tabla se define con al menos un nombre de columna y un tipo de datos. El nombre de la columna debe respetar las reglas para los nombres de los identificadores de MySQL. El tipo de datos debe ser uno de los tipos de datos presentado en el capítulo Introducción a MySQL.

Como complemento, cada columna puede tener uno o varios de los siguientes atributos:

`NOT NULL | NULL`	`NOT NULL` indica que la columna es obligatoria (no acepta los valores `NULL`). El valor predeterminado es `NULL`: la columna acepta los valores `NULL`.
`DEFAULT valor`	Esta cláusula define el valor predeterminado de la columna; este valor se inserta automáticamente en la columna cuando esta última no está presente en un `INSERT` (o cuando se utiliza la palabra clave `DEFAULT` como valor en un `INSERT` o un `UPDATE`). El valor debe ser una constante; no está permitido el uso de una función. Esta cláusula no está autorizada para una columna de tipo `BLOB` o `TEXT`. Si se omite la cláusula `DEFAULT`, el comportamiento de MySQL depende del modo SQL activo (véase más adelante).
`AUTO_INCREMENT`	Esta cláusula indica que MySQL debe introducir un valor entero único en la columna durante la inserción, si no se ha asignado a la columna ningún valor diferente de `NULL` o `0`. La numeración comienza en 1 y el valor introducido automáticamente es igual al valor más grande actualmente almacenado en la columna más uno. Las restricciones siguientes se aplican cuando una columna es de tipo `AUTO_INCREMENT`: - Únicamente para las columnas de tipo entero. - Una sola columna de este tipo por tabla. - Cláusula `DEFAULT` no autorizada. - La columna debe estar indexada (lo que suele ocurrir, ya que las columnas de este tipo se definen a menudo como clave primaria).

El valor insertado automáticamente en una columna `AUTO_INCREMENT` puede recuperarse gracias a la función `LAST_INSERT_ID` (véase capítulo Utilizar las funciones MySQL – Funciones de sistema).

`[PRIMARY] KEY`	Esta cláusula indica que la columna es la clave primaria de la tabla (para saber más, véase Utilizar las claves y los índices - Clave primaria o única, de este capítulo).
`UNIQUE [KEY]`	Esta cláusula indica que la columna es una clave única (para saber más, véase Utilizar las claves y los índices - Clave primaria o única, de este capítulo).

Si no hay ningún valor predeterminado definido explícitamente para una columna y la columna admite los valores NULL, el valor NULL se establece como valor predeterminado. Por el contrario, si la columna es obligatoria, el funcionamiento depende del modo SQL activo:

- Si el modo SQL estricto no está activo (por defecto), MySQL utiliza su propio valor predeterminado ligado al tipo de datos: 0 para un número, cadena vacía para una cadena, fecha "cero" para una fecha.
- Si el modo SQL estricto está activo, se produce un error.

Si no se ha especificado ningún valor predeterminado para la primera columna de tipo TIMESTAMP de una tabla, MySQL define una automáticamente igual a CURRENT_TIMESTAMP (función que da la fecha/hora actual, véase capítulo Utilizar las funciones MySQL - Funciones de fechas).

Ejemplo

```
mysql> CREATE TABLE usuario
    ->   (
    ->   id INT PRIMARY KEY AUTO_INCREMENT,
    ->   apellidos VARCHAR(40) NOT NULL,
    ->   nombre VARCHAR(40) NOT NULL,
    ->   email VARCHAR(200) NOT NULL UNIQUE KEY,
    ->   contrasenia BLOB NOT NULL,
    ->   est_activo BOOLEAN NOT NULL DEFAULT TRUE,
    ->   fecha_act TIMESTAMP
    ->   );
Query OK, 0 rows affected (0.02 sec)

mysql> DESC usuario;
+---------------------+--------------+------+-----+-------------------+----------------+
| Field               | Type         | Null | Key | Default           | Extra          |
+---------------------+--------------+------+-----+-------------------+----------------+
| id                  | int(11)      | NO   | PRI | NULL              | auto_increment |
| apellidos           | varchar(40)  | NO   |     |                   |                |
| nombre              | varchar(40)  | NO   |     |                   |                |
| email               | varchar(200) | NO   | UNI |                   |                |
| contrasenia         | blob         | NO   |     |                   |                |
| est_activo          | tinyint(1)   | NO   |     | 1                 |                |
| fecha_actualizacion | timestamp    | NO   |     | CURRENT_TIMESTAMP |                |
+---------------------+--------------+------+-----+-------------------+----------------+
7 rows in set (0.01 sec)
```

2. Crear una tabla mediante copia

La sentencia CREATE TABLE posee dos variantes que permiten crear una tabla, bien mediante copia de otra tabla, bien mediante copia del resultado de una consulta SELECT.

Copia de otra tabla

Sintaxis

```
CREATE [TEMPORARY] TABLE [IF NOT EXISTS] nombre_tabla
{ LIKE nombre_otra_tabla | (LIKE nombre_otra_tabla) }
```

Este comando crea una tabla vacía cuya definición es idéntica a otra tabla (incluidos los atributos de las columnas y los índices establecidos en la tabla de origen).

Ejemplo

```
mysql> CREATE TABLE responsable_coleccion LIKE autor;
Query OK, 0 rows affected (0.00 sec)

mysql> DESC responsable_coleccion;
+---------------+-------------+------+-----+---------+----------------+
| Field         | Type        | Null | Key | Default | Extra          |
+---------------+-------------+------+-----+---------+----------------+
| id            | int(11)     | NO   | PRI | NULL    | auto_increment |
| apellidos     | varchar(40) | NO   | MUL |         |                |
| nombre        | varchar(40) | NO   |     |         |                |
| email         | varchar(200)| YES  |     | NULL    |                |
| tel_oficina   | varchar(10) | YES  |     | NULL    |                |
| tel_movil     | varchar(10) | YES  |     | NULL    |                |
| tel_domicilio | varchar(10) | YES  |     | NULL    |                |
| contrasenia   | blob        | YES  |     | NULL    |                |
| perfil        | blob        | YES  |     | NULL    |                |
+---------------+-------------+------+-----+---------+----------------+
9 rows in set (0.00 sec)
```

Copia del resultado de una consulta SELECT

Sintaxis

```
CREATE [TEMPORARY] TABLE [IF NOT EXISTS] nombre_tabla
[(especificación_columna[,...])]
[ENGINE|TYPE[=] motor]
[IGNORE | REPLACE]
[AS] consulta_SELECT
```

La cláusula opcional `especificación_columna` permite definir explícitamente columnas de la nueva tabla. En esta cláusula, las columnas se definen con la misma sintaxis que en la sentencia `CREATE TABLE` presentada en la sección anterior.

Si se omite la cláusula `especificación_columnas`, la tabla se crea con la estructura correspondiente al resultado de la consulta `SELECT` y el resultado de la consulta `SELECT` es insertado en la nueva tabla.

Si está presente la cláusula *especificación_columnas*, la estructura correspondiente al resultado de la consulta SELECT es <u>añadida</u> a la definición de la tabla y el resultado de la consulta SELECT es insertado en la nueva tabla, con los valores predeterminados asignados a las columnas definidas explícitamente. La lista de las columnas definidas explícitamente puede incluir una columnas de igual nombre que una columna de las consulta SELECT; en ese caso, esta columna es alimentada por la columna homónima de la consulta SELECT (la columna conserva el tipo de datos que se le han atribuido explícitamente).

Tenga en cuenta la utilización de alias de columnas para las expresiones de la consulta SELECT.

En los dos casos, la nueva tabla es creada sin clave (primaria o única) y sin índice.

Si la cláusula IF NOT EXISTS está presente y ya existe una tabla del mismo nombre, el resultado de la consulta SELECT se inserta igualmente en la tabla. En ese caso, si una fila insertada provoca un duplicado en una clave primaria o única, se devuelve un error, salvo si se utiliza la cláusula opcional IGNORE o REPLACE: IGNORE rechaza las filas que provoca un duplicado y REPLACE sustituye la antigua fila por la nueva.

Ejemplo

```
mysql> CREATE TABLE categoria(id INT PRIMARY KEY AUTO_INCREMENT)
    -> AS SELECT titulo nombre FROM tema WHERE id_primario IS NULL;
Query OK, 5 rows affected (0.02 sec)
Records: 5  Duplicates: 0  Warnings: 0

mysql> DESC categoria;
+--------+-------------+------+-----+---------+----------------+
| Field  | Type        | Null | Key | Default | Extra          |
+--------+-------------+------+-----+---------+----------------+
| id     | int(11)     | NO   | PRI | NULL    | auto_increment |
| nombre | varchar(20) | NO   |     |         |                |
+--------+-------------+------+-----+---------+----------------+
2 rows in set (0.00 sec)

mysql> SELECT * FROM categoria;
+----+-----------------+
| id | nombre          |
+----+-----------------+
|  1 | Base de datos   |
|  2 | Desarrollo      |
|  3 | Internet        |
|  4 | Open Source     |
|  5 | Certificación   |
+----+-----------------+
5 rows in set (0.00 sec)
```

3. Cambiar el nombre de una tabla

La sentencia `RENAME TABLE` permite cambiar el nombre de una tabla.

Sintaxis

```
RENAME TABLE antiguo_nombre TO nuevo_nombre
```

Ejemplo

```
mysql> RENAME TABLE usuario TO cliente;
Query OK, 0 rows affected (0.00 sec)
```

Con esta sintaxis, es posible desplazar una tabla de una base a otra, con la condición de tener los privilegios necesarios.

Una variante de esta sintaxis permite cambiar el nombre de varias tablas en un solo comando (un antiguo nombre que puede ser reutilizado inmediatamente después).

Sintaxis

```
RENAME TABLE a TO temp, b TO a, temp TO b;
```

El nombre de una tabla también puede cambiarse mediante una sentencia `ALTER TABLE`.

Sintaxis

```
ALTER TABLE antiguo_nombre RENAME [AS | TO] nuevo_nombre
```

4. Modificar la estructura de una tabla

La sentencia `ALTER TABLE` puede utilizarse para modificar la estructura de una tabla. Entre otras cosas, con esta sentencia puede:

- Añadir columnas;
- Eliminar columnas;
- Modificar los atributos de las columnas.

El comando `ALTER TABLE` ofrece otras posibilidades (modificar el motor de una tabla, sobre todo). Para saber más, consulte la documentación de MySQL.

Añadir una o varias columnas

Sintaxis

```
ALTER TABLE nombre_tabla ADD [COLUMN] especificación_columna
[FIRST | AFTER nombre_columna]
```

```
ALTER TABLE nombre_tabla ADD [COLUMN] (especificación_columna[,...])
```

La cláusula *`especificación_columna`* permite definir las características de las columnas añadidas en la tabla. La sintaxis es la misma que en la sentencia `CREATE TABLE`.

La primera sintaxis añade una sola columna, en una posición concreta, si es necesario, mediante la cláusula `FIRST` o `AFTER`; de manera predeterminada, la columna se añade al final de la tabla.

La segunda sintaxis permite añadir varias columnas al final de la tabla.

Ejemplo

```
mysql> ALTER TABLE evento ADD
    ->   (
    ->   fecha_inicio DATE,
    ->   fecha_fin DATE,
    ->   id_coleccion INT DEFAULT 1,
    ->   pais VARCHAR(50)
    ->   );
Query OK, 0 rows affected (0.01 sec)
Records: 0  Duplicates: 0  Warnings: 0

mysql> DESC evento;
+--------------+-------------+------+-----+---------+-------+
| Field        | Type        | Null | Key | Default | Extra |
+--------------+-------------+------+-----+---------+-------+
| id           | int(11)     | YES  |     | NULL    |       |
| nombre       | varchar(20) | YES  |     | NULL    |       |
| fecha_inicio | date        | YES  |     | NULL    |       |
| fecha_fin    | date        | YES  |     | NULL    |       |
| id_coleccion | int(11)     | YES  |     | 1       |       |
| pais         | varchar(50) | YES  |     | NULL    |       |
+--------------+-------------+------+-----+---------+-------+
6 rows in set (0.01 sec)
```

Si se añade una columna `AUTO_INCREMENT` a una tabla que contiene datos, la columna se completa automáticamente con números a partir de `1`.

Si se añade una columna con una cláusula `DEFAULT` a una tabla que contiene datos, la columna se completa automáticamente con el valor predeterminado.

Si se añade una columna `NOT NULL` a una tabla que contiene datos, la columna se completa automáticamente con el valor predeterminado de la columna (valor predeterminado implícito si no se ha definido ninguna cláusula `DEFAULT` explícitamente).

Eliminar una columna

Sintaxis

```
ALTER TABLE nombre_tabla DROP [COLUMN] nombre_columna
```

Ejemplo

```
mysql> ALTER TABLE evento DROP id_coleccion;
Query OK, 0 rows affected (0.02 sec)
Records: 0  Duplicates: 0  Warnings: 0

mysql> DESC evento;
```

```
+--------------+-------------+------+-----+---------+-------+
| Field        | Type        | Null | Key | Default | Extra |
+--------------+-------------+------+-----+---------+-------+
| id           | int(11)     | YES  |     | NULL    |       |
| nombre       | varchar(20) | YES  |     | NULL    |       |
| fecha_inicio | date        | YES  |     | NULL    |       |
| fecha_fin    | date        | YES  |     | NULL    |       |
| pais         | varchar(50) | YES  |     | NULL    |       |
+--------------+-------------+------+-----+---------+-------+
5 rows in set (0.00 sec)
```

Si la columna forma parte de un índice, también es eliminada del índice; si es la única columna del índice, el índice es eliminado.

Modificar o eliminar el valor predeterminado de una columna

Sintaxis

```
ALTER TABLE nombre_tabla ALTER [COLUMN] nombre_columna
   {SET DEFAULT valor | DROP DEFAULT}
```

Ejemplo

```
mysql> ALTER TABLE evento ALTER pais SET DEFAULT 'ESPAÑA';
Query OK, 0 rows affected (0.02 sec)
Records: 0  Duplicates: 0  Warnings: 0

mysql> DESC evento;
+--------------+-------------+------+-----+---------+-------+
| Field        | Type        | Null | Key | Default | Extra |
+--------------+-------------+------+-----+---------+-------+
| id           | int(11)     | YES  |     | NULL    |       |
| nombre       | varchar(20) | YES  |     | NULL    |       |
| fecha_inicio | date        | YES  |     | NULL    |       |
| fecha_fin    | date        | YES  |     | NULL    |       |
| pais         | varchar(50) | YES  |     | ESPAÑA  |       |
+--------------+-------------+------+-----+---------+-------+
5 rows in set (0.00 sec)
```

Modificar los atributos de las columnas

Sintaxis

```
ALTER TABLE nombre_tabla CHANGE [COLUMN]
antiguo_nombre_columna nuevo_nombre_columna tipo_columna [opción_columna]
```

```
ALTER TABLE nombre_tabla MODIFY [COLUMN]
nombre_columna tipo_columna [opción_columna]
```

La primera sintaxis modifica los atributos de una columna, incluido el nombre. La segunda sintaxis permite modificar los atributos de una columna conservando el mismo nombre de columna.

La cláusula *opcion_columna* permite definir las nuevas opciones de la columna (NOT NULL, DEFAULT, etc.). La sintaxis es la misma que en la sentencia CREATE TABLE. Si no se desea modificar una opción de la columna, debe figurar idénticamente en la sentencia ALTER TABLE; si no, la opción en cuestión será eliminada.

Ejemplo

```
mysql> ALTER TABLE evento CHANGE
    ->   pais codigo_pais VARCHAR(50) DEFAULT 'ES';
Query OK, 0 rows affected (0.01 sec)
Records: 0  Duplicates: 0  Warnings: 0

mysql> DESC evento;
+--------------+-------------+------+-----+---------+-------+
| Field        | Type        | Null | Key | Default | Extra |
+--------------+-------------+------+-----+---------+-------+
| id           | int(11)     | YES  |     | NULL    |       |
| nombre       | varchar(20) | YES  |     | NULL    |       |
| fecha_inicio | date        | YES  |     | NULL    |       |
| fecha_fin    | date        | YES  |     | NULL    |       |
| codigo_pais  | varchar(50) | YES  |     | ES      |       |
+--------------+-------------+------+-----+---------+-------+
5 rows in set (0.00 sec)

mysql> ALTER TABLE evento MODIFY
    ->   codigo_pais CHAR(2) NOT NULL;
Query OK, 0 rows affected (0.01 sec)
Records: 0  Duplicates: 0  Warnings: 0

mysql> DESC evento;
+--------------+-------------+------+-----+---------+-------+
| Field        | Type        | Null | Key | Default | Extra |
+--------------+-------------+------+-----+---------+-------+
| id           | int(11)     | YES  |     | NULL    |       |
| nombre       | varchar(20) | YES  |     | NULL    |       |
| fecha_inicio | date        | YES  |     | NULL    |       |
| fecha_fin    | date        | YES  |     | NULL    |       |
| codigo_pais  | char(2)     | NO   |     |         |       |
+--------------+-------------+------+-----+---------+-------+
5 rows in set (0.00 sec)

mysql> ALTER TABLE evento MODIFY id INT AUTO_INCREMENT;
ERROR 1075 (42000): Incorrect table definition; there can be only one
auto column and it must be defined as a key
```

El último ejemplo muestra que una columna no puede tener el atributo AUTO_INCREMENT si no está indexada.

Si una columna se hace obligatoria (NOT NULL), los valores NULL que pudieran estar presentes en la columna son sustituidos por el valor predeterminado implícito asociado al tipo.

En caso de modificación del tipo de datos, MySQL intenta convertir los datos de la mejor manera posible al nuevo tipo. Si la longitud de una columna de tipo cadena se reduce, los valores almacenados en ese momento en la columna quedan truncados para adaptarse a la nueva longitud. De igual modo, si la longitud de una columna numérica disminuye, los valores demasiado grandes almacenados en ese momento en la columna son sustituidos por el valor máximo permitido por la nueva longitud.

5. Eliminar una tabla

La sentencia `DROP TABLE` permite eliminar una tabla (o varias tablas).

Sintaxis

```
DROP [TEMPORARY] TABLE [IF EXISTS] nombre_tabla[,...]
```

Cuando se elimina una tabla, los privilegios otorgados a los usuarios sobre esa tabla no son eliminados.

La cláusula `IF EXISTS` evita que se genere un error si la tabla que debe eliminarse no existe.

D. Utilizar las claves y los índices

1. Clave primaria o única

a. Definición

Una clave primaria (o restricción de clave primaria) garantiza que no habrá nunca dos filas en la tabla con el mismo valor en la/s columna/s que compone/n la clave. Por otro lado, todas las columnas de la clave primaria son obligatorias (cláusula `NOT NULL` implícita para las columnas en cuestión). Sólo se permite una clave primaria por tabla.

Una clave única (o restricción de clave única) garantiza que no habrá nunca dos filas en la tabla con el mismo valor en la/s columna/s que compone/n la clave. A diferencia de la clave primaria, las columnas que componen la clave única no son necesariamente obligatorias; para las columnas de la clave que no son obligatorias, varias filas pueden tener el valor `NULL` sin incumplir la restricción. Pueden utilizarse varias claves únicas por tabla.

Una clave primaria o única puede estar constituida por una sola columna o varias columnas.

En una inserción o una modificación, se produce un error si una clave (primaria o única) contiene un valor que ya existe en la tabla.

Las claves primarias y únicas son índices particulares que imponen una obligación de unicidad. El acceso mediante una clave primaria o única es, pues, eficaz.

b. Administración

Una clave primaria o única constituida por una sola columna puede definirse directamente en las opciones de la columna, en el `CREATE TABLE`, o en un `ALTER TABLE ... {CHANGE|MODIFY}` (véase la sintaxis de las diferentes sentencias en las apartados anteriores).

Si no, en términos generales, una clave primaria o única, de una o varias columnas, puede declararse por medio de una cláusula específica de definición de restricción.

Sintaxis

```
[CONSTRAINT [nombre_restricción]] PRIMARY KEY (nombre_columna[,...])

[CONSTRAINT [nombre_restricción]] UNIQUE [INDEX|KEY] (nombre_columna[,...])
```

`nombre_restricción` es el nombre atribuido a la restricción. Para una clave primaria, este nombre es ignorado; una clave primaria se denomina obligatoriamente `PRIMARY`. Para una clave única, el nombre predeterminado de la restricción es igual al nombre de la primera columna de la clave, con un sufijo (`_2`), si es necesario, para respetar la unicidad.

La cláusula anterior puede utilizarse en una sentencia `CREATE TABLE`, tras la lista de las columnas, o en una sentencia `ALTER TABLE ... ADD`.

Ejemplo

```
mysql> CREATE TABLE coleccion_evento
    ->   (
    ->   id_evento INT,
    ->   id_evento INT,
    ->   PRIMARY KEY (id_evento,id_coleccion)
    ->   );
Query OK, 0 rows affected (0.00 sec)

mysql> DESC coleccion_evento;
+---------------+---------+------+-----+---------+-------+
| Field         | Type    | Null | Key | Default | Extra |
+---------------+---------+------+-----+---------+-------+
| id_evento     | int(11) | NO   | PRI | 0       |       |
| id_coleccion  | int(11) | NO   | PRI | 0       |       |
+---------------+---------+------+-----+---------+-------+
2 rows in set (0.01 sec)

mysql> ALTER TABLE evento ADD
    ->   (
    ->   CONSTRAINT pk_evento PRIMARY KEY(id),
    ->   CONSTRAINT uk_nombre UNIQUE KEY(nombre)
    ->   );
Query OK, 0 rows affected (0.01 sec)
Records: 0  Duplicates: 0  Warnings: 0

mysql> -- El atributo AUTO_INCREMENT puede asignarse ahora
mysql> -- a la columna "id".
```

```
mysql> ALTER TABLE evento MODIFY id INT AUTO_INCREMENT;
Query OK, 0 rows affected (0.03 sec)
Records: 0  Duplicates: 0  Warnings: 0

mysql> DESC evento;
+--------------+-------------+------+-----+---------+----------------+
| Field        | Type        | Null | Key | Default | Extra          |
+--------------+-------------+------+-----+---------+----------------+
| id           | int(11)     | NO   | PRI | NULL    | auto_increment |
| nombre       | varchar(20) | YES  | UNI | NULL    |                |
| fecha_inicio | date        | YES  |     | NULL    |                |
| fecha_fin    | date        | YES  |     | NULL    |                |
| codigo_pais  | char(2)     | NO   |     |         |                |
+--------------+-------------+------+-----+---------+----------------+
5 rows in set (0.01 sec)

mysql> ALTER TABLE autor ADD
    ->   UNIQUE KEY(apellidos,nombre);
Query OK, 5 rows affected (0.01 sec)
Records: 5  Duplicates: 0  Warnings: 0

mysql> DESC autor;
+---------------+--------------+------+-----+---------+----------------+
| Field         | Type         | Null | Key | Default | Extra          |
+---------------+--------------+------+-----+---------+----------------+
| id            | int(11)      | NO   | PRI | NULL    | auto_increment |
| apellidos     | varchar(40)  | NO   | MUL |         |                |
| nombre        | varchar(40)  | NO   |     |         |                |
| email         | varchar(200) | YES  |     | NULL    |                |
| tel_oficina   | varchar(10)  | YES  |     | NULL    |                |
| tel_movil     | varchar(10)  | YES  |     | NULL    |                |
| tel_domicilio | varchar(10)  | YES  |     | NULL    |                |
| contrasenia   | blob         | YES  |     | NULL    |                |
| perfil        | blob         | YES  |     | NULL    |                |
+---------------+--------------+------+-----+---------+----------------+
9 rows in set (0.00 sec)
```

En una clave primaria o única definida en una columna de tipo cadena, los espacios de final de cadena se ignoran. Así, la cadena `'abc  '` es considerada como equivalente a la cadena `'abc'`.

La sentencia `SHOW INDEX` permite mostrar las claves (y más en general los índices) de una tabla.

Sintaxis

```
SHOW INDEX FROM nombre_tabla [FROM nombre_base]
```

Ejemplo

```
mysql> SHOW INDEXES FROM evento;
+-----------+------------+----------+--------------+------------
+-----------+-------------+----------+--------+------+-----------
+---------+
| Table     | Non_unique | Key_name | Seq_in_index | Column_name
| Collation | Cardinality | Sub_part | Packed | Null | Index_type
| Comment |
+-----------+------------+----------+--------------+------------
+-----------+-------------+----------+--------+------+-----------
+---------+
| evento |          0 | PRIMARY  |            1 | id
| A         |           0 |     NULL | NULL   |      | BTREE
|         |
| evento |          0 | uk_nombre  |            1 | nombre
| A         |        NULL |     NULL | NULL   | YES  | BTREE
|         |
+-----------+------------+----------+--------------+------------
+-----------+-------------+----------+--------+------+-----------
+---------+
2 rows in set (0.00 sec)
```

Una clave primaria o única puede eliminarse mediante una sentencia `ALTER TABLE ... DROP`

Sintaxis

```
ALTER TABLE nombre_tabla DROP PRIMARY KEY
ALTER TABLE nombre_tabla DROP KEY nombre_restricción
```

Ejemplo

```
mysql> ALTER TABLE autor DROP KEY nombre;
Query OK, 5 rows affected (0.04 sec)
Records: 5  Duplicates: 0  Warnings: 0
```

2. Índices

a. Definición

Un índice es una estructura definida a partir de una clave constituida por una o varias columnas de una tabla. Hace posible el acceso rápido a las filas de la tabla en una búsqueda basada en la clave del índice. Esta estructura es automáticamente mantenida y utilizada por MySQL. Cuando la clave del índice está compuesta por varias columnas, hablamos de índice compuesto o concatenado.

Las claves primarias y únicas son índices particulares que imponen una obligación de unicidad. El acceso mediante una clave primaria o única es, pues, eficaz.

b. Administración

Los índices pueden establecerse en la creación inicial de la tabla (en la sentencia `CREATE TABLE`) o ulteriormente (mediante una sentencia `ALTER TABLE` o `CREATE INDEX`).

La cláusula `INDEX` permite crear un índice en una sentencia `CREATE TABLE` o `ALTER TABLE`.

Sintaxis

```
INDEX [nombre_índice] (nombre_columna[,...])
```

`nombre_índice` es el nombre atribuido al índice. El nombre predeterminado del índice es igual al nombre de la primera columna de la clave, con un sufijo (`_2`), si es necesario, para respetar la unicidad.

La cláusula anterior puede utilizarse en una sentencia `CREATE TABLE`, tras la lista de las columnas, o en una sentencia `ALTER TABLE ... ADD`.

Ejemplo

```
mysql> ALTER TABLE tema ADD INDEX (id_primario);
Query OK, 15 rows affected (0.01 sec)
Records: 15  Duplicates: 0  Warnings: 0

mysql> DESC tema;
+-------------+-------------+------+-----+---------+----------------+
| Field       | Type        | Null | Key | Default | Extra          |
+-------------+-------------+------+-----+---------+----------------+
| id          | int(11)     | NO   | PRI | NULL    | auto_increment |
| titulo      | varchar(20) | NO   |     |         |                |
| id_primario | int(11)     | YES  | MUL | NULL    |                |
+-------------+-------------+------+-----+---------+----------------+
3 rows in set (0.00 sec)
```

La sentencia `CREATE INDEX` también permite crear un índice en una tabla existente.

Sintaxis

```
CREATE [UNIQUE] INDEX nombre_índice ON nombre_tabla(nombre_columna[,...])
```

`nombre_índice` es el nombre atribuido al índice.

La palabra clave opcional `UNIQUE` permite crear un índice único; un índice único es funcionalmente equivalente a una clave única.

Un índice puede crearse en los primeros caracteres de una cadena, lo que permite ahorrar espacio de almacenamiento. Para ello, en la sintaxis de definición del índice, sólo hay que indicar la longitud deseada entre paréntesis detrás del nombre de la columna.

Ejemplo

```
mysql> CREATE INDEX ix_anio ON libro(anio_publicacion);
Query OK, 9 rows affected (0.01 sec)
Records: 9  Duplicates: 0  Warnings: 0
```

```
mysql> CREATE INDEX ix_apellidos_nombre ON autor(apellidos,nombre);
Query OK, 5 rows affected (0.01 sec)
Records: 5  Duplicates: 0  Warnings: 0

mysql> CREATE INDEX ix_contrasenia ON autor(contrasenia(8));
Query OK, 5 rows affected (0.02 sec)
Records: 5  Duplicates: 0  Warnings: 0
```

No es posible crear un índice en la totalidad de una columna de tipo `TEXT` o `BLOB`. En cambio, en este tipo de columnas, es posible crear un índice en los primeros caracteres gracias a la sintaxis anterior.

Un índice puede eliminarse mediante una sentencia `ALTER TABLE ... DROP` o `DROP INDEX`.

Sintaxis

```
ALTER TABLE nombre_tabla DROP INDEX nombre_índice

DROP INDEX nombre_índice ON nombre_tabla
```

Ejemplo

```
mysql> DROP INDEX ix_contrasenia ON autor;
Query OK, 5 rows affected (0.01 sec)
Records: 5  Duplicates: 0  Warnings: 0
```

La sentencia `SHOW INDEX` explicada en la sección anterior permite enumerar los índices de una tabla.

c. Consideraciones

Los índices son automáticamente utilizados por MySQL en varias situaciones:

- para encontrar rápidamente las filas que corresponden a una cláusula `WHERE`;
- para encontrar las filas de otra tabla en una combinación;
- para encontrar los valores `MIN()` y `MAX()` de una columna indexada;
- para ordenar o agrupar las filas según una columna indexada.

Los índices compuestos se utilizan si la columna de cabeza de la clave de índice está presente en la cláusula `WHERE`.

Suponiendo que un índice existe en las columnas `(apellidos,nombre)`, las cláusulas siguientes utilizan el índice:

```
WHERE apellidos = 'HEURTEL' AND nombre = 'Olivier'
WHERE nombre = 'Olivier' AND apellidos = 'HEURTEL'
WHERE apellidos = 'HEURTEL'
```

En cambio, el índice anterior no es utilizado para la búsqueda siguiente:

```
WHERE nombre = 'Olivier'
```

En ciertos casos, si todas las columnas utilizadas en una consulta están presentes en la clave de un índice, MySQL ni siquiera necesita acceder a la tabla para tratar la consulta. Suponiendo que existe un índice en las columnas `(apellidos,nombre)`, MySQL no necesita acceder a la tabla para tratar la siguiente consulta:

```
SELECT nombre FROM autor WHERE apellidos = 'HEURTEL'
```

Utilizar un índice compuesto mejora la "selectividad" del índice. Con un índice compuesto creado en dos columnas, MySQL puede extraer directamente las filas con el índice cuando la búsqueda atañe a esas dos columnas. Si se crean dos índices separados en cada columna, MySQL utilizará el índice más restrictivo para extraer las filas que respondan al criterio correspondiente antes de eliminar las filas que no respondan al segundo criterio.

En una cláusula `WHERE`, aplicar una función a una columna indexada, o utilizar una columna indexada en una expresión, impide que MySQL utilice el índice. Ocurre lo mismo si MySQL efectúa una conversión implícita de la columna indexada a otro tipo de datos.

Ejemplo

```
SELECT apellidos,nombre,email FROM autor WHERE LEFT(apellidos,4)= 'HEU';
```

En una búsqueda con el operador `LIKE`, MySQL sólo puede utilizar un índice si tiene el comienzo de la cadena. Así, una cláusula del tipo `LIKE 'HEUR%'` puede utilizar un índice, pero no una cláusula del tipo `LIKE '%TEL'` .

Si una consulta `SELECT` devuelve un gran porcentaje de las filas de la tabla, MySQL puede elegir no utilizar índice si estima que un recorrido completo de la tabla es más eficaz.

La sentencia `EXPLAIN` permite mostrar el plan de ejecución de una consulta y saber si MySQL utiliza o no los índices. Consulte la documentación para obtener más información sobre este tema.

Los índices presentan dos inconvenientes:

- necesita un espacio de almacenamiento suplementario;
- ralentizan las operaciones de actualización, ya que cada índice debe actualizarse al mismo tiempo.

3. Clave externa

a. Definición

Una restricción de clave externa permite garantizar que cada valor almacenado en una clave externa de una tabla "secundaria" existe realmente en una clave (normalmente primaria o única) previamente definida de la tabla "primaria".

Las restricciones de clave externa también permiten controlar lo que pasa cuando una fila de la tabla primaria es eliminada o la clave primaria de una fila de la tabla se modifica.

Las restricciones de clave externa sólo están implementadas actualmente en el motor InnoDB; la tabla referenciada y la tabla secundaria deben ser tablas InnoDB.

b. Administración

La cláusula `CONSTRAINT` permite definir una restricción de clave externa.

Sintaxis

```
[CONSTRAINT [nombre_restricción]] FOREIGN KEY (nombre_columna[,...])
REFERENCES nombre_tabla_primaria (nombre_columna[,...])
[ON DELETE {RESTRICT | NO ACTION | CASCADE | SET NULL }]
[ON UPDATE {RESTRICT | NO ACTION | CASCADE | SET NULL }]
```

`nombre_restricción` es el nombre atribuido a la restricción; debe ser único en toda la base de datos. Si no se establece ningún nombre, MySQL atribuye un nombre predeterminado a la restricción.

La cláusula `FOREIGN KEY` permite definir el nombre de las columnas que constituyen la clave externa. La cláusula `REFERENCES` permite especificar la clave referenciada mediante la restricción.

Las columnas correspondientes de la clave externa y de la clave referenciada deben ser del mismo tipo; las dos claves deben estar indexadas, con las columnas en el mismo orden (el índice puede contener, si se da el caso, otras columnas a la derecha). El índice en la clave externa es creado automáticamente en caso de no tenerlo antes.

La clave referenciada no es obligatoriamente primaria o única; es una desviación de MySQL con relación al estándar SQL. Sin embargo, la mayor parte del tiempo, una clave externa referencia una clave primaria (o una clave única).

Las cláusulas `ON DELETE` y `ON UPDATE` permiten definir lo que pasa si una clave referenciada es eliminada o modificada y hay una o varias filas que corresponden en la tabla secundaria. MySQL propone cuatro opciones:

`RESTRICT`, `NO ACTION`	La modificación o la eliminación es rechazada si existen filas que corresponden en la tabla secundaria. Es la opción predeterminada.
`CASCADE`	Las filas que corresponden en la tabla secundaria son modificadas o eliminadas.
`SET NULL`	La clave externa toma el valor `NULL` (posible únicamente si las columnas que corresponden autorizan los `NULL`).

La cláusula `CONSTRAINT` puede utilizarse en una sentencia `CREATE TABLE`, tras la lista de las columnas, o en una sentencia `ALTER TABLE ... ADD` .

Una sentencia `ALTER TABLE` puede ser utilizada para eliminar una restricción de clave externa.

Sintaxis

```
ALTER TABLE nombre_tabla DROP FOREIGN KEY nombre_restricción
```

Ejemplo completo

```
mysql> -- Creación de las tablas "pedido" y "linea_pedido".
mysql> CREATE TABLE pedido
    ->   (
    ->   id INT PRIMARY KEY AUTO_INCREMENT,
    ->   fecha_pedido DATE
    ->   )
    ->   ENGINE innodb;
Query OK, 0 rows affected (0.01 sec)

mysql> CREATE TABLE linea_pedido
    ->   (
    ->   id_pedido INT,
    ->   numero_linea INT,
    ->   articulo VARCHAR(50),
    ->   cantidad INT,
    ->   precio_unitario DECIMAL(8,2),
    ->   PRIMARY KEY(id_pedido,numero_linea)
    ->   )
    ->   ENGINE innodb;
Query OK, 0 rows affected (0.01 sec)

mysql> -- Creación de una restricción de clave externa
mysql> -- entre "linea_pedido" y "pedido".
mysql> ALTER TABLE linea_pedido ADD
    ->   FOREIGN KEY (id_pedido)
    ->   REFERENCES pedido(id);
Query OK, 0 rows affected (0.01 sec)
Records: 0  Duplicates: 0  Warnings: 0

mysql> -- Inserción de un pedido con una línea de pedido.
mysql> INSERT INTO pedido(fecha_pedido) VALUES(NOW());
Query OK, 1 row affected (0.01 sec)

mysql> SET @id = LAST_INSERT_ID();
Query OK, 0 rows affected (0.00 sec)

mysql> INSERT INTO linea_pedido
    ->   (id_pedido,numero_linea,articulo,cantidad,precio_unitario)
    -> VALUES
    ->   (@id,1,'PHP 5.2',1,25);
Query OK, 1 row affected (0.01 sec)

mysql> -- Inserción de una línea de pedido con un identificador
mysql> -- de pedido que no existe => error.
mysql> INSERT INTO linea_pedido
    ->   (id_pedido,numero_linea,articulo,cantidad,precio_unitario)
    -> VALUES
    ->   (2,1,'MySQL 5',1,25);
ERROR 1452 (23000): Cannot add or update a child row: a foreign key
constraint fails (`eni/linea_pedido`, CONSTRAINT `linea_pedido_ibfk_1`
FOREIGN KEY (`id_pedido`) REFERENCES `pedido` (`id`))

mysql> -- Eliminación del pedido => error (de manera predeterminada,
mysql> -- la eliminación de un elemento primario no es posible
mysql> -- si tiene elementos secundarios).
```

```
mysql> DELETE FROM pedido WHERE id = @id;
ERROR 1451 (23000): Cannot delete or update a parent row: a foreign key
constraint fails (`eni/linea_pedido`, CONSTRAINT `linea_pedido_ibfk_1`
FOREIGN KEY (`id_pedido`) REFERENCES `pedido` (`id`))

mysql> -- Creación de la restricción de clave externa
mysql> -- para realizar una eliminación en cascada.
mysql> ALTER TABLE linea_pedido
    ->    DROP FOREIGN KEY linea_pedido_ibfk_1;
Query OK, 1 row affected (0.02 sec)
Records: 1  Duplicates: 0  Warnings: 0

mysql> ALTER TABLE linea_pedido ADD
    ->    FOREIGN KEY (id_pedido)
    ->    REFERENCES pedido(id)
    ->    ON DELETE CASCADE;
Query OK, 1 row affected (0.01 sec)
Records: 1  Duplicates: 0  Warnings: 0

mysql> -- Eliminación del pedido => OK.
mysql> DELETE FROM pedido WHERE id = @id;
Query OK, 1 row affected (0.06 sec)

mysql> SELECT COUNT(*) FROM linea_pedido WHERE id_pedido = @id;
+----------+
| COUNT(*) |
+----------+
|        0 |
+----------+
1 row in set (0.00 sec)
```

E. Utilizar vistas

1. Definición

Una vista es una consulta SELECT cuya definición es almacenada con un nombre en la base de datos.

La vista no almacena datos; los datos presentados por la vista vienen de las tablas examinadas por la consulta de la vista.

Una vista se utiliza como una tabla. Ciertas vistas puede utilizarse en sentencias de actualización (INSERT, UPDATE, DELETE) para modificar datos de tablas subyacentes. Para que una vista pueda ser utilizada en una actualización, es necesario que haya una relación de uno a uno entre las filas devueltas por la vista y las filas de la tabla subyacente. Una vista no puede utilizarse para una actualización si la consulta que la define contiene una de las siguientes construcciones:

- Una cláusula DISTINCT;
- Expresiones en la cláusula SELECT (prohibe las sentencias INSERT pero no las sentencias UPDATE que modifican únicamente las columnas que no son calculadas);

- Agregados, uniones, subconsultas en la cláusula `SELECT` (véase capítulo Técnicas avanzadas con MySQL - Utilizar subconsultas).

Las vistas son utilizadas principalmente para:

- Facilitar el acceso a los datos
  - La consulta utilizada para definir la vista puede ser compleja e incluir, por ejemplo, combinaciones entre varias tablas. Las consultas que utilizan la vista son, así, más fáciles de escribir.
- Mejorar la seguridad del acceso a los datos
  - La consulta utilizada para definir la vista puede ocultar columnas (columnas no seleccionadas en la cláusula `SELECT` y/o filas (cláusula `WHERE` que filtra los datos). En cuanto a la administración de privilegios, es posible dar un privilegio de lectura sobre una vista a un usuario sin darle el privilegio de lectura sobre las tablas subyacentes. Así, dicho usuario no podrá ver lo que no tiene derecho a ver.

2. Administración

La sentencia `CREATE VIEW` permite crear una vista.

Sintaxis simplificada

```
CREATE [OR REPLACE] VIEW nombre_vista [(nombre_columna[,…])]
AS consulta_SELECT
[WITH CHECK OPTION]
```

`nombre_vista` es el nombre de la vista. Este nombre debe respetar las reglas para los nombres de identificadores de MySQL. Las tablas y las vistas comparten el mismo espacio de nombre en el interior de una base de datos; por consiguiente, una base de datos no puede contener una tabla y una vista que lleven el mismo nombre.

De manera predeterminada, los nombres (o alias) de las columnas seleccionadas en la consulta SELECT de la vista son utilizados como nombres de las columnas de la vista. Para dar nombres diferentes a las columnas de la vista, es posible especificar una lista de nombres de columnas detrás del nombre de la vista; esta lista debe incluir un nombre para cada columna/expresión devuelta por la consulta `SELECT`.

La cláusula opcional `OR REPLACE` permite crear de nuevo la vista si ésta existe ya.

Todas las cláusulas habituales pueden manipularse en la consulta `SELECT` utilizada para la definición de la vista (`WHERE`, `ORDER BY`, combinaciones, etc.); una vista puede consultar otras vistas, pero no puede contener subconsultas en la cláusula `FROM` (véase capítulo Técnicas avanzadas con MySQL - Utilizar subconsultas). La consulta puede interrogar tablas o vistas de otra base de datos con la notación habitual (anteponer el nombre de la base de datos).

Ejemplo

```
mysql> CREATE OR REPLACE VIEW
    ->   lista_temas(tema,subtema)
    -> AS
    -> SELECT pri.titulo tema,sec.titulo subtema
    -> FROM tema pri,tema sec
    -> WHERE sec.id_primario = pri.id;
Query OK, 0 rows affected (0.00 sec)

mysql> SELECT * FROM lista_temas;
+--------------+--------------+
| tema         | subtema      |
+--------------+--------------+
| Base de datos | MySQL        |
| Base de datos | Oracle       |
| Desarrollo   | Lenguajes    |
| Desarrollo   | Métodos      |
| Internet     | HTML - XML   |
| Internet     | Diseño Web   |
| Internet     | Seguridad    |
| Open Source  | Sistema      |
| Open Source  | Lenguajes    |
| Open Source  | Base de datos |
+--------------+--------------+
10 rows in set (0.00 sec)
```

De manera predeterminada, cuando una vista es utilizada para una actualización, es posible insertar o modificar filas a través de la vista que no respeten la cláusula `WHERE` de definición de la vista; ¡las filas insertadas o modificadas así no podrán ser consultadas por la vista! Para garantizar que las filas insertadas o modificadas a través de una vista respetan la cláusula WHERE de la vista y son, por lo tanto, consultables por la vista, es necesario añadir la cláusula opcional `WITH CHECK OPTION` en la definición de la vista.

Ejemplo

```
mysql> CREATE OR REPLACE VIEW tema_db AS
    -> SELECT * FROM tema WHERE id_primario = 1
    -> WITH CHECK OPTION;
Query OK, 0 rows affected (0.01 sec)

mysql> SELECT * FROM tema_db;
+----+--------+-------------+
| id | titulo | id_primario |
+----+--------+-------------+
|  5 | MySQL  |           1 |
|  6 | Oracle |           1 |
+----+--------+-------------+
2 rows in set (0.00 sec)

mysql> SELECT * FROM tema_db WHERE id_primario = 2;
```

```
Empty set (0.01 sec)

mysql> INSERT INTO tema_db(titulo,id_primario) VALUES('SQLite',1);
Query OK, 1 row affected (0.01 sec)

mysql> INSERT INTO tema_db(titulo,id_primario) VALUES('Lenguajes',4);
ERROR 1369 (HY000): CHECK OPTION failed 'eni.tema_db'
```

Para modificar la definición de una vista, es posible utilizar la sentencia `CREATE OR REPLACE VIEW` o `ALTER VIEW`.

Sintaxis simplificada

```
ALTER VIEW nombre_vista [(nombre_columna[,…])]
AS consulta_SELECT
[WITH CHECK OPTION]
```

La sentencia `DROP VIEW` permite eliminar una vista.

Sintaxis

```
DROP VIEW [IF EXISTS] nombre_vista[,…]
```

La sentencia `SHOW CREATE VIEW` permite mostrar la definición de una vista bajo la forma `CREATE VIEW` (véase Obtener información sobre las bases de datos en este capítulo). La sentencia `SHOW TABLES` muestra la lista de las tablas y de las vistas de una base de datos. La sentencia `DESC` puede utilizarse para mostrar la estructura de una vista.

F. Obtener información sobre las bases de datos

1. El commando SHOW

El comando `SHOW` propone numerosas variantes que permiten mostrar información sobre las bases de datos, las tablas, las vistas, etc.

Variante 1: mostrar una lista de objetos

```
SHOW DATABASES [condición]
SHOW TABLES [FROM nombre_base] [condición]
SHOW TRIGGERS [FROM nombre_base] [condición]
```

Variante 2: mostrar la lista de las columnas o de los índices de una tabla

```
SHOW COLUMNS FROM nombre_tabla [FROM nombre_base] [condición]
SHOW INDEX FROM nombre_tabla [FROM nombre_base]
```

Variante 3: mostrar el orden de creación de un objeto

```
SHOW CREATE {DATABASE | SCHEMA} nombre_base
SHOW CREATE FUNCTION nombre_función
SHOW CREATE PROCEDURE nombre_procedimiento
SHOW CREATE TABLE nombre_tabla
SHOW CREATE TRIGGER nombre_trigger
SHOW CREATE VIEW nombre_vista
```

Variante 4: mostrar una lista de objetos con ciertas características

```
SHOW FUNCTION STATUS [condición]
SHOW PROCEDURE STATUS [condición]
SHOW TABLE STATUS [FROM nombre_base] [condición]
```

Con

```
condición = LIKE 'patrón' | WHERE expresión
```

El resultado del comando `SHOW` se muestra en forma de filas y columnas, como el resultado de una consulta `SELECT`. La mayor parte de los lenguajes que acceden a MySQL permiten tratar el resultado del comando `SHOW` de la misma manera que el resultado de una consulta `SELECT`.

La cláusula opcional `condición` permite filtrar el resultado del comando `SHOW`, bien mediante una expresión `LIKE` que se aplica implícitamente al nombre del objeto, bien mediante una cláusula `WHERE` que puede aplicarse a cualquier columna del resultado.

Ejemplo

```
mysql> SHOW COLUMNS FROM coleccion;
+---------------+--------------+------+-----+---------+----------------+
| Field         | Type         | Null | Key | Default | Extra          |
+---------------+--------------+------+-----+---------+----------------+
| id            | int(11)      | NO   | PRI | NULL    | auto_increment |
| nombre        | varchar(25)  | NO   | UNI |         |                |
| precio_siniva | decimal(5,2) | YES  |     | 20.00   |                |
| gastos_ht     | decimal(5,2) | YES  |     | NULL    |                |
+---------------+--------------+------+-----+---------+----------------+
4 rows in set (0.00 sec)

mysql> SHOW CREATE TABLE coleccion;
+------------+--------------------------------------------------+
| Table      | Create Table                                     |
+------------+--------------------------------------------------+
| coleccion  | CREATE TABLE `coleccion` (                       |
|            | `id` int(11) NOT NULL auto_increment,            |
|            | `nombre` varchar(25) NOT NULL    ,               |
|            | `precio_siniva` decimal(5,2) default '20.00',    |
|            | `gastos_siniva` decimal(5,2) default NULL,       |
|            | PRIMARY KEY  (`id`),                             |
|            | UNIQUE KEY `nombre` (`nombre`)                   |
|            | ) ENGINE=MyISAM AUTO_INCREMENT=9                 |
|            |   DEFAULT CHARSET=latin1                         |
```

```
+-----------+-----------------------------------------------+
1 row in set (0.01 sec)
```

2. La base de datos INFORMATION_SCHEMA

Desde la versión 5, un servidor MySQL mantiene una base de datos llamada INFORMATION_SCHEMA que contiene un conjunto de tablas que permiten obtener información sobre los objetos (tablas, índices, vistas, etc.) contenidos en las diferentes bases de datos (o "esquemas" según la nueva terminología inglesa de la versión 5). Esta base de datos se denomina a veces "diccionario de datos" o "catálogo de sistema". Nótese que la base de datos INFORMATION_SCHEMA no es una verdadera base de datos, ya que no tiene ni directorio ni archivo en el servidor.

Las tablas de la bases de datos INFORMATION_SCHEMA pueden consultarse como cualquier otra tabla para obtener información sobre los objetos almacenados en las diferentes bases de datos. Las tablas siguientes permiten obtener información sobre los principales objetos de una base de datos:

COLUMNS	Información sobre las columnas de las tablas.
COLUMN_PRIVILEGES	Información sobre los privilegios de nivel de columna de los usuarios.
KEY_COLUMN_USAGE	Información sobre las columnas de las tablas implicadas en restricciones.
ROUTINES	Información sobre las rutinas (véase capítulo Técnicas avanzadas con MySQL - Desarrollar rutinas).
SCHEMATA	Información sobre las bases de datos.
SCHEMA_PRIVILEGES	Información sobre los privilegios de nivel esquema (base de datos) de los usuarios.
TABLES	Información sobre las tablas.
TABLE_CONSTRAINTS	Información sobre las restricciones de las tablas.
TABLE_PRIVILEGES	Información sobre los privilegios de nivel objeto de los usuarios.
TRIGGERS	Información sobre los triggers (véase capítulo Técnicas avanzadas con MySQL - Desarrollar triggers).
USER_PRIVILEGES	Información sobre los privilegios globales de los usuarios.
VIEWS	Información sobre las vistas.

Las diferentes tablas de la base de datos INFORMATION_SCHEMA se describen en detalle en la documentación de MySQL. Las sentencias SHOW TABLES, SHOW COLUMNS, DESC pueden utilizarse para mostrar información sobre las tablas de la base de datos INFORMATION_SCHEMA.

Ejemplo

```
mysql> SELECT
    ->   column_name,
    ->   data_type,
    ->   column_default,
    ->   is_nullable,
    ->   column_key
    -> FROM
    ->   information_schema.columns
    -> WHERE
    ->   table_schema = 'eni'
    ->   AND table_name = 'coleccion'
    -> ORDER BY
    ->   ordinal_position;
+---------------+-----------+----------------+-------------+------------+
| column_name   | data_type | column_default | is_nullable | column_key |
+---------------+-----------+----------------+-------------+------------+
| id            | int       | NULL           | NO          | PRI        |
| nombre        | varchar   | NULL           | NO          | UNI        |
| precio_siniva | decimal   | 20.00          | YES         |            |
| gastos_siniva | decimal   | NULL           | YES         |            |
+---------------+-----------+----------------+-------------+------------+
4 rows in set (0.01 sec)
```

G. Exportar e importar una base de datos

La aplicación cliente `mysqldump` exporta una base de datos MySQL con la forma de un archivo ("dump") que contiene las sentencias que permiten crear de nuevo la base de datos. Es una de las maneras posibles para hacer una copia de seguridad de una base de datos.

Sintaxis

`mysqldump [-h host] [-u usuario] [-p[contraseña]]nombre_base`

Con

`-h host`	Host al que debe conectarse (equipo local predeterminado).
`-u usuario`	Nombre de usuario para la conexión (nombre del usuario actual del sistema operativo de manera predeterminada).
`-p[contraseña]`	Contraseña para la conexión (ninguna contraseña predeterminada). Si no se introduce en la línea de comandos, se solicitará de manera interactiva, como cualquier contraseña. Si se especifica la contraseña en la línea de comandos (lo que no se recomienda por razones de seguridad), no debe contener ningún espacio tras la opción `-p`.
`nombre_base`	Nombre de la base de datos para exportar.

`mysqldump` muestra el resultado en la salida estándar; para recuperar este resultado en un archivo, hay que utilizar un comando de redirección (`> archivo`).

Ejemplo

```
[root@xampp ~]# mysqldump -u eniadm -psecret eni > dump-base-eni.sql
```

Resultado (del archivo `dump-base-eni.sql`)

```
-- MySQL dump 10.11
--
-- Host: localhost    Database: eni
-- ------------------------------------------------------
-- Server version      5.0.45

...

--
-- Table structure for table `tema`
--

DROP TABLE IF EXISTS `tema`;
CREATE TABLE `tema` (
  `id` int(11) NOT NULL auto_increment,
  `titulo` varchar(20) NOT NULL,
  `id_primario` int(11) default NULL,
  PRIMARY KEY  (`id`),
  KEY `id_primario` (`id_primario`)
) ENGINE=MyISAM AUTO_INCREMENT=18 DEFAULT CHARSET=latin1;

--
-- Dumping data for table `tema`
--

LOCK TABLES `tema` WRITE;
/*!40000 ALTER TABLE `tema` DISABLE KEYS */;
INSERT INTO `tema` VALUES (1,'Base de datos',NULL),
(2,'Desarrollo',NULL),(3,'Internet',NULL),(4,'Open Source',NULL),
(5,'MySQL',1),(6,'Oracle',1),(7,'Lenguajes',2),(8,'Método',2),
(9,'HTML - XML',3),(10,'Diseño web',3),(11,'Seguridad',3),
(12,'Sistema',4),(13,'Lenguajes',4),(14,'Base de datos',4),
(16,'Certificación',NULL,(17,'SQLite',1);
/*!40000 ALTER TABLE `tema` ENABLE KEYS */;
UNLOCK TABLES;

...

-- Dump completed on 2008-01-25 10:52:59
```

¡Préstese atención si hay actualizaciones durante la copia! La copia de seguridad puede no ser coherente desde un punto de vista aplicativo.

Un archivo de exportación puede ser importado en una base de datos que ya existe con la aplicación cliente `mysql`, bien en modo interactivo (comando `source` – véase capítulo Introducción a MySQL – Trabajar con MySQL), bien por lotes, utilizando una redirección de la entrada estándar: `mysql … < archivo.`

Ejemplo

```
[root@xampp ~]# mysql -u root biblio < dump-base-eni.sql
[root@xampp ~]# mysql -u root biblio
Welcome to the MySQL monitor.  Commands end with ; or \g.
...

mysql> SELECT nombre,precio_siniva FROM coleccion;
+--------------------------+---------------+
| nombre                   | precio_siniva |
+--------------------------+---------------+
| Recursos Informáticos    |         24.44 |
| TechNote                 |         10.48 |
| Prácticas Técnicas       |         25.59 |
| Pack Técnico             |         46.45 |
| Soluciones Informáticas  |         36.97 |
| ExpertIT                 |         20.00 |
+--------------------------+---------------+
6 rows in set (0.01 sec)
```

Capítulo 5 : Técnicas avanzadas con MySQL

A. Agrupar los datos

A veces, puede ser necesario calcular un valor para un nivel de agrupamiento:

- Volumen de negocios *por* región
- Salario mínimo *por* provincia

Para este tipo de consulta, pueden utilizarse funciones de agregación (`SUM`, `AVG`, etc.) y agrupar los datos mediante la cláusula `GROUP BY`; como complemento, el resultado final, tras la agrupación, puede restringirse con la cláusula `HAVING`.

Sintaxis

```
SELECT expresión[,...] | *
FROM nombre_tabla
[WHERE condiciones]
GROUP BY expresión [ASC | DESC] [,...]
[HAVING condiciones]
[ORDER BY expresión [ASC | DESC][,...]]
[LIMIT [offset,] número_filas]
```

La cláusula `GROUP BY` se intercala entre las cláusulas `WHERE` y `ORDER BY` (si están presentes). Especifica las expresiones utilizadas para efectuar el agrupamiento.

`expresión` puede ser:

- Una columna
- Una expresión basada en columnas
- Un alias de columna
- Un número correspondiente a la posición de una expresión de la cláusula `SELECT` (sintaxis desaconsejada y obsoleta)

De manera predeterminada, el resultado de la consulta se muestra en orden creciente en las diferentes expresiones de la cláusula `GROUP BY`; la ordenación de cada nivel de agrupamiento puede definirse explícitamente con las opciones `ASC` y `DESC`. Una ordenación completamente diferente puede especificarse mediante la cláusula `ORDER BY`.

La mayor parte del tiempo, en la cláusula `GROUP BY` figurarán todas las expresiones de la cláusula `SELECT` que no tienen función de agregación. Es el funcionamiento habitual para respetar el estándar SQL.

Ejemplo

```
mysql> -- Número de libros por colección.
mysql> SELECT id_coleccion,COUNT(*)
    -> FROM libro
    -> GROUP BY id_coleccion;
+--------------+----------+
| id_coleccion | COUNT(*) |
+--------------+----------+
|            1 |        4 |
|            2 |        3 |
|            3 |        1 |
|            4 |        1 |
+--------------+----------+
4 rows in set (0.00 sec)

mysql> -- Número de libros y media de páginas por colección.
mysql> -- (con el nombre de la colección en lugar del identificador).
mysql> SELECT
    ->   col.nombre coleccion,
    ->   COUNT(lib.id) num_libros,
    ->   ROUND(AVG(lib.numero_paginas)) num_paginas_med
    -> FROM
    ->   libro lib JOIN coleccion col
    ->   ON (lib.id_coleccion = col.id)
    -> GROUP BY
    ->   col.nombre
    -> ORDER BY
    ->   num_libros; -- ordenación por el número de libros
+-------------------------+------------+-----------------+
| coleccion               | num_libros | num_paginas_med |
+-------------------------+------------+-----------------+
| Prácticas Técnicas      |          1 |             272 |
| Pack Técnico            |          1 |             972 |
| TechNote                |          3 |             182 |
| Recursos Informáticos   |          4 |             486 |
+-------------------------+------------+-----------------+
4 rows in set (0.00 sec)

mysql> -- Número de libros por intervalo de años y colección.
mysql> SELECT
    ->   CASE
    ->     WHEN anio_publicacion IN (2004,2005)
    ->     THEN '2004-2005'
    ->     WHEN anio_publicacion IN (2006,2007)
    ->     THEN '2006-2007'
    ->   END intervalo_anio,
    ->   col.nombre coleccion,
    ->   COUNT(lib.id) num_libros
    -> FROM
    ->   libro lib JOIN coleccion col
```

```
    ->   ON (lib.id_coleccion = col.id)
    -> GROUP BY -- utilización de los alias de columna
    ->   intervalo_anio,
    ->   coleccion;
+----------------+------------------------+------------+
| intervalo_anio | coleccion              | num_libros |
+----------------+------------------------+------------+
| 2004-2005      | Prácticas Técnicas     |          1 |
| 2004-2005      | Recursos Informáticos  |          2 |
| 2004-2005      | TechNote               |          2 |
| 2006-2007      | Pack Técnico           |          1 |
| 2006-2007      | Recursos Informáticos  |          2 |
| 2006-2007      | TechNote               |          1 |
+----------------+------------------------+------------+
6 rows in set (0.01 sec)
```

Con MySQL, en la cláusula `SELECT` pueden figurar expresiones que no utilicen función de agregación y que no se reutilicen en la cláusula `GROUP BY`.

Ejemplo:

```
mysql> SELECT
    ->   col.nombre coleccion, -- no presente en GROUP BY
    ->   col.precio_siniva, -- no presente en GROUP BY
    ->   COUNT(lib.id) num_libros
    -> FROM
    ->   libro lib JOIN coleccion col
    ->   ON (lib.id_coleccion = col.id)
    -> GROUP BY
    ->   col.id;
+-------------------------+---------------+------------+
| coleccion               | precio_siniva | num_libros |
+-------------------------+---------------+------------+
| Recursos Informáticos   |         24.44 |          4 |
| TechNote                |         10.48 |          3 |
| Prácticas Técnicas      |         25.59 |          1 |
| Pact Técnico            |         46.45 |          1 |
+-------------------------+---------------+------------+
4 rows in set (0.00 sec)
```

Esta posibilidad de MySQL es interesante y simplifica la escritura de la consulta a la vez que mejora el rendimiento cuando la expresión en cuestión es única para cada grupo (es el caso en el ejemplo anterior donde el nombre y el precio de la coleccion son únicos para cada identificador de colección). En cambio, se desaconseja este método si la expresión en cuestión no es única en el grupo; MySQL devolverá cualquier valor para el grupo y el resultado obtenido no tiene mucho sentido en principio.

Ejemplo

```
mysql> SELECT
    ->   col.nombre coleccion,
    ->   lib.anio_publicacion, -- ¡no único en el grupo!
    ->   COUNT(lib.id) num_libros
    -> FROM
    ->   libro lib JOIN coleccion col
    ->   ON (lib.id_coleccion = col.id)
    -> GROUP BY
    ->   col.nombre;
+-------------------------+------------------+------------+
| coleccion               | anio_publicacion | num_libros |
+-------------------------+------------------+------------+
| Pack Técnico            |             2006 |          1 |
| Prácticas Técnicas      |             2004 |          1 |
| Recursos Informáticos   |             2007 |          4 |
| TechNote                |             2006 |          3 |
+-------------------------+------------------+------------+
4 rows in set (0.00 sec)
```

En este tipo de situación, puede ser interesante utilizar las funciones `MIN` o `MAX` para obtener un valor específico "controlado" de la expresión ("el más grande", "el más pequeño", "el primero", "el último", etc.).

Ejemplo

```
mysql> SELECT
    ->   col.nombre coleccion,
    ->   MIN(lib.anio_publicacion) primera_publicacion,
    ->   COUNT(lib.id) num_libros
    -> FROM
    ->   libro lib JOIN coleccion col
    ->   ON (lib.id_coleccion = col.id)
    -> GROUP BY
    ->   col.nombre;
+-------------------------+---------------------+------------+
| coleccion               | primera_publicacion | num_libros |
+-------------------------+---------------------+------------+
| Pack Técnico            |                2006 |          1 |
| Prácticas Técnicas      |                2004 |          1 |
| Recursos Informáticos   |                2004 |          4 |
| TechNote                |                2005 |          3 |
+-------------------------+---------------------+------------+
4 rows in set (0.00 sec)
```

Para restringir el resultado final, con condiciones que utilizan las funciones de agregación, debe utilizar la cláusula `HAVING`. De hecho, una cláusula `WHERE` no puede incluir una condicion que utilice una función de agregación: es demasiado "pronto" en el tratamiento de la consulta; los grupos todavía no han sido constituidos.

Las condiciones de una cláusula `HAVING` son similares a las de una cláusula `WHERE` con las siguientes particularidades:

- pueden utilizar funciones de agregación;
- pueden utilizar alias definidos en la cláusula `SELECT`.

Ejemplo:

```
mysql> -- Mostrar sólo las colecciones
mysql> -- con al menos dos libros.
mysql> SELECT
    ->   col.nombre coleccion,
    ->   COUNT(lib.id) num_libros,
    ->   ROUND(AVG(lib.numero_paginas)) num_paginas_med
    -> FROM
    ->   libro lib JOIN coleccion col
    ->   ON (lib.id_coleccion = col.id)
    -> GROUP BY
    ->   col.nombre
    -> HAVING
    ->   COUNT(lib.id) > 1;
+------------------------+------------+-----------------+
| coleccion              | num_libros | num_paginas_med |
+------------------------+------------+-----------------+
| Recursos Informáticos  |          4 |             486 |
| TechNote               |          3 |             182 |
+------------------------+------------+-----------------+
2 rows in set (0.01 sec)

mysql> -- Mostrar sólo las colecciones
mysql> -- con al menos dos libros y más de 400 páginas.
mysql> SELECT
    ->   col.nombre coleccion,
    ->   COUNT(lib.id) num_libros,
    ->   ROUND(AVG(lib.numero_paginas)) num_paginas_med
    -> FROM
    ->   libro lib JOIN coleccion col
    ->   ON (lib.id_coleccion = col.id)
    -> GROUP BY
    ->   col.nombre
    -> HAVING -- utilización de los alias
    ->   num_libros > 1
    ->   AND num_paginas_med > 400;
+------------------------+------------+-----------------+
| coleccion              | num_libros | num_paginas_med |
+------------------------+------------+-----------------+
| Recursos Informáticos  |          4 |             486 |
+------------------------+------------+-----------------+
1 row in set (0.00 sec)
```

Por cuestiones de rendimiento, la cláusula HAVING no debe utilizarse para filtrar datos que podrían filtrarse mediante la cláusula WHERE.

B. Utilizar subconsultas

1. Introducción

Desde la versión 4.1, MySQL admite la utilización de subconsultas.

Una subconsulta es una consulta SELECT utilizada en el interior de otra consulta.

Una subconsulta puede utilizarse:

- en la cláusula WHERE de una consulta SELECT, UPDATE o DELETE;
- en la cláusula SELECT de una consulta SELECT;
- en la cláusula FROM de una consulta FROM;
- como valor asignado a una columna en una consulta INSERT o UPDATE;
- como origen de datos de una consulta INSERT, en lugar de la cláusula VALUES.

La subconsulta siempre se escribe entre paréntesis.

Salvo en el caso de la utilización en la cláusula FROM de una consulta SELECT, la subconsulta no debe contener una cláusula ORDER BY; puede incluir, sin embargo, combinaciones, así como cláusulas WHERE, GROUP BY, etc. Una subconsulta también puede anidar a su vez subconsultas.

2. Subconsulta escalar

Una subconsulta que devuelve una sola columna y, como mucho, una sola fila, se denomina subconsulta escalar.

Dicha subconsulta puede utilizarse en cualquier lugar donde se espere un valor (un operando):

- en la cláusula WHERE de una consulta SELECT, INSERT, UPDATE o DELETE;
- en la cláusula SELECT de una consulta SELECT;
- como valor asignado a una columna en una consulta INSERT o UPDATE;
- como operando de una función o de una expresión.

Ejemplo

```
mysql> -- Diferencia entre el precio de la colección 1 y el precio medio
mysql> -- de las colecciones.
mysql> SELECT
    ->   ROUND(precio_siniva - (SELECT AVG(precio_siniva) FROM coleccion),2)
    -> FROM
    ->   coleccion
    -> WHERE
    ->   id = 1;
+-----------------------------------------------------------------------+
```

```
| ROUND(precio_siniva - (SELECT AVG(precio_siniva) FROM coleccion),2) |
+---------------------------------------------------------------------+
|                                                               -2.88 |
+---------------------------------------------------------------------+
1 row in set (0.00 sec)

mysql> -- Precio con IVA catálogo del artículo de código "RI410GORAA".
mysql> SELECT precio_coniva FROM catalogo WHERE codigo = 'RI410GORAA';
+---------------+
| precio_coniva |
+---------------+
|         35.00 |
+---------------+
1 row in set (0.01 sec)

mysql> -- Asignar el precio con IVA de la colección al artículo
mysql> -- del catálogo que tiene el código "RI410GORAA".
mysql> UPDATE catalogo
    -> SET precio_coniva =
    ->   (SELECT precio_siniva+ROUND(precio_siniva*5.5/100)
    ->    FROM coleccion WHERE id = 1) -- subconsulta
    -> WHERE codigo = 'RI410GORAA';
Query OK, 1 row affected (0.01 sec)
Rows matched: 1  Changed: 1  Warnings: 0

mysql> -- Comprobar.
mysql> SELECT precio_coniva FROM catalogo WHERE codigo = 'RI410GORAA';
+---------------+
| precio_coniva |
+---------------+
|         25.44 |
+---------------+
1 row in set (0.00 sec)
```

Una subconsulta escalar utilizada en una cláusula `WHERE` es un caso particular de utilización más general de una subconsulta en una comparación (véase Comparación con una subconsulta).

3. Comparación con una subconsulta

Una subconsulta puede utilizarse como expresión en la cláusula `WHERE` de otra consulta:

```
{expresión | subconsulta} operador {expresión | subconsulta}
```

Pueden utilizarse los operadores habituales: =, <, <=, >, >=, !=, `IN`, `NOT IN`, etc. Un operador especial, `EXISTS` (y `NOT EXISTS`), también puede utilizarse.

En el caso de los operadores escalares (=, <, <=, >, >=, !=), la subconsulta debe devolver exactamente una fila; además, el número de expresiones devueltas debe ser igual al número de expresiones presentes en el otro miembro de la comparación.

Ejemplo

```
mysql -- La colección más cara.
mysql> SELECT nombre,precio_siniva FROM coleccion
    -> WHERE precio_siniva = (SELECT MAX(precio_siniva) FROM coleccion);
+-------------------+---------------+
| nombre            | precio_siniva |
+-------------------+---------------+
| Pack Técnico      |         46.45 |
+-------------------+---------------+
1 row in set (0.01 sec)

mysql> -- Colecciones cuyo precio es inferior a la media
mysql> -- del precio de las colecciones.
mysql> SELECT nombre,precio_siniva FROM coleccion
    -> WHERE precio_siniva <= (SELECT AVG(precio_siniva) FROM coleccion);
+-------------------------+---------------+
| nombre                  | precio_siniva |
+-------------------------+---------------+
| Recursos Informáticos   |         24.44 |
| TechNote                |         10.48 |
| Prácticas Técnicas      |         25.59 |
| ExpertIT                |         20.00 |
+-------------------------+---------------+
4 rows in set (0.00 sec)
```

En el caso de los operadores `IN`, `NOT IN`, `EXISTS` y `NOT EXISTS`, la subconsulta puede devolver un número determinado de filas (con la misma regla respecto al número de expresiones).

El funcionamiento de los operadores `IN` y `NOT IN` es el mismo que con una lista explícita de valores.

Ejemplo

```
mysql> -- Título de las obras de las colecciones
mysql> -- que sólo tienen una obra.
mysql> SELECT titulo,id_coleccion
    -> FROM libro
    -> WHERE id_coleccion IN
    ->   -- La subconsulta da la lista de los identificadores
    ->   -- de las colecciones que sólo tienen una obra.
    ->   (SELECT id_coleccion FROM libro
    ->    GROUP BY id_coleccion HAVING COUNT(*) = 1);
+-----------------------------+--------------+
| titulo                      | id_coleccion |
+-----------------------------+--------------+
| PHP y MySQL (versiones 4 y 5) |            3 |
| MySQL 5 y PHP 5             |            4 |
+-----------------------------+--------------+
2 rows in set (0.01 sec)
```

El operador `EXISTS` prueba simplemente la existencia de un resultado en la subconsulta; la condición es evaluada como `TRUE` si la subconsulta devuelve al menos una fila, y como `FALSE` en caso contrario. El operador `NOT EXISTS` prueba simplemente la no existencia de un resultado en la subconsulta; la condición es evaluada como `TRUE` si la subconsulta no devuelve ninguna fila, y como `FALSE` en caso contrario.

Los operadores `EXISTS` y `NOT EXISTS` se utilizan normalmente con subconsultas correlacionadas (véase Subconsulta correlacionada).

Es posible utilizar los operadores escalares (=, <, <=, >, >=, !=) con una subconsulta que devuelve varias filas combinándolas con los operadores `ANY` (o su equivalente `SOME`) u `ALL`. Estos operadores permiten hacer consultas del tipo "superior a uno de los valores de la subconsulta" o "inferior a todos los valores de la subconsulta".

Ejemplo

```
mysql -- Libros cuyo número de páginas es superior al número
mysql> -- de páginas de al menos un libro de la colección 1.
mysql> SELECT titulo,numero_paginas,id_coleccion FROM libro
    -> WHERE numero_paginas > ANY
    ->   (SELECT numero_paginas FROM libro WHERE id_coleccion = 1);
+-------------------+----------------+--------------+
| titulo            | numero_paginas | id_coleccion |
+-------------------+----------------+--------------+
| PHP 5.2           |            518 |            1 |
| Oracle 10g        |            489 |            1 |
| BusinessObjects 6 |            470 |            1 |
| MySQL 5 y PHP 5   |            972 |            4 |
+-------------------+----------------+--------------+
4 rows in set (0.00 sec)

mysql> -- Libros cuyo número de páginas es superior al número
mysql> -- de páginas de todos los libros de la colección 1.
mysql> SELECT titulo,numero_paginas,id_coleccion FROM libro
    -> WHERE numero_paginas > ALL
    ->   (SELECT numero_paginas FROM libro WHERE id_coleccion = 1);
+-----------------+----------------+--------------+
| titulo          | numero_paginas | id_coleccion |
+-----------------+----------------+--------------+
| MySQL 5 y PHP 5 |            972 |            4 |
+-----------------+----------------+--------------+
1 row in set (0.01 sec)
```

Para saber más sobre esta sintaxis, consulte la documentación de MySQL.

Atención a la utilización de ciertos operadores (`NOT IN` u `> ALL` por ejemplo) cuando la subconsulta devuelve un valor `NULL`; el resultado está vacío.

4. Subconsulta correlacionada

Una subconsulta es una consulta correlacionada si hace referencia a una columna de una tabla de la consulta principal. En ese caso, la subconsulta es ejecutada y evaluada para cada fila de la consulta principal, ya que la columna referenciada en la tabla de la consulta principal es susceptible de cambiar en cada fila.

En el caso de una subconsulta "simple" (no correlacionada), la subconsulta es ejecutada una sola vez y su resultado es comparado con cada fila de la consulta principal.

Las subconsultas correlacionadas pueden utilizarse en la cláusula `WHERE` de una consulta `SELECT`, `UPDATE` o `DELETE`, o en la cláusula `SET` de una consulta `UPDATE` (en ese caso, la consulta debe ser también escalar).

Ejemplo

```
mysql -- Libros que tienen más de un autor (consulta EXISTS).
mysql> SELECT lib.titulo FROM libro lib
    ->  WHERE EXISTS
    ->   (SELECT 1 FROM autor_libro aul WHERE aul.id_libro = lib.id
    ->    GROUP BY aul.id_libro HAVING COUNT(*) > 1);
+------------------+
| titulo           |
+------------------+
| MySQL 5 y PHP 5  |
+------------------+
1 row in set (0.01 sec)

mysql> -- Libros que tienen más de un autor (comparación
mysql> -- con una subconsulta escalar).
mysql> SELECT lib.titulo FROM libro lib
    -> WHERE
    ->   (SELECT COUNT(*) FROM autor_libro aul
    ->    WHERE aul.id_libro = lib.id) > 1;
+------------------+
| titulo           |
+------------------+
| MySQL 5 y PHP 5  |
+------------------+
1 row in set (0.00 sec)

mysql> -- Subtemas del tema 2
mysql> -- que no tienen libro asignado.
mysql> SELECT tem.titulo FROM tema tem
    -> WHERE
    ->   tem.id_primario = 2
    ->   AND NOT EXISTS
    ->     (SELECT 1 FROM tema_libro tel
    ->      WHERE tel.id_tema = tem.id);
+---------+
| titulo  |
```

```
+---------+
| Método  |
+---------+
1 row in set (0.00 sec)

mysql> -- Eliminar los subtemas del tema 2
mysql> -- que no tienen libro asignado.
mysql> DELETE FROM tema
    -> WHERE
    ->   id_primario = 2
    ->   AND NOT EXISTS
    ->     (SELECT 1 FROM tema_libro tel
    ->      WHERE tel.id_tema = tema.id);
Query OK, 1 row affected (0.00 sec)

mysql> -- Colecciones que tiene al menos un libro
mysql> -- de más de 500 páginas.
mysql> SELECT id,nombre,gastos_siniva FROM coleccion col
    -> WHERE EXISTS
    ->   (SELECT 1 FROM libro liv
    ->    WHERE lib.id_coleccion = col.id
    ->          AND lib.numero_paginas > 500);
+----+-------------------------+---------------+
| id | nombre                  | gastos_siniva |
+----+-------------------------+---------------+
|  1 | Recursos Informáticos   |          1.50 |
|  4 | Pack Técnico            |          2.00 |
+----+-------------------------+---------------+
2 rows in set (0.00 sec)

mysql> -- Aumentar 25 céntimos los gastos
mysql> -- para las colecciones que tienen al menos un libro
mysql> -- de más de 500 páginas.
mysql> UPDATE coleccion col SET col.gastos_siniva = col.gastos_
siniva + 0.25
    -> WHERE EXISTS
    ->   (SELECT 1 FROM libro liv
    ->    WHERE lib.id_coleccion = col.id
    ->          AND lib.numero_paginas > 500);
Query OK, 2 rows affected (0.00 sec)
Rows matched: 2  Changed: 2  Warnings: 0

mysql> -- Comprobar.
mysql> SELECT id,nombre,gastos_siniva FROM coleccion WHERE id IN (1,4);
+----+-------------------------+---------------+
| id | nombre                  | gastos_siniva |
+----+-------------------------+---------------+
|  1 | Recursos Informáticos   |          1.75 |
|  4 | Pack Técnico            |          2.25 |
+----+-------------------------+---------------+
```

```
2 rows in set (0.00 sec)

mysql> -- Colecciones que no tienen gastos.
mysql> SELECT * FROM coleccion WHERE gastos_siniva IS NULL;
+----+----------+---------------+---------------+
| id | nombre   | precio_siniva | gastos_siniva |
+----+----------+---------------+---------------+
|  2 | TechNote |         10.48 |          NULL |
|  6 | ExpertIT |         20.00 |          NULL |
+----+----------+---------------+---------------+
2 rows in set (0.00 sec)

mysql> -- Calcular los gastos de las colecciones que no tienen.
mysql> -- Fórmula = 0,4 céntimos × la media de páginas
mysql> --                             de los libros de la colección
mysql> UPDATE coleccion col
    -> SET col.gastos_siniva =
    ->   (SELECT ROUND(AVG(numero_paginas)/250,2) FROM libro lib
    ->    WHERE lib.id_coleccion = col.id)
    -> WHERE col.gastos_siniva IS NULL;
Query OK, 1 row affected, 1 warning (0.00 sec)
Rows matched: 2  Changed: 1  Warnings: 0

mysql> -- Comprobar (la colección 6 no tiene libro,
mysql> -- por lo que los gastos no cambian).
mysql> SELECT * FROM coleccion WHERE id IN (2,6);
+----+----------+---------------+---------------+
| id | nombre   | precio_siniva | gastos_siniva |
+----+----------+---------------+---------------+
|  2 | TechNote |         10.48 |          0.73 |
|  6 | ExpertIT |         20.00 |          NULL |
+----+----------+---------------+---------------+
2 rows in set (0.00 sec)
```

En una consulta `DELETE`, el nombre de la tabla especificado en la cláusula `FROM` no puede incluir alias. Para referenciar una columna de la tabla eliminada en la subconsulta correlacionada, es necesario utilizar el nombre de la tabla.

Una consulta `UPDATE` o `DELETE` con subconsulta correlacionada puede sustituirse muy a menudo por una consulta `UPDATE` o `DELETE` multitabla.

5. Subconsulta en la cláusula FROM

Una subconsulta situada en la cláusula `FROM` de una consulta `SELECT` es utilizada como origen de datos; se habla a veces de "tabla derivada", ya que se asemeja a una tabla temporal o a una vista.

Sintaxis

```
(subconsulta) [AS] alias
```

Una subconsulta utilizada en la cláusula `FROM` debe tener obligatoriamente una alias para "nombrar" la subconsulta. Por otro lado, las expresiones seleccionadas en la subconsulta deben tener nombres diferentes. Por último, una subconsulta utilizada en la cláusula `FROM` puede tener una cláusula `ORDER BY`.

Ejemplo

```
mysql> -- Mostrar el nombre de la colección y el primer libro
mysql> -- de la colección (orden alfabético del título).
mysql> SELECT col.nombre,lib.titulo
    -> FROM
    ->   coleccion col
    ->     JOIN
    ->   (-- primer título de la colección (orden alfabético)
    ->   SELECT id_coleccion,MIN(titulo) titulo
    ->   FROM libro GROUP BY id_coleccion
    ->   ) lib
    ->     ON (col.id = lib.id_coleccion);
+---------------------------+---------------------------------+
| nombre                    | titulo                          |
+---------------------------+---------------------------------+
| Recursos Informáticos     | BusinessObjects 6               |
| TechNote                  | Oracle 10g                      |
| Prácticas Técnicas        | PHP y MySQL (versiones 4 y 5)   |
| Pack Técnico              | MySQL 5 y PHP 5                 |
+---------------------------+---------------------------------+
4 rows in set (0.00 sec)
```

6. Insertar filas mediante una subconsulta

Una subconsulta puede utilizarse como origen de datos en una consulta de inserción:

Sintaxis

```
INSERT [IGNORE]
[INTO] nombre_tabla [(nombre_columna,...)]
subconsulta
[ ON DUPLICATE KEY UPDATE nombre_columna=expresión, ... ]
```

La subconsulta sustituye la cláusula `VALUES`; el resto de la sintaxis no cambia. La subconsulta debe devolver tantas expresiones como columnas que insertar.

Ejemplo

Creación de una nueva tabla destinada a almacenar datos estadísticos sobre las colecciones:

```
mysql> CREATE TABLE estadistica_coleccion
    ->   (
    ->   coleccion VARCHAR(30) PRIMARY KEY,
    ->   numero_libros INT,
    ->   primera_publicacion YEAR(4)
    ->   );
Query OK, 0 rows affected (0.05 sec)
```

Alimentación de la tabla:

```
mysql> INSERT INTO estadistica_coleccion
    ->   (coleccion,numero_libros,primera_publicacion)
    -> SELECT
    ->   col.nombre,COUNT(lib.id),MIN(lib.anio_publicacion)
    -> FROM
    ->   libro lib JOIN coleccion col
    ->   ON (lib.id_coleccion = col.id)
    -> GROUP BY
    ->   col.nombre
    -> ON DUPLICATE KEY UPDATE
    ->   numero_libros = VALUES(numero_libros),
    ->   primera_publicacion = VALUES(primera_publicacion);
Query OK, 4 rows affected (0.01 sec)
Records: 4  Duplicates: 0  Warnings: 0

mysql> SELECT * FROM estadistica_coleccion;
+-------------------------+---------------+---------------------+
| coleccion               | numero_libros | primera_publicacion |
+-------------------------+---------------+---------------------+
| Pack Técnico            |             1 |                2006 |
| Prácticas Técnicas      |             1 |                2004 |
| Recursos Informáticos   |             4 |                2004 |
| TechNote                |             3 |                2005 |
+-------------------------+---------------+---------------------+
4 rows in set (0.01 sec)
```

C. Unir los resultados de varias consultas

Desde la versión 4, MySQL admite la utilización del operador `UNION` que lleva a cabo la unión de los resultados de varias consultas.

Sintaxis

```
   consulta_SELECT
UNION [ALL | DISTINCT]
   consulta_SELECT
[UNION ...]
[ORDER BY orden]
```

Las sentencias `SELECT` deben tener el mismo número de expresiones y las expresiones correspondientes deben tener normalmente el mismo tipo (según la documentación). En la práctica, si las expresiones correspondientes no son del mismo tipo, parece que son convertidas en cadena de caracteres para realizar la unión.

El título de las columnas del resultado final es definido por la primera consulta.

De manera predeterminada, todas las líneas devueltas son distintas; el mismo resultado se obtiene utilizando la opción `DISTINCT`. La utilización de la opción `ALL` permite conservar todas las filas, incluso las duplicadas.

Las sentencias `SELECT` no deben contener la cláusula `ORDER BY`; puede incluir, si embargo, combinaciones, subconsultas y las cláusulas `WHERE`, `GROUP BY`, etc. Para mejorar la legibilidad de las consulta, las sentencias `SELECT` pueden ponerse entre paréntesis.

El resultado final de la unión puede ordenarse mediante una cláusula `ORDER BY`, con la misma sintaxis que para una sentencia `SELECT` simple (véase capítulo Introducción a MySQL - Ejecutar consultas SQL simples).

Ejemplos

```
mysql> SELECT titulo FROM catalogo
    ->   UNION
    -> SELECT IFNULL(CONCAT(titulo,' - ',subtitulo),titulo)
    -> FROM libro WHERE id_coleccion = 1;
+---------------------------------------------------------------------+
| titulo                                                              |
+---------------------------------------------------------------------+
| Oracle 10g - Administración                                         |
| PHP 5 - El acceso de los datos                                      |
| PHP 5,2 - Desarrollar un sitio web dinámico e interactivo           |
| BusinessObjects 6                                                   |
| MySQL 5 - Instalación, aplicación, administración y programación    |
+---------------------------------------------------------------------+
5 rows in set (0.00 sec)

mysql> SELECT titulo FROM catalogo
    ->   UNION ALL
    -> SELECT IFNULL(CONCAT(titulo,' - ',subtitulo),titulo)
    -> FROM libro WHERE id_coleccion = 1;
+---------------------------------------------------------------------+
| titulo                                                              |
+---------------------------------------------------------------------+
| Oracle 10g - Administración                                         |
| PHP 5 - El acceso de los datos                                      |
| PHP 5,2 - Desarrollar un sitio web dinámico e interactivo           |
| Oracle 10g - Administración                                         |
| BusinessObjects 6                                                   |
| MySQL 5 - Instalación, aplicación, administración y programación    |
+---------------------------------------------------------------------+
6 rows in set (0.00 sec)

mysql> SELECT titulo FROM catalogo
    ->   UNION
    -> SELECT IFNULL(CONCAT(titulo,' - ',subtitulo),titulo)
    -> FROM libro WHERE id_coleccion = 1
    ->   ORDER BY titulo;
+---------------------------------------------------------------------+
| titulo                                                              |
+---------------------------------------------------------------------+
```

```
| BusinessObjects 6                                                  |
| MySQL 5 - Instalación, aplicación, administración y programación   |
| Oracle 10g - Administración                                        |
| PHP 5 - El acceso de los datos                                     |
| PHP 5,2 - Desarrollar un sitio web dinámico e interactivo          |
+--------------------------------------------------------------------+
5 rows in set (0.00 sec)
```

D. Administrar las transacciones y los accesos coincidentes

1. Definición

El término "transacción" en el ámbito de las bases de datos relacionales, se refiere a un conjunto de sentencias de actualización que forma un todo indisociable desde el punto de vista de la lógica aplicativa. Las sentencias de actualización de una transacción sólo pueden registrarse definitivamente en la base de datos si todas ellas se ejecutan sin errores; si una de las sentencias de actualización falla, todas las modificaciones ya efectuadas en la transacción deben anularse. Al final de una transacción, la base de datos siempre se encuentra en un estado coherente desde el punto de vista de la lógica aplicativa.

A modo de ejemplo, consideremos una transacción de ingreso bancario constituida por tres sentencias de actualización:

- un primer `UPDATE` para cargar la primera cuenta;
- un segundo `UPDATE` para abonar la segunda cuenta;
- un `INSERT` para guardar la operación en un registro.

Si el segundo `UPDATE` no tiene éxito, por una u otra razón, es necesario anular el primer `UPDATE` y no llevar a cabo la sentencia `INSERT`.

2. Administrar las transacciones

De manera predeterminada, MySQL funciona en un modo de validación automática (opción `AUTOCOMMIT` igual a 1): cada modificación efectuada es inmediata y definitivamente registrada en la base de datos, lo que no permite administrar correctamente las transacciones.

Por otro lado, la administración de las transacciones sólo es soportada para los tipos de tabla InnoDB y BDB.

A partir del momento en que se utiliza una tabla que soporta las transacciones, se puede administrar las transacciones mediante las siguientes instrucciones:

```
START TRANSACTION | BEGIN [WORK]

SET AUTOCOMMIT = { 0 | 1 }

COMMIT [WORK]

ROLLBACK [WORK]
```

Las instrucciones `START TRANSACTION` o `BEGIN` (`WORK` es opcional) permiten iniciar explícitamente una nueva transacción. Es recomendable utilizar preferentemente la instrucción `START TRANSACTION` que se ajusta al estándar SQL. Cuando una transacción es iniciada explícitamente de esta manera, la validación automática es desactivada el tiempo de la transacción; al final de la transacción, la validación automática vuelve a su estado anterior.

La instrucción `SET AUTOCOMMIT` permite activar (`1`) o desactivar (`0`) la validación automática para la conexión actual.

Desde el momento en que la validación automática está desactivada, no es necesario iniciar explícitamente las transacciones; una nueva transacción se inicia implícitamente al final de cada transacción.

La instrucción `COMMIT` valida la transacción actual y registra definitivamente las modificaciones en la base de datos. La instrucción `ROLLBACK` anula la transacción actual y todas las modificaciones efectuadas por la transacción. En los dos casos, la palabra clave `WORK` es opcional.

Para ilustrar el funcionamiento de las transacciones, vamos a trabajar con las tablas `pedido` y `linea_pedido` creadas en el capítulo Construir una base de datos en MySQL mediante las sentencias SQL siguientes:

```
CREATE TABLE pedido
  (
  id INT PRIMARY KEY AUTO_INCREMENT,
  fecha_pedido DATE
  )
  ENGINE innodb;
CREATE TABLE linea_pedido
  (
  id_pedido INT,
  numero_linea INT,
  articulo VARCHAR(50),
  cantidad INT,
  precio_unitario DECIMAL(8,2),
  PRIMARY KEY(id_pedido,numero_linea)
  )
  ENGINE innodb;
```

Este ejemplo utiliza tablas InnoDB. Para permitir la utilización de las tablas InnoDB, es preciso poner como comentario el parámetro `skip-innodb` en el archivo de configuración de MySQL.

Ejemplo de transacción anulada

```
mysql> START TRANSACTION;
Query OK, 0 rows affected (0.00 sec)

mysql> INSERT INTO pedido(fecha_pedido) VALUES(NOW());
Query OK, 1 row affected (0.01 sec)
```

```
mysql> SET @id = LAST_INSERT_ID();
Query OK, 0 rows affected (0.00 sec)

mysql> INSERT INTO linea_pedido
    ->   (id_pedido,numero_linea,articulo,cantidad,precio_unitario)
    -> VALUES
    ->   (@id,1,'PHP 5.2',1,25);
Query OK, 1 row affected (0.00 sec)

mysql> ROLLBACK;
Query OK, 0 rows affected (0.01 sec)

mysql> SELECT * FROM pedido;
Empty set (0.01 sec)

mysql> SELECT * FROM linea_pedido;
Empty set (0.01 sec)
```

Ejemplo de transacción validada

```
mysql> START TRANSACTION;
Query OK, 0 rows affected (0.00 sec)

mysql> INSERT INTO pedido(fecha_pedido) VALUES(NOW());
Query OK, 1 row affected (0.01 sec)

mysql> SET @id = LAST_INSERT_ID();
Query OK, 0 rows affected (0.00 sec)

mysql> INSERT INTO linea_pedido
    ->   (id_pedido,numero_linea,articulo,cantidad,precio_unitario)
    -> VALUES
    ->   (@id,1,'PHP 5.2',1,25);
Query OK, 1 row affected (0.00 sec)

mysql> COMMIT;
Query OK, 0 rows affected (0.01 sec)

mysql> SELECT * FROM pedido;
+----+--------------+
| id | fecha_pedido |
+----+--------------+
|  3 | 2008-01-25   |
+----+--------------+
1 row in set (0.00 sec)

mysql> SELECT * FROM linea_pedido;
+-----------+--------------+----------+----------+-----------------+
| id_pedido | numero_linea | articulo | cantidad | precio_unitario |
+-----------+--------------+----------+----------+-----------------+
|         3 |            1 | PHP 5.2  |        1 |           25.00 |
```

```
+-----------+-------------+---------+---------+----------------+
1 row in set (0.00 sec)
```

Las sentencias del lenguaje de definición de datos (DDL, Data Definition Language), como `CREATE`, `ALTER`, `DROP`, no pueden ser anuladas. Por otro lado, estas sentencias validan implícitamente la transacción en curso. Igualmente, activar la validación automática (`SET AUTOCOMMIT = 1`) o iniciar una transacción (`START TRANSACTION`) valida implícitamente la transacción en curso.

3. Anular una parte de una transacción

En ciertas transacciones que contienen varias sentencias de actualización, puede ser necesario anular únicamente las últimas modificaciones.

Puede anular las últimas modificaciones de una transacción mediante las siguientes instrucciones:

```
SAVEPOINT nombre
```

```
ROLLBACK [WORK] TO [SAVEPOINT] nombre
```

```
RELEASE SAVEPOINT nombre
```

La instrucción `SAVEPOINT` permite definir un punto de retorno nombrado en la secuencia de las sentencias de actualización de la transacción. Si un punto de retorno que lleva el mismo nombre estaba ya definido en la transacción, es sustituido por el nuevo.

La instrucción `ROLLBACK TO` (las palabras clave `WORK` y `SAVEPOINT` son opcionales) permite anular todas las modificaciones realizadas desde el punto de retorno indicado. Los puntos de retorno definidos tras el punto de retorno especificado en el `ROLLBACK TO` son eliminados; sin embargo, el punto de retorno especificado en el `ROLLBACK TO` es conservado. La transacción por sí misma está siempre abierta y todas las modificaciones realizadas antes del punto de retorno indicado están en espera.

La instrucción `RELEASE SAVEPOINT` permite eliminar un punto de retorno.

Todos los puntos de retorno de una transacción son eliminados cuando la transacción se termina (`COMMIT` o `ROLLBACK`).

Ejemplo

```
mysql> START TRANSACTION;
Query OK, 0 rows affected (0.00 sec)

mysql> INSERT INTO pedido(fecha_pedido) VALUES(NOW());
Query OK, 1 row affected (0.01 sec)

mysql> SET @id = LAST_INSERT_ID();
Query OK, 0 rows affected (0.00 sec)

mysql> INSERT INTO linea_pedido
    ->   (id_pedido,numero_linea,articulo,cantidad,precio_unitario)
    -> VALUES
```

```
    ->   (@id,1,'MySQL 5',1,25);
Query OK, 1 row affected (0.00 sec)

mysql> SAVEPOINT p1;
Query OK, 0 rows affected (0.00 sec)

mysql> INSERT INTO linea_pedido
    ->   (id_pedido,numero_linea,articulo,cantidad,precio_unitario)
    -> VALUES
    ->   (@id,2,'PHP 7',1,25);
Query OK, 1 row affected (0.00 sec)

mysql> ROLLBACK TO SAVEPOINT p1;
Query OK, 0 rows affected (0.00 sec)

mysql> INSERT INTO linea_pedido
    ->   (id_pedido,numero_linea,articulo,cantidad,precio_unitario)
    -> VALUES
    ->   (@id,2,'PHP 5,2',1,25);
Query OK, 1 row affected (0.00 sec)

mysql> COMMIT;
Query OK, 0 rows affected (0.01 sec)

mysql> SELECT * FROM pedido WHERE id = @id;
+----+---------------+
| id | fecha_pedido  |
+----+---------------+
|  4 | 2008-01-25    |
+----+---------------+
1 row in set (0.00 sec)

mysql> SELECT * FROM linea_pedido WHERE id_pedido = @id;
+-----------+--------------+----------+----------+-----------------+
| id_pedido | numero_linea | articulo | cantidad | precio_unitario |
+-----------+--------------+----------+----------+-----------------+
|         4 |            1 | MySQL 5  |        1 |      25.00      |
|         4 |            2 | PHP 5.2  |        1 |      25.00      |
+-----------+--------------+----------+----------+-----------------+
2 rows in set (0.00 sec)
```

4. Coincidencia de acceso y bloqueo

a. Coincidencia de acceso

En el curso de una transacción que actualiza tablas InnoDB, MySQL impone bloqueos para evitar actualizaciones coincidentes que darían lugar a resultados incorrectos.

Cuando una sesión efectúa un `UPDATE` o un `DELETE` en una tabla InnoDB en el curso de una transacción, pueden producirse dos casos:

- La sentencia utiliza un índice para encontrar las filas que debe modificar o eliminar; en ese caso, MySQL establecerá un bloqueo exclusivo a nivel de fila en las filas en cuestión. En ese caso, las otras sesiones esperarán cuando realicen un intento de modificación o eliminación de las filas bloqueadas; en cambio, pueden modificar o eliminar otras filas no bloqueadas, o insertar nuevas (salvo casos particulares).
- La sentencia no utiliza un índice para encontrar las filas que debe modificar o eliminar; entonces, MySQL establecerá un bloqueo exclusivo en todas las filas de la tabla. En tal caso, las otras sesiones esperan cuando realicen un intento de actualización en la tabla (`INSERT`, `UPDATE` o `DELETE`).

En los dos casos, las otras sesiones pueden consultar la tabla con una sentencia `SELECT`, pero no ven las modificaciones no validadas de las otras sesiones (para más detalles, véase la explicación sobre el nivel de aislamiento).

Es posible establecer un bloqueo de filas en la lectura añadiendo la cláusula `FOR UPDATE` al final de la sentencia `SELECT`. Si una fila seleccionada ya está bloqueada por otra transacción, el `SELECT FOR UPDATE` queda en espera; sólo se ejecutarán y bloquearán las filas cuando la transacción se termine. De paso, el `SELECT FOR UPDATE` permite garantizar que la fila devuelta es realmente la última fila actualizada en la base de datos y no se está realizando ninguna actualización no validada en esta fila. Nótese que el `SELECT FOR UPDATE` bloquea todas las filas de la tabla si no puede utilizar un índice para seleccionar las filas.

Utilizar la instrucción `SELECT FOR UPDATE` es aconsejable normalmente para administrar limpiamente las situaciones en las que dos usuarios podrían modificar simultáneamente la misma fila (noción de bloqueo "pesimista").

Ejemplo 1

Sesión 1

```
mysql> -- sin COMMIT automático
mysql> SET AUTOCOMMIT = 0;
Query OK, 0 rows affected (0.00 sec)

mysql> UPDATE linea_comando
    -> SET cantidad = 2
    -> WHERE id_pedido = 3;
Query OK, 1 row affected (0.01 sec)
Rows matched: 1  Changed: 1  Warnings: 0

mysql> COMMIT;
Query OK, 0 rows affected (0.02 sec)
```

Sesión 2

```
mysql> -- sin COMMIT automático
mysql> SET AUTOCOMMIT = 0;
Query OK, 0 rows affected (0.00 sec)

mysql> SELECT cantidad
    -> FROM linea_pedido
    -> WHERE id_pedido = 3;
+----------+
| cantidad |
+----------+
|        1 |
+----------+
1 row in set (0.01 sec)

mysql> UPDATE linea_pedido
    -> SET cantidad = 3
    -> WHERE id_pedido = 3;
bloqueo...
... al cabo de unos segundos
ERROR 1205 (HY000): Lock wait timeout exceeded; try restarting transaction

mysql> UPDATE linea_pedido
    -> SET cantidad = 3
    -> WHERE id_pedido = 3;
bloqueo...

Query OK, 1 row affected (3.42 sec)
Rows matched: 1  Changed: 1  Warnings: 0

mysql> COMMIT;
Query OK, 0 rows affected (0.01 sec)
```

Como demuestra el ejemplo anterior, hay un plazo de espera máximo cuando la sentencia está bloqueada por un bloqueo establecido por otra transacción; cuando el plazo se termina y la sentencia sigue bloqueada, MySQL anula la sentencia en espera y devuelve un mensaje de error:

```
ERROR 1205 (HY000): Lock wait timeout exceeded; try restarting transaction
```

Ejemplo 2

Sesión 1

```
mysql> UPDATE linea_pedido
    -> SET cantidad = 4
    -> WHERE id_pedido = 3;
Query OK, 1 row affected (0.00 sec)
Rows matched: 1  Changed: 1  Warnings: 0

mysql> COMMIT;
Query OK, 0 rows affected (0.00 sec)
```

```
mysql> SELECT cantidad
    -> FROM linea_pedido
    -> WHERE id_pedido = 3
    -> FOR UPDATE;
bloqueo ...
... al cabo de unos segundos
ERROR 1205 (HY000): Lock wait timeout exceeded; try restarting transaction
```

Sesión 2

```
mysql> SELECT cantidad
    -> FROM linea_pedido
    -> WHERE id_pedido = 3
    -> FOR UPDATE;
bloqueo ...

+----------+
| cantidad |
+----------+
|        2 |
+----------+
1 row in set (1.92 sec)
```

En cuanto a nivel de aislamiento de las transacciones, las tablas InnoDB funcionan en el modo `REPEATABLE READ`. Este modo garantiza que los `SELECT` ejecutados con la transacción en curso serán coherentes; las modificaciones, incluso validadas, de las otras transacciones efectuadas tras la primera lectura no serán vistas.

En caso de necesidad, el nivel de aislamiento de una transacción puede ser modificado mediante la instrucción `SET TRANSACTION ISOLATION LEVEL` (véase la documentación de MySQL sobre las tablas InnoDB para más información).

b. Bloquear tablas

En ciertas situaciones, puede ser interesante bloquear tablas para limitar el acceso de otros usuarios a esas tablas.

El bloqueo puede establecerse en *lectura* o en *escritura*.

Un bloqueo en *lectura* permite leer la tabla a la sesión que ha establecido el bloqueo y a cualquier otra sesión; en cambio, ninguna sesión (incluida la que ha puesto el bloqueo) puede escribir en la tabla.

Un bloqueo en *escritura* permite leer y escribir en la tabla a la sesión que ha establecido el bloqueo, mientas que las otras sesiones no pueden ni leer ni escribir.

El bloqueo y desbloqueo de tablas se lleva a cabo mediante las instrucciones `LOCK TABLES` y `UNLOCK TABLES`.

Sintaxis

```
LOCK TABLES nombre_tabla [AS alias] {READ|WRITE}[,...]
```

```
UNLOCK TABLES
```

Cuando utiliza `LOCK TABLES`, deben bloquearse todas las tablas que va a utilizar. Si se utilizan alias en la instrucción `LOCK TABLES`, deben utilizarse estos alias en las consultas. Si utiliza una tabla varias veces con alias diferentes, debe bloquearse varias veces la tabla mencionando cada alias. Si ya se han establecido bloqueos desde otras sesiones, la instrucción `LOCK TABLES` esperará a que los bloqueos en cuestión sean liberados.

Los bloqueos realizados con `LOCK TABLES` son liberados en los casos siguientes:

- se ejecuta la instrucción `UNLOCK TABLES`;
- se ejecuta una nueva instrucción `LOCK TABLE`;
- se inicia una transacción;
- se termina la sesión.

Normalmente, no se necesita bloquear las tablas. Los dos casos principales de utilización del bloqueo de tablas son los siguientes:

- para mejorar el rendimiento cuando se efectúan varias actualizaciones en varias tablas MyISAM (la razón es que la actualización de los índices en disco se retrasa hasta el desbloqueo de las tablas);
- para simular una transacción en la actualización de tablas que no admiten las transacciones.

El bloqueo de tabla debe utilizarse con moderación, ya que limita en gran medida la coincidencia de acceso.

c. Bloqueo mutuo (deadlock)

MySQL sabe detectar las situaciones de bloqueo mutuo en las que dos sesiones se bloquean mutuamente; en ese caso, MySQL anula la sentencia al principio de la aparición del bloqueo mutuo y devuelve un error:

```
ERROR 1213 (40001): Deadlock found when trying to get lock; try
restarting transaction
```

E. Efectuar búsquedas mediante expresiones regulares

MySQL permite hacer búsquedas mediante expresiones regulares. Las expresiones regulares permiten especificar patrones complejos para la búsqueda en las cadenas.

MySQL propone dos operadores de comparación para hacer búsquedas mediante expresiones regulares: `REGEXP` y `RLIKE` (equivalente de `REGEXP`).

Sintaxis

```
expresión [NOT] REGEXP patrón
expresión [NOT] RLIKE patrón
```

`patrón` es una expresión regular que describe la estructura de la cadena buscada.

Una expresión regular puede especificarse por medio de los símbolos siguientes (según la norma POSIX):

Carácter especial	Significado
`^`	Si se coloca `^` como primer carácter del patrón, indica que la cadena debe comenzar por lo que le sigue: `^abc`: debe comenzar por `abc`.
`$`	Si se coloca `$` como último carácter del patrón, indica que la cadena debe terminar por lo que le antecede: `xyz$`: debe terminar por `xyz`. `^abcxyz$`: debe comenzar por `abcxyz` y terminar por `abcxyz` (es decir, iser igual a `abcxyz`!). Un patrón que no incluya ni `^` ni `$` indica que se busca el patrón en cualquier lugar dentro de la cadena: `abc`: contiene `abc`.
`*`	Indica que el carácter que precede, o la secuencia que precede (véase a continuación), puede estar presente cero, una o varias veces: `ab*c` acepta `ac`, `abc`, `abbc`...
`+`	Indica que el carácter que precede, o la secuencia que precede (véase a continuación), puede estar presente una o varias veces: `ab+c` acepta `abc`, `abbc`..., pero rechaza `ac`.
`?`	Indica que el carácter que precede, o la secuencia que precede (véase a continuación), puede estar presente cero o varias veces: `ab?c` acepta `ac` y `abc` pero rechaza `abbc`, `abbbc` ...
`{x} {x,}{x,y}`	Indica que el carácter que precede, o la secuencia que precede (véase a continuación), puede estar presente exactamente `x` veces (`{x}`) o al menos `x` veces (`{x,}`) o entre `x` e `y` veces (`{x,y}`): `ab{2}c` sólo acepta `abbc`. `ab{2,4}c` acepta `abbc`, `abbbc`, y `abbbbc` pero rechaza `abc` (falta una `b`) o `abbbbbc` (una `b` de más). `ab{2,}c` acepta `abbc`, `abbbc`, `abbbbc`,... pero rechaza `abc` (falta una `b`).

<table>
<tr><th>Carácter especial</th><th>Significado</th></tr>
<tr><td>(...)</td><td>Permite marcar la secuencia buscada, normalmente con los símbolos relativos al número de coincidencias: a(bc)*d acepta ad, abcd, abcbcd ... pero rechaza abd o acd (no se encuentra la secuencia bc).</td></tr>
<tr><td>x|y</td><td>Búsqueda de x o de y (generalmente utilizada con los paréntesis para evitar cualquier confusión): a(b|c)*d acepta ad, abd, acd, abcd, abbcd, accbd ... (en claro un número cualquiera de b o de c situados en cualquier orden entre una a y una d).</td></tr>
<tr><td>[...]</td><td>Permite especificar una serie de caracteres aceptados, bien con la forma c1c2...cn para una lista exhaustiva precisa, bien con la forma c1-c2 para un intervalo de caracteres, bien una combinación de ambos: [abcd] acepta un carácter entre abcd (equivalente a (a|b|c|d)).

[a-z] acepta un carácter comprendido entre a y z.

[123a-zA-z] acepta un carácter comprendido entre a y z o comprendido entre A y Z o igual a 1 o 2 o 3.

[a-zA-z0-9] acepta un carácter comprendido entre a y z ou entre A y Z o entre 0 y 9.

Puede especificarse una exclusión poniendo un ^ como primer carácter en el interior de los corchetes:

[^0-9] rechaza un carácter comprendido entre 0-9.

[^abc] rechaza los caracteres a, b et c.

Dado su significado particular, el signo -, si es buscado como tal, debe figurar en primer lugar o en último lugar entre los corchetes.</td></tr>
<tr><td>.</td><td>Indica <u>un</u> carácter cualquiera:

a.b acepta cualquier secuencia que contenga una a seguida exactamente de un carácter cualquiera seguido de una b: axb, ayb, pero no ab ni axyb.

a.{0,2}b acepta cualquier secuencia que contenga una a seguida de cero a dos caracteres cualesquiera seguidos de una b: ab, axb, , axyb, pero no axyzb.</td></tr>
</table>

Carácter especial	Significado
\	Permite escapar los caracteres especiales (^.[$()|*+?{\) cuando estos se buscan como tales, <u>excepto</u> cuando son indicados entre corchetes: a*{2,4}b permite buscar las secuencias que comienzan por una a seguida de dos a cuatro asteríscos seguidos de una b (nótese el *). a[$*+]{2,4}b permite buscar las secuencias que comienzan por una a seguida de 2 a 4 caracteres tomados entre $, * y + seguidos de una b (sin necesidad de \)
[::]	Clase de caracteres (véase a continuación).

Las clases de caracteres son las siguientes:

[:alnum:]	Caracteres alfanuméricos
[:alpha:]	Caracteres alfabéticos
[:blank:]	Espacios en blanco
[:cntrl:]	Caracteres de control
[:digit:]	Cifras
[:graph:]	Caracteres gráficos
[:lower:]	Caracteres alfabéticos en minúsculas
[:print:]	Caracteres gráficos o espacios
[:punct:]	Caracteres de puntuación
[:space:]	Espacio, tabulador, nueva línea y retorno de carro
[:upper:]	Caracteres alfabéticos en mayúsculas
[:xdigit:]	Cifras en hexadecimal

<u>Ejemplos</u>

```
mysql> -- Títulos que contienen "php".
mysql> SELECT titulo FROM libro
    -> WHERE titulo REGEXP 'php';
+--------------------------------+
| titulo                         |
+--------------------------------+
| PHP 5.2                        |
| PHP 5                          |
| PHP y MySQL (versiones 4 y 5)  |
| MySQL 5 y PHP 5                |
+--------------------------------+
4 rows in set (0.01 sec)
```

```
mysql> -- Títulos que comienzan por "php".
mysql> SELECT titulo FROM libro
    -> WHERE titulo REGEXP '^php';
+---------------------------------+
| titulo                          |
+---------------------------------+
| PHP 5.2                         |
| PHP 5                           |
| PHP y MySQL (versiones 4 y 5)   |
+---------------------------------+
3 rows in set (0.00 sec)

mysql> -- Títulos que comienzan por "php" seguido
mysql> -- de un espacio y de una cifra.
mysql> SELECT titulo FROM libro
    -> WHERE titulo REGEXP '^php [1-9]';
+---------+
| titulo  |
+---------+
| PHP 5.2 |
| PHP 5   |
+---------+
2 rows in set (0.00 sec)

mysql> -- Títulos que comienzan por "php" seguido
mysql> -- de un espacio y de un número de versión
mysql> -- en la forma x.y.
mysql> SELECT titulo FROM libro
    -> WHERE titulo REGEXP '^php [1-9]\.[0-9]';
+---------+
| titulo  |
+---------+
| PHP 5.2 |
+---------+
1 row in set (0.00 sec)

mysql> -- Títulos que contienen "mysql" y "php".
mysql> -- en cualquier orden.
mysql> SELECT titulo FROM libro
    -> WHERE titulo REGEXP '((mysql).*(php))|((php).*(mysql))';
+---------------------------------+
| titulo                          |
+---------------------------------+
| PHP y MySQL (versiones 4 y 5)   |
| MySQL 5 y PHP 5                 |
+---------------------------------+
2 rows in set (0.00 sec)
```

Las búsquedas con las expresiones regulares tienen en cuenta las mayúsculas/minúsculas con las cadenas binarias.

F. Realizar búsquedas de texto completo

1. Principios

MySQL permite realizar búsquedas de palabras en el conjunto de un texto (o varios textos).

Para utilizar esta característica, es necesario:

- crear un índice especial de tipo `FULLTEXT`;
- utilizar la función `MATCH AGAINST` en las búsquedas.

Los índices `FULLTEXT` pueden crearse en columnas de tipo `CHAR`, `VARCHAR` o `TEXT`, pero sólo en tablas MyISAM.

2. Creación del índice FULLTEXT

Los índices `FULLTEXT` pueden constituirse en la creación inicial de la tabla (en la sentencia `CREATE TABLE`) o ulteriormente (mediante una sentencia `ALTER TABLE` o `CREATE FULLTEXT INDEX`).

Para crear un índice `FULLTEXT` en una sentencia `CREATE TABLE` o `ALTER TABLE`, es necesario utilizar una cláusula `FULLTEXT` similar a la cláusula `INDEX` presentada en el capítulo Construir una base de datos en MySQL. La sentencia `CREATE FULLTEXT INDEX` es una variante de la sentencia `CREATE INDEX` presentada en el capítulo Construir una base de datos en MySQL.

Sintaxis

```
CREATE TABLE nombre_tabla
(
especificacion_columnas,
FULLTEXT(nombre_columna[,...])
)
```

```
ALTER TABLE nombre_tabla ADD FULLTEXT(nombre_columna[,...])
```

```
CREATE FULLTEXT INDEX nombre_indice ON nombre_tabla(nombre_columna[,...])
```

Ejemplo

```
mysql> CREATE FULLTEXT INDEX ind_texto
    -> ON libro(titulo,subtitulo,descripcion);
Query OK, 9 rows affected (0.01 sec)
Records: 9  Duplicates: 0  Warnings: 0
```

3. Realizar una búsqueda de texto completo

a. Búsqueda clásica

La función `MATCH AGAINST` permite efectuar búsquedas de texto completo.

Sintaxis

```
MATCH(nombre_columna[,…]) AGAINST (expresión [IN BOOLEAN MODE | WITH QUERY
EXPANSION])
```

La cláusula `MATCH` enumera las columnas en las que realizar la búsqueda; las columnas especificadas deben corresponder exactamente a la lista de las columnas de un índice `FULLTEXT`.

Por medio de la cláusula `AGAINST` se especifica la expresión buscada.

Las opciones `IN BOOLEAN MODE` y `WITH QUERY EXPANSION` se explican más adelante.

La búsqueda no distingue entre mayúsculas/minúsculas, incluso con cadenas binarias.

La función `MATCH AGAINST` devuelve un número positivo que da el nivel de pertinencia del registro con respecto a la expresión buscada; la función devuelve 0 si no hay parecido.

Cuando la función `MATCH AGAINST` se utiliza como condición en una cláusula `WHERE`, sólo se devuelven las filas que tiene una pertinencia diferente de cero, y las filas devueltas se ordenan de manera predeterminada por pertinencia decreciente (filas más pertinentes en primer lugar).

La función `MATCH AGAINST` puede presentarse en la cláusula `SELECT` para ver la "clasificación" de pertinencia de cada fila.

La expresión buscada puede ser una simple palabra, o una lista de palabras. De manera predeterminada, se ignoran las palabras de tres letras o menos. Del mismo modo, existe una lista predefinida de palabras excluidas por considerarse demasiado comunes.

La pertinencia se basa en:

- el número de palabras en la fila,
- el número de palabras distintas en la fila,
- el número total de palabras en la lista,
- el número de filas que contienen una palabra en particular.

Una palabra buscada presente en numerosas filas tendrá una relevancia escasa o nula; a la inversa, una palabra buscada presente en pocas filas tendrá una relevancia alta. Si una palabra buscada está presente en más de la mitad (50%) de los registros encontrados, se excluye.

En la práctica, los resultados son tanto más pertinentes cuantas más filas contenga la tabla. Si la tabla contiene pocas filas, la distribución estadística de las palabras no será relevante, y las búsquedas podrían dar resultados extraños.

Ejemplo

```
mysql> SELECT CONCAT(titulo,'\n  ',subtitulo) titulo FROM libro
    -> WHERE MATCH(titulo,subtitulo,descripcion)
    ->       AGAINST('mysql');
+------------------------------------------------------------------+
| titulo                                                           |
+------------------------------------------------------------------+
| MySQL 5 y PHP 5
  Domine los sitios web dinámicos                                  |
| MySQL 5
  Instalación, aplicación, administración y programación           |
| PHP 5
  El acceso a los datos (MySQL, Oracle, SQL Server, SQLite...)     |
| PHP y MySQL (versiones 4 y 5)
  Practique la creación de aplicaciones profesionales              |
+------------------------------------------------------------------+
4 rows in set (0.01 sec)

mysql> SELECT CONCAT(titulo,'\n  ',subtitulo) titulo FROM libro
    -> WHERE MATCH(titulo,subtitulo,descripcion)
    ->       AGAINST('mysql,oracle')
    ->       AND id_coleccion = 1;
+------------------------------------------------------------------+
| titulo                                                           |
+------------------------------------------------------------------+
| Oracle 10g
  Administración                                                   |
| MySQL 5
  Instalación, aplicación, administración y programación           |
+------------------------------------------------------------------+
2 rows in set (0.00 sec)

mysql> SELECT CONCAT(titulo,'\n  ',subtitulo) titulo FROM libro
    -> WHERE MATCH(titulo,subtitulo,descripcion)
    ->       AGAINST('mysql,oracle,instalacion')
    ->       AND id_coleccion = 1;
+------------------------------------------------------------------+
| titulo                                                           |
+------------------------------------------------------------------+
| MySQL 5
  Instalación, aplicación, administración y programación           |
| Oracle 10g
  Administración                                                   |
+------------------------------------------------------------------+
2 rows in set (0.00 sec)
```

b. Búsqueda en modo booleano

En la cláusula `AGAINST`, la opción `IN BOOLEAN MODE` permite efectuar una búsqueda en modo booleano.

En ese caso, la expresión buscada puede contener los siguientes operadores:

+	Indica que la palabra que sigue debe estar presente en la fila devuelta.
-	Indica que la palabra que sigue no debe estar presente en la fila devuelta.
<	Disminuye la pertinencia de la palabra que sigue.
>	Aumenta la pertinencia de la palabra que sigue.
~	Indica que la palabra que sigue tendrá una contribución negativa a la pertinencia (disminuye la pertinencia de la fila pero no la excluye como con el operador -).
()	Agrupa una lista de palabras.
*	Carácter comodín (debe aparecer al final de la palabra).
""	Busca la frase entre comillas tal cual.

Si la expresión no contiene ningún operador, la fila debe contener al menos una de las palabras buscadas; la pertinencia de la fila es tanto más alta cuantas más palabras buscadas contenga.

Las búsquedas efectuadas en el modo booleano no utilizan el umbral del 50% y no ordenan automáticamente el resultado en orden decreciente de pertinencia. Además, estas búsquedas pueden funcionar sin índice `FULLTEXT`, pero en ese caso son menos eficaces. Las columnas especificadas en la cláusula `MATCH` no necesitan corresponder exactamente a la lista de las columnas de un índice `FULLTEXT`.

Ejemplo

```
mysql> -- MySQL y Oracle.
mysql> SELECT CONCAT(titulo,'\n  ',subtitulo) titulo FROM libro
    -> WHERE MATCH(titulo,subtitulo,descripcion)
    ->       AGAINST('+mysql +oracle' IN BOOLEAN MODE);
+-------------------------------------------------------------+
| titulo                                                      |
+-------------------------------------------------------------+
| PHP 5
  El acceso a los datos (MySQL, Oracle, SQL Server, SQLite...) |
+-------------------------------------------------------------+
1 row in set (0.01 sec)

mysql> -- MySQL pero no Oracle.
mysql> SELECT CONCAT(titulo,'\n  ',subtitulo) titulo FROM libro
    -> WHERE MATCH(titulo,subtitulo,descripcion)
    ->       AGAINST('+mysql -oracle' IN BOOLEAN MODE);
+-------------------------------------------------------------+
| titulo                                                      |
```

```
+--------------------------------------------------------------+
| MySQL 5
  Instalación, aplicación, administración y programación       |
| PHP y MySQL (versiones 4 y 5)
  Practique la creación de aplicaciones profesionales          |
| MySQL 5 y PHP 5
  Domine los sitios web dinámicos                              |
+--------------------------------------------------------------+
3 rows in set (0.00 sec)

mysql> -- Instalación de MySQL o de Oracle.
mysql> SELECT CONCAT(titulo,'\n  ',subtitulo) titulo FROM libro
    -> WHERE MATCH(titulo,subtitulo,descripcion)
    ->       AGAINST('+instalación +(oracle,mysql)' IN BOOLEAN MODE);
+--------------------------------------------------------------+
| titulo                                                       |
+--------------------------------------------------------------+
| Oracle 10g
  Instalación del servidor en Windows/Linux - Oracle Net       |
| MySQL 5
  Instalación, aplicación, administración y programación       |
+--------------------------------------------------------------+
2 rows in set (0.00 sec)
```

c. Búsqueda con extensión de consulta

En la cláusula `AGAINST`, la opción `WITH QUERY EXPANSION` permite efectuar una búsqueda con extensión de consulta.

En este modo, la búsqueda hace dos pasadas:

- La primera pasada efectúa la búsqueda de la expresión e identifica las palabras más frecuentes del resultado.
- La segunda pasada busca entonces las palabras más frecuentes encontradas en el resultado de la primera pasada.

Este modo permite extender la búsqueda a ciegas a términos que resultan a muy menudo asociados a una palabra buscada.

Este método debe reservarse más bien a búsquedas que afecten a expresiones cortas.

Ejemplo

```
mysql> SELECT CONCAT(titulo,'\n  ',subtitulo) titulo FROM libro
    -> WHERE MATCH(titulo,subtitulo,descripcion)
    ->       AGAINST('copia de seguridad');
+--------------------------------------------------------------------+
| titulo                                                             |
+--------------------------------------------------------------------+
| Oracle 10g
  Copia de seguridad y restauración de la base de datos con RMAN   |
+--------------------------------------------------------------------+
1 row in set (0.00 sec)

mysql> SELECT CONCAT(titulo,'\n  ',subtitulo) titulo FROM libro
    -> WHERE MATCH(titulo,subtitulo,descripcion)
    ->       AGAINST('copia de seguridad' WITH QUERY EXPANSION);
+--------------------------------------------------------------------+
| titulo                                                             |
+--------------------------------------------------------------------+
| Oracle 10g
  Copia de seguridad y restauración de la base de datos con RMAN   |
| PHP 5
  El acceso a los datos (MySQL, Oracle, SQL Server, SQLite...)     |
| Oracle 10g
  Instalación del servidor en Windows/Linux - Oracle Net           |
| Oracle 10g
  Administración                                                   |
+--------------------------------------------------------------------+
4 rows in set (0.00 sec)
```

En este ejemplo, MySQL ha encontrado el título que contiene las palabras "copia de seguridad" y ha extendido la búsqueda a las palabras asociadas, sobre todo "Oracle".

4. Ajuste de la búsqueda de texto completo

Pueden definirse varias variables en el archivo de configuración de MySQL para ajustar el funcionamiento de la búsqueda de texto completo.

El tamaño mínimo y máximo de las palabras que deben indexarse se definen en las variables de sistema `ft_min_word_len` (por defecto, 4) y `ft_max_word_len` (por defecto, 84).

La lista predefinida de las palabras excluidas puede gestionarse mediante la variable `ft_stopword_file`. En esta variable, puede indicar la ruta de un archivo que contenga su lista de palabras excluidas para las búsquedas de texto completo. En este archivo, puede introducir su lista de palabras como desee utilizando un carácter no alfanumérico como delimitador (espacio, coma, salto de línea). Para desactivar el filtro de palabras excluidas, puede asignar una cadena vacía a la variable `ft_stopword_file`.

Si lo desea, puede modificar alguna de las variables anteriores antes de crear el índice `FULLTEXT`. Si ya se ha creado un índice `FULLTEXT`, hay que reconstruirlo para que tenga en cuenta los nuevos valores. Puede rehacer los índices de una tabla con la sentencia SQL siguiente:

```
REPAIR TABLE nombre_tabla QUICK
```

G. Desarrollar rutinas

1. Introducción

Los procedimientos almacenados y las funciones son una de las principales novedades de la versión 5 de MySQL.

Una rutina es un conjunto de sentencias y de instrucciones de procedimiento (estructuras de control, declaración de variables, etc.) que realiza una tarea específica y que se guarda con un nombre en la base de datos. La rutina puede invocarse desde diferentes entornos de desarrollo para ejecutar la tarea en cuestión.

Utilizar rutinas ofrece varias ventajas:

- Mejorar el rendimiento
  - El código se almacena en la base de datos y hay menos intercambio entre el cliente y el servidor.
- Reutilizar código
  - El código almacenado puede ser utilizado por otras rutinas sin tener que implementar de nuevo la lógica aplicativa.
- Mejorar la integridad de los datos
  - La reglas de gestión pueden crearse en un solo lugar, en las rutinas. Si las aplicaciones cliente no tienen privilegios para acceder directamente a las tablas, pero deben utilizar las rutinas, la integridad de los datos está garantizada.

Existen dos tipos de rutinas:

- los procedimientos;
- las funciones.

Las rutinas requieren la tabla `proc` en la base `mysql`. En caso de migración a partir de una versión anterior a la 5, considere actualizar sus tablas (ver la documentación de MySQL para saber sobre los pasos que debe seguir).

2. Administración de los privilegios

Los privilegios siguientes son necesarios para administrar las rutinas:

- CREATE ROUTINE para crear una rutina;
- ALTER ROUTINE para modificar o eliminar una rutina (automáticamente atribuida al creador de una rutina).

Por otro lado, para crear una rutina, es necesario tener los privilegios adaptados a los objetos (tablas, vistas, etc.) manipulados por la rutina.

Para ejecutar una rutina, el usuario debe disponer del privilegio EXECUTE sobre la rutina en cuestión (atribuido automáticamente al creador de la rutina).

De manera predeterminada, una rutina se ejecuta con los privilegios del propietario de la rutina. Esto significa que un usuario con el privilegio de ejecutar una rutina, no necesita htener los privilegios sobre los objetos (tablas, vistas, etc.) manipulados por la rutina. Este funcionamiento es interesante en términos de administración de privilegios: para acceder a los objetos manipulados por la rutina, el usuario está obligado a ejecutar la rutina que puede implementar todas las reglas de administración o de seguridad adecuadas.

3. Administración de las rutinas

Las sentencias CREATE PROCEDURE y CREATE FUNCTION permiten crear un procedimiento almacenado o una función almacenada.

Sintaxis

```
CREATE PROCEDURE [nombre_base.]nombre_rutina ([especificación_parámetro[,...]])
BEGIN
instrucciones;
END;
```

```
CREATE FUNCTION [nombre_base.]nombre_rutina ([especificación_parámetro[,...]])
RETURNS tipo
BEGIN
instrucciones;
END;
```

```
especificación_parámetro =
[ IN | OUT | INOUT ] nombre_parámetro tipo
```

nombre_base designa la base de datos en la que debe definirse la rutina. De manera predeterminada, la rutina se almacena en la base de datos actual.

nombre_rutina especifica el nombre de la rutina. Este nombre debe respetar las reglas para los nombres de objetos MySQL.

tipo designa cualquier tipo de datos MySQL válido.

La definición de una función incluye una cláusula RETURNS que permite especificar el tipo de datos devuelto por la función. El código de la función contiene también obligatoriamente una instrucción RETURN que permite definir el valor devuelto por la función. La cláusula RETURNS y la instrucción RETURN no están autorizadas para un procedimiento almacenado.

Después del nombre de la rutina, puede definirse una lista de parámetros. Si la rutina no utiliza parámetros, debe especificarse una lista vacía `()`.

Un parámetro es definido por un indicador de sentido opcional, un nombre, y un tipo de datos.

Los indicadores de sentido son `IN` (valor predeterminado), `OUT` y `INOUT`:

`IN` Parámetro de entrada. Un parámetro `IN` permite proporcionar un valor a la rutina invocada. Para dar un valor al parámetro, la rutina que invoca puede utilizar cualquier expresión (variable, expresión literal, etc.). Si el procedimiento almacenado o la función modifica el valor del parámetro, la modificación no es visible en la rutina que invoca al procedimiento o la función.

`OUT` Parámetro de salida. Un parámetro `OUT` permite al procedimiento almacenado o la función devolver un valor a la rutina que invoca. Esta rutina debe utilizar obligatoriamente una variable en la llamada para recuperar el valor devuelto. El valor inicial de un parámetro `OUT` dentro del procedimiento almacenado o la función es siempre `NULL`.

`INOUT` Parámetro de entrada/salida. Un parámetro `INOUT` es inicializado al invocarlo con un valor visible por la rutina almacenada. Esta última puede modificar el valor del parámetro y el valor modificado es devuelto a la rutina que invoca. Esta rutina debe utilizar obligatoriamente una variable en la llamada para recuperar el valor devuelto.

Sólo los parámetros `IN` están autorizados para las funciones almacenadas, y el indicador de sentido no debe mencionarse (incluso el hecho de que figure `IN` genera un error).

Las instrucciones que componen el código de la rutina se incluyen entre las palabras clave `BEGIN` y `END`. Si el código de la rutina sólo incluye una instrucción (¡caso poco frecuente!), las palabras clave `BEGIN` y `END` pueden omitirse. Cada instrucción debe terminarse con un punto y coma. El código de la rutina puede contener declaraciones (variable, manejador de errores), asignaciones de valores a variables, estructuras de control (bucles, condiciones) y sentencias SQL.

Cuando se crea la rutina con el intérprete de línea de comandos de `mysql`, el punto y coma para marcar el final de las instrucciones del código de la rutina no debe ser interpretado por `mysql`. Antes de enviar la definición del procedimiento, es necesario utilizar el comando `delimiter` para modificar el delimitador de final de instrucción utilizado por el cliente MySQL.

Ejemplos simples

```
mysql> delimiter //
mysql>
mysql> CREATE PROCEDURE pa_crear_tema
    ->   (
    ->   -- Título del nuevo tema.
    ->   IN p_titulo VARCHAR(20),
```

```
    ->   -- Identificador del tema primario.
    ->   IN p_id_primario INT,
    ->   -- Identificador del nuevo tema.
    ->   OUT p_id INT
    ->   )
    -> BEGIN
    ->   /*
    ->   ** Insertar el nuevo tema
    ->   ** y recuperar el identificador asignado.
    ->   */
    ->   INSERT INTO tema (titulo,id_primario)
    ->   VALUES (p_titulo,p_id_primario);
    ->   SET p_id = LAST_INSERT_ID();
    -> END;
    -> //
Query OK, 0 rows affected (0.00 sec)

mysql> CREATE FUNCTION f_titulo_largo
    ->   (
    ->   p_titulo VARCHAR(100),
    ->   p_subtitulo VARCHAR(100)
    ->   )
    ->   RETURNS VARCHAR(210)
    -> BEGIN
    ->   RETURN CONCAT(p_titulo,' - ',p_subtitulo);
    -> END;
    -> //
Query OK, 0 rows affected (0.01 sec)

mysql> delimiter ;
mysql>
```

Las diferentes variantes de la sentencia `SHOW` (véase capítulo Construir una base de datos en MySQL - Obtener información sobre las bases de datos) permiten mostrar información sobre las rutinas.

Sintaxis

```
SHOW CREATE {PROCEDURE | FUNCTION} nombre_rutina
SHOW {PROCEDURE | FUNCTION} STATUS [condición]
```

Las rutinas pueden eliminarse mediante una sentencia `DROP`.

Sintaxis

```
DROP {PROCEDURE | FUNCTION} [IF EXISTS] nombre_rutina
```

4. Ejecutar una rutina

La sentencia `CALL` permite ejecutar un procedimiento almacenado.

Sintaxis

```
CALL [nombre_base.]nombre_procedimiento[([expresión,[…]])]
```

Si el procedimiento almacenado no contiene parámetros, puede invocarse sin paréntesis.

Para pasar parámetros, la rutina que invoca el procedimiento debe utilizar `OUT` o `INOUT`.

La sentencia `CALL` puede utilizarse en una rutina para invocar un procedimiento almacenado.

Ejemplo

```
mysql> CALL pa_crear_tema('Sistemas y redes',NULL,@id);
Query OK, 1 row affected (0.01 sec)

mysql> SELECT * FROM tema WHERE id = @id;
+----+------------------+-------------+
| id | titulo           | id_primario |
+----+------------------+-------------+
| 18 | Sistemas y redes |        NULL |
+----+------------------+-------------+
1 row in set (0.00 sec)
```

Una función almacenada puede invocarse en una expresión como una función predefinida.

Ejemplo

```
mysql> SELECT f_titulo_largo(titulo,subtitulo) FROM libro LIMIT 1;
+-------------------------------------------------------+
| f_titulo_largo(titulo,subtitulo)                      |
+-------------------------------------------------------+
| PHP 5.2 - Desarrollar un sitio web dinámico e interactivo |
+-------------------------------------------------------+
1 row in set (0.00 sec)
```

Una rutina pertenece a una base de datos. Para que sea invocada desde otra base de datos, debe anteponerse el nombre de la base de datos en la que está almacenada al nombre de la rutina. Por otro lado, cuando la rutina es invocada, efectúa un cambio de base de datos implícito para colocarse en la base de datos en la que se define; la base de datos de origen es restaurada automáticamente al final de la ejecución.

5. Estructura del lenguaje

a. Bloque BEGIN END

Las palabras clave `BEGIN` y `END` permiten agrupar instrucciones.

Sintaxis

```
[label:] BEGIN
   instrucciones;
END [label]
```

Dentro del bloque, cada instrucción debe terminarse con un punto y coma. Un bloque `BEGIN END` puede estar vacío y no contener ninguna instrucción.

Un bloque `BEGIN END` puede contener otros bloques `BEGIN END`; en ese caso, el bloque anidado debe terminarse con un punto y coma, como si se tratase de una instrucción.

Ejemplo

```
BEGIN
  INSERT INTO tema (titulo,id_primario)
  VALUES (p_titulo,p_id_primario);
  SET p_id = LAST_INSERT_ID();
END;
```

Un bloque `BEGIN END` puede recibir un nombre mediante una etiqueta situada antes de la palabra clave `BEGIN` y seguida del signo de los dos puntos; en ese caso, la etiqueta debe indicarse de nuevo (sin los dos puntos) en el `END` final del bloque.

La instrucción `LEAVE` puede utilizarse para salir anticipadamente de un bloque.

Sintaxis

```
LEAVE label
```

Para poder utilizar la instrucción `LEAVE` dentro de un bloque `BEGIN END`, este último debe recibir un nombre por medio de una etiqueta.

b. Las variables

Dentro de un bloque, las variables locales utilizadas por el programa deben declararse mediante la instrucción `DECLARE`.

Sintaxis

```
DECLARE nombre_variable[,…] tipo [DEFAULT expresión]
```

`nombre_variable` es el nombre dado a la variable; este nombre debe respetar las reglas para los nombres de MySQL.

`tipo` es el tipo de datos de la variable; puede utilizarse cualquier tipo válido de datos MySQL.

La cláusula opcional `DEFAULT` permite dar un valor predeterminado (inicial) a la variable; puede utilizarse cualquier expresión válida. Si la cláusula está ausente, la variable se inicializa en `NULL`.

La instrucción `DECLARE` puede contener varios nombres de variables para declarar en una sola instrucción varias variables que tendrán el mismo tipo de datos y se inicializarán con el mismo valor.

Un bloque puede contener varias instrucciones `DECLARE`.

Una variable declarada en un bloque puede utilizarse en ese bloque, y en los bloques anidados. Lo contrario no es posible: una variable declarada en un bloque anidado no puede utilizarse en el bloque principal.

Un bloque principal y un bloque anidado pueden declarar una variable que lleve el mismo nombre, pero serán dos variables diferentes. La variable del bloque principal no puede ser utilizada en el bloque anidado, puesto que no es visible (está oculta por la variable del mismo nombre definida en el bloque anidado). Declarar así dos variables que llevan el mismo nombre no es, en cualquier caso, un buen planteamiento.

Para asignar un valor a una variable, se puede utilizar la instrucción `SET`.

Sintaxis

```
SET nombre_variable = expresión [, nombre_variable = expresión ] [, ...]
```

Es posible asignar valores a más de una variable (incluso de tipos diferentes) en una sola instrucción `SET`.

Ejemplo

```
BEGIN
  DECLARE v_id INT DEFAULT 0;
  DECLARE v_titulo VARCHAR(20);
  DECLARE v_fecha DATE;
  SET v_fecha = CURRENT_DATE();
END;
```

También puede asignarse un valor a una variable mediante la sentencia `SELECT INTO` (véase a continuación).

c. Integración de las sentencias SQL

Prácticamente todas las sentencias SQL pueden integrarse en el código de una rutina.

Las sentencias SQL siguientes no están autorizadas en las rutinas (procedimientos o funciones):

- `{LOCK | UNLOCK} TABLES`
- `LOAD DATA` y `LOAD TABLE`
- `USE`

Complementariamente, para las funciones, las siguientes sentencias SQL no están autorizadas:

- instrucciones que hacen explícita o implícitamente un `COMMIT` o un `ROLLBACK`;
- instrucciones que devuelven un resultado directamente al cliente (`SELECT` sin `INTO`, `SHOW`, etc.);
- modificar la tabla utilizada por la sentencia que ha desencadenado la invocación de la función;
- invocar un procedimiento que utiliza una sentencia no autorizada en las funciones.

Una rutina no puede utilizar la instrucción `USE` para cambiar de base de datos. En cambio, puede referenciar los objetos (tablas, vistas, rutinas, etc.) de otra base de datos anteponiendo el nombre de la base de datos al nombre de los objetos contenidos en esa base.

Las sentencias anidadas en el código de una rutina respetan la sintaxis habitual y puede utilizar los parámetros y variables locales de la rutina.

Cuando se utiliza una sentencia SELECT tal cual en el interior de un procedimiento almacenado, el resultado de la consulta es enviado directamente a la rutina que lo invoca. Si el procedimiento contiene varias sentencias SELECT de este tipo, la rutina que invoca debe permitir la recuperación de varios conjuntos de resultados.

La utilización directa de una sentencia SELECT (o de cualquier sentencia que devuelva un resultado como SHOW, por ejemplo) no está autorizada para una función almacenada.

Dentro de una rutina, la sentencia SELECT INTO puede utilizarse para recuperar el resultado de la consulta en variables.

Sintaxis

```
SELECT expresión[,…] INTO nombre_variable[,…] FROM …
```

La cláusula INTO debe contener tantas variables como expresiones haya en la sentencia SELECT.

Con esta sintaxis, la consulta SELECT debe devolver al menos una fila. Pueden utilizarse todas las cláusulas habituales de la consulta SELECT.

Ejemplo

```
CREATE PROCEDURE pa_crear_tema
  (
  -- Título del nuevo tema.
  IN p_titulo VARCHAR(20),
  -- Título del tema primario.
  IN p_titulo_primario VARCHAR(20),
  -- Identificador del nuevo tema.
  OUT p_id INT
  )
BEGIN
  -- Identificador del tema primario.
  DECLARE v_id_primario INT;
  -- Leer el identificador del tema primario.
  SELECT id INTO v_id_primario
  FROM tema WHERE titulo = p_titulo_primario;
  -- Insertar el nuevo tema.
  INSERT INTO tema (titulo,id_primario)
  VALUES (p_titulo,v_id_primario);
  -- Leer el identificador del nuevo tema.
  SET p_id = LAST_INSERT_ID();
END;
```

d. Las estructuras de control

MySQL acepta varias estructuras de control:

- Control condicional: IF y CASE
- Control iterativo: LOOP, WHILE y REPEAT

En las decripciones de sintaxis que siguen, `instrucciones` designa una o varias intrucciones, o un bloque de instrucciones.

Las estructuras de control pueden estar anidadas.

IF

Sintaxis

```
IF condición THEN instrucciones
[ELSEIF condición THEN instrucciones]
...
[ELSE instrucciones]
END IF
```

Las condiciones de las cláusulas `IF` y `ELSEIF` se evalúan secuencialmente. Si la condición es verdadera, entonces se ejecutan las instrucciones asociadas de la cláusula `THEN`; si ninguna de las condiciones es verdadera, entonces se ejecutan las instrucciones definidas en la cláusula `ELSE`.

Ejemplo

```
CREATE PROCEDURE pa_calcular_gastos_coleccion(p_id INT)
BEGIN
  -- Precios de la colección
  DECLARE v_precio_siniva INT;
  -- Gastos de la colección
  DECLARE v_gastos_siniva INT;
  -- Leer el precio de la colección.
  SELECT precio_siniva INTO v_precio_siniva
  FROM coleccion WHERE id = p_id;
  -- Calcular los gastos de la colección.
  IF v_precio_siniva <= 15
  THEN
    SET v_gastos_siniva = 1;
  ELSEIF v_precio_siniva <= 40
  THEN
    SET v_gastos_siniva = 1.5;
  ELSE
    SET v_gastos_siniva = 2;
  END IF;
  -- Actualizar los gastos en la tabla.
  UPDATE coleccion
  SET gastos_siniva = v_gastos_siniva
  WHERE id = p_id;
END;
```

CASE

Sintaxis 1

```
CASE expresión_test
   WHEN expresión THEN instrucciones
   [WHEN expresión THEN instrucciones]
   ...
   [ELSE instrucciones]
END CASE
```

Sintaxis 2

```
CASE
   WHEN condición THEN instrucciones
   [WHEN condición THEN instrucciones]
   ...
   [ELSE instrucciones]
END CASE
```

En la primera sintaxis, `expresión_test` es una expresión que es evaluada una vez y cuyo valor se compara secuencialmente con las expresiones de las cláusulas `WHEN`. Si `expresión_test` es igual a la expresión de la cláusula `WHEN`, entonces se ejecutan las instrucciones asociadas de la cláusula `THEN`; si no, se ejecutan las instrucciones definidas en la cláusula `ELSE`.

En la segunda sintaxis, las condiciones de las cláusulas `WHEN` se evalúan secuencialmente. Si la condición es verdadera, entonces se ejecutan las instrucciones asociadas de la cláusula `THEN`; si ninguna de las condiciones es verdadera, entonces se ejecutan las instrucciones definidas en la cláusula `ELSE`.

En los dos casos, la cláusula `ELSE` es opcional, pero si se omite y ninguna condición o igualdad es verdadera, se produce un error:

```
ERROR 1339 (20000): Case not found for CASE statement
```

Para evitar este error, puede definir una cláusula `ELSE` que no haga nada por medio de un bloque `BEGIN END` vacío.

Ejemplo

```
BEGIN
...
  -- Calcular los gastos de la colección.
  CASE
    WHEN v_precio_siniva <= 15
    THEN
      SET v_gastos_siniva = 1;
    WHEN v_precio_siniva <= 40
    THEN
      SET v_gastos_siniva = 1.5;
    ELSE
      SET v_gastos_siniva = 2;
  END CASE;
```

```
...
END;
```

LOOP

Sintaxis

```
[label:] LOOP
   instrucciones
END [label]
```

La estructura `LOOP` implementa un simple bucle que permite la ejecución repetida de una o varias instrucciones. Puede utilizarse una etiqueta para nombrar el bucle; en ese caso, la etiqueta debe retomarse en el `END LOOP`. Nombrar el bucle con una etiqueta es obligatorio para poder utilizar las instrucciones `LEAVE` e `ITERATE` (véase a continuación).

Para salir del bucle, debe utilizarse la instrucción `LEAVE` antes presentada.

Ejemplo

```
BEGIN
  DECLARE v_indice INT DEFAULT 0;
  bucle: LOOP
    SET v_indice = v_indice + 1;
    IF v_indice = 10
    THEN
      LEAVE bucle;
    END IF;
  END LOOP bucle;
END;
```

Cuidado con las condiciones `NULL`. Una condición `NULL` (resultante, por ejemplo, de la evaluación de una variable no inicializada) no es `TRUE`. Si la condición evaluada en el `IF` no llega a ser nunca verdadera, el bucle se ejecuta sin fin.

La instrucción `ITERATE` puede utilizarse para pasar inmediatamente a la iteración siguiente.

Sintaxis

```
ITERATE label
```

REPEAT

Sintaxis

```
[label:] REPEAT
   instrucciones
UNTIL condición
END REPEAT [label]
```

Las instrucciones dentro del bucle se ejecutan hasta que la condición de la cláusula `UNTIL` sea verdadera (`TRUE`). Puede utilizarse una etiqueta para nombrar el bucle; en ese caso, la etiqueta debe retomarse en el `END REPEAT`.

Ejemplo

```
BEGIN
  DECLARE v_indice INT DEFAULT 0;
  REPEAT
    SET v_indice = v_indice + 1;
  UNTIL v_indice = 10
  END REPEAT;
END;
```

Las instrucciones `LEAVE` e `ITERATE` pueden utilizarse dentro del bucle, que entonces debe recibir forzosamente un nombre por medio de una etiqueta.

Si la condición de la cláusula `UNTIL` no llega a ser nunca verdadera (se mantiene `FALSE` o `NULL`), el bucle se ejecuta sin fin.

WHILE

Sintaxis

```
[label:] WHILE condición DO
   instrucciones
END WHILE [label]
```

Las instrucciones dentro del bucle se ejecutan mientras que la condición de la cláusula `WHILE` sea verdadera. Puede utilizarse una etiqueta para nombrar el bucle; en ese caso, la etiqueta debe retomarse en el `END WHILE`.

Ejemplo

```
BEGIN
  DECLARE v_indice INT DEFAULT 0;
  WHILE v_indice < 10 DO
    SET v_indice = v_indice + 1;
  END WHILE;
END;
```

Las instrucciones `LEAVE` e `ITERATE` pueden utilizarse dentro del bucle, que entonces debe recibir forzosamente un nombre por medio de una etiqueta.

Si la condición de la cláusula `WHILE` es `NULL`, el bucle no se ejecuta.

e. La gestión de los errores

La gestión de los errores de ejecución se lleva a cabo mediante condiciones y manejadores (*handler*).

Una condición es, en realidad, una forma de llamar a los errores específicos. Una condición puede declararse mediante la instrucción `DECLARE`.

Sintaxis

```
DECLARE nombre_condición CONDITION FOR
    código_error_mysql
  | SQLSTATE [VALUE] 'código_error_sql'
```

`nombre_condición` es el nombre dado a la condición.

Una condición puede asociarse a un código de error MySQL o a un código de error SQL (cláusula `SQLSTATE`).

Los códigos de errores SQL y MySQL se detallan en la documentación de MySQL. En la interfaz de línea de comandos `mysql`, los errores se muestran de la siguiente manera:

```
ERROR código_error_mysql (código_error_sql): mensaje
```

El código de error MySQL es un número; el código de error SQL es una cadena de 5 caracteres.

Un manejador o *handler* permite definir las instrucciones que deben ejecutarse cuando se produce un error. Una manejador puede declararse mediante la instrucción `DECLARE`.

Sintaxis

```
DECLARE {CONTINUE|EXIT} HANDLER FOR condición [,…] instrucciones

condición =
    SQLSTATE 'código_error_sql'
  | código_error_mysql
  | SQLWARNING
  | NOT FOUND
  | SQLEXCEPTION
  | nombre_condición
```

`instructions` especifica las instrucciones que deben ejecutarse cuando se da la condición de error. Puede tratarse de una instrucción única o de un bloque de instrucciones (delimitado por las palabras clave `BEGIN` y `END`). Un manejador puede asociarse a varias condiciones de error.

Los valores posibles para la condición de error son los siguientes:

`SQLSTATE 'código_error_sql'`	Un código de error SQL.
`código_error_mysql`	Un código de error MySQL.
`SQLWARNING`	Un código de error SQL que comienza por 01.
`NOT FOUND`	Un código de error SQL que comienza por 02.
`SQLEXCEPTION`	Un código de error SQL que no comienza ni por 01 ni por 02.
`nombre_condición`	Una condición de error definida previamente con la instrucción `DECLARE… CONDITION`.

Las palabras clave CONTINUE y EXIT permiten definir lo que ocurre tras la ejecución de las instrucciones del manejador. Con CONTINUE, la ejecución de la rutina continúa. Con EXIT, la ejecución del bloque BEGIN END que contiene la declaración del manejador se termina; si el bloque está anidado en otro bloque, la ejecución puede continuar no obstante en el bloque principal (ya no hay error, puesto que este ha sido interceptado).

Si se produce un error y no se ha definido ningún manejador para este error, la acción predeerminada es EXIT.

Un error puede ser ignorado utilizando un bloque vacío en el manejador:

```
DECLARE ... HANDLER FOR ... BEGIN END
```

Cuando se utilizan bloques anidados, los errores se propagan de la siguiente manera:

- Si se produce un error en un bloque anidado y este error es gestionado (interceptado) en el bloque anidado, la ejecución puede continuar, bien en el bloque anidado (instrucción CONTINUE), bien en el bloque principal (instrucción EXIT).
- Si se produce un error en un bloque anidado y este error no es gestionado en el bloque anidado, la ejecución del bloque anidado termina (EXIT de manera predeterminada) y MySQL busca un manejador para el error en el bloque principal. Si no hay error, la ejecución del bloque principal también se termina (EXIT de manera predeterminada); si hay uno, se ejecuta y la ejecución continúa o no en el bloque principal según el tipo de instrucción (CONTINUE o EXIT).

Ejemplo

```
mysql> CREATE PROCEDURE pa_crear_tema
    ->   (
    ->   -- Título del nuevo tema.
    ->   IN p_titulo VARCHAR(20),
    ->   -- Título del tema primario.
    ->   IN p_titulo_primario VARCHAR(20),
    ->   -- Identificador del nuevo tema.
    ->   OUT p_id INT
    ->   )
    -> BEGIN
    ->   -- Identificador del tema primario.
    ->   DECLARE v_id_primario INT;
    ->   -- Indicador de existencia del tema primario.
    ->   DECLARE v_primario_existe BOOLEAN;
    ->   -- Leer el identificador del tema primario
    ->   -- (si el título del tema primario
    ->   -- pasado como parámetro es no vacío).
    ->   IF p_titulo_primario IS NOT NULL
    ->   THEN
    ->     -- Utilizar un bloque anidado
    ->     -- con un manejador de error.
    ->     -- Si el primario no se encuentra,
    ->     -- establecer el indicador en FALSE y salir del bloque anidado.
    ->     BEGIN
    ->       DECLARE EXIT HANDLER FOR NOT FOUND
```

```
    ->         SET v_primario_existe = FALSE;
    ->         SELECT id INTO v_id_primario
    ->         FROM tema WHERE titulo = p_titulo_primario;
    ->         SET v_primario_existe = TRUE; -- ¡Listo!
    ->       END;
    ->     ELSE
    ->       -- Sin tema primario pasado como parámetro.
    ->       -- Considerar que el primario existe.
    ->         SET v_primario_existe = TRUE;
    ->     END IF;
    ->     -- Si el primario existe
    ->     IF v_primario_existe
    ->     THEN
    ->       -- Insertar el nuevo tema.
    ->     INSERT INTO tema (titulo,id_primario)
    ->       VALUES (p_titulo,v_id_primario);
    ->       -- Leer el identificador del nuevo tema.
    ->     SET p_id = LAST_INSERT_ID();
    ->     ELSE
    ->       -- El tema primario no existe, devolver -1.
    ->       SET p_id = -1;
    ->     END IF;
    -> END;
    -> //
Query OK, 0 rows affected (0.01 sec)

mysql> delimiter ;
mysql>
mysql> -- Crear un tema primario.
mysql> CALL pa_crear_tema('Ofimática',NULL,@id);
Query OK, 1 row affected (0.00 sec)

mysql> SELECT * FROM tema WHERE id = @id;
+----+-------------+-------------+
| id | titulo      | id_primario |
+----+-------------+-------------+
| 19 | Ofimática   |        NULL |
+----+-------------+-------------+
1 row in set (0.00 sec)

mysql> -- Crear un subtema del tema "Ofimática".
mysql> CALL pa_crear_tema('Hoja de cálculo','Ofimática',@id);
Query OK, 1 row affected (0.01 sec)

mysql> SELECT * FROM tema WHERE id = @id;
+----+-----------------+-------------+
| id | titulo          | id_primario |
+----+-----------------+-------------+
| 20 | Hoja de cálculo |          19 |
+----+-----------------+-------------+
```

```
1 row in set (0.00 sec)

mysql> -- Crear un subtema para un tema primario.
mysql> -- que no existe.
mysql> CALL pa_crear_tema('Conjunto de aplicaciones','Oficina',@id);
Query OK, 0 rows affected (0.00 sec)

mysql> SELECT @id;
+------+
| @id  |
+------+
| -1   |
+------+
1 row in set (0.00 sec)
```

f. Los cursores

Un cursor es una construcción del lenguaje que permite recorrer el resultado de una consulta SELECT.

La utilización de un cursor es similar al recorrido de un archivo sencuencial. La utilización de un cursor necesita cuatro etapas:

- declarar el cursor;
- abrir el cursor;
- leer la fila actual en variables;
- cerrar el cursor.

Un cursor puede declararse mediante la instrucción DECLARE.

Sintaxis

```
DECLARE nombre_cursor CURSOR FOR sentencia_SELECT
```

nombre_vista es el nombre dado al cursor.

sentencia_SELECT define la consulta SQL del cursor. Pueden utilizarse todas las cláusulas habituales de una consulta SELECT (salvo INTO). La consulta no es ejecutada en ese momento.

Una rutina puede utilizar varios cursores (con nombres diferentes).

Los cursores deben declararse tras las variables y las condiciones, pero antes de los manejadores.

La instrucción OPEN permite abrir un cursor definido previamente.

Sintaxis

```
OPEN nombre_cursor
```

Cuando se abre el cursor, se ejecuta la consulta y un puntero interno se posiciona en la primera fila del resultado; no se devuelve ningún resultado.

La instrucción `FETCH` permite leer la fila actual del cursor en variables y avanzar el puntero interno a la fila siguiente.

Sintaxis

```
FETCH nombre_cursor INTO nombre_variable[,…]
```

La cláusula `INTO` debe contener tantas variables como expresiones haya en la sentencia `SELECT`.

Si ya no hay ninguna fila que leer, la instrucción `FETCH` muestra el error "No data":

```
ERROR 1329 (02000): No data - zero rows fetched, selected, or processed
```

Puede escribirse un manejador asociado a la condición `NOT FOUND` para detectar este error (véase a continuación).

La instrucción `CLOSE` permite cerrar un cursor abierto previamente.

Sintaxis

```
CLOSE nombre_cursor
```

La mayor parte del tiempo, la rutina debe leer y extraer todas las filas del cursor. Para ello, se escribe tanto la instrucción `FETCH` en una estructura de control iterativa como un manejador asociado a la condición `NOT FOUND` para detectar el final del cursor y permitir una salida limpia del bucle (sin error).

Ejemplo

```
mysql> delimiter //
mysql>
mysql> CREATE FUNCTION f_temas_libro
    ->   (
    ->   p_id_libro INT -- identificador de un libro
    ->   )
    ->   RETURNS TEXT
    -> BEGIN
    ->   -- Título de un tema.
    ->   DECLARE v_titulo VARCHAR(20);
    ->   -- Resultado de la función.
    ->   DECLARE v_resultado TEXT DEFAULT '';
    ->   -- Indicador de final de recorrido del cursor.
    ->   DECLARE v_fin BOOLEAN DEFAULT FALSE;
    ->   -- Cursor que selecciona los temas (primarios)
    ->   -- de un libro.
    ->   DECLARE cur_temas CURSOR FOR
    ->   SELECT
    ->     tema.titulo
    ->   FROM
    ->     tema tem -- tema primario
    ->       JOIN
```

```
    ->     tema ste -- subtema
    ->       ON (tem.id = ste.id_primario)
    ->       JOIN
    ->     tema_libro tel -- (sub)tema de un libro
    ->       ON (ste.id = tel.id_tema)
    ->   WHERE tel.id_libro = p_id_libro;
    ->   -- Manejador de detección del final del cursor.
    ->   DECLARE CONTINUE HANDLER FOR NOT FOUND SET v_fin = TRUE;
    ->   -- Abrir el cursor.
    ->   OPEN cur_temas;
    ->   -- Bucle que permite recorrer el resultado del cursor.
    ->   cursor: LOOP
    ->     -- Leer la fila actual del cursor.
    ->     FETCH cur_temas INTO v_titulo;
    ->     -- Salir del bucle si se ha leído todo.
    ->     IF v_fin
    ->     THEN
    ->       LEAVE cursor;
    ->     END IF;
    ->     -- Añadir el tema a la lista.
    ->     SET v_resultado = CONCAT(v_resultado,',',v_titulo);
    ->   END LOOP cursor;
    ->   -- Cerrar el cursor.
    ->   CLOSE cur_temas;
    ->   -- Devolver el resultado (quitar la coma de inicio).
    ->   RETURN TRIM(',' FROM v_resultado);
    -> END;
    -> //
Query OK, 0 rows affected (0.00 sec)

mysql> delimiter ;
mysql>
mysql> -- Test de la función.
mysql> SELECT titulo,fa_temas_libro(id) temas
    -> FROM libro LIMIT 1;
+---------+----------------------------------+
| titulo  | temas                            |
+---------+----------------------------------+
| PHP 5.2 | Desarrollo,Internet,Open Source  |
+---------+----------------------------------+
1 row in set (0.00 sec)
```

g. Recursividad

Los procedimientos recursivos (procedimientos autorreferentes) están autorizados con la condición de dar un valor diferente de cero a la variable de sistema max_sp_recursion_depth (máximo autorizado = 255).

Las funciones recursivas no están autorizadas.

H. Desarrollar triggers

1. Definición

Un trigger (desencadenador o disparador en español) es una rutina almacenada asociada a una tabla que se desencadena automáticamente cuando un evento de actualización (`INSERT`, `UPDATE` o `DELETE`) se lleva a cabo en la tabla. Un trigger nunca es ejecutado explícitamente por otra rutina.

Los triggers permiten implementar reglas de gestión del lado del servidor. Los principales usos de los triggers son los siguientes:

- Calcular automáticamente el valor de una columna: por ejemplo, un trigger puede utilizarse para calcular automáticamente un precio con IVA a partir de un precio sin IVA y un índice de IVA.
- Hacer un seguimiento de las actualizaciones en la base de datos: por ejemplo, cada vez que se elimina un artículo, un trigger registra la eliminación (quién, cuándo, qué) en una tabla de auditoría.

Los triggers pueden utilizarse en MySQL desde la versión 5.0.2.

2. Administración de los triggers

La sentencia `CREATE TRIGGER` permite crear trigger.

Sintaxis:

```
CREATE TRIGGER [nombre_base.]nombre_trigger
  {BEFORE | AFTER}
  {INSERT | UPDATE | DELETE}
  ON nombre_tabla
  FOR EACH ROW
BEGIN
  instrucciones;
END;
```

`nombre_base` designa la base de datos en la que debe definirse el trigger. De manera predeterminada, la rutina se almacena en la base de datos actual.

`nombre_rutina` especifica el nombre del trigger. Este nombre debe respetar las reglas para los nombres de objetos MySQL.

`nombre_tabla` especifica la tabla a la que se asocia el trigger; la tabla y el trigger deben almacenarse en la misma base de datos.

La cláusula `BEFORE` o `AFTER` permite indicar en qué momento se desencadena el trigger: justo antes de que la actualización se produzca (`BEFORE`) o (`AFTER`) justo después.

Las palabras clave `INSERT`, `UPDATE` o `DELETE` indican en qué sentencia SQL de actualización debe desencadenarse el trigger. Nótese que la instrucción `LOAD DATA` desencadena los triggers `INSERT`; en cambio, las instrucciones `DROP TABLE` y `TRUNCATE` no desencadenan los triggers `DELETE`.

La cláusula `FOR EACH ROW` indica que el trigger se desencadena para cada fila actualizada (trigger de nivel de fila). MySQL no admite (¿todavía?) los triggers de nivel de instrucción que sólo se desencadenan una vez para la totalidad de la sentencia, independientemente del número de filas actualizadas.

No puede haber dos triggers definidos en una misma tabla con las mismas condiciones desencadenantes.

Las instrucciones que componen el código del trigger se incluyen entre las palabras clave `BEGIN` y `END`. Si el código del trigger sólo contiene una instrucción, las palabras clave `BEGIN` y `END` pueden omitirse. El código del trigger utiliza las mismas construcciones y las mismas reglas de sintaxis que las rutinas. Las rutinas pueden ser invocadas en el código de un trigger.

En el código del trigger, es posible hacer referencia a la fila en curso de actualización gracias a los identificadores predefinidos `OLD` y `NEW`.

Sintaxis

```
OLD.nombre_columna
NEW.nombre_columna
```

`OLD.nombre_columna` da el antiguo valor de la columna (antes de la actualización); `OLD.nombre_columna` no puede utilizarse en un trigger `INSERT` (no hay antiguo valor).

`NEW.nombre_columna` da el nuevo valor de la columna (tras la actualización); `NEW.nombre_columna` no puede utilizarse en un trigger `DELETE` (no hay nuevo valor).

En un trigger `BEFORE`, es posible modificar los nuevos valores de las columnas modificando los identificadores `NEW.nombre_columna` mediante una instrucción `SET`.

> `NEW.nombre_columna` no puede modificarse en un trigger `AFTER`. Por otro lado, `OLD.nombre_columna` nunca puede modificarse.

La lectura de `NEW.nombre_columna` u `OLD.nombre_columna` requiere el privilegio `SELECT` en la tabla; la modificación de `NEW.nombre_columna` requiere el privilegio `UPDATE` en la tabla.

En un trigger `BEFORE`, el valor de las columnas `AUTO_INCREMENT` se determina tras la ejecución de los triggers `BEFORE`; para una columna `AUTO_INCREMENT`, en un trigger `BEFORE`, `NEW.nombre_columna` vale siempre 0.

Ejemplo

```
mysql> delimiter //

mysql> CREATE TRIGGER tr_calcular_gastos_coleccion
    ->   BEFORE INSERT ON coleccion
    ->   FOR EACH ROW
    -> BEGIN
    ->   -- Calcular los gastos de la colección
    ->   -- si son vacíos o iguales a cero.
    ->   IF IFNULL(NEW.gastos_siniva,0) = 0
```

```
    ->   THEN
    ->     -- El importe de los gastos depende del precio de venta sin IVA.
    ->     CASE
    ->       WHEN NEW.precio_siniva <= 15
    ->       THEN
    ->         SET NEW.gastos_siniva = 1;
    ->       WHEN NEW.precio_siniva <= 40
    ->       THEN
    ->         SET NEW.gastos_siniva = 1.5;
    ->       ELSE
    ->         SET NEW.gastos_siniva = 2;
    ->     END CASE;
    ->   END IF;
    -> END;
    -> //

mysql> delimiter ;

mysql> -- Insertar una nueva colección sin mencionar los gastos.
mysql> INSERT INTO coleccion(nombre,precio_siniva)
    -> VALUES('Epsilon',48.63);
Query OK, 1 row affected (0.01 sec)

mysql> -- Comprobar el resultado.
mysql> SELECT * FROM coleccion WHERE id = LAST_INSERT_ID();
+----+---------+---------------+---------------+
| id | nombre  | precio_siniva | gastos_siniva |
+----+---------+---------------+---------------+
|  9 | Epsilon |         48.63 |          2.00 |
+----+---------+---------------+---------------+
1 row in set (0.01 sec)
```

Las diferentes variantes de la sentencia `SHOW` (véase capítulo Construir una base de datos en MySQL - Obtener información sobre las bases de datos) permiten mostrar información sobre los triggers.

Sintaxis

```
SHOW CREATE TRIGGER nombre_trigger
SHOW TRIGGERS [FROM nombre_base] [condición]
```

Un trigger puede eliminarse mediante la sentencia `DROP TRIGGER`.

Sintaxis

```
DROP TRIGGER [IF EXISTS] [nombre_base.]nombre_trigger
```

En la eliminación de una tabla, los triggers asociados son eliminados.

3. Consideraciones sobre la utilización de los triggers

a. Restricciones

Las restricciones en las sentencias utilizables en un trigger son las mismas que para las funciones:

- Instrucciones que hacen explícita o implícitamente un `COMMIT` o un `ROLLBACK`;
- Instrucciones que devuelven un resultado directamente al cliente (`SELECT` sin `INTO`, `SHOW`, etc.);
- Modificar la tabla utilizada por la sentencia que ha desencadenado el trigger;
- Invocar un procedimiento que utiliza una sentencia no autorizada en las triggers.

Además, la instrucción `RETURN` no está autorizada en el código de un trigger; por el contrario, la instrucción `LEAVE` puede utilizarse para salir inmediatamente de un trigger.

Los triggers no se desencadenan por las eliminaciones en cascada de las claves externas.

b. Resultado en caso de error

El resultado en caso de fallo del trigger o de la sentencia que originó el desencadenamiento del trigger depende del tipo de tabla.

Tabla no transaccional

Si un trigger `BEFORE` falla por una fila, la actualización no se realiza en la fila afectada y la instrucción desencadenante del trigger se detiene; por el contrario, se conservan las filas ya actualizadas y las operaciones que pudieran haber sido efectuadas por el trigger hasta ese momento.

Si un trigger `AFTER` falla por una fila, la actualización (ya) realizada en la fila afectada no es anulada y la instrucción desencadenante del trigger se detiene; igualmente, se conservan las filas ya actualizadas y las operaciones que pudieran haber sido efectuadas por el trigger hasta ese momento.

Si la actualización no tiene éxito por una fila, los triggers `AFTER` no se ejecutan para la fila en cuestión; en cambio, los triggers `BEFORE` ya han sido ejecutados para dicha fila. En los dos casos, se conservan las filas ya actualizadas y las operaciones que pudieran haber sido realizadas por los triggers.

Tabla transaccional

Para una tabla transaccional es más sencillo: en caso de error (en un trigger o en la actualización de una fila), se anula todo lo que ha sido efectuado desde el comienzo de la sentencia.

Capítulo 6 : Introducción a PHP

A. ¿Qué es PHP?

PHP es un lenguaje de script que se ejecuta en el lado del servidor, cuyo código se incluye en una página HTML clásica. Puede compararse por tanto a otros lenguajes de script que funcionan según el mismo principio: ASP (*Active Server Pages*) o JSP (*Java Server Pages*).

A diferencia de un lenguaje como el JavaScript, en el que el código se ejecuta en el lado del cliente (en el explorador), el código PHP se ejecuta en el lado del servidor. El resultado de esta ejecución se integra en la página HTML, que es enviada al explorador. Este último no tiene conocimiento alguno del tratamiento realizado en el servidor.

Esta tecnología permite realizar páginas web dinámicas cuyo contenido puede ser completa o parcialmente generado en el momento de la invocación de la página, gracias a la información obtenida en un formulario o extraída de una base de datos.

Ejemplo simple de página PHP:

```
<!DOCTYPE html PUBLIC "-//W3C//DTD XHTML 1.0 Strict//EN"
  "http://www.w3.org/TR/xhtml1/DTD/xhtml1-strict.dtd">
<html xmlns="http://www.w3.org/1999/xhtml">
  <head>
    <title>Ejemplo de página PHP</title>
  </head>
  <body>
    <?php
    echo '<p>¡Hola Olivier!</p>';
    ?>
  </body>
</html>
```

La parte en negrita es código PHP incluido en la página HTML dentro de las marcas `<?php` y `?>`. En este ejemplo, el código PHP simplemente muestra un texto estático "¡Hola Olivier!" gracias a la función `echo`; en una verdadera aplicación PHP, es probable que este texto fuese generado dinámicamente en función de la identificación del usuario.

Para indicar al servidor web que una página HTML contiene código PHP que debe ser ejecutado, sólo hay que dar al archivo una extensión particular: `.php` (salvo configuración especial del servidor).

El esquema siguiente explica cómo es tratado un archivo PHP por el servidor web.

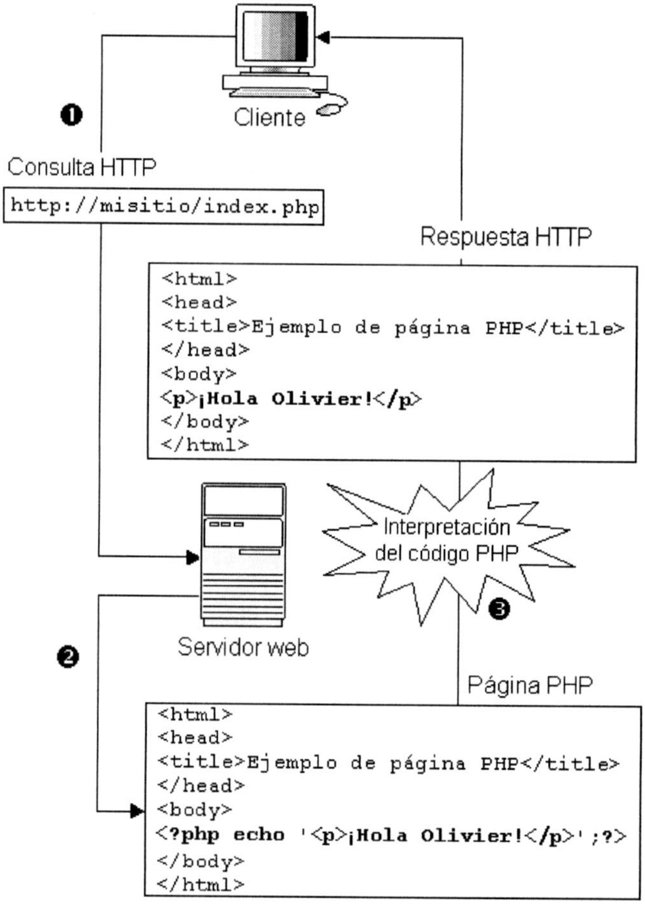

Cuando un archivo PHP es solicitado al servidor web, el código PHP incluido en la página HTML es ejecutado en primer lugar en el servidor. El resultado de esta ejecución se inserta en la página en lugar del código PHP, y la página es enviada al explorador.

Otros lenguajes, como PERL (*Practical Extraction and Report Language*) o C, permiten escribir scripts CGI (*Common Gateway Interface*) con la misma finalidad. Estos lenguajes son considerados a menudo como menos prácticos y menos legibles que PHP para realizar una página web dinámica. En realidad, la aplicación debe generar íntegramente la página HTML, mientras que en PHP sólo se codifica en la parte verdaderamente dinámica dentro de la página.

Además, PHP ha sido escrito especialmente para la Web y posee características perfectamente adaptadas a este tipo de desarrollo, lo que no es el caso de PERL ni de C (que son, por otro lado, excelentes lenguajes).

B. Estructura básica de una página PHP

1. Las marcas PHP

Como hemos visto anteriormente, el código PHP se incluye en la página HTML delimitado por marcas o etiquetas (*tags*).

PHP admite cuatro formas de delimitación:

- `<?php ... ?>`
- `<script language="php"> ... </script>`
- `<? ... ?>`
- `<% ... %>`

La primera es la forma habitual, recomendada.

La segunda, más aparatosa, utiliza la etiqueta estándar `script`; puede ser útil si el editor HTML utilizado interpreta mal las otras sintaxis.

La tercera sólo debe considerarse si ha sido autorizada en el archivo de configuración de PHP (`php.ini`) estableciendo el parámetro `short_open_tag` en `on`.

La cuarta permite emplear la marca ASP, pero sólo puede utilizarse si ha sido autorizada en el archivo de configuración de PHP estableciendo el parámetro `asp_tags` en `on`.

2. La función echo

La función `echo` es la función básica de cualquier página PHP. Permite mostrar una o varias cadenas y, por lo tanto, incluir texto en la página HTML enviada al explorador.

Sintaxis:

```
echo(cadena de texto)
echo cadena de texto[,...]
```

`texto` Texto que debe mostrarse.

La primera sintaxis sólo acepta un parámetro, mientras que la segunda acepta varios.

Ejemplo:

```
<!DOCTYPE html PUBLIC "-//W3C//DTD XHTML 1.0 Strict//EN"
  "http://www.w3.org/TR/xhtml1/DTD/xhtml1-strict.dtd">
<html xmlns="http://www.w3.org/1999/xhtml">
  <head>
    <title>Ejemplo de página PHP</title>
  </head>
  <body>
    <p>
    <?php
    echo('¡Hola Olivier!');
    ?>
    <br />
```

```
    <?php
    echo '¡','Hola','Daniel','!';
    ?>
    </p>
  </body>
</html>
```

Resultado:

```
¡Hola Olivier!
¡Hola Daniel!
```

No hay salto de línea automático en el resultado de la ejecución del código PHP. Si es necesario, hay que insertar la etiqueta HTML `<br />`, que fuerza el salto de línea en la página HTML final (véase el ejemplo anterior).

El texto pasado como parámetro a la instrucción `echo` puede escribirse en varias líneas en la página original, pero se muestra en una sola en el resultado.

3. Separador de instrucción

En PHP, todas las instrucciones debe terminarse con un punto y coma.

Ejemplo:

```
<?php
echo '¡Hola ';
echo 'Olivier!';
?>
```

Resultado:

```
¡Hola Olivier!
```

En caso de omisión, se genera un error. La única excepción es la instrucción que precede a la marca de final para la cual el punto y coma puede omitirse.

Pueden escribirse varias instrucciones en la misma línea, siempre que estén separadas por un punto y coma. No obstante, esta escritura juega en contra de la legibilidad del código.

Ejemplo:

```
<?php
echo '¡Hola '; echo 'Olivier!';
?>
```

4. Comentario

PHP ofrece dos formas de comentar el código:

- `//` o `#` para incluir un comentario hasta el final de la línea
- `/* ... */`para insertar comentarios en varias líneas

Ejemplo:

```
<?php
// comentario en una sola línea
# comentario en una sola línea
/* comentario
en varias líneas */
echo '¡Hola'; // comentario hasta el final de la línea
echo 'Olivier!'; # comentario hasta el final de la línea
?>
```

Los comentarios `/* ... */` no deben anidarse.

5. Combinar PHP y HTML

Existen numerosos enfoques para combinar PHP y HTML.

Estos diferentes enfoques se basan, no obstante, en dos principios muy sencillos:

- La página puede contener una o varias inclusiones de código PHP.
- El código PHP genera "texto" que se integra en la página HTML enviada al explorador. Todo "texto" comprensible para el explorador puede ser generado por el código PHP: texto plano, código HTML, código JavaScript...

Los ejemplos que siguen utilizan variables y funciones PHP (recuperación de la fecha y de la hora). Estas nociones se detallarán más adelante en este libro.

Ejemplo de página que contiene código PHP en varios puntos:

```
<?php
// Asignación de variables que se utilizarán más adelante.
// Esta sección de código PHP no genera salida
// página HTML (no se utiliza "echo").
$nombre = 'Olivier'; // nombre del usuario
$titulo_pagina = 'La editorial ENI presenta...'; // titulo de la página
$hoy = date("d/m/Y"); // fecha del día
$hora = date("H:i:s"); // hora
?>
<!DOCTYPE html PUBLIC "-//W3C//DTD XHTML 1.0 Strict//EN"
  "http://www.w3.org/TR/xhtml1/DTD/xhtml1-strict.dtd">
<html xmlns="http://www.w3.org/1999/xhtml">
  <head>
    <title>
    <?php /* visualización del título */ echo $titulo_pagina; ?>
    </title>
  </head>
  <body>
    <p>
    <?php
    /* Visualización del nombre del usuario.
    ** Las etiquetas de negrita (<b>)
```

```
    ** y de salto de línea (<br />) se incluyen
    ** en la cadena enviada por echo.
    */
    echo "¡Hola <b>$nombre</b>!<br />";
    // Visualización de la fecha y de la hora.
    echo "Estamos a $hoy; son las $hora.";
    ?>
    </p>
  </body>
</html>
```

Resultado:

```
¡Hola Olivier!
Estamos a 03/07/2008; son las 10:48:52.
```

Código fuente en el explorador web (los elementos generados por PHP están en negrita):

```
<!DOCTYPE html PUBLIC "-//W3C//DTD XHTML 1.0 Strict//EN"
  "http://www.w3.org/TR/xhtml1/DTD/xhtml1-strict.dtd">
<html xmlns="http://www.w3.org/1999/xhtml">
  <head>
    <title>
    La editorial ENI presenta...    </title>
  </head>
  <body>
    <p>
    ¡Hola <b>Olivier</b>!<br />Estamos a 03/07/2008
; son las 10:48:52.    </p>
  </body>
</html>
```

Ejemplo de página generada totalmente con código PHP (siguiendo los principios CGI):

```
<?php
// Asignación de variables que se utilizarán más adelante.
$nombre = 'Olivier'; // nombre del usuario
$titulo_pagina = 'La editorial ENI presenta...'; // titulo de la página
$hoy = date("d/m/Y"); // fecha del día
$hora = date("H:i:s"); // hora
// Generación de las etiquetas de apertura del documento HTML.
echo '<!DOCTYPE html PUBLIC "-//W3C//DTD XHTML 1.0 Strict//EN" ',
     '"http://www.w3.org/TR/xhtml1/DTD/xhtml1-strict.dtd">';
echo '<html xmlns="http://www.w3.org/1999/xhtml">';
echo '<head>';
echo "<title>$titulo_pagina</title>";
echo '</head>';
echo '<body>';
echo '<p>';
 /* Visualización del nombre del usuario.
 ** Las etiquetas de negrita (<b>)
```

```
 ** y de salto de línea (<br />) se incluyen en la cadena enviada
por el echo .
 */
echo "¡Hola <b>$nombre</b>!<br />";
// Visualización de la fecha y de la hora.
echo "Estamos a $hoy; son las $hora.";
echo '</p>';
echo '</body>';
echo '</html>';
?>
```

Resultado:

¡Hola **Olivier**!
Estamos a 03/07/2008; son las 11:03:27.

Código fuente en el explorador web (todo está en una línea):

```
<!DOCTYPE html PUBLIC "-//W3C//DTD XHTML 1.0 Strict//EN"
"http://www.w3.org/TR/xhtml1/DTD/xhtml1-strict.dtd"><html
xmlns="http://www.w3.org/1999/xhtml"><head><title>La
editorial ENI presenta...</title></head><body><p>¡Hola
<b>Olivier</b>!<br />Estamos a 03/07/2008; son las
11:03:27.</p></body></html>
```

No hay reglas para combinar PHP y HTML. Un enfoque empleado habitualmente por los desarrolladores consiste en utilizar PHP únicamente para generar la parte realmente dinámica de la página; el resto se escribe directamente en el propio archivo HTML. Esta técnica hace que el código sea más ligero y permite ver rápidamente donde se encuentra la lógica aplicativa.

El documento HTML enviado al explorador debe ser válido y, si es posible, ajustarse a los estándares HTML o XHTML del W3C (*World Wide Web Consortium*). Si es necesario, no dude en utilizar el servicio de validación del W3C (http://validator.w3.org/).

En este libro, los ejemplos respetan al máximo la recomendación XHTML 1.0. No obstante, por razones de espacio, los ejemplos no incluyen sistemáticamente las declaraciones iniciales:

```
<?xml version="1.0" encoding="UTF-8"?>
<!DOCTYPE html PUBLIC "-//W3C//DTD XHTML 1.0 Strict//EN"
 "http://www.w3.org/TR/xhtml1/DTD/xhtml1-strict.dtd">
<html xmlns="http://www.w3.org/1999/xhtml">
...
```

6. Reglas para los nombres

Cualquier entidad PHP con un nombre (variable, constante, función) debe tener un nombre que respete las siguientes reglas:

- comenzar por una letra o una subraya (_);
- contener a continuación letras, cifras o la subraya.

En esta definición, una letra significa cualquier letra minúscula o mayúscula comprendida entre a y z (de a a z y de A a Z), así como cualquier carácter de código ASCII comprendido entre 127 y 255. Los caracteres acentuados están autorizados, pero no los signos #$%& que tienen un significado especial en el lenguaje PHP.

C. Configuración de PHP

1. El archivo de configuración php.ini

A lo largo de este libro, iremos viendo varias directivas de configuración que puede utilizar para modificar el comportamiento de PHP.

Estas directivas se definen en el archivo de configuración de PHP (php.ini).

PHP facilita dos ejemplos de archivo php.ini: php.ini-dist y php.ini-recommended.

El archivo php.ini-dist es un ejemplo de archivo de configuración, destinado sobre todo a un entorno de desarrollo. Por el contrario, el archivo php.ini-recommended está más bien destinado a emplearse en un entorno operativo; contiene ajustes que mejoran la seguridad o el rendimiento de PHP.

Estos dos archivos contienen un gran número de comentarios que explican la función de cada directiva y dan consejos sobre su uso.

Para utilizar uno de estos archivos, cópielo en la ubicación apropiada de su plataforma y cambie el nombre a php.ini. El archivo php.ini es buscado principalmente en los siguientes lugares (en este orden):

- una ubicación específica en el servidor web (por ejemplo, la directiva PHPIniDir de Apache 2);
- una ubicación definida por la variable de entorno PHPRC;
- la carpeta /usr/local/lib en Linux/Unix y c:\windows o c:\winnt en Windows.

En este libro, y salvo que indiquemos lo contrario, supondremos que dos directivas relativas a la gestión de los errores se ajustan de la siguiente manera:

display_errors = on	Los errores se muestran.
error_reporting = E_ALL & ~E_NOTICE	Todos los errores se muestran, salvo los errores de nivel E_NOTICE (simple información, por ejemplo en la utilización de una variable no inicializada).

La gestión de los errores se detalla en el capítulo Gestionar los errores en un script PHP.

2. Información sobre la configuración

PHP ofrece dos funciones particularmente útiles para obtener información sobre la configuración: `phpversion` y `phpinfo`.

La función `phpversion` devuelve el número de versión de PHP y la función `phpinfo` muestra una gran cantidad de datos sobre la configuración de PHP y su entorno. El número de versión también está disponible a través de la constante predefinida `PHP_VERSION`.

Sintaxis

```
cadena phpversion(cadena extensión)
entero phpinfo([entero info])
```

Con

`extensión`

Si se especifica este parámetro, la función devuelve la versión de la extensión que lleva este nombre (o `FALSE` si la versión es desconocida o si la extensión no está disponible).

`info`

Tipo de información deseada. Utilice una o varias (suma) de estas constantes: `INFO_GENERAL (1)`: información general (versión, ubicación del archivo `php.ini`, sistema operativo, etc.). `INFO_CREDITS (2)`: información sobre los autores. `INFO_CONFIGURATION (4)`: información sobre la configuración (valores de las directivas). `INFO_MODULES (8)`: información sobre los módulos cargados, con su configuración respectiva. `INFO_ENVIRONMENT (16)`: información sobre el entorno (véase la variable `$_ENV` en anexo). `INFO_VARIABLES (32)`: valores de todas las variables predefinidas (véase el anexo). `INFO_LICENSE (64)`: información sobre la licencia. `INFO_ALL (-1)` toda la información (valor predeterminado).

`phpinfo` devuelve `TRUE` en caso de éxito y `FALSE` en caso de error.

Ejemplo 1:

```
<?php
echo phpversion();
?>
```

Resultado:

```
5.2.4
```

Ejemplo 2:

```
<?php
// información general
// e información de licencia
phpinfo(INFO_GENERAL+INFO_LICENSE);
?>
```

Resultado:

PHP Version 5.2.4

System	Linux xampp 2.6.9-42.0.3.ELsmp #1 SMP Fri Oct 6 06:21:39 CDT 2006 i686
Build Date	Sep 30 2007 09:09:10
Configure Command	./configure --prefix=/opt/lampp --with-apxs2=/opt/lampp/bin/apxs --with-config-file-path=/opt/lampp/etc --with-mysql=/opt/lampp --enable-inline-optimization --disable-debug --enable-bcmath --enable-calendar --enable-ctype --enable-dbase --enable-discard-path --enable-exif --enable-filepro --enable-force-cgi-redirect --enable-ftp --enable-gd-imgstrttf --enable-gd-native-ttf --with-ttf --enable-magic-quotes --enable-memory-limit --enable-shmop --enable-sigchild --enable-sysvsem --enable-sysvshm --enable-track-vars --enable-trans-sid --enable-wddx --enable-yp --with-ftp --with-gdbm=/opt/lampp --with-jpeg-dir=/opt/lampp --with-png-dir=/opt/lampp --with-freetype-dir=/opt/lampp --without-xpm --with-zlib=yes --with-zlib-dir=/opt/lampp --with-openssl=/opt/lampp --with-expat-dir=/opt/lampp --enable-xslt=/opt/lampp --with-xsl=/opt/lampp --with-dom=/opt/lampp --with-ldap=/opt/lampp --with-ncurses=/opt/lampp --with-gd --with-imap-dir=/opt/lampp --with-imap-ssl --with-imap=/opt/lampp --with-gettext=/opt/lampp --with-mssql=/opt/lampp --with-sybase=/opt/lampp --with-interbase=shared,/opt/interbase --with-mysql-sock=/opt/lampp/var/mysql/mysql.sock --with-oci8=shared,instantclient,/opt/lampp/lib/instantclient --with-mcrypt=/opt/lampp --with-mhash=/opt/lampp --enable-sockets --enable-mbstring=all --with-curl=/opt/lampp --enable-mbregex --enable-zend-multibyte --enable-exif --with-bz2=/opt/lampp --with-sqlite=shared,/opt/lampp --with-libxml-dir=/opt/lampp --enable-soap --enable-pcntl --with-mysqli=/opt/lampp/bin/mysql_config --with-mime-magic --with-pgsql=shared,/opt/lampp/postgresql --with-iconv --enable-dio --with-pdo-mysql=/opt/lampp --with-pdo-pgsql=/opt/lampp/postgresql --with-pdo-sqlite --with-ming=shared,/opt/lampp
Server API	Apache 2.0 Handler
Virtual Directory Support	disabled
Configuration File (php.ini) Path	/opt/lampp/etc
Loaded Configuration File	/opt/lampp/etc/php.ini
PHP API	20041225
PHP Extension	20060613
Zend Extension	220060519
Debug Build	no
Thread Safety	disabled
Zend Memory Manager	enabled
IPv6 Support	enabled
Registered PHP Streams	php, file, data, http, ftp, compress.bzip2, compress.zlib, https, ftps, zip
Registered Stream Socket Transports	tcp, udp, unix, udg, ssl, sslv3, sslv2, tls
Registered Stream Filters	string.rot13, string.toupper, string.tolower, string.strip_tags, convert.*, consumed, convert.iconv.*, bzip2.*, zlib.*

This program makes use of the Zend Scripting Language Engine:
Zend Engine v2.2.0, Copyright (c) 1998-2007 Zend Technologies

Powered By

PHP License

This program is free software; you can redistribute it and/or modify it under the terms of the PHP License as published by the PHP Group and included in the distribution in the file: LICENSE

This program is distributed in the hope that it will be useful, but WITHOUT ANY WARRANTY; without even the implied warranty of MERCHANTABILITY or FITNESS FOR A PARTICULAR PURPOSE.

If you did not receive a copy of the PHP license, or have any questions about PHP licensing, please contact license@php.net.

Ejemplo 3:

```
<?php
// toda la información
phpinfo();
?>
```

Véase también las funciones `ini_get_all`, `ini_get` y `get_loaded_extensions` que permiten obtener información sobre las directivas de compilación y las extensiones cargadas.

D. Las bases del lenguaje PHP

1. Constantes

a. Definición

La función `define` permite definir una constante.

Sintaxis

booleano define(*cadena* nombre, *mixto* valor[, *booleano* distingue_mayús_minús)

`nombre`	Nombre de la constante (véase en este capítulo, Estructura básica de una página PHP - Reglas para los nombres).
`valor`	Valor de la constante.
`distingue_mayús_minús`	Indica si el nombre de la constante tiene en cuenta las minúsculas/mayúsculas (`TRUE` - valor predeterminado) o no (`FALSE`).

La función `define` devuelve `TRUE` en caso de éxito y `FALSE` en caso de error.

Cualquier tipo de datos escalar (véase en este capítulo, Las bases del lenguaje PHP - Tipos de datos) puede utilizarse como tipo de datos de una constante.

El nombre de una constante no debe comenzar por $, ya que este prefijo se reserva para los nombres de las variables (véase en este capítulo, Las bases del lenguaje PHP - Variables). Nótese que definir una constante, cuyo nombre comienza por un $ no genera error (`idefine` devuelve `TRUE`!), pero, en el uso, se identificará la constante como una variable no inicializada.

Una vez definida, una constante ya no puede ser modificada a continuación, ni por una nueva invocación a `define` (devuelve `FALSE` y deja el valor de la constante igual), ni por una asignación directa (genera un error de análisis del script).

Ejemplos

```
<?php
// Definir una constante (cuyo nombre distingue entre mayúsculas y minúsculas
// de manera predeterminada).
define('CONSTANTE','valor de CONSTANTE');
// Mostrar el valor de CONSTANTE (=> OK).
echo 'CONSTANTE = ',CONSTANTE,'<br />';
// Mostrar el valor de constante (=> vacío).
echo 'constante = ',constante;
echo ' => interpretado en literal<br />';
?>
```

Resultado

```
CONSTANTE = valor de CONSTANTE
constante = constante => interpretado en literal
```

Tradicionalmente, los nombres de las constantes son definidos en mayúsculas.

Utilizar una constante no definida (o una variable no inicializada) o intentar redefinir una constante ya definida generan un error de nivel `E_NOTICE`. El nivel de error señalado por PHP depende de directivas de configuración en el archivo `php.ini` (véase el capítulo Gestionar los errores en un script PHP). El resultado anterior corresponde con una configuración en la que no se muestran los errores de nivel `E_NOTICE`.

b. Alcance

El alcance de una constante es el script en el que está definida. Una constante puede definirse, por lo tanto, en una primera sección de código PHP y utilizarse en otra parte del código PHP del mismo script.

Ejemplo

```
<?php
// Definir una constante.
define('NOMBRE','Olivier');
?>
<html>
<body>
<p>¡Hola <b><?php echo NOMBRE; ?>!</p>
</body>
</html>
```

Resultado

```
¡Hola Olivier!
```

2. Variables

Una variable es una zona de memoria identificada por un nombre que contiene un valor legible o modificable en la aplicación.

a. Inicialización y asignación

En PHP, las variables están identificadas por el prefijo $ seguido de un nombre que respeta las reglas para los nombres presentadas anteriormente (véase en este capítulo, Estructura básica de una página PHP - Reglas para los nombres).

El nombre de las variables tiene en cuenta las minúsculas/mayúsculas: `$nombre` y `$Nombre` son vistas por PHP como dos variables diferentes. Este comportamiento es peligroso, ya que, en caso de utilización de un nombre incorrecto, se crea una nueva variable vacía con un simple error `E_NOTICE` que no tiene por qué mostrarse obligatoriamente (véase el capítulo Gestionar los errores en un script PHP). Por lo tanto, es esencial que se adopte una convención para los nombres y respetarla. Algunas sugerencias:

- todo en minúsculas (`$nombre`);
- primera letra en mayúscula y el resto en minúscula (`$Nombre`);
- primera letra de cada palabra en mayúscula y el resto en minúscula (`$NombreCompleto`);

Las variables PHP se definen automáticamente en su primera utilización. No hay una instrucción específica para crear una variable.

Además, las variables PHP adoptan el tipo automáticamente; en cada asignación de un valor a una variable, el tipo de la variable es automáticamente definido o redefinido (véase en este capítulo, Las bases del lenguaje PHP - Tipos de datos).

Puede asignarse un valor a una variable mediante el operador de asignación = (véase en este capítulo, Las bases del lenguaje PHP - Operadores).

Ejemplos

```
<?php
// Inicializar una variable $nombre.
$nombre = 'Olivier';
// Mostrar la variable $nombre.
echo '$nombre = ',$nombre,'<br />';
// Mostrar la variable $Nombre.
echo '$<b>N</b>ombre = ',$Nombre;
echo ' => vacía (es otra variable)<br />';
// Modificar el valor (y el tipo) de la variable $nombre.
$nombre = 123;
// Mostrar la variable $nombre.
echo '$nombre = ',$nombre,'<br />';
?>
```

Resultado (los errores de nivel `E_NOTICE` no se muestran)

```
$nombre = Olivier
$Nombre = => vacía (es otra variable)
$nombre = 123
```

A lo largo de este libro, tendremos la ocasión de ver variables automáticamente definidas por PHP con valores relativos al entorno, a PHP, a los formularios, a las cookies, etc.

b. Alcance y duración

El alcance de una variable es el script en el que está definida. Una variable puede definirse, por lo tanto, en una primera sección de código PHP y utilizarse en otra parte del código PHP del mismo script.

La duración de una variable es el tiempo de ejecución del script. Cuando el script se termina, se eliminan las variables. Si el mismo script es invocado más tarde, se definen nuevas variables.

Ejemplo

```
<?php
// Mostrar el contenido de la variable $nombre.
echo '$nombre = ',$nombre,'<br />';
// Inicializar la variable $nombre.
$nombre = 'Olivier';
// Mostrar de nuevo el contenido de la variable $nombre.
echo '$nombre = ',$nombre,'<br />';
?>
```

Resultado de la primera llamada del script

```
$nombre =
$nombre = Olivier
```

Resultado de la segunda llamada del script

```
$nombre =
$nombre = Olivier
```

Entre las dos llamadas, se ha eliminado la variable. Al principio de la segunda llamada, ya no contiene el valor que tenía al final de la primera (ya no es la misma variable).

En los capítulos Gestionar los formularios y los vínculos con PHP y Gestionar las sesiones, veremos cómo conservar el valor de una variable más allá de la ejecución del script o cómo transmitir el valor de una variable de un script a otro.

c. Variable dinámica (o variable `variable`)

PHP ofrece una característica de variable dinámica (también llamada variable `variable`), útil en ciertas situaciones.

La idea consiste en utilizar una variable que almacena el nombre de otra variable y utilizar a continuación una notación del tipo `$$variable` o `${$variable}`. Con esta notación, la `$variable` "interior" es sustituida por el valor de la variable `$variable` (`$valor`, por ejemplo) que es utilizado entonces como nombre de la variable por el `$` "exterior" (es decir, `$valor` en nuestro ejemplo).

Ejemplo

```
<?php
$una_variable = 10;
$nombre_variable = 'una_variable';
echo '$una_variable = ',$una_variable,'<br />';
echo '$nombre_variable = ',$nombre_variable,'<br />';
echo '$$nombre_variable = ',$$nombre_variable,'<br />';
?>
```

Resultado

```
$una_variable = 10
$nombre_variable = una_variable
$$nombre_variable = 10
```

3. Tipos de datos

a. Tipos disponibles

PHP permite cuatro tipos de datos escalares (que sólo pueden contener un valor), dos tipos compuestos (que pueden contener varios valores) y dos tipos especiales:

- Tipos escalares:
  - número entero;
  - número de coma flotante;
  - cadena de caracteres;
  - booleano.
- Tipos compuestos:
  - matriz (véase 4 – Matrices);
  - objeto (véase el capítulo 8).
- Tipos especiales:
  - NULL;
  - recurso.

b. Tipos de datos escalares

Entero

El tipo entero (*integer*) permite almacenar un número entero en 32 bits, o bien valores comprendidos entre -2.147.483.648 (-2^31) y +2.147.483.647(+2^31-1).

En caso de rebasamiento de capacidad en un cálculo, el resultado es automáticamente convertido en número de coma flotante.

Número de coma flotante

El tipo número de coma flotante (*float*) permite almacenar un número decimal en un intervalo de valores que depende de la plataforma (generalmente del orden de 10^{-308} a 10^{+308}).

Un número como este puede expresarse en notación decimal `x.y` (por ejemplo, `123.456`) o en notación científica `x.yEz` o `x.yez` (por ejemplo, `1.23456E2`).

En caso de conversión de un número de coma flotante en entero, el número es truncado (no redondeado) al entero inferior (1.9 da 1, por ejemplo). En caso de rebasamiento de capacidad, no se muestra ningún mensaje, pero el valor final es indefinido.

Existen bibliotecas especiales (también llamadas librerías) ofrecidas por PHP para tratar los números de gran tamaño (bibliotecas BC o GMP).

Cadena de caracteres

El tipo cadena de caracteres (*string*) permite almacenar cualquier secuencia de caracteres en un octeto (código ASCII comprendido entre 0 y 255), sin límite de tamaño.

Una expresión literal de tipo cadena de caracteres puede especificarse entre comillas (`"esto es una cadena"`) o entre apóstrofos (`'esto también es una cadena'`) con diferencias de comportamiento muy importantes que veremos a continuación.

Las comillas presentes en una cadena delimitada por comillas o los apóstrofos presentes en una cadena delimitada por apóstrofos deben ser "escapados", es decir, precedidos de la antibarra (\). Como complemento, una antibarra presente al final de la cadena, justo antes de la comilla o el apóstrofo final, también debe "escaparse" mediante una antibarra.

Ejemplo

```
<?php
echo 'C\'est la vie.<br />';
echo "Digo \"hola\".<br />";
?>
```

Resultado

```
C'est la vie.
Digo "hola".
```

Una cadena puede introducirse en varias líneas, pero se muestra en una sola línea en el explorador. Para mostrar una cadena en varias líneas en el explorador, es necesario insertar una etiqueta `<br />`.

```
<?php
$cadena = '<p>Me llamo Daniel
y vivo en España.</p>';
echo $cadena;
$cadena = '<p>Me llamo Daniel<br />
y vivo en España.</p>';
echo $cadena;
?>
```

Resultado

```
Me llamo Daniel y vivo en España.

Me llamo Daniel
y vivo en España.
```

Cuando se delimita una cadena con comillas, cualquier secuencia de caracteres que comience por el signo `$` es interpretada como una variable y sustituida por el valor de la variable: es el mecanismo de sustitución de las variables por su valor. Esta característica, muy práctica, no funciona con las cadenas delimitadas con apóstrofos (primera diferencia entre los dos tipos de cadena). Para anular este comportamiento, basta con escapar el signo `$` con la antibarra (\) para que se comporte como un `$`.

Ejemplo

```
<?php
$nombre = 'Daniel';
echo "Me llamo $nombre.<br />";
echo 'Me llamo $nombre.<br />'; // no funciona
echo "\$nombre = $nombre"; // se escapa el $
?>
```

Resultado

```
Me llamo Daniel.
Me llamo $nombre.
$nombre = Daniel
```

Si el nombre de la variable es seguido inmediatamente por otros caracteres, debe utilizarse la sintaxis `{$variable}` o `${variable}` para que la sustitución se lleve a cabo correctamente. Con esta sintaxis, para que se conserve la llave, hay que duplicarla (`{{$variable}}`).

Ejemplo

```
<?php
$fruta = 'manzana';
echo "Una $fruta no cuesta mucho dinero.<br />";
echo "Dos $frutas cuestan dos veces más.<br />"; // !
echo "Dos {$fruta}s cuestan dos veces más.<br />";
echo "{\$fruta} = {{$fruta}}.<br />";
?>
```

Resultado

```
Una manzana no cuesta mucho dinero.
Dos cuestan dos veces más.
Dos manzanas cuestan dos veces más.
{$fruta} = {manzana}.
```

No hay mecanismo de sustitución equivalente para las constantes; es una razón suficiente para utilizar variables en lugar de verdaderas constantes.

Complementariamente, pueden utilizarse otras secuencias de escape en las cadenas delimitadas por comillas, pero no en las delimitadas por apóstrofos (segunda diferencia entre los dos tipos de cadena).

Secuencia	Valor
`\n`	Salto de línea (= LF = código ASCII 10)
`\r`	Retorno de carro (= CR = código ASCII 13)
`\t`	Tabulación (= HT = código ASCII 9)
`\\`	\ (ya visto)
`\$`	$ (ya visto)
`\nnn`	El carácter designado por el código ASCII `nnn` expresado en octal
`\xnn`	El carácter designado por el código ASCII `nn` expresado en hexadecimal

Ejemplo

```
<?php
echo "Me llamo Daniel.<br />\n";
echo "Me llamo \104\141\156\151\145\154.";
?>
```

Resultado

```
Me llamo Daniel.
Me llamo Daniel.
```

Recuerde: un salto de línea en el código fuente de la página enviada al explorador no provoca el salto de línea en la página mostrada. Es el caso de la secuencia "\n" utilizada en el ejemplo. Aquí, la etiqueta `<br />` provoca el salto de línea en la página mostrada.

Es posible acceder al enésimo carácter de una cadena gracias a la notación `$x[i]`, donde `$x` designa la variable de tipo cadena e `i` el número del carácter (el primer carácter con el número `0`). Las llaves pueden utilizarse también, pero esta sintaxis quedará obsoleta en una próxima versión.

Ejemplo

```
<?php
$nombre = 'Daniel';
echo $nombre[0],$nombre{5};
?>
```

Resultado

```
Dl
```

PHP es capaz de convertir una cadena en número (entero o decimal) mediante las reglas siguientes:

- Si el primer carácter no "vacío" (que no sea espacio, tabulación, LF, CR) no es ni una cifra, ni un punto, ni el signo "menos", la cadena es evaluada como 0 (entero).
- En caso contrario, PHP extrae todos los caracteres no "vacíos" desde el principio de la cadena hasta encontrar un carácter no "numérico" (no incluido entre 1 y 9, diferente del punto, del signo "menos" y del símbolo científico "e" o "E"); la secuencia así obtenida se convierte en entero (sin punto ni símbolo científico) o en decimal (en caso de presencia de un punto o del símbolo científico).

Ejemplo

```
<?php
echo '1 + "1" = ',(1 + "1"),'<br />';
echo '1 + "1,5" = ',(1 + "1,5"),'<br />';
echo '1 + "1.5E2" = ',(1 + "1.5E2"),'<br />';
echo '1 + "1e3" = ',(1 + "1e3"),'<br />';
echo '1 + 1abc = ',(1 + "1abc"),'<br />';
echo '1 + "1.5abcd" = ',(1 + "1.5abcd"),'<br />';
echo '1 + "1.5 abcd" = ',(1 + "1.5 abcd"),'<br />';
echo '1 + "0,5" = ',(1 + "0,5"),'<br />';
echo '1 + "-5" = ',(1 + "-5"),'<br />';
echo '1 + " \t\n\r 5" = ',(1 + " \t\n\r 5"),'<br />';
echo '1 + "abc1" = ',(1 + "abc1"),'<br />';
?>
```

Resultado

```
1 + "1" = 2
1 + "1.5" = 2.5
1 + "1.5E2" = 151
1 + "1e3" = 1001
1 + 1abc = 2
1 + "1.5abcd" = 2.5
1 + "1.5 abcd" = 2.5
1 + "0,5" = 1.5
1 + "-5" = -4
1 + " \t\n\r 5" = 6
1 + "abc1" = 1
```

El último ejemplo muestra que una cadena que no comienza por un carácter numérico es convertida en entero igual a 0.

Booleano

El tipo booleano (*booleano*) puede tener dos valores: `TRUE` (o `true`) y `FALSE` (o `false`).

Este tipo de datos se utiliza principalmente en las estructuras de control para evaluar una condición (véase en este capítulo, Las bases del lenguaje PHP – Estructuras de control).

PHP es capaz de convertir cualquier tipo de datos en booleano según las reglas siguientes:

Valor	Convertido en
número entero 0 número decimal 0.000... cadena vacía ("") cadena igual a 0 ("0") matriz vacía objeto vacío constante `NULL` (véase el tipo `NULL`)	`FALSE`
el resto	`TRUE`

Un valor igual a -1 se convierte en `TRUE` con PHP.

En sentido contrario, PHP es capaz de realizar las siguientes conversiones:

	TRUE	**FALSE**
Booleano → Número	1	0
Booleano → Cadena	"1"	""(cadena vacía)

Dada la lógica de la conversión indicada anteriormente, cualquier variable puede evaluarse como booleano (PHP se encarga de la conversión). Este funcionamiento es a menudo práctico, pero puede conducir a errores difíciles de descubrir.

c. Tipos de datos especiales

El "tipo" NULL

Este tipo es un poco particular y corresponde al tipo de una variable utilizada sin haber sido inicializada antes. Posee un solo valor, el valor NULL definido por la constante `NULL` (o `null`).

En caso de conversión en booleano, el valor `NULL` se convierte en `FALSE`.

El tipo recurso (*resource*)

Este tipo genérico es algo particular y corresponde a una referencia hacia un recurso externo: archivo abierto, conexión de base de datos, etc.

A lo largo de este libro tendremos la ocasión de presentar funciones que permiten manipular estos datos de tipo recurso.

4. Matrices

a. Definición

En PHP, una matriz es una lista de elementos ordenada en pares clave/valor.

La clave puede ser de tipo entero o de tipo cadena. En el primer caso, la matriz se considera numérica, y la clave designada por el término, índice. En el segundo caso, la matriz se considera asociativa. Las claves no son obligatoriamente consecutivas ni ordenadas, y una matriz puede incluir claves enteras y claves de tipo cadena.

El valor asociado a la clave puede ser de cualquier tipo, y fundamentalmente de tipo matriz; en ese caso, la matriz se considera multidimensional.

Ejemplo

- Matriz numérica (índices ordenados consecutivamente)

Clave/Índice	Valor
0	cero
1	uno
2	dos
3	tres

- Matriz numérica (índices no ordenados, no consecutivos)

Clave/Índice	**Valor**
20	veinte
30	treinta
10	diez

- Matriz mixta

Clave/Índice	**Valor**
0	cero
cero	0
uno	1
1	uno
dos	2
2	dos
tres	3
3	tres

- Matriz multidimensional (lista de las ciudades por país)

<table>
<tr><th>Clave/Índice</th><th colspan="2">Valor</th></tr>
<tr><td rowspan="4">ESPAÑA</td><th>Clave/Índice</th><th>Valor</th></tr>
<tr><td>0</td><td>Madrid</td></tr>
<tr><td>1</td><td>Barcelona</td></tr>
<tr><td>2</td><td>Zaragoza</td></tr>
<tr><td rowspan="3">FRANCIA</td><th>Clave/Índice</th><th>Valor</th></tr>
<tr><td>0</td><td>París</td></tr>
<tr><td>1</td><td>Nantes</td></tr>
</table>

b. Creación

Una variable de tipo matriz puede definirse explícitamente gracias a la función `array()` o implícitamente utilizando una notación con corchetes (`[]`).

Notación con corchetes ([ ])

Una variable utilizada por primera vez con una notación del tipo `$variable[...]`, es automáticamente creada como matriz.

La misma operación efectuada sobre una variable ya definida con un tipo escalar provoca un mensaje de error.

El contenido de una matriz puede definirse así mediante varias asignaciones del tipo `$matriz[...] = valor`.

Con una asignación del tipo `$matriz[] = valor`, PHP busca el índice más grande entero utilizado y asocia el valor del índice inmediatamente superior. Si la matriz está vacía, el elemento se establece con el índice 0.

Con una asignación del tipo `$matriz[clave] = valor`, PHP asocia el valor con la clave indicada (que puede ser de tipo entero o de tipo cadena).

Las dos notaciones pueden mezclarse en una secuencia de asignación.

Ejemplo

```
<?php
$numeros[] = 'cero'; // => índice 0
$numeros[] = 'uno'; // => índice máx (0) + 1 = 1
$numeros[] = 'dos'; // => índice máx (1) + 1 = 2
$numeros[] = 'tres'; // => índice máx (2) + 1 = 3
$numeros[5] = 'cinco'; // => índice 5
$numeros[] = 'seis'; // => índice máx (5) + 1 = 6
$numeros['uno'] = 1; // índice 'uno'
$numeros[] = 'siete'; // => índice máx (6) + 1 = 7
$numeros[-1] = 'menos uno'; // => -1
?>
```

Resultado

Clave/Índice	Valor
0	cero
1	uno
2	dos
3	tres
5	cinco
6	seis

Clave/Índice	Valor
uno	1
7	siete
-1	menos uno

Estas notaciones puede utilizarse para construir una matriz multidimensional, con la forma `$matriz[...] = $matriz_interior` o `$matriz[...][...] = valor`. La primera notación permite almacenar una matriz en una ubicación de otra matriz y la segunda notación, almacenar un valor directamente en una ubicación dentro de otra matriz.

Ejemplo

- Primer método:

```
<?php
// Creación de una matriz que contiene las ciudades de España
$ciudades_espania[] = 'Madrid';
$ciudades_espania[] = 'Barcelona';
$ciudades_espania[] = 'Zaragoza';
// Almacenamiento de la matriz de las ciudades de España
// en la matriz de las ciudades.
$ciudades['ESPAÑA'] = $ciudades_espania[];
// Idem con las ciudades de Francia
$ciudades_francia[] = 'París';
$ciudades_francia[] = 'Nantes';
$ciudades['FRANCIA'] = $ciudades_francia[];
?>
```

- Segundo método:

```
<?php
// Almacenamiento directo de las ciudades en la tabla
//   - para España
$ciudades['ESPAÑA'][] = 'Madrid';
$ciudades['ESPAÑA'][] = 'Barcelona';
$ciudades['ESPAÑA'][] = 'Zaragoza';
//  - para Francia
$ciudades['FRANCIA'][] = 'París';
$ciudades['FRANCIA'][] = 'Nantes';
?>
```

Resultado (en los dos casos)

<table>
<tr><th>Clave/Índice</th><th colspan="2">Valor</th></tr>
<tr><td rowspan="4">ESPAÑA</td><th>Clave/Índice</th><th>Valor</th></tr>
<tr><td>0</td><td>Madrid</td></tr>
<tr><td>1</td><td>Barcelona</td></tr>
<tr><td>2</td><td>Zaragoza</td></tr>
<tr><td rowspan="3">FRANCIA</td><th>Clave/Índice</th><th>Valor</th></tr>
<tr><td>0</td><td>París</td></tr>
<tr><td>1</td><td>Nantes</td></tr>
</table>

La función `array`

La función `array` permite crear una matriz a partir de una lista de elementos.

Sintaxis

```
matriz array([mixto valor[, ...]])
o
matriz array([{cadena | entero} clave => mixto valor[, ...]])
```

`valor` Elemento de la matriz.

`clave` Valor de la clave.

En la primera sintaxis, las claves/índices no se especifican y lo que se crea es una matriz numérica con índices consecutivos que comienzan en 0: el primer argumento de la función almacenado en el índice 0, el segundo en el índice 1, etc.

En la segunda sintaxis, el índice (o la clave) se define con un entero o con una cadena y recibe un valor gracias al operador =>.

Las dos sintaxis pueden combinarse. En ese caso, cuando no se especifica el índice o la clave, PHP busca el mayor índice entero utilizado y asocia el valor al índice inmediatamente superior; si no existe ningún índice entero, el elemento recibe el índice 0.

La función `array`, invocada sin argumentos, crea una matriz vacía.

Ejemplo

```
<?php
$numeros = array('cero','uno','dos','tres',
  5 => 'cinco','seis','uno' => 1,'siete',-1 => 'menos uno');
?>
```

Resultado

Clave/Índice	Valor
0	cero
1	uno
2	dos
3	tres
5	cinco
6	seis
uno	1
7	siete
-1	menos uno

La función `array` acepta como argumento los datos de tipo matriz (bien una variable, bien una invocación anidada en `array`), lo que permite construir una matriz multidimensional.

Ejemplo

```
<?php
// Creación de una matriz que contiene las ciudades de España
// y de Francia
// La matriz de las ciudades de España es creada previamente.
$ciudades_espania = array('Madrid','Barcelona','Zaragoza');
// La de las ciudades de Francia se crea por una invocación anidada
// en array().
$ciudades = array('ESPAÑA' => $ciudades_espania,
                'FRANCIA' => array('París','Nantes'));
?>
```

Resultado

<table>
<tr><th>Clave/Índice</th><th colspan="2">Valor</th></tr>
<tr><td rowspan="4">ESPAÑA</td><th>Clave/Índice</th><th>Valor</th></tr>
<tr><td>0</td><td>Madrid</td></tr>
<tr><td>1</td><td>Barcelona</td></tr>
<tr><td>2</td><td>Zaragoza</td></tr>
<tr><td rowspan="3">FRANCIA</td><th>Clave/Índice</th><th>Valor</th></tr>
<tr><td>0</td><td>París</td></tr>
<tr><td>1</td><td>Nantes</td></tr>
</table>

c. Manipulación

Con relación a la manipulación de las matrices, normalmente resulta necesario:

- acceder a un elemento individual de la matriz;
- recorrer la matriz.

Acceder a un elemento individual de la matriz

La notación con corchetes se utiliza para acceder, en lectura o en escritura, a un elemento individual de la matriz:

```
$matriz[{cadena | entero} clave]
```

`$matriz` Matriz en cuestión.

`clave` Valor de la clave/índice.

Para las matrices multidimensionales, deben utilizarse varias series de corchetes.

Ejemplo

```
<?php
$numeros = array('cero','uno','dos','tres',
  5 => 'cinco','seis','uno' => 1,'siete',-1 => 'menos uno');
echo $numeros[1],'<br />';
echo $numeros['uno'],'<br />';
$ciudades = array('ESPAÑA' => array('Madrid','Barcelona','Zaragoza'),
                'FRANCIA' => array('París','Nantes'));
echo $ciudades['ESPAÑA'][0],'<br />';
echo $ciudades['FRANCIA'][1],'<br />';
?>
```

Resultado

```
uno
1
Madrid
Nantes
```

El principio de sustitución de las variables en las cadenas delimitadas por comillas funciona con las matrices. Las llaves son necesarias para delimitar la expresión en dos casos:

- Para especificar una clave de tipo cadena expresada en forma de un literal: `{$matriz['...']}`.
- Para una matriz multidimensional: `{$matriz[...][...]}`.

Ejemplo

```
<?php
$numeros = array('cero','uno','dos','tres',
  5 => 'cinco','seis','uno' => 1,'siete',-1 => 'menos uno');
echo "\$numeros[1] = $numeros[1]<br />";
echo "\$numeros['uno'] = {$numeros['uno']}<br />";
$ciudades = array('ESPAÑA' => array('Madrid','Barcelona','Zaragoza'),
                 'FRANCIA' => array('París','Nantes'));
echo "\$ciudades['ESPAÑA'][0] = {$ciudades['ESPAÑA'][0]}<br />";?>
```

Resultado

```
$numeros[1] = uno
$numeros['uno'] = 1
$ciudades['ESPAÑA'][0] = Madrid
```

Recorrer la matriz

Pueden utilizarse numerosos métodos para recorrer una matriz mediante las construcciones siguientes:

- la estructura de control iterativa `for`,
- la estructura de control iterativa `while`,
- la estructura para recorrer una matriz `foreach`.

En este libro, estudiamos únicamente la utilización de la estructura `foreach`, que es, sin lugar a dudas, la manera más sencilla de recorrer una matriz. Este método no requiere ningún conocimiento particular sobre la naturaleza de la matriz (numérica, asociativa, intervalo de índices/claves...).

Sintaxis

```
foreach(matriz as variable_valor)
  { instrucciones }
o
foreach(matriz as variable_clave => variable_valor)
  { instrucciones }
```

La primera sintaxis permite recorrer la matriz de principio a fin; con cada iteración, el valor actual de la matriz se almacena en la variable `variable_valor` y se ejecutan las instrucciones entre llaves. Esta sintaxis es suficiente si el tratamiento no requiere hacer referencia a los valores de la clave.

La segunda sintaxis funciona según el mismo principio, pero con cada iteración, la clave actual se almacena en la variable `variable_clave` y el valor en la variable `variable_valor`. Esta sintaxis es práctica si el tratamiento no requiere hacer referencia a los valores de la clave.

Ejemplo

```
<?php
// Inicialización de una matriz.
$numeros = array('cero','uno','dos',
                 'cero' => 0,'uno' => 1,'dos' => 2);
// Recorrer la matriz con la primera sintaxis.
echo 'Primera sintaxis:<br />';
foreach($numeros as $numero) {
  echo "$numero<br />";
}
// Recorrer la matriz con la segunda sintaxis.
echo 'Segunda sintaxis:<br />';
foreach($numeros as $clave => $numero) {
  echo "$clave => $numero<br />";
}
?>
```

Resultado

```
Primera sintaxis:
cero
uno
dos
0
1
2
Segunda sintaxis:
0 => cero
1 => uno
2 => dos
cero => 0
uno => 1
dos => 2
```

En caso de necesidad, la instrucción `break` (véase en este capítulo, Las bases del lenguaje PHP – Estructuras de control) puede utilizarse para interrumpir el recorrido de la matriz antes del final.

5. Operadores

a. El operador de asignación por valor

El operador de asignación es el signo igual (=).

Sintaxis

```
$variable = expresión;
```

Ejemplo

```
<?php
$nombre = 'Olivier';
$indice = 1;
?>
```

Con esta sintaxis, la asignación se realiza por valor, es decir, que el valor de la expresión situada a la derecha del signo igual se copia en la variable mencionada a la izquierda.

La operación de asignación es una expresión que tiene un valor igual al valor asignado y que puede utilizarse directamente en otra expresión. Por ejemplo, el valor de la expresión `$x=1` es `1` y es posible escribir una instrucción del tipo `$y=($x=1)+2` asignando el valor 3 a `$y`.

Ejemplo

```
<?php
// Asignación en una instrucción de $x e $y.
$y = ($x = 1) + 2;
// Visualización del resultado.
echo "\$x = $x<br />";
echo "\$y = $y<br />";
?>
```

Resultado

```
$x = 1
$y = 3
```

Esta técnica es muy práctica pero juega en contra de la legibilidad del código.

Para todos los operadores estudiados en este capítulo, no tiene por qué haber espacios alrededor del operador.

b. El operador de asignación por referencia

Es posible hacer una asignación por referencia utilizando el operador `&`.

Sintaxis

```
$variable2 = &$variable1;
```

Ejemplo

```
<?php
$nombre = 'Olivier';
$patronimico = &$nombre;
?>
```

Con esta sintaxis, el valor de la variable `$variable1` no se copia en la variable `$variable2`. La variable `$variable2` hace referencia a la variable `$variable1`; las dos variables apuntan al mismo espacio de memoria y la modificación de una de las dos variables repercute en la otra.

Ejemplo

```
<?php
// Inicialización de una variable.
$nombre = 'Olivier';
// Asignación en otra variable por referencia.
$patronimico = &$nombre;
// Visualización del resultado.
echo "<b>Inicialmente:</b><br />";
echo "\$nombre = $nombre<br />";
echo "\$patronimico = $patronimico<br />";
// Modificación de la primera variable.
$nombre = 'Heurtel';
// Visualización del resultado.
echo "<b>Tras la modificación de \$nombre :</b><br />";
echo "\$nombre = $nombre<br />";
echo "\$patronimico = $patronimico<br />";
?>
```

Resultado

```
Inicialmente:
$nombre = Olivier
$patronimico = Olivier
Tras la modificación de $nombre:
$nombre = Heurtel
$patronimico = Heurtel
```

c. Los operadores aritméticos

Los operadores aritméticos son las siguientes:

Operación	Operador	Ejemplo (`$x=13 y $y=8`)
Suma	+	`echo $x + $y;=> 21`
Resta	-	`echo $x - $y;=> 5`
Multiplicación	*	`echo $x * $y;=> 104`
División	/	`echo $x / $y;=> 1.625`

Operación	Operador	Ejemplo ($x=13 y $y=8)
Módulo (resto de la división entera del primer operando por el segundo)	%	`echo $x % $y;=> 5`
Opuesto	-	`echo -$x;=> -13`
Preincrementación (incrementa la variable antes de devolver el valor de la variable)	++ antes del operando	`echo ++$x;=> 14`
Postincrementación (incrementa la variable después de devolver el valor de la variable)	++ después del operando	`echo $x++;=> 13` `echo $x;=> 14`
Predecrementación (decrementa la variable antes de devolver el valor de la variable)	-- antes del operando	`echo --$x;=> 12`
Postdecrementación (decrementa la variable después de devolver el valor de la variable)	-- después del operando	`echo $x--;=> 13` `echo $x;=> 12`

d. El operador de cadena

El único operador de cadena es el operador de concatenación igual al punto (.).

Sintaxis

```
cadena1.cadena2;
```

Este operador devuelve una cadena igual a la primera cadena inmediatamente seguida de la segunda; no se introduce ningún separador entre las dos cadenas.

Ejemplo

```
<?php
// Utilización del operador de concatenación
// con variables y expresiones literales.
$nombre = 'Olivier';
$apellido = 'Heurtel';
echo $apellido.', '.$nombre.'<br />';
?>
```

Resultado

```
Heurtel, Olivier
```

e. Los operadores de comparación

Los operadores de comparación son los siguientes:

Operación	Operador	Ejemplo($x=13, $y=8, $z="8")
Igualdad	`==`	`$x == $y => FALSE` `$y == $z => TRUE`
Igualdad **y** tipos idénticos	`===`	`$x === $y => FALSE` `$y === $z => FALSE`
Diferente	`!=`	`$x != $y => TRUE` `$y != $z => FALSE`
Diferente **o** tipos diferentes	`!==`	`$x !== $y => TRUE` `$y !== $z => TRUE`

Inferior	`<`	`$x < $y => FALSE`
		`$y < $x => TRUE`
		`$y < $z => FALSE`

Inferior o igual	`<=`	`$x <= $y => FALSE`
		`$y <= $x => TRUE`
		`$y <= $z => TRUE`

Superior	`>`	`$x > $y => TRUE`
		`$y > $x => FALSE`
		`$y > $z => FALSE`

Superior o igual	`>=`	`$x = $y => TRUE`
		`$y >= $x => FALSE`
		`$y >= $z => TRUE`

No debe confundirse el operador de asignación (=) con el operador de comparación (==).

f. Los operadores lógicos

Los operadores lógicos son las siguientes:

Operación	Operador	Ejemplo

Et lógico	`and`
	`&&`
		`TRUE and TRUE => TRUE`
		`TRUE and FALSE => FALSE`
		`FALSE and FALSE => FALSE`

O lógico	`or`
	`||`
		`TRUE or TRUE => TRUE`
		`TRUE or FALSE => TRUE`
		`FALSE or FALSE => FALSE`

O lógico exclusivo (`FALSE` si los dos operandos son `TRUE`)	xor	`TRUE xor TRUE => FALSE`
		`TRUE xor FALSE => FALSE`
		`FALSE xor FALSE => FALSE`

No lógico	`!`	`! TRUE => FALSE` `! FALSE => TRUE`

Los operadores `and` y `&&` así como `or` y `||` son idénticos, pero no tienen la misma jerarquía.

g. El operador ternario

Otro operador condicional, el operador ternario `?`, funciona como en el lenguaje C.

Sintaxis

```
expresión1?expresión2:expresión3
```

Esta instrucción devuelve el valor de `expresión2` si `expresión1` se evalúa como `TRUE` y el valor de `expresión3` si `expresión1` se evalúa como `FALSE`. Si `expresión1` no es de tipo booleano, se realiza una conversión según las reglas descritas anteriormente (véase en este capítulo, Las bases del lenguaje PHP – Tipos de datos).

Ejemplo

```
<?php
// Inicialización de una variable.
$nombre = '';
// Visualización de un mensaje que depende del valor de $nombre.
echo '¡Hola '.(($nombre=='')?'desconocido':$nombre).'! <br />';
// Asignación de un valor a la variable $nombre.
$nombre = 'Olivier';
// nuevo intento
echo '¡Hola '.(($nombre=='')?'desconocido':$nombre).' ! <br />';
?>
```

Resultado

```
¡Hola desconocido!
¡Hola Olivier!
```

h. Los operadores combinados

Los operadores de suma (+), resta (-), multiplicación (*), división (/), módulo (%) y concatenación (.) pueden combinarse con el operador de asignación (=) según la siguiente sintaxis:

Sintaxis	Equivalente a
`$variable += expresión`	`$variable = $variable + expresión`
`$variable -= expresión`	`$variable = $variable - expresión`
`$variable *= expresión`	`$variable = $variable * expresión`
`$variable /= expresión`	`$variable = $variable / expresión`
`$variable %= expresión`	`$variable = $variable % expresión`
`$variable .= expresión`	`$variable = $variable . expresión`

i. Jerarquía de los operadores

La jerarquía de los operadores designa el orden en el que los operadores son tratados en una expresión completa.

Como en todos los lenguajes, los paréntesis pueden utilizarse para modificar el orden en el que se procesan las operaciones. En la práctica, no dude en utilizar los paréntesis para evitar cualquier problema y mejorar la legibilidad de las expresiones.

La jerarquía de los operadores es la siguiente, del menos prioritario (procesado el último) al más prioritario (procesado el primero):

Operador

```
or
xor
and
= += -= *= /= %= .=
?:
||
&&
== != ===
< <= > >=
+ - .
```

```
* / %

! ++ -- (int) (double) (string) (array) (object)
```

6. Estructuras de control

a. La estructura `if`

La estructura de control `if` permite una ejecución condicional de instrucciones.

Sintaxis

```
if (condición) {
  instrucciones;
[ } elseif (condición) {
  instrucciones; ]
[ ... ]
[ } else {
  instrucciones; ]
}
```

Las condiciones de las cláusulas `if` y `elseif` se evalúan secuencialmente. Si la condición es verdadera, entonces las instrucciones asociadas de la cláusula son ejecutadas. Si ninguna condición es verdadera, entonces las instrucciones, si las hay, definidas en la cláusula `else` son ejecutadas.

Si las expresiones que definen las condiciones no son de tipo booleano, se realiza una conversión según las reglas descritas anteriormente (véase en este capítulo, Las bases del lenguaje PHP – Tipos de datos).

Ejemplo

```
<?php
// Estructura if / elseif / else
$nombre = 'Olivier';
$edad = NULL;
if ($nombre == NULL) {
  echo "¡Hola desconocido!<br />";
} elseif ($edad == NULL) {
  echo "¡Hola $nombre! No conozco su edad.<br />";
} else {
  echo "¡Hola $nombre! Tiene $edad años.<br />";
}
?>
```

Resultado

```
¡Hola Olivier! No conozco su edad.
```

Una segunda sintaxis puede utilizarse para escribir una estructura de control en varios bloques de PHP entre los cuales se intercala código HTML:

```
<?php if (condición): ?>
  codigo_HTML
[ <?php elseif (condición): ?>
  codigo_HTML ]
[ … ]
[ <?php else: ?>
  codigo_HTML ]
<?php endif; ?>
```

El principio de análisis de la estructura `if - elseif - else` es el mismo que con la primera sintaxis, pero en lugar de ejecutar instrucciones PHP, el motor incorpora en el resultado el código HTML asociado a la condición.

Ejemplo

```
<?php
// Un factor aleatorio para definir las variables $nombre y $edad.
$nombre = rand(0,1)?'Olivier':NULL;
$edad = rand(0,1)?rand(7,77):NULL;
?>
<!DOCTYPE html PUBLIC "-//W3C//DTD XHTML 1.0 Strict//EN"
  "http://www.w3.org/TR/xhtml1/DTD/xhtml1-strict.dtd">
<html xmlns="http://www.w3.org/1999/xhtml">
  <head>
    <title>Ejemplo de página PHP</title>
    <style type="text/css" media="all">
      .ko {font-weight: bold; color: red;}
      .ok {font-weight: bold; color: green;}
    </style>
  </head>
  <body>
    <div>
    <?php if ($nombre == NULL) : // condición PHP ?>
       <!-- Código HTML -->
       ¡Hola desconocido!<br />
    <?php elseif ($edad == NULL) : // continuación de la condición ?>
       <!-- Código HTML -->
       Conozco su <span class="ok">nombre</span>
       pero no su <span class="ko">edad</span>.<br />
    <?php else : // continuación de la condición PHP ?>
       <!-- Código HTML -->
       Conozco su <span class="ok">nombre</span>
       y su <span class="ok">edad</span>,
       ¡pero no diré nada!<br />
    <?php endif; // fin de la condición PHP ?>
    </div>
  </body>
</html>
```

Resultado (depende de la asignación aleatoria de las variables)

```
Conozco su nombre pero no su edad.
```

Esta sintaxis es realmente muy práctica para hacer una construcción condicional de una página HTML, aligerando así lo que sería un único bloque de PHP que generaría todo el código HTML con la instrucción `echo`.

b. La estructura `switch`

La estructura de control `switch`, equivalente a una construcción `if - elseif` múltiple, se utiliza para la comparación del resultado de una expresión con varios resultados.

Como la instrucción `if`, esta instrucción posee dos sintaxis:

Primera sintaxis

```
switch (expresión_test) {
  case expresión:
    instrucciones;
    [break;]
  [ case expresión:
    instrucciones;
    [break;] ]
  [ … ]
  [ default:
    instrucciones;
    [break;] ]
}
```

`expresión_test` es una expresión que es evaluada una vez y cuyo valor se compara secuencialmente con las expresiones de las cláusulas `case`. Si `expresión_test` es igual a la expresión de la cláusula `case`, entonces se ejecutan las instrucciones asociadas y se continúan las comparaciones si no hay instrucción `break`. Si no se encuentra ninguna igualdad, se ejecutan las instrucciones definidas en la cláusula `default` en el caso de que existan.

Para interrumpir la ejecución de la instrucción `switch` y la evaluación de las cláusulas `case`, es necesario utilizar la instrucción `break`.

```
<?php
$nombre = rand(0,1)?'Olivier':NULL;
switch ($nombre) {
   case NULL :
      echo '¡Hola desconocido! ',
           'Voy a llamarle Olivier.<br />';
      $nombre = 'Olivier';
      break;
   case 'Olivier' :
      echo "¡Hola Señor $nombre!<br />";
      break;
```

```
    default :
        echo "¡Hola alumno $nombre!<br />";
}
?>
```

Resultado (depende de la asignación aleatoria de las variables)

```
¡Hola desconocido! Voy a llamarle Olivier.
```

Como para la instrucción `if`, existe una segunda sintaxis que permite anidar código HTML en una estructura de control `switch`.

```
<?php switch (expresión_test):
  case (expresión): ?>
    codigo_HTML
  [ <?php case (expresión): ?>
    codigo_HTML ]
  [ ... ]
  [ <?php default: ?>
    codigo_HTML ]
<?php endswitch; ?>
```

El primer `case` debe escribirse en el bloque de PHP `switch`.

Ejemplo

```
<?php
$idioma = 'es';
?>
<!DOCTYPE html PUBLIC "-//W3C//DTD XHTML 1.0 Strict//EN"
  "http://www.w3.org/TR/xhtml1/DTD/xhtml1-strict.dtd">
<html xmlns="http://www.w3.org/1999/xhtml">
  <head>
    <title>Ejemplo de página PHP</title>
    <style type="text/css" media="all">
    .en {font-weight: bold; color: green;}
    .es {font-weight: bold; color: orange;}
    .fr {font-weight: bold; color: blue;}
    .desconocido {font-weight: bold; color: red;}
    </style>
  </head>
  <body>
    <div>
    <?php switch ($idioma):  // switch
            case 'en' :      // primer case
    ?>
       <!-- Código HTML -->
       Hello <span class="en">my friend</span>!<br />
    <?php   break;           // break primer case ?>
    <?php   case 'es' :      // segundo case ?>
       <!-- Código HTML -->
       ¡Buenos días <span class="es">amigo</span>!<br />
    <?php   break;           // break segundo case ?>
```

```
    <?php   case 'fr' :       // tercer case ?>
      <!-- Código HTML -->
      Salut <span class="fr">mon pote</span> !<br />
    <?php   break;            // break tercer case ?>
    <?php   default :         // por defecto ?>
      <!-- Código HTML -->
      <span class="desconocido">?????</span>
    <?php endswitch;          // fin del switch ?>
    </div>
  </body>
</html>
```

Resultado

```
¡Buenos días amigo!
```

c. La estructura `while`

La estructura de control `while` permite ejecutar en bucle una serie de instrucciones mientras que una condición sea verdadera.

Sintaxis

```
while (condición) {
  instrucciones;
}
```

Las instrucciones dentro del bucle se ejecutan mientras que la condición de la cláusula `while` sea verdadera. Si la expresión que define la condición no es de tipo booleano, se realiza una conversión según las reglas descritas anteriormente (véase en este capítulo, Las bases del lenguaje PHP - Tipos de datos).

Ejemplo

```
<?php
// Inicializar dos variables
$nombre = 'OLIVIER';
$longitud = 7;
// Inicializar un índice.
$indice = 0;
// Mientras que el índice sea inferior a la longitud de la cadena
while ($indice  $longitud) {
  // Mostrar el carácter que corresponde al índice
  // seguido de un punto.
  echo "$nombre[$indice].";
  // Incrementar el índice.
  $indice++;
}
?>
```

Resultado

```
O.L.I.V.I.E.R.
```

Si la condición es falsa en la primera iteración, las instrucciones situadas en el interior del bucle no se llegan a ejecutar nunca. Si la condición no llega a ser falsa nunca, las instrucciones dentro del bucle se ejecutan sin parar (aunque no indefinidamente, ya que el tiempo de ejecución de un script está limitado por la directiva de configuración `max_execution_time`).

Como para las instrucciones condicionales, existe una segunda sintaxis que permite anidar código HTML en una estructura de control `while`:

```
<?php while (condición): ?>
  codigo_HTML
<?php endwhile; ?>
```

Ejemplo

```
<?php
// Inicializar dos variables
$numero = 0;
$cantidad = 5;
?>
<!DOCTYPE html PUBLIC "-//W3C//DTD XHTML 1.0 Strict//EN"
  "http://www.w3.org/TR/xhtml1/DTD/xhtml1-strict.dtd">
<html xmlns="http://www.w3.org/1999/xhtml">
  <head>
    <title>Ejemplo de página PHP</title>
  </head>
  <body>
    <form action="">
       <div>
       Indique cinco campos de especialización:<br />
       <?php while($numero++ < $cantidad): // bucle PHP ?>
          <!-- Código HTML -->
          <input type="text" /><br />
       <?php endwhile; // fin del bucle PHP ?>
       <input type="submit" value = "OK" /><br />
       </div>
    </form>
  </body>
</html>
```

Resultado

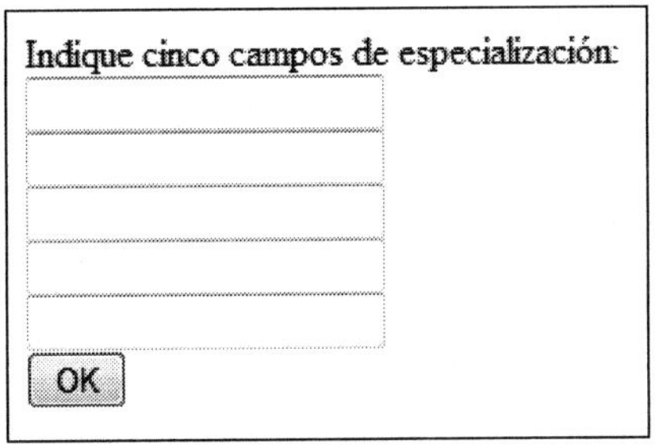

d. La estructura `do ... while`

La estructura de control `do ... while` permite ejecutar en bucle una serie de instrucciones mientras que una condición sea verdadera.

Sintaxis

```
do {
  instrucciones;
} while (expresión);
```

Las instrucciones dentro del bucle se ejecutan mientras que la condición de la cláusula `while` sea verdadera. A diferencia de la estructura `while`, la condición es evaluada al final del bucle; las instrucciones `instrucciones` se ejecutan, por lo tanto, al menos una vez. Si la expresión que define la condición no es de tipo booleano, se realiza una conversión según las reglas descritas anteriormente (véase en este capítulo, Las bases del lenguaje PHP - Tipos de datos).

Ejemplo

```
<?php
// Inicializar dos variables
$nombre = 'OLIVIER';
$longitud = 7;
// Inicializar un índice.
$indice = 0;
// Mientras que el índice en inferior a la longitud de la cadena
do {
  // Mostrar el carácter que corresponde al índice
  // seguido de un punto.
  echo "$nombre[$indice].";
  // Incrementar el índice.
  $indice++;
} while ($indice  $longitud);
?>
```

Resultado

```
O.L.I.V.I.E.R.
```

Al contrario que las otras estructuras de control, sólo puede utilizarse una sintaxis.

e. La estructura `for`

La estructura de control `for`, como en el lenguaje C, permite ejecutar instrucciones de manera iterativa controlando las iteraciones mediante tres expresiones.

Sintaxis

```
for (expresión1; expresión2; expresión3) {
  instrucciones;
}
```

El principio de funcionamiento de esta estructura de control es el siguiente:

- `expresión1` se ejecuta una vez al iniciarse el bucle.
- `expresión2` se ejecuta, y el resultado es evaluado como booleano, antes de cada iteración (incluida la primera). Si el resultado es evaluado como `TRUE`, se ejecutan las instrucciones `instrucciones`; si el resultado es evaluado como `FALSE`, el bucle se detiene y el control pasa a la primera instrucción que sigue a la estructura.
- `expresión3` se ejecuta al final de cada iteración.

En la mayor parte de los casos, la instrucción `for` se emplea de la manera siguiente:

- `expresión1` inicia un contador.
- `expresión2` evalúa el valor del contador.
- `expresión3` incrementa el valor del contador.

Este uso permite ejecutar instrucciones un número dado de veces.

Ejemplo

```
<?php
// Utilización de la estructura for para recorrer una matriz
// de índices enteros consecutivos
// Inicialización de la matriz.
$colores = array('azul','blanco','rojo');
$cantidad = 3;
// Bucle que utiliza un índice $i que empieza en 0 ($i = 0)
// que incrementa una unidad con cada iteración ($i++);
// el bucle continúa mientras que el índice es inferior
// al número de elementos presentes en la matriz ($i  $número).
for ($i = 0; $i  $cantidad; $i++) {
  echo "$colores[$i]<br />";
};
?>
```

Resultado

```
azul
blanco
rojo
```

Una segunda sintaxis permite anidar código HTML en una estructura de control `for`:

```
<?php for (expresión1; expresión2; expresión3) : ?>
    codigo_HTML
<?php endfor; ?>
```

El ejemplo dado para la estructura `while` puede escribirse con una estructura `for`.

Ejemplo

```
<?php
// Inicializar dos variables
$número = 0;
$cantidad = 5;
?>
<!DOCTYPE html PUBLIC "-//W3C//DTD XHTML 1.0 Strict//EN"
  "http://www.w3.org/TR/xhtml1/DTD/xhtml1-strict.dtd">
<html xmlns="http://www.w3.org/1999/xhtml">
  <head>
    <title>Ejemplo de página PHP</title>
  </head>
  <body>
    <form action="">
       <div>
       Indique cinco campos de especialización:<br />
       <?php // bucle PHP
       for($numero = 1; $numero <= $cantidad; $numero++):
       ?>
          <!-- Código HTML -->
          <input type="text" /><br />
       <?php endfor; // fin del bucle PHP ?>
       <input type="submit" value = "OK" /><br />
       </div>
    </form>
  </body>
</html>
```

f. Las instrucciones `continue` y `break`

La instrucción `continue` puede utilizarse en todas las estructuras de control iterativas para interrumpir la iteración actual y pasar a la iteración siguiente.

La instrucción `break` puede utilizarse en todas las estructuras de control iterativas para interrumpir el bucle actual. La instrucción `break` puede utilizarse en una estructura de control `switch`.

Sintaxis

```
continue[ n];
continue[(n)];
break[ n];
break[(n)];
```

Las dos instrucciones admiten un parámetro que indica cuantos niveles subir si existen estructuras de control iterativas anidadas. De manera predeterminada, las instrucciones suben un nivel.

Ejemplo

```
<?php
$colores = array('azul','invisible','blanco','rojo');
for ($i = 0; $i <= 3; $i++) {
  // Pasar a la iteración siguiente
  // para el color "invisible"
  if ($colores[$i] == 'invisible') {
    continue;
  }
  echo "$colores[$i] ";
}
echo '<br />';
for ($i = 0; $i <= 3; $i++) {
  // Interrumpir el bucle en el color "invisible"
  if ($colores[$i] == 'invisible') {
    break;
  }
  echo "$colores[$i] ";
}
;?>
```

Resultado

```
azul blanco rojo
azul
```

7. Incluir un archivo

a. Funcionamiento

Las funciones `include`, `include_once`, `require` y `require_once` permiten incluir un archivo en un script PHP.

Sintaxis

```
entero include(cadena archivo)
entero include_once(cadena archivo)
require(cadena archivo)
require_once(cadena archivo)
```

`archivo`	Nombre del archivo que debe incluirse (puede indicarse con una ruta absoluta o relativa).

En el archivo `php.ini`, la directiva `include_path` permite definir rutas de búsqueda para la inclusión de los archivos.

Las funciones `include` y `include_once` devuelven 1 en caso de éxito y `FALSE` en caso de error. Las funciones `require` y `require_once` no tienen código de retorno.

En caso de error, las funciones `include` e `include_once` generan un simple error de nivel `E_WARNING` que no interrumpe la ejecución del script. No es el caso de las funciones `require` y `require_once` que provocan un error grave interrumpiendo la ejecución del script.

El archivo incluido puede contener código HTML, código PHP o ambos. El código PHP incluido debe estar escrito entre las marcas habituales. El código HTML existente en el archivo incluido se integra tal cual en la página enviada al explorador, como si estuviera presente en el script original (el que invoca). El código PHP existente en el archivo incluido se ejecuta como si estuviera presente en el script original.

Después de la inclusión, la página es leída como si fuera un solo script. En consecuencia, las variables y constantes definidas en el archivo incluido pueden utilizarse en el script original y al contrario.

Es posible incluir varios archivos en un script, o anidar las inclusiones (incluir un archivo que a su vez incluye otro archivo).

Con las funciones `include` y `require`, el proceso de inclusión se repite varias veces si el mismo archivo es incluido varias veces.

En determinados casos, esta situación puede no ser deseable o voluntaria, sobre todo cuando un archivo se incluye una primera vez directamente en un script y una segunda vez indirectamente por la inclusión de otro archivo.

Este comportamiento puede evitarse utilizando las funciones `include_once` y `require_once` que garantizan que un archivo sólo se incluirá una vez si es invocado varias veces.

No hay límite en cuanto a la extensión del archivo incluido. Por otro lado, no es obligatorio utilizar la extensión `.php` para incluir código PHP: el archivo incluido no es ejecutado directamente por el motor PHP (sino el script que lo invoca). Para los archivos incluidos que no pueden o no deben ejecutarse directamente, es posible utilizar otra extensión (`.inc`, por ejemplo).

Ejemplo: script principal

```
<?php
// Inclusión de un archivo
include('comun.inc');
// Declaración de una variable $x en el script principal.
$x = 1;
// Visualización de la variable $x.
echo "Valor de \$x en el script principal: $x<br />";
// Visualización de la variable $y
// definida en el archivo incluido).
echo "Valor de \$y en el script principal: $y<br />";
?>
```

Archivo incluido comun.inc

```
<!-- Inicio del archivo de inclusión en modo HTML
---- etiqueta de apertura <b> que se cierra al final del archivo -->
<b>Inicio del archivo comun.inc<br />
<?php // un poco de código PHP
// Declaración de una variable $y en el script incluido.
$y = 2;
// Visualización de la variable $y.
echo "Valor de \$y en el archivo incluido: $y<br />";
?>
Final del archivo comun.inc</b><br />
```

Resultado

```
Inicio del archivo comun.inc
Valor de $y en el archivo incluido: 2
Final del archivo comun.inc
Valor de $x en el script principal: 1
Valor de $y en el script principal: 2
```

b. Utilización

La técnica de inclusión es práctica para dos usos principales:

- Incluir definiciones estáticas: constantes, definiciones de funciones o de clases. En ese caso, hay que utilizar más bien las funciones `include_once` o `require_once` para evitar una posible doble inclusión (lo que provocaría un error en lo concerniente a la definición de las funciones).
- Incluir código PHP o HTML dinámico que se ejecuta realmente en el momento de la inclusión: sección HTML común a varias páginas (encabezado, pie de página) o código común a varias páginas (aunque en este caso la definición de una función sea más pertinente). En ese caso, hay que utilizar más bien las funciones `include` o `require` para garantizar que la inclusión se realiza efectivamente en cada invocación.

La creación de funciones personalizadas se detalla en el capítulo Escribir funciones y clases PHP.

Ejemplo

- Archivo de definición de constantes (`constantes.inc`)

```
<?php
// Definición de las constantes.
// por ejemplo, el nombre del sitio web.
DEFINE(NOMBRE_SITIO,'miSitio.com');
?>
```

- Archivo que contiene el principio de cada página (`inicio.inc`)

```
<?php
// Inclusión del archivo de las constantes.
include_once('constantes.inc');
?>
<!DOCTYPE html PUBLIC "-//W3C//DTD XHTML 1.0 Strict//EN"
  "http://www.w3.org/TR/xhtml1/DTD/xhtml1-strict.dtd">
<html xmlns="http://www.w3.org/1999/xhtml">
<head><title><?php echo NOMBRE_SITIO; ?></title></head>
<body>
```

- Archivo que contiene el final de cada página (`fin.inc`)

```
</body>
</html>
```

- Script de una página

```
<?php
// Inclusión del inicio de la página.
include('inicio.inc');
?>
<p>Contenido de la página...</p>
<?php
// Inclusión del final de la página
include('fin.inc');
?>
```

Resultado (código fuente de la página en el explorador)

```
<!DOCTYPE html PUBLIC "-//W3C//DTD XHTML 1.0 Strict//EN"
  "http://www.w3.org/TR/xhtml1/DTD/xhtml1-strict.dtd">
<html xmlns="http://www.w3.org/1999/xhtml">
<head><title>miSitio.com</title></head>
<body>
<p>Contenido de la página...</p>
</body>
</html>
```

8. Interrumpir el script

Las instrucciones `exit` y `die` permiten interrumpir la ejecución del script (`die` es un alias de `exit`).

```
exit[(cadena mensaje)];
exit[(entero estado)];
die[(cadena mensaje)];
die[(entero estado)];
```

`mensaje`	Mensaje que se mostrará antes de interrumpir el script.
`estado`	Estado de retorno (entero entre 1 y 254).

El script se interrumpe bruscamente y la pantalla se queda como está. La página HTML enviada al explorador puede resultar incoherente o estar vacía.

Si la instrucción es invocada en un archivo incluido, es el script principal el que se interrumpe.

Ejemplo (sin mensaje)

```
<?php
// Generar el inicio de la página.
echo 'Hola ';
// No se ha comprobado una condición, interrumpir el script.
if ($nombre == NULL) {
  exit(1);  // sin mensaje...
}
// Continuar la generación de la página.
echo $nombre;
?>
```

Resultado

```
Hola
```

Ejemplo (con mensaje)

```
<?php
// Generar el inicio de la página.
echo 'Hola ';
// No se ha comprobado una condición, interrumpir el script.
if ($nombre == NULL) {
  exit('<b>Usuario desconocido. Imposible continuar.</b>');
}
// Continuar la generación de la página.
echo $nombre;
?>
```

Resultado

Hola **Usuario desconocido. Imposible continuar.**

Capítulo 7 : Utilizar las funciones PHP

A. Preámbulo

El objetivo de este capítulo es presentar las funciones más útiles para el desarrollo de un sitio web.

PHP ofrece numerosas funciones; la descripción de cada función puede encontrarse en **www.php.net**.

B. Manipular las constantes, las variables y los tipos de datos

1. Constantes

PHP ofrece un cierto número de funciones útiles para el trabajo con constantes:

Nombre	Rol
`defined`	Indica si una constante está definida o no.
`constant`	Devuelve el valor de una constante.

defined

La función `defined` permite saber si una constante está definida o no.

Sintaxis

booleano `defined(`*cadena* `nombre)`

`nom` Nombre de la constante.

La función `defined` devuelve `TRUE` si la constante está definida y `FALSE` en caso contrario.

Ejemplo

```
<?php
// Evaluar si la constante CONSTANTE está definida.
$ok = defined('CONSTANTE');
if ($ok) {
  echo 'CONSTANTE está definida.<br />';
} else {
  echo 'CONSTANTE no está definida.<br />';
};
// Definir la constante CONSTANTE
define('CONSTANTE','valor de CONSTANTE');
// Evaluar si la constante CONSTANTE está definida.
$ok = defined('CONSTANTE');
if ($ok) {
  echo 'CONSTANTE está definida.<br />';
```

```
} else {
  echo 'CONSTANTE no está definida.<br />';
};
?>
```

Resultado

```
CONSTANTE no está definida.
CONSTANTE está definida.
```

constant

La función `constant` devuelve el valor de una constante cuyo nombre se ha pasado como parámetro.

Sintaxis

`mixto constant(cadena nombre)`

`nombre` Nombre de la constante.

Esta función es útil para recuperar el valor de una constante cuyo nombre no se conoce en principio.

Ejemplo

```
<?php
// Definir el nombre de la constante en una variable.
$nombreConstante = 'CONSTANTE';
// Definir el valor de la constante.
define($nombreConstante,'valor de CONSTANTE');
// Mostrar el valor de la constante.
echo $nombreConstante,' = ',constant($nombreConstante)
?>
```

Resultado

```
CONSTANTE = valor de CONSTANTE
```

Otras funciones permite conocer el tipo de una constante (véase en este capítulo, Manipular las constantes, las variables y los tipos de datos - Tipos de datos).

2. Variables

PHP ofrece un cierto número de funciones útiles para el trabajo con variables:

Nombre	Rol
`isset`	Indica si una variable está definida o no.
`empty`	Indica si una variable está vacía o no.
`unset`	Elimina una variable.
`var_dump`	Muestra información sobre una variable (tipo y valor).

isset

La función `isset` permite evaluar si una constante está definida o no.

Sintaxis

```
booleano isset(mixto variable)
```

`variable` Variable para evaluar.

La función `isset` devuelve `TRUE` si la variable está definida y `FALSE` en caso contrario.

Una variable se considera no definida si no ha sido asignada o si contiene `NULL`.

Ejemplo

```
<?php
// Evaluación de una variable no inicializada.
$está_definida = isset($variable);
echo '$variable no inicializada<br />';
if ($está_definida) {
  echo '=> $variable está definida.<br />';
} else {
  echo '=> $variable no está definida.<br />';
}
// Evaluación de una variable que contiene una cadena vacía.
$variable = '';
$está_definida = isset($variable);
echo '$variable = \'\'<br />';
if ($está_definida) {
  echo '=> $variable está definida.<br />';
} else {
  echo '=> $variable no está definida.<br />';
}
// Evaluación de una variable que contiene una cadena no vacía.
$variable = 'x';
$está_definida = isset($variable);
echo '$variable = \'',$variable,'\'<br />';
if ($está_definida) {
  echo '=> $variable está definida.<br />';
} else {
  echo '=> $variable no está definida.<br />';
}
?>
```

Resultado

```
$variable no inicializada
=> $variable no está definida.
$variable = ''
=> $variable está definida.
$variable = 'x'
=> $variable está definida.
```

empty

La función `empty` permite evaluar si una constante está vacía o no.

Sintaxis

```
booleano empty(mixto variable)
```

`variable` Variable para evaluar.

La función `empty` devuelve `TRUE` si la variable está vacía y `FALSE` en caso contrario.

Una variable se considera vacía si no ha sido asignada o si contiene una cadena vacía (`""`), una cadena igual a 0 (`"0"`), `0`, `NULL` o `FALSE`.

Ejemplo

```
<?php
// Evaluación de una variable no inicializada.
$está_vacía = empty($variable);
echo '$variable no inicializada<br />';
if ($está_vacía) {
  echo '=> $variable está vacía.<br />';
} else {
  echo '=> $variable no está vacía.<br />';
}
// Evaluación de una variable que contiene una cadena vacía.
$variable = '';
$está_vacía = empty($variable);
echo '$variable = \'\'<br />';
if ($está_vacía) {
  echo '=> $variable está vacía.<br />';
} else {
  echo '=> $variable no está vacía.<br />';
}
// Evaluación de una variable que contiene una cadena no vacía.
$variable = 'x';
$está_vacía = empty($variable);
echo '$variable = \'',$variable,'\'<br />';
if ($está_vacía) {
  echo '=> $variable está vacía.<br />';
} else {
  echo '=> $variable no está vacía.<br />';
}
?>
```

Resultado

```
$variable no inicializada
=> $variable está vacía.
$variable = ''
=> $variable está vacía.
$variable = 'x'
=> $variable no está vacía.
```

unset

La función `unset` permite eliminar una variable.

Sintaxis

```
unset(mixto variable[, ...])
```

`variable` Variable para eliminar (pueden ser varias, separadas con una coma).

La función `unset` acepta una lista de variables.

Tras la eliminación, la variable se encuentra en el mismo estado que si no hubiera sido asignada nunca. La utilización de la función `isset` con una variable eliminada devuelve `FALSE`.

Ejemplo

```
<?php
// Definir una variable.
$variable = 1;
// Mostrar la variable y evaluar si está definida.
$está_definida = isset($variable);
echo '$variable = ',$variable,'<br />';
if ($está_definida) {
  echo '=> $variable está definida.<br />';
} else {
  echo '=> $variable no está definida.<br />';
}
// Eliminar la variable.
unset($variable);
// Mostrar la variable y evaluar si está definida.
$está_definida = isset($variable);
echo '$variable = ',$variable,'<br />';
if ($está_definida) {
  echo '=> $variable está definida.<br />';
} else {
  echo '=> $variable no está definida.<br />';
}
?>
```

Resultado

```
$variable = 1
=> $variable está definida.
$variable =
=> $variable no está definida.
```

var_dump

La función `var_dump` muestra información sobre una variable (tipo y contenido).

Sintaxis

```
var_dump(mixto variable)
```

`variable` Texto para mostrar.

La función `var_dump` es interesante sobre todo en fases de comprobación.

Ejemplo

```
<?php
// Variable no inicializada
var_dump($variable);
// Variable inicializada con un número entero.
$variable = 10;
echo '<br />';
var_dump($variable);
// Variable inicializada con un número decimal.
$variable = 3.14;
echo '<br />';
var_dump($variable);
// Variable inicializada con una cadena.
$variable = 'abc';
echo '<br />';
var_dump($variable);
?>
```

Resultado

```
NULL
int(10)
float(3.14)
string(3) "abc"
```

Para una variable no inicializada, `var_dump` devuelve `NULL`. Para un número, `var_dump` indica el tipo (`int` = entero, `float` = número decimal) seguido del valor entre paréntesis. Para una cadena, `var_dump` indica el tipo (`string`) seguido de la longitud entre paréntesis y del valor entre comillas.

PHP ofrece también las funciones `print_r` y `var_export` similares a la función `var_dump`. La función `print_r` muestra o devuelve el contenido de la variable en una forma más legible, sin indicar el tipo de datos. La función `var_export` muestra o devuelve una cadena que da un código PHP de definición de la variable; esta función es nueva en la versión 5.

En la sección Tipos de datos, estudiaremos otras funciones que permiten determinar el tipo de una variable y efectuar conversiones de tipo (número en cadena, cadena en número, etc.).

3. Tipos de datos

a. Conversiones

PHP es capaz de efectuar conversiones automáticas implícitas de tipo, según las reglas presentadas en el capítulo Introducción a PHP - Las bases del lenguaje PHP.

Cuando se asigna un valor/expresión a una variable, la variable se convierte en una variable del tipo del valor/expresión.

Para determinar el tipo de una expresión compuesta de operandos de tipos diferentes, PHP evalúa (pero no convierte) los operandos en función de los operadores tratados en el orden jerárquico (véase el capítulo Introducción a PHP - Las bases del lenguaje PHP). Por ejemplo, los dos operandos utilizados en una suma se evalúan como número, mientras que dos operandos utilizados con el operador de concatenación son evaluados como cadena.

Ejemplo

```
<?php
$numero = 123;
$cadena = "456abc";
echo '$numero + $cadena = ';
var_dump($numero + $cadena);
echo '<br />';
echo '$numero. $cadena = ';
var_dump($numero. $cadena);
echo '<br />';
echo '$numero= ';
var_dump($numero);
echo '<br />';
echo '$cadena = ';
var_dump($cadena);
?>
```

Resultado

```
$numero + $cadena = int(579)
$numero. $cadena = string(9) "123456abc"
$numero = int(123)
$cadena = string(6) "456abc"
```

En el primer ejemplo, la variable `$cadena` ha sido evaluada como número para ser del tipo esperado por "+" mientras que en el segndo ejemplo, es `$numero` el que ha sido evaluado como cadena para ser del tipo esperado por el operador ". " (concatenación). Por el contrario, los resultados visualizados muestran que las variables en cuestión no han sido convertidas en las operaciones: conservan su tipo respectivo inicial.

Además, PHP propone una notación y una función para efectuar una conversión manual explícita.

Notación

La notación consiste en indicar el nombre del tipo deseado entre paréntesis delante de la expresión que debe convertirse. Los valores autorizados son los siguientes:

Notación	Conversión en
`(int)` o `(integer)`	entero
`(bool)` o `(boolean)`	booleano
`(real)`, `(double)` o `(float)`	número de coma flotante
`(string)`	cadena
`(array)`	cadena
`(object)`	objeto

Ejemplo

```
<?php
echo '(float)"1abc" = ',var_dump((float)"1abc"),'<br />';
echo '(float)"1.5abc" = ',var_dump((float)"1.5abc"),'<br />';
echo '(float)"abc1" = ',var_dump((float)"abc1"),'<br />';
echo '(int)1.7 = ',var_dump((int)1.7),'<br />';
echo '(int)TRUE = ',var_dump((int)TRUE),'<br />';
echo '(int)FALSE = ',var_dump((int)FALSE),'<br />';
echo '(bool)-1 = ',var_dump((bool)-1),'<br />';
echo '(bool)0 = ',var_dump((bool)0),'<br />';
echo '(bool)1 = ',var_dump((bool)1),'<br />';
echo '(bool)"" = ',var_dump((bool)""),'<br />';
echo '(bool)"0" = ',var_dump((bool)"0"),'<br />';
echo '(bool)"1" = ',var_dump((bool)"1"),'<br />';
echo '(bool)"a" = ',var_dump((bool)"a"),'<br />';
?>
```

Resultado

```
(float)"1abc" = float(1)
(float)"1.5abc" = float(1,5)
(float)"abc1" = float(0)
(int)1.7 = int(1)
(int)TRUE = int(1)
(int)FALSE = int(0)
(bool)-1 = bool(true)
(bool)0 = bool(false)
(bool)1 = bool(true)
(bool)"" = bool(false)
(bool)"0" = bool(false)
(bool)"1" = bool(true)
(bool)"a" = bool(true)
```

Estos diferentes ejemplos permiten encontrar las reglas de conversión evocadas en el párrafo anterior.

Función de conversión

La función `settype` permite convertir una variable de un tipo en otro.

Sintaxis

```
booleano settype(mixto variable, cadena tipo)
```

`variable` Variable para convetir.

`tipo` Tipo deseado utilizando uno de estos valores: `boolean` o `bool` (conversión en booleano); `integer` o `int` (conversión en entero); `double` o `float` (conversión en número de coma flotante); `string` (conversión en cadena de caracteres); `array` (conversión en matriz); `object` (conversión en objeto)

La función `settype` devuelve `TRUE` en caso de éxito y `FALSE` en caso de error.

Ejemplo

```
<?php
$x = '1abc';
settype($x,'integer');
echo '\'1abc\' convertido en entero = ',var_dump($x),'<br />';
$x = 1.7;
settype($x,'integer');
echo '1.7 convertido en entero = ',var_dump($x),'<br />';
$x = TRUE;
settype($x,'string');
echo 'TRUE convertido en cadena = ',var_dump($x),'<br />';
$x = '0';
settype($x,'boolean');
echo '\'0\' convertido en booleano = ',var_dump($x),'<br />';
$x = -1;
settype($x,'boolean');
echo '-1 convertido en booleano = ',var_dump($x),'<br />';
?>
```

Resultado

```
"1abc" convertido en entero = int(1)
1.7 convertido en entero = int(1)
TRUE convertido en cadena = string(1) "1"
"0" convertido en booleano = bool(false)
-1 convertido en booleano = bool(true)
```

Por regla general, se aconseja utilizar la conversión explícita: el código es más legible, más fácil de mantener y de afinar.

b. Funciones útiles

Como complemento, PHP propone varias funciones útiles relativas al tipo de las variables:

Nombre	Rol
`is_*`	Indica si una variable es del tipo dado por * `array` = matriz; `bool` = booleano; `double`, `float`, `real` = número de coma flotante; `int`, `integer`, `long` = entero; `null` = tipo `NULL`; `numeric` = entero o número de coma flotante o cadena que contiene un número (entero o decimal); `object` = objeto; `string` = cadena; `resource` = recurso; `scalar` = tipo escalar.
`strval`	Convierte una variable en cadena.
`floatval, doubleval`	Convierte una variable en número de coma flotante.
`intval`	Convierte una variable en entero.

is_*

Cada función is_* permite evaluar si una variable es de un tipo determinado.

Sintaxis

booleano `is_*` (*mixto* `variable`)

`variable` Variable para evaluar.

Las posibilidades son las siguientes:

Función	Tipo evaluado
`is_array`	cadena
`is_bool`	booleano

`is_double`
`is_float`
`is_real`
	número de coma flotante

Función	Tipo evaluado

`is_int`
`is_integer`
`is_long`
	Entero

`is_null`	tipo `NULL`
`is_numeric`	entero o número de coma flotante o cadena que contiene un número (entero o decimal)
`is_object`	objeto
`is_string`	cadena
`is_resource`	recurso
`is_scalar`	tipo escalar

Estas funciones devuelven `TRUE` si la variable es del tipo solicitado y `FALSE` en caso contrario.

Ejemplo

```
<?php
if (is_null($x)) {
  echo 'De momento, $x es de tipo NULL.<br />';
}
$x = (1 < 2);
if (is_bool($x)) {
  echo '$x = (1 < 2) es de tipo booleano.<br />';
}
$x = '123abc';
if (is_string($x)) {
  echo '$x = "123abc" es de tipo cadena...<br />';
}
if (! is_numeric($x)) {
  echo '... pero no de "tipo" <i>numérico</i>.<br />';
}
?>
```

Resultado

```
De momento, $x es de tipo NULL.
$x = (1 < 2) es de tipo booleano.
$x = "123abc" es de tipo cadena...
... pero no de "tipo" numérico.
```

Este ejemplo muestra que la función `is_numeric` no aplica totalmente las mismas reglas para evaluar si una cadena contiene un número que las utilizadas para la conversión. Con la función `is_numeric`, la cadena no debe contener ningún carácter no numérico.

strval

La función `strval` devuelve el valor de una variable tras la conversión en cadena.

Sintaxis

```
cadena strval(mixto variable)
```

`variable` Variable para tratar.

Esta función sólo se aplica a las variables de tipo escalar (no es válida para las matrices ni los objetos). El tipo de la variable no cambia.

Ejemplo

```
<?php
$x = TRUE;
echo var_dump($x),' => ',var_dump(strval($x)),'<br />';
$x = 1.2345;
echo var_dump($x),' => ',var_dump(strval($x)),'<br />';
?>
```

Resultado

```
bool(true) => string(1) "1"
float(1.2345) => string(6) "1.2345"
```

floatval (o doubleval)

La función `floatval` devuelve el valor de una variable tras la conversión en número de coma flotante. La función `doubleval` es un alias de la función `floatval`.

Sintaxis

```
número doubleval(mixto variable)
```

`variable` Variable para tratar.

Esta función sólo se aplica a las variables de tipo escalar (no es válida para las matrices ni los objetos). El tipo de la variable no cambia. Se respetan las reglas de conversión evocadas anteriormente.

Ejemplo

```
<?php
$x = TRUE;
echo var_dump($x)," => ",var_dump(doubleval($x)),'<br />';
$x = 123;
echo var_dump($x)," => ",var_dump(doubleval($x)),'<br />';
$x = "1.2345";
echo var_dump($x)," => ",var_dump(doubleval($x)),'<br />';
?>
```

Resultado

```
bool(true) => float(1)
int(123) => float(123)
string(6) "1.2345" => float(1.2345)
```

intval

La función `intval` devuelve el valor de una variable tras la conversión en entero.

Sintaxis

`número intval(mixto variable)`

`variable` Variable para tratar.

Esta función sólo se aplica a las variables de tipo escalar (no es válida para las matrices ni los objetos). El tipo de la variable no cambia. Se respetan las reglas de conversión evocadas anteriormente.

Ejemplo

```
<?php
$x = TRUE;
echo var_dump($x),' => ',var_dump(intval($x)),'<br />';
$x = 123.9;
echo var_dump($x),' => ',var_dump(intval($x)),'<br />';
$x = "9.99";
echo var_dump($x),' => ',var_dump(intval($x)),'<br />';
?>
```

Resultado

```
bool(true) => int(1)
float(123.9) => int(123)
string(4) "9.99" => int(9)
```

No olvide que un número de coma flotante convertido en entero es truncado y no redondeado: en nuestro ejemplo, `123.9` da `123` y no `124`. Para convertir un número de coma flotante en entero, con redondeo, es necesario utilizar la función `round()`.

Ejemplo

```
<?php
$x = 123.9;
echo "round($x) => ";
var_dump(round($x));
?>
```

Resultado

```
round(123.9) => float(124)
```

La función `round()` devuelve un número entero redondeado, pero con un tipo de número de coma flotante. Para obtener un dato de tipo entero, sólo hay que convertir el resultado de `round()` en entero (con la función `intval` o la construcción `(int)`).

C. Manipular las matrices

PHP ofrece un gran número de funciones para trabajar con matrices.

Las funciones más utilizadas son las siguientes:

Nombre	Rol
`count`	Cuenta el número de elementos en una matriz.
`in_array`	Evalúa si existe un valor en una matriz.
`array_search`	Busca un valor en una matriz.
`[a|k][r]sort`	Ordena una matriz (varias posibilidades).
`explode`	Recorta una cadena según un separador y almacena los elementos en una matriz.
`str_split`	Recorta una cadena en fragmentos de longitud fija y almacena los elementos en una matriz.
`implode`	Agrupa los elementos de una matriz en una cadena mediante un separador.

No olvide la función `is_array` que permite saber si una variable es de tipo matriz (véase en este capítulo, Manipular las constantes, las variables y los tipos de datos - Tipos de datos).

Existen muchas otras funciones. La descripción de cada función está disponible en **www.php.net**. Principalmente encontrará funciones para:

- realizar cálculos;
- extraer una submatriz de una matriz;
- fusionar matrices;
- desduplicar una matriz, etc.

count

La función `count` permite conocer el número de elementos en una variable en general o una matriz en particular.

Sintaxis

```
entero count (mixto variable)
```

`variable` Variable en cuestión

La función `count` devuelve el número de elementos en la variable. Si la variable no ha sido inicializada, `count` devuelve 0. Si la variable ha sido inicializada, pero no es una matriz, `count` devuelve 1 (hay realmente un elemento en una variable escalar). Si la variable es una matriz, `count` devuelve el número de elementos presentes en la matriz (0 si la matriz está vacía).

Ejemplo

```
<?php
echo '$x no inicializada => ',count($x),'<br />';
$x = 1;
echo '$x de tipo escalar => ',count($x),'<br />';
$x = array();
echo '$x matriz vacía => ',count($x),'<br />';
$x = array(1,2);
echo '$x matriz de 2 elementos => ',count($x),'<br />';
?>
```

Resultado

```
$x no inicializada => 0
$x de tipo escalar => 1
$x matriz vacía => 0
$x matriz de 2 elementos => 2
```

in_array

La función `in_array` permite comprobar si un valor está presente en una matriz.

Sintaxis

`booleano in_array(mixto valor_buscado, matriz matriz[, booleano mismo_tipo])`

`valor_buscado`	Valor buscado en la matriz.
`matriz`	Matriz en la que se efectúa la búsqueda.
`mismo_tipo`	Indica si la comparación debe verificar que los elementos son del mismo tipo (`FALSE` de manera predeterminada).

La función `in_array` devuelve `TRUE` si el elemento buscado está presente en la matriz y `FALSE` en caso contrario.

PHP ofrece también la función `array_key_exists` que permite comprobar si un valor está presente en las claves de una matriz.

Ejemplo

```
<?php
$numeros = array('cero','uno','dos',
                 'cero' => 0,'uno' => 1,'dos' => 2);
echo '1 tipo indiferente => ',
     var_dump(in_array(1,$numeros)),'<br />';
echo '3 tipo indiferente => ',
     var_dump(in_array(3,$numeros)),'<br />';
echo '\'1\' mismo tipo => ',
     var_dump(in_array('1',$numeros,TRUE)),'<br />';
echo '\'uno\' tipo indiferente => ',
     var_dump(in_array('uno',$numeros)),'<br />';
echo '\'tres\' tipo indiferente => <b>',
     var_dump(in_array('tres',$numeros)),'</b><br />';
echo '\'tres\' mismo tipo => ',
     var_dump(in_array('tres',$numeros,TRUE)),'<br />'
;?>
```

Resultado

```
1 tipo indiferente => bool(true)
3 tipo indiferente => bool(false)
'1' mismo tipo => bool(false)
'uno' tipo indiferente => bool(true)
'tres' tipo indiferente => bool(true)
'tres' mismo tipo => bool(false)
```

Los dos ejemplos con `'tres'` muestran que la función `in_array` debe manipularse con mucha precaución cuando la matriz contiene elementos de tipos diferentes. En realidad, en la búsqueda de mismo tipo, la función funciona correctamente (no hay una cadena `'tres'` en la matriz). En la búsqueda en la que el tipo es indiferente, la cadena se procesa como si estuviera convertida en entero (`'tres'` convertida en entero da 0) y la búsqueda se efectúa sobre el resultado de esta conversión (y 0 sí está presente en la matriz).

array_search

La función `array_search` permite buscar un elemento en una matriz y recuperar la clave de este elemento, si está presente.

Sintaxis

mixto `array_search(`*mixto* `valor_buscado,` *matriz* `matriz[,` *booleano* `mismo_tipo])`

`valor_buscado`	Valor buscado en la matriz.
`matriz`	Matriz en la que se efectúa la búsqueda.
`mismo_tipo`	Indica si la comparación debe verificar que los elementos son del mismo tipo (`FALSE` de manera predeterminada).

La función `array_search` devuelve la clave asociada al elemento y `FALSE` en caso contrario (`NULL` antes de la versión 4.2.0).

Ejemplo

```
<?php
$numeros = array('cero','uno','dos',
                 'cero' => 0,'uno' => 1,'dos' => 2);
echo '1 tipo indiferente => ',
     var_dump(array_search(1,$numeros)),'<br />';
echo '3 tipo indiferente => ',
     var_dump(array_search(3,$numeros)),'<br />';
echo '\'1\' mismo tipo => ',
     var_dump(array_search('1',$numeros,TRUE)),'<br />';
echo '\'uno\' tipo indiferente => ',
     var_dump(array_search('uno',$numeros)),'<br />';
echo '\'tres\' tipo indiferente => <b>',
     var_dump(array_search('tres',$numeros)),'</b><br />';
echo '\'tres\' mismo tipo => ',
     var_dump(array_search('tres',$numeros,TRUE)),'<br />'
;?>
```

Resultado

```
1 tipo indiferente => string(2) "uno"
3 tipo indiferente => bool(false)
'1' mismo tipo => bool(false)
'uno' tipo indiferente => int(1)
'tres' tipo indiferente => string(4) "cero"
'tres' mismo tipo => bool(false)
```

Aquí encontramos el problema mencionado con la función `in_array`: la búsqueda en `'tres'`, en tipo indiferente, da la clave `'cero'` que corresponde efectivamente al valor `0` en la matriz.

[a|k][r]sort

Las funciones `sort`, `rsort`, `asort`, `arsort`, `ksort` y `krsort` permiten ordenar una matriz según diferentes variantes.

Sintaxis

booleano `[a|k][r]sort(`*matriz* `matriz,` *entero* `indicador)`

`matriz`	Matriz para ordenar.
`indicador`	Parámetro opcional que permite modificar el comportamiento de la ordenación: - `SORT_REGULAR` (valor predeterminado): compara los elementos normalmente (no modifica los tipos). - `SORT_NUMERIC`: compara los elementos numéricamente. - `SORT_STRING`: compara los elementos como cadenas de caracteres. - `SORT_LOCALE_STRING` (aparecido en la versión 5.0.2): compara los elementos utilizando la configuración local definida por la función `setlocale`.

Ordenar una matriz que contiene valores de diferentes tipos da un resultado imprevisible.

Las variantes de funcionamiento son las siguientes:

Función	Tipo de ordenación
sort	Ordenación creciente a partir del valor, sin conservar las parejas clave/valor. Cualquiera que sea la situación de partida, tras la ordenación, los índices de la matriz son enteros consecutivos a partir de 0.
`rsort`	Ordenación decreciente a partir del valor, sin conservar las parejas clave/valor. Cualquiera que sea la situación de partida, tras la ordenación, los índices de la matriz son enteros consecutivos a partir de 0.
`asort`	Ordenación creciente a partir del valor, conservando las parejas clave/valor.
`arsort`	Ordenación decreciente a partir del valor, conservando las parejas clave/valor.
`ksort`	Ordenación creciente a partir de la clave, conservando las parejas clave/valor.
`krsort`	Ordenación decreciente a partir de la clave, conservando las parejas clave/valor.

Estas funciones devuelven `TRUE` en caso de éxito y `FALSE` en caso contrario.

Ejemplo

```
<?php
$matriz = array('c3' => 'rojo','c1' => 'verde',
                'c2' => 'azul');
// Visualización de control.
echo '<b>Matriz inicial:</b><br />';
foreach($matriz as $clave => $valor)
  { echo "$clave => $valor<br />"; }
// sort
echo '<b>sort: ordenación según valor, claves no conservadas</b><br />';
$matriz_bis = $matriz;
sort($matriz_bis);
foreach($matriz_bis as $clave => $valor)
  { echo "$clave => $valor<br />"; }
// asort
echo '<b>asort: ordenación según valor, claves conservadas</b><br />';
$matriz_bis = $matriz;
asort($matriz_bis);
foreach($matriz_bis as $clave => $valor)
  { echo "$clave => $valor<br />"; }
// ksort
echo '<b>ksort: ordenación según clave, claves conservadas</b><br />';
$matriz_bis = $matriz;
ksort($matriz_bis);
foreach($matriz_bis as $clave => $valor)
  { echo "$clave => $valor<br />"; }
?>
```

Resultado

```
Matriz inicial:
c3 => rojo
c1 => verde
c2 => azul
sort: ordenación según valor, claves no conservadas
0 => azul
1 => rojo
2 => verde
asort: ordenación según valor, claves conservadas
c2 => azul
c3 => rojo
c1 => verde
ksort: ordenación según clave, claves conservadas
c1 => verde
c2 => azul
c3 => rojo
```

explode

La función `explode` permite recortar una cadena según un separador y almacenar los elementos en una matriz.

Sintaxis

```
matriz explode(cadena separador, cadena para_recortar[, entero límite])
```

`separador`	Separador buscado.
`para_recortar`	Cadena para recortar.
`límite`	Si se especifica, número máximo de elementos en la matriz resultante.

Ejemplo

```
<?php
$lista = 'azul, blanco, rojo';
$colores = explode(', ',$lista);
  // separador = coma+espacio
foreach($colores as $clave => $valor)
  { echo "$clave => $valor<br />"; }
?>
```

Resultado

```
0 => azul
1 => blanco
2 => rojo
```

str_split

La función `str_split` divide una cadena en partes de longitud fija y almacena los elementos en una matriz.

Sintaxis

```
matriz str_split(cadena cadena[,entero longitud])
```

`cadena`	Cadena para recortar.
`longitud`	Longitud de las partes (1 de manera predeterminada).

Ejemplo

```
<?php
$cadena = 'A1B2C3';
$matriz = str_split($cadena,2);
foreach($matriz as $clave => $valor) {
  echo "\$matriz[$clave] = $valor<br>";
}
?>
```

Resultado

```
$matriz[0] = A1
$matriz[1] = B2
$matriz[2] = C3
```

implode

La función `implode` permite agrupar los elementos de una matriz en una cadena mediante un separador.

```
cadena implode(cadena separador, matriz elementos)
```

`separador`	Separador utilizado.
`elementos`	Matriz que contiene los elementos que deben agruparse.

Ejemplo

```
<?php
$colores = array('azul','blanco','rojo');
$lista = implode(', ',$colores);
  // separador = coma+espacio
echo $lista;
?>
```

Resultado

```
azul, blanco, rojo
```

D. Manipular las cadenas de caracteres

Las funciones más útiles para manipular las cadenas de caracteres son los siguientes:

Nombre	Rol
strlen	Devuelve el número de caracteres de una cadena.
strtolower strtoupper ucfirst ucwords	Conversiones mayúsculas/minúsculas
strcmp strcasecmp	Comparación de cadenas (distingue o no mayúsculas/minúsculas).
[s]printf v[s]printf	Formato de una cadena (idéntica a las funciones C equivalentes).
number_format	Formato de un número.
[l|r]trim	Eliminación de caracteres "vacíos".
substr	Extracción de una parte de cadena.
str_repeat	Construcción de una cadena por repetición de caracteres.
str[r][i]pos	Busca la posición de una coincidencia (carácter o cadena) dentro de una cadena.
str[i]str strrchr	Extracción de la subcadena que comienza a partir de una cierta coincidencia de un carácter o de una cadena.
str_[i]replace	Sustitución de las coincidencias de una cadena por otra.
strtr	Sustitución de las coincidencias de un carácter por otro carácter o de una cadena por otra cadena.
ereg[i] ereg[i]_replace	Busca y sustituye mediante expresiones regulares.

No olvide las funciones `explode` y `implode` presentadas anteriormente (véase en este capítulo Manipular las matrices).

Otras funciones más específicamente ligadas a la gestión de las "comillas mágicas" se detallan más adelante en este capítulo (véase Gestionar las "comillas mágicas" ("magic quotes")).

strlen

La función `strlen` devuelve el número de caracteres de una cadena.

Sintaxis

```
entero strlen(cadena cadena)
```

`chaîne` Cadena en cuestión

Ejemplo

```
<?php
$x = 'Olivier Heurtel';
echo "strlen('$x') = ",strlen($x);
?>
```

Resultado

```
strlen('Olivier Heurtel') = 15
```

strtolower – strtoupper – ucfirst – ucwords

Estas funciones permiten hacer conversiones de mayúsculas/minúsculas.

Sintaxis

```
cadena strtolower(cadena cadena)
cadena strtoupper(cadena cadena)
cadena ucfirst(cadena cadena)
cadena ucwords(cadena cadena)
```

`cadena` Cadena para procesar.

La función `strtolower` devuelve todos los caracteres de una cadena en minúsculas.

La función `strtoupper` devuelve todos los caracteres de una cadena en mayúsculas.

La función `ucfirst` pone en mayúscula el primer carácter de una cadena.

La función `ucwords` pone en mayúscula el primer carácter de cada palabra de una cadena.

Ejemplo

```
<?php
$x = 'OLIVIER HEURTEL';
$y = 'olivier heurtel';
echo "strtolower('$x') = ",strtolower($x),'<br />';
echo "strtoupper('$y') = ",strtoupper($y),'<br />';
echo "ucfirst('$y') = ",ucfirst($y),'<br />';
echo "ucwords('$y') = ",ucwords($y),'<br />';
?>
```

Resultado

```
strtolower('OLIVIER HEURTEL') = olivier heurtel
strtoupper('olivier heurtel') = OLIVIER HEURTEL
ucfirst('olivier heurtel') = Olivier heurtel
ucwords('olivier heurtel') = Olivier Heurtel
```

strcmp – strcasecmp

Estas funciones permiten comparar dos cadenas teniendo en cuenta o no las mayúsculas/minúsculas.

Sintaxis

```
entero strcmp(cadena cadena1,cadena cadena2)
entero strcasecmp(cadena cadena1,cadena cadena2)
```

`cadena1` y `cadena2` Cadena para comparar.

Las dos funciones devuelven un número negativo si `cadena1` es más pequeño que `cadena2`; un número igual a 0 si son iguales, y un número positivo si `cadena1` es más grande que `cadena2`

`strcmp` tiene en cuenta las mayúsculas/minúsculas mientras que `strcasecmp` no.

Ejemplo

```
<?php
$x = 'Olivier';
$y = 'olivier';
echo "strcmp('$x','$y') = ",strcmp($x,$y),'<br />';
echo "strcasecmp('$x','$y') = ",strcasecmp($x,$y),'<br />';
?>
```

Resultado

```
strcmp('Olivier','olivier') = -1
strcasecmp('Olivier','olivier') = 0
```

[s]printf

Las funciones `printf` et `sprintf` permite dar formato a una cadena (idénticas a las funciones C equivalentes).

Sintaxis

```
cadena sprintf(cadena formato[, mixto valor[, ...]])
cadena printf(cadena formato[, mixto valor[, ...]])
```

`formato` Cadena de formato que presenta diversas directivas según las especificaciones dadas a continuación.

`valor` Valor que debe integrarse en la cadena.

La función `sprintf` devuelve el resultado con formato (o `FALSE` en caso de error) mientras que `printf` muestra directamente el resultado (como la instrucción `echo`) y devuelve la longitud de la cadena con formato en caso de éxito o `FALSE` en caso de error.

La cadena `formato` debe contener una directiva de formato para cada argumento `valor`; esta directiva de formato precisa la ubicación y el formato del valor correspondiente. La correspondencia entre una directiva de formato y un valor es posicional (primera directiva para el primer valor...).

Las directivas de formato comienzan por el carácter `%` seguido de varios parámetros, siendo el último el único obligatorio:

```
%[relleno][alineación][longitud][precisión]tipo
```

Los parámetros son los siguientes:

`relleno` Precisa el posible carácter utilizado para el relleno. El carácter predeterminado es el espacio. Puede utilizarse cualquier otro carácter indicándolo precedido de un apóstrofo (sólo el cero puede indicarse directamente): `'x` indica que el carácter de relleno es la "x".

`alineación` Indica la alineación. De manera predeterminada, la alineación es la derecha. El signo menos ("-") permite obtener una alineación a la izquierda.

`longitud` Indica el número mínimo de caracteres del elemento al que se le da formato.

`precisión` Indica el número de cifras utilizadas para el formato de un número de coma flotante (válido únicamente si el elemento asociado es un número).

`tipo` Indica el tipo de valor que debe insertarse: `c`: entero para sustituir por el carácter cuyo código ASCII tiene este valor; `d`: entero para representar como tal; `f`: número de coma flotante para representar como tal (tiene en cuenta la configuración local utilizada); `F`: número de coma flotante para representar como tal (no tiene en cuenta la configuración local utilizada); `s`: cualquiera, para representar como una cadena.

Para tener un carácter "%" en el resultado final, hay que duplicarlo en el formato.

Algunos ejemplo:

Directiva	Valor	Resultado	Explicación
`%d`	`1`	`1`	Número entero sin formato particular.
`%02d`	`1`	`01`	`02` = completar con el cero para una longitud de dos mínimo.
`%f`	`1/3`	`0.333333`	Número de coma flotante sin formato particular.

Directiva	Valor	Resultado	Explicación
`%.2f`	`1/3`	`0.33`	`.2` = dos cifras tras el separador decimal.
`%s`	`Olivier`	`Olivier`	Cadena sin formato particular.
`%'.-10s`	`Olivier`	`Olivier...`	`'.-10` = completar con un punto para alcanzar una longitud mínima de diez caracteres (signo - = alineación a la izquierda)
`%'.5.2f`	`9.9`	`....9.90`	`.2` = dos cifras tras el separador decimal. `'.5` = completar con un punto para alcanzar una longitud mínima de cinco caracteres antes del punto decimal (alineación predeterminada).

Ejemplo

```
<?php
echo 'Formato de una fecha: ',
     sprintf('%02d/%02d/%04d',1,1,2001),'<br />';
echo 'Formato de números: ',
     sprintf('%01.2f - %01.2f',1/3,12345678.9),'<br />';
echo 'Porcentaje: ',
     sprintf('%01.2f %%',12.3),'<br />';
echo 'Utilización de las opciones de relleno:<br />';
echo '<tt>'; // fuente no proporcional
printf("%'.-10s%'.5.2f<br />",'Libros',9.35); // printf direct
printf("%'.-10s%'.5.2f<br />",'Discos',99.9); // printf direct
echo '</tt>';
?>
```

Resultado

```
Formato de una fecha: 01/01/2001
Formato de números: 0.33 - 12345678.90
Porcentaje: 12.30 %
Utilización de las opciones de relleno:
Libros.....9.35
Discos....99.90
```

v[s]printf

Las funciones `vprintf` y `vsprintf` son idénticas a las funciones `printf` y `sprintf`, pero aceptan como segundo parámetro una matriz con los diferentes valores que deben utilizarse (en lugar de los parámetros múltiples).

Sintaxis

```
cadena vsprintf(cadena formato[, matriz valores])
cadena vprintf(cadena formato[, matriz valores])
```

`formato`	Cadena de formato que contiene diversas directivas según las especificaciones dadas anteriormente.
`valores`	Matriz que da los valores que deben integrarse en la cadena.

Ejemplo

```
<?php
$datos = array(array('Libros',9.35),array('Discos',99.9));
echo '<tt>'; // fuente no proporcional
foreach($datos as $linea) {
  vprintf("%'.-10s%'.5.2f
",$linea); // printf direct
}
echo "</tt>";
?>
```

Resultado

```
Libros.....9.35
Discos....99.90
```

number_format

La función `number_format` permite dar formato a un número.

Sintaxis

```
cadena number_format(número valor[, entero decimales[,
cadena separador_decimal, cadena separador_miles]])
```

`valor`	Numéro para dar formato.
`decimales`	Número de decimales (ninguna parte decimal predeterminada).
`separador_decimal`	Separador decimal (punto de manera predeterminada).
`separador_miles`	Separador de miles (coma de manera predeterminada).

La función puede denominarse con uno, dos o cuatro argumentos, no tres: si se proporciona el tercero, el cuarto es obligatorio.

Si el número tiene una precisión superior a la solicitada (parámetro `decimales`), el número se redondea a la precisión solicitada.

Ejemplo

```
<?php
$x = 1234.567;
echo "number_format($x) = ",number_format($x),'<br />';
echo "number_format($x,1,',',' ') = ",
      number_format($x,2,',','.'),'<br />';
?>
```

Resultado

```
number_format(1234.567) = 1,235
number_format(1234.567,1,',','.') = 1.234,57
```

Nótese en este ejemplo que el número se ha redondeado a la precisión solicitada.

ltrim – rtrim – trim

Estas funciones permiten eliminar los caracteres "vacíos", u otros caracteres, al principio de la cadena, al final de la cadena o por los dos lados.

Sintaxis

```
cadena ltrim(cadena cadena[, cadena caracteres])
cadena rtrim(cadena cadena[, cadena caracteres])
cadena trim(cadena cadena[, cadena caracteres])
```

`cadena`	Cadena para procesar.
`caracteres`	Cadena que da la lista de los caracteres para eliminar. Si este parámetro está ausente, los caracteres "vacíos" son eliminados.

Las tres funciones devuelven una cadena igual a la cadena inicial pero en la que los caracteres "vacíos" o los caracteres especificados han sido eliminados al principio (`ltrim`, `l` = *left* = a la izquierda), al final (`rtrim`, `r` = *right* = a la derecha) o de los dos lados (`trim`).

Los caracteres "vacíos" son el salto de línea (`\n` = código ASCII 10), el retorno de carro (`\r` = código ASCII 13), el tabulador (`\t` = código ASCII 9), el carácter `NUL` (`\0` = código ASCII 0) y el espacio.

Ejemplo

```
<?php
$x = "\t\t\t x \n\r";
echo 'strlen($x) = ',strlen($x),'<br />';
echo 'strlen(ltrim($x)) = ',strlen(ltrim($x)),'<br />';
echo 'strlen(rtrim($x)) = ',strlen(rtrim($x)),'<br />';
echo 'strlen(trim($x)) = ',strlen(trim($x)),'<br />';
$x = '***+-Olivier-+***';
echo "trim('$x','*+-') = ",trim($x,'*+-'), '<br />';
?>
```

Resultado

```
strlen($x) = 8
strlen(ltrim($x)) = 4
strlen(rtrim($x)) = 5
strlen(trim($x)) = 1
trim('***+-Olivier-+***','*+-') = Olivier
```

substr

La función `substr` permite extraer una parte de una cadena.

Sintaxis

```
cadena substr(cadena cadena, entero inicio[, entero longitud])
```

`cadena` Cadena para procesar.

`inicio` Posición del primer carácter de la subcadena para extraer (atención: 0 = 1er carácter)

`longitud` Número de caracteres para extraer (de manera predeterminada, hasta el final de la cadena).

- Si `inicio` es positivo, la subcadena extraida comienza en el carácter `inicio` (0 = 1er carácter).
- Si `inicio` es negativo, la subcadena extraída comienza en el carácter `inicio` partiendo del final (-1 = último carácter).
- Si no se especifica `longitud`, la subcadena extraída se termina al final de la cadena.
- Si se especifica `longitud` y es positivo, `substr` extrae el número de caracteres indicado por `longitud`.
- Si se especifica `longitud` y es negativo, la parte extraída se termina al final de la cadena menos el número de caracteres indicado por el valor absoluto de `longitud`.

Ejemplo

```
<?php
//    0123456 => para el control
$x = 'Olivier';
echo "substr('$x',3) = ",substr($x,3),'<br />';
echo "substr('$x',3,2) = ",substr($x,3,2),'<br />';
echo "substr('$x',-4) = ",substr($x,-4),'<br />';
echo "substr('$x',-4,3) = ",substr($x,-4,3),'<br />';?>
```

Resultado

```
substr('Olivier',3) = vier
substr('Olivier',3,2) = vi
substr('Olivier',-4) = vier
substr('Olivier',-4,3) = vie
```

str_repeat

La función `str_repeat` permite construir una cadena por repetición de caracteres.

Sintaxis

```
cadena str_repeat(cadena secuencia, entero repeticiones)
```

`secuencia` Secuencia de caracteres que debe repetirse.

`repeticiones` Número de repeticiones deseadas.

Ejemplo

```
<?php
echo str_repeat('abc',3);
?>
```

Resultado

```
abcabcabc
```

strpos – strrpos – stripos - strripos

Estas funciones permiten buscar la posición de una coincidencia (carácter o cadena) dentro de una cadena.

Sintaxis

```
entero strpos(cadena para_tratar, cadena buscar[, entero inicio])
entero strrpos(cadena para_tratar, cadena buscar[, entero inicio])
entero stripos(cadena para_tratar, cadena buscar[, entero inicio])
entero strripos(cadena para_tratar, cadena buscar[, entero inicio])
```

`para_tratar`	Cadena para tratar.
`buscar`	Elemento buscado.
`inicio`	Número del carácter (0 = primer carácter) a partir del cual la búsqueda debe realizarse (de manera predeterminada, el principio de la cadena).

La función `strpos` busca, en la cadena `para_tratar`, la primera coincidencia de la cadena `buscar`, comenzando si es necesario por el carácter número `inicio` (0 = 1er carácter).

La función `strrpos` busca, en la cadena `para_tratar`, la última coincidencia de la cadena `buscar`, comenzando si es necesario por el carácter número `inicio` (0 = 1er carácter). Si `inicio` es negativo (-n), los `n` últimos caracteres de la cadena `para_tratar` son ignorados.

Las dos funciones distinguen las mayúsculas/minúsculas (una mayúscula no es igual a una minúscula). Las funciones `stripos` y `strripos` son idénticas respectivamente a las funciones `strpos` y `strrpos`, pero no tienen en cuenta las mayúsculas/minúsculas.

Estas cuatro funciones devuelven la posición de la coincidencia encontrada (0 = 1er carácter) o `FALSE` si el elemento buscado no se encuentra.

Siendo `FALSE` equivalente de 0, es fácil confundir el caso en el que el elemento no ha sido encontrado y el caso en el que ha sido encontrado al principio de la cadena. La técnica consiste en utilizar el operador de comparación === (tres signos de igual) que permite comparar el valor y el tipo de las dos expresiones (para más detalles, véase el capítulo Introducción a PHP - Las bases del lenguaje PHP).

Ejemplo

```
<?php
//       0123456789 … => para el control
$mail = 'contact@olivier-heurtel.fr';
// strrpos
$posicion = strrpos($mail,'@');
echo "@ está en la posición $posicion en $mail<br />";
// strpos
$position = strpos($mail,'Olivier');
echo "'Olivier' está en la posición $posicion en $mail<br />";
// coincidencia en el principio de la cadena.
$position = strpos($mail,'contact');
if ($posicion === FALSE) { // test OK: ===
  echo "no se encuentra 'contact' en $mail<br />";
} else {
  echo "'contact' está en la posición $posicion
          en $mail<br />";
}
// no hay coincidencia
$posicion = strpos($mail,'información');
if ($posicion === FALSE) { // test OK: ===
  echo "no se encuentra 'información' en $mail<br />";
} else {
  echo "'información' está en la posición $posicion
          en $mail<br />";
}
?>
```

Resultado

```
@ está en la posición 7 en contact@olivier-heurtel.fr
'Olivier' está en la posición en contact@olivier-heurtel.fr
'contact' está en la posición 0 en contact@olivier-heurtel.fr
no se encuentra 'información' en contact@olivier-heurtel.fr
```

strstr – stristr – strrchr

Estas funciones permiten extraer la subcadena que comienza a partir de una cierta coincidencia de un carácter o de una cadena.

Sintaxis

```
cadena strstr(cadena para_tratar, cadena buscar)
cadena stristr(cadena para_tratar, cadena buscar)
cadena strrchr(cadena para_tratar, carácter buscar)
```

`para_tratar`	Cadena para procesar.
`buscar`	Elemento buscado.

Las funciones `strstr` y `stristr` buscan, en la cadena `para_tratar`, la primera coincidencia de la cadena `buscar`, y devuelven la parte final de la cadena que comienza en esta coincidencia (incluida). La función `strstr` tiene en cuenta las mayúsculas/minúsculas (una mayúscula no es igual a una minúscula) mientras que `stristr` no.

La función `strrchr` busca, en la cadena `para_tratar`, la última coincidencia del carácter `buscar` y devuelve la parte final de la cadena que comienza en esta coincidencia (incluida). Si `buscar` es una cadena de varios caracteres, sólo se tiene en cuenta el primero. La función `strrchr` distingue las mayúsculas/minúsculas.

Estas tres funciones devuelven `FALSE` si el elemento buscado no se encuentra.

Ejemplo

```
<?php
$mail = 'Olivier-Heurtel@olivier-heurtel.fr';
echo "Resto de $mail que comienza por:<br />";
// strrchr
$resto = strrchr($mail,'-');
echo "- la última coincidencia de '-'<br />----> $resto <br />";
// strstr
$resto = strstr($mail,'olivier');
echo "- la primera coincidencia de 'olivier'
      (distingue mayúsculas/minúsculas)<br />----> $resto <br />";
// stristr
$resto = stristr($mail,'olivier');
echo "- la primera coincidencia de 'olivier'
      (no distingue mayúsculas/minúsculas)<br />----> $resto <br />";
?>
```

Resultado

```
Resto de Olivier-Heurtel@olivier-heurtel.fr que comienza por:
- la última coincidencia de '-'
----> -heurtel.fr
- la primera coincidencia de 'olivier' (distingue mayúsculas/minúsculas)
----> olivier-heurtel.fr
- la primera coincidencia de 'olivier' (no distingue mayúsculas/minúscu-
las)
----> Olivier-Heurtel@olivier-heurtel.fr
```

str_replace – str_ireplace

La función `str_replace` permite sustituir las coincidencias de una cadena por otra. La búsqueda distingue las mayúsculas/minúsculas.

La función `str_ireplace` es idéntica pero no distingue las mayúsculas/minúsculas.

Sintaxis

```
mixto str_replace(mixto buscar, mixto sustituir, mixto para_tratar[,
entero número])mixto str_ireplace(mixto buscar, mixto sustituir,
mixto para_tratar[, entero número])
```

`para_tratar`	Cadena para tratar o matriz de cadenas para tratar.
`buscar`	Cadena para sustituir o matriz que da una lista de cadenas para buscar.
`sustituir`	Cadena de sustitución o matriz que da una lista de cadenas de sustitución.
`número`	Variable que permite recuperar el número de sustituciones.

Si `buscar` y `sustituir` son cadenas, la función `str_replace` busca todas las coincidencias de `buscar` y las sustituye por `sustituir`.

Si `buscar` y `sustituir` son matrices, la función `str_replace` busca todas las coincidencias de cada elemento de `buscar` y las sustituye por el elemento correspondiente de `sustituir`.

En los dos casos, el tratamiento se efectúa en la cadena `para_tratar` o en cada elemento de `para_tratar` si se trata de una matriz.

Ejemplo

```
<?php
// primera sintaxis
$x = 'este verano, en la playa';
$buscar = 'verano';
$sustituir = 'invierno';
echo '<b>Primera sintaxis:</b><br />';
echo "$buscar => $sustituir <br />";
echo "$x => ",str_replace($buscar,$sustituir,$x),'<br />';
// segunda sintaxis
$x = array('este verano, en la playa','el barco azul y verde');
$buscar = array('verano','playa','azul','verde');
$sustituir = array('invierno','montaña','rojo','amarillo');
echo "<b>Segunda sintaxis:</b><br />";
foreach($buscar as $indice => $antes)
  { echo "$antes => $sustituir[$indice]<br />"; }
// Utilización de la variable $numero para recuperar
// el número de sustituciones.
$y = str_replace($buscar,$sustituir,$x,$numero);
echo "$x[0] => $y[0]<br />";
echo "$x[1] => $y[1]<br />";
echo "$numero sustituciones<br />";
?>
```

Resultado

```
Primera sintaxis:
verano => invierno
este verano, en la playa => este invierno, en la playa
Segunda sintaxis:
verano => invierno
playa => montaña
azul => rojo
```

```
verde => amarillo
este verano, en la playa => este invierno, en la montaña
el barco azul y verde => el barco rojo y amarillo
4 sustituciones
```

strtr

La función `strtr` permite sustituir las coincidencias de un carácter por otro carácter o de una cadena por otra cadena.

Sintaxis

```
cadena strtr(cadena para_tratar, cadena buscar, cadena sustituir)
o
cadena strtr(cadena para_tratar, matriz correspondencia)
```

`para_tratar`	Cadena para procesar.
`buscar`	Cadena que da la lista de los caracteres para sustituir.
`sustituir`	Cadena que da la lista de los caracteres de sustitución.
`correspondencia`	Matriz asociativa que da una correspondencia cadena para sustituir / cadena de sustitución

La función `strtr` acepta dos sintaxis: la primera permite sustituir caracteres por otros y la segunda sustituir cadenas por otras.

Con la primera sintaxis, la correspondencia entre los caracteres para sustituir y los caracteres de sustitución es dada por dos cadenas (el carácter n de la primera debe sustituirse por el carácter n de la segunda).

Con la segunda sintaxis, la correspondencia entre las cadenas para sustituir y las cadenas de sustitución es dada por una matriz asociativa (siendo la clave la cadena para buscar y el valor la cadena de sustitución).

Ejemplo

```
<?php
// primera sintaxis
$x = 'hace un día un espléndido';
$antes = 'áéíóú';
$después = 'aeiou';
echo '<b>Primera sintaxis:</b><br />';
echo "$antes => $después<br />";
echo "$x => ",strtr($x,$antes,$después),'<br />';
// segunda sintaxis
$x = 'el barco azul y verde';
$correspondencia = array('azul'=>'rojo','verde'=>'amarillo');
echo '<b>Segunda sintaxis:</b><br />';
foreach($correspondencia as $antes => $después)
  { echo "$antes => $después<br />"; }
echo "$x => ",strtr($x,$correspondencia),'<br />';
?>
```

Resultado

```
Primera sintaxis:
áéíóú => aeiou
hace un día espléndido => hace un dia esplendido
Segunda sintaxis:
azul => rojo
verde => amarillo
el barco azul y verde => el barco rojo y amarillo
```

Las expresiones regulares - ereg[i] - ereg[i]_replace

PHP ofrece varias funciones que permiten efectuar búsquedas o sustituciones en una cadena mediante un patrón llamado "expresión regular", que describe el elemento buscado.

Sintaxis

```
entero ereg(cadena buscar, cadena para_tratar[, matriz resultado])
entero eregi(cadena buscar, cadena para_tratar[, matriz resultado])
cadena ereg_replace(cadena buscar, cadena sustituir, cadena para_tratar)
cadena eregi_replace(cadena buscar, cadena buscar, cadena para_tratar)
```

`para_tratar`	Cadena para tratar.
`buscar`	Cadena que da el patrón (la expresión regular) del elemento buscado.
`sustituir`	Cadena de sustitución.
`resultado`	Con forma de matriz, lista de las partes de la cadena `para_tratar` que corresponden al patrón buscado.

Las funciones `ereg` y `eregi` buscan, en la cadena `para_tratar`, si existe una cadena que corresponda al patrón especificado por `buscar` (véanse a continuación las reglas). La función `ereg` tiene en cuenta las mayúsculas/minúsculas (una mayúscula no es igual a una minúscula) mientras que `eregi` no. Estas funciones devuelven la longitud de la coincidencia encontrada si se encuentra el patrón y `FALSE` en caso contrario.

Además, si el patrón lo indica (véanse a continuación las reglas) y si se facilita un tercer parámetro, las diferentes partes de la cadena `para_tratar` que corresponden con el patrón se almacenarán en forma de matriz en el tercer parámetro.

Las funciones `ereg_replace` y `eregi_replace` efectúan la búsqueda siguiendo el mismo principio y sustituyen las diferentes partes de la cadena `para_tratar` que corresponden con el patrón, con la cadena `sustituir`. La función `ereg_replace` tiene en cuenta las mayúsculas/minúsculas mientras que `eregi_replace` no. Si no se encuentra ninguna coincidencia, la cadena `para_tratar` se devuelve tal cual.

Pueden utilizarse varios caracteres especiales en el patrón para describir el elemento buscado:

Carácter especial	Significado
^	Si se coloca ^ como primer carácter del patrón, esto indica que la cadena debe comenzar por lo que le sigue: ^abc: debe comenzar por abc.
$	Si se coloca $ como último carácter del patrón, indica que la cadena debe terminar por lo que le antecede: xyz$: debe terminar por xyz. ^abcxyz$: debe comenzar por abcxyz y terminar por abcxyz (es decir, ¡ser igual a abcxyz!). Un patrón que no incluya ni ^ ni $ indica que se busca el patrón en cualquier lugar dentro de la cadena: abc: contiene abc.
*	Indica que el carácter que precede, o la secuencia que precede (véase a continuación), puede estar presente cero, una o varias veces: ab*c acepta ac, abc, abbc...
+	Indica que el carácter que precede, o la secuencia que precede (véase a continuación), puede estar presente una o varias veces: ab+c acepta abc, abbc ..., pero rechaza ac.
?	Indica que el carácter que precede, o la secuencia que precede (véase a continuación), puede estar presente cero o varias veces: ab?c acepta ac y abc pero rechaza abbc, abbbc ...
{x} {x,} {x,y}	Indica que el carácter que precede, o la secuencia que precede (véase a continuación), puede estar presente exactamente x veces ({x}) o al menos x veces ({x,}) o entre x y y veces ({x,y}): ab{2}c sólo acepta abbc. ab{2,4}c acepta abbc, abbbc, y abbbbc pero rechaza abc (falta una b) o abbbbbc (una b de más). ab{2,}c acepta abbc, abbbc, abbbbc, ... pero rechaza abc (falta una b).
(...)	Permite marcar la secuencia buscada, normalmente con los símbolos relativos al número de coincidencias: a(bc)*d acepta ad, abcd, abcbcd ... pero rechaza abd o acd (no se encuentra la secuencia bc).

<table>
<tr><th>Carácter especial</th><th>Significado</th></tr>
<tr><td>x|y</td><td>Búsqueda de x o de y (generalmente utilizada con los paréntesis para evitar cualquier confusión):
a(b|c)*d acepta ad, abd, acd, abcd, abbcd, accbd ... (en claro un número cualquiera de b o de c situados en cualquier orden entre una a y una d).</td></tr>
<tr><td>[...]</td><td>Permite especificar una serie de caracteres aceptados, bien con la forma c1c2...cn para una lista exhaustiva precisa, bien con la forma c1-c2 para un intervalo de caracteres, bien una combinación de ambos:
[abcd] acepta un carácter entre abcd (equivalente a a|b|c|d)).
[a-z] acepta un carácter compredido entre a y z.
[123a-zA-z] acepta un carácter compredido entre a y z o comprendido entre A y Z o igual a 1 o 2 o 3.
[a-zA-z0-9] acepta un carácter compredido entre a y z o entre A y Z o entre 0 y 9.
Puede especificarse una exclusión poniendo un ^ como primer carácter en el interior de los corchetes:
[^0-9] rechaza un carácter compredido entre 0-9.
[^abc] refuse les caractères a, b et c.
Dado su significado particular, el signo -, si es buscado como tal, debe figurar en primer lugar o en último lugar entre los corchetes.</td></tr>
<tr><td>.</td><td>Indica <u>un</u> carácter cualquiera:
a.b acepta cualquier secuencia que contenga una a seguida exactamente de un carácter cualquiera seguido de una b: axb, ayb, pero no ab ni axyb.
a.{0,2}b acepta cualquier secuencia que contenga una a seguida de cero a dos caracteres cualesquiera seguidos de una b: ab, axb, , axyb, pero no axyzb.</td></tr>
<tr><td>\</td><td>Permite escapar los caracteres especiales (^.[$()|*+?{\) cuando estos se buscan como tales, <u>excepto</u> cuando son indicados entre corchetes:
a*{2,4}b permite buscar las secuencias que comienzan por una a seguida de dos a cuatro asteríscos seguidos de una b (nótese el *).
a[$*+]{2,4}b permite buscar las secuencias que comienzan por una a seguida de 2 a 4 caracteres tomados entre $, * y + seguidos de una b (sin necesidad de \).</td></tr>
</table>

Carácter especial	Significado
(...)	Los paréntesis tienen un segundo significado cuando engloban todo el patrón o bien partes del patrón. Permiten recuperar en la cadena las secuencias que responden al patrón o a la parte del patrón entre paréntesis. En el caso de la utilización de las funciones `ereg` y `eregi`, las partes recuperadas se almacenan en forma de matriz en el tercer parámetro (si está especificado): la primera línea (índice 0) de la matriz contiene una copia de la cadena que corresponde a la totalidad del patrón y las partes capturadas se almacenan en las líneas siguientes. En el caso de la utilización de las funciones `ereg_replace` y `eregi_replace`, las partes recuperadas pueden ser retomanas en la cadena de sustitución gracias a la notación `\\n`, con `n` enteros (0 designa la parte de la cadena que corresponde con la totalidad del patrón y los números 1 a n las partes recuperadas).
`[::]`	Clase de caracteres (véase a continuación).

Las clases de caracteres son las siguientes:

`[:alnum:]`	Caracteres alfanuméricos
`[:alpha:]`	Caracteres alfabéticos
`[:blank:]`	Espacios en blanco
`[:cntrl:]`	Caracteres de control
`[:digit:]`	Cifras
`[:graph:]`	Caracteres gráficos
`[:lower:]`	Caracteres alfabéticos en minúsculas
`[:print:]`	Caracteres gráficos o espacios
`[:punct:]`	Caracteres de puntuación
`[:space:]`	Espacio, tabulador, nueva línea y retorno de carro
`[:upper:]`	Caracteres alfabéticos en mayúsculas
`[:xdigit:]`	Cifras en hexadecimal

Las expresiones regulares son herramientas muy potentes para efectuar búsquedas en una cadena o validar la entrada de datos según ciertas reglas.

Los diferentes sitios web presentados en el capítulo Introducción contienen multitud de ejemplos de código que utilizan expresiones regulares.

Como complemento de los ejemplos presentados a continuación, el capítulo Gestionar los formularios y los vínculos con PHP ilustrará la utilización de las expresiones regulares para validar la entrada de datos de un usuario.

Ejemplo 1

```
<?php
// Comprobar que una cadena comienza por una letra
// y es seguida por al menos tres letras o cifras
// o caracteres especiales _(#*$).
$patrón = '^[a-z][a-z0-9_#*$]{3,}';
// Matriz que contiene las cadenas que deben evaluarse.
$cadenas[] = 'A0_#b*1$2'; // OK;
$cadenas[] = '0_#b*1$2';  // no comienza por una letra;
$cadenas[] = 'A0_';       // longitud insuficiente;
$cadenas[] = 'A0_€#';     // carácter no valido;
// Utilización de eregi (no distingue las mayúsculas/minúsculas).
foreach ($cadenas as $cadena) {
  if (eregi($patrón,$cadena) === FALSE) { // test: ===
    echo "$cadena => no OK<br />";
  } else {
    echo "$cadena => OK<br />";
  }
}?>
```

Resultado

```
A0_#b*1$2 => OK
0_#b*1$2 => no OK
A0_ => no OK
A0_ => no OK
```

Consideraciones sobre la expresión regular utilizada (`^[a-z][a-z0-9_#*$]{3,}`):

- Se utiliza `eregi` para no tener en cuenta las mayúsculas/minúsculas.
- `^` = comienza por...
- `[a-z]` = una letra entre `a` y `z` (o `A` y `Z` ya que se utiliza `eregi`)...
- `[a-z0-9_#*$]{3,}` = y le sigue al menos 3 (`{3,}`) caracteres entre los indicados: de `a` a `z` (incluido de `A` a `Z`), de `0` a `9` y los caracteres `_#*$`

Ejemplo

```
<?php
// Comprobar que una cadena tiene una estructura conforme
// a la de una fecha en formato J]J/[M]M/AAAA y recuperar
// los tres componentes: día, mes y año.
$patrón = '^([0-9]{1,2})/([0-9]{1,2})/([0-9]{4})$';
// Matriz que contiene las cadenas que deben evaluarse.
$fechas[] = '21/09/2001'; // OK
$fechas[] = '01/02/2001'; // OK
$fechas[] = '21/09/01';   // año incompleto
// Utilización de ereg.
foreach ($fechas as $fecha) {
  $ok = ereg($patrón,$fecha,$resultado);
  if ($ok) {
    echo "$fecha válida.<br />";
```

```
    echo "- día = $resultado[1]<br />";
    echo "- mes = $resultado[2]<br />";
    echo "- año = $resultado[3]<br />";
  } else {
    echo "$fecha no válida.<br />";
  }
}
?>
```

Resultado

```
21/09/2001 válida.
- día = 21
- mes = 09
- año = 2001
01/02/2001 válida.
- día = 1
- mes = 2
- año = 2001
21/09/01 no válida.
```

Consideraciones sobre la expresión regular utilizada (`^([0-9]{1,2})/([0-9]{1,2})/([0-9]{4})$`):

- `^` = comienza por...
- `[0-9]{1,2}` = una o dos cifras...
- `/` = seguido del carácter "/"...
- `[0-9]{1,2}` = seguido de una o dos cifras...
- `/` = seguido del carácter "/"...
- `[0-9]{4}` = seguido de 4 cifras...
- `$` = seguido de nada... La cadena debe terminarse ahí.

Esta comprobación permite verificar que una cadena que se supone que ha de contener una fecha está bien formada. A continuación, conviene comprobar con la función `checkdate`, por ejemplo, que los tres componentes corresponden a una fecha válida.

Ejemplo 3

```
<?php
// Utilizar ereg_replace para reorganizar una cadena.
// En este caso, se trata de transformar una fecha
// en formato JJ/MM/AAAA a formato AAAA-MM-JJ
$antes = '26/08/1966';
$después = ereg_replace(
             '^([0-9]{2})/([0-9]{2})/([0-9]{4})$',
             '\\3-\\2-\\1',
             $antes);
echo "$antes => $después";
?>
```

Resultado

```
26/08/1966 => 1966-08-26
```

En la cadena de sustitución, las secuencias `\\n` designan las tres partes recuperadas por los paréntesis:

- `\\1` = primero (`[0-9]{2}`)= 26
- `\\2` = segundo (`[0-9]{2}`)= 08
- `\\3` = (`[0-9]{4}`)= 1966

El resultado de la búsqueda, que es igual a la cadena completa en este caso, es sustituida a continuación por la cadena '`\\3-\\2-\\1`', es decir `1966-08-26`.

E. Manipular las fechas

PHP no gestiona las fechas con un tipo de datos específico. No obstante, pueden manipularse las fechas, bien en forma de una cadena de caracteres, bien en forma de un *timestamp* de Unix (correspondiente al número de segundos transcurridos desde el 1 de enero de 1970 a las 01:00:00).

Varias funciones permiten manipular las fecha bajo una de estas formas:

Nombre	Rol
`checkdate`	Comprueba que los tres enteros correspondientes al día, el mes y el año se ajustan a una fecha válida.
`date`	Convierte en cadena una fecha dada en forma de *timestamp* de Unix.
`strftime`	Convierte en cadena una fecha dada en forma de *timestamp* de Unix, utilizando las características locales.
`getdate`	Almacena en una matriz los diferentes componentes de una fecha dada en forma de *timestamp* de Unix.
`time`	Da el *timestamp* de Unix actual.
`mktime`	Crea un *timestamp* de Unix a partir de los diferentes componentes de una fecha.
`microtime`	Da el *timestamp* de Unix actual acompañado del número de microsegundos transcurridos desde el último segundo.
`idate`	Da los componentes de una fecha facilitada en forma de *timestamp* de Unix.

Desde la versión 5.1.0, existen funciones que manipulan fechas con la forma de objeto (véase sobre todo la función `date_create` en la documentación).

checkdate

La función `checkdate` comprueba que los tres enteros correspondientes al día, el mes y el año se ajustan a una fecha válida.

Sintaxis

```
booleano checkdate(entero mes, entero día, entero año)
```

`mes`	Número del mes (de 1 a 12).
`día`	Número del día (de 1 a 31).
`año`	Año (de 1 a 32767).

La función `checkdate` devuelve `TRUE` si la fecha constituida con los tres componentes es válida y `FALSE` en caso contrario. Esta función tiene en cuenta los bisiestos.

Ejemplo

```
<?php
$día = 26; $mes = 8; $año = 1966;
echo "$día/$mes/$año => ",
      var_dump(checkdate($mes,$día,$año)),'<br />';
$día = 29; $mes = 2; $año = 2000;
echo "$día/$mes/$año => ",
      var_dump(checkdate($mes,$día,$año)),'<br />';
$día = 29; $mes = 2; $año = 2001;
echo "$día/$mes/$año => ",
      var_dump(checkdate($mes,$día,$año)),'<br />';
?>
```

Resultado

```
26/8/1966 => bool(true)
29/2/2000 => bool(true)
29/2/2001 => bool(false)
```

date

La función `date` convierte en cadena una fecha dada en forma de *timestamp* de Unix.

Sintaxis

```
cadena date(cadena formato[, entero timestamp])
```

`formato`	Función de conversión.
`timestamp`	Timestamp para convertir (de manera predeterminada, el timestamp actual).

El formato puede especificarse mediante los caracteres siguientes (lista no exhaustiva):

Carácter	Significado
`d`	Número del día del mes, en dos cifras (de 01 a 31)
`j`	Número del día del mes, en una o dos cifras (de 1 a 31)
`m`	Número del mes, en dos cifras (de 01 a 12)
`n`	Número del mes, en una o dos cifras (de 1 a 12)
`Y`	Año en cuatro cifras (2001, por ejemplo)
`y`	Año en dos cifras (01, por ejemplo)
`H`	Hora en formato de 24 horas y en dos cifras (de 01 a 23)
`i`	Minutos en dos cifras (de 00 a 59)
`s`	Segundos en dos cifras (de 00 a 59)
`z`	Número del día del año (de 1 a 365)
`w`	Número del día de la semana (de 0 = domingo a 6 = sábado)
`N`	Número del día de la semana según la norma ISO 8601 (de 1 = lunes a 7 = domingo). Añadido en la versión 5.1.0.
`W`	Número de la semana del año según la norma ISO 9601
`D`	Tres primeras letras del nombre del día de la semana, en inglés
`r`	Formato de fecha de la RFC 822 (por ejemplo, "Thu, 20 Sep 2001 15:47:00 +0200")

Si es necesario, estos caracteres pueden "escaparse" con la antibarra (\).

Desde la versión 5.1.1, pueden especificarse formatos estándar mediante constantes, por ejemplo:

`DATE_ISO8601` ISO-8601 (ejemplo: 2007-07-13T17:53:10+0200)

`DATE_RFC822` RFC822 (ejemplo: Fri, 13 Jul 07 17:53:10 +0200)

`DATE_RSS` RSS (ejemplo: Fri, 13 Jul 2007 17:53:10 +0200)

Ejemplo

```
<?php
// sin segundo parámetro = utilización del timestamp actual
echo 'Fecha en formato JJ/MM/AAAA: ', date('d/m/Y'),'<br />';
echo 'Hora: ', date('H:i:s'),'<br />';
echo 'Unix celebró sus mil millones de segundos el ',
      date('d/m/Y - H:i:s',1000000000),'<br />';
?>
```

Resultado

```
Fecha en formato DD/MM/AAAA: 28/01/2008
Hora: 20:58:12
Unix celebró sus mil millones de segundos el 09/09/2001 - 03:46:40
```

strftime

La función `strftime` convierte en cadena una fecha dada en forma de timestamp de Unix, utilizando las características locales.

Sintaxis

```
cadena strftime(cadena formato[, entero timestamp])
```

`formato`	Función de conversión.
`timestamp`	*Timestamp* para convertir (de manera predeterminada, el timestamp actual).

A diferencia de la función `date`, `strftime` utiliza las características lingüísticas locales (las del servidor).

El formato puede especificarse mediante los caracteres siguientes (lista no exhaustiva):

Carácter	Significado
`%d`	Día del mes, en dos cifras (de 01 a 31)
`%m`	Número del mes, en dos cifras (de 01 a 12)
`%y`	Año en dos cifras (01, por ejemplo)
`%Y`	Año en cuatro cifras (2001, por ejemplo)
`%H`	Hora, en formato 24h
`%M`	Minutos en dos cifras (de 00 a 59)
`%S`	Segundos en dos cifras (de 00 a 59)
`%j`	Número del día del año en tres cifras (de 001 a 365)
`%w`	Número del día de la semana (de 0 = domingo a 6 = sábado)

Carácter	Significado
`%u`	Número del día de la semana (de 1 = lunes a 7 = domingo)
`%a`	Nombre abreviado del día de la semana
`%A`	Nombre completo del día de la semana
`%b` o `%h`	Nombre abreviado del mes
`%B`	Nombre completo del mes
`%U`	Número de semana en el año (considerando el primer domingo del año como el primer día de la primera semana)
`%W`	Número de semana en el año (considerando el primer lunes del año como el primer día de la primera semana)
`%V`	Número de la semana del año según la norma ISO 9601
`%Z`	Huso horario, o nombre o abreviatura
`%c`	Formato predeterminado para la fecha y la hora
`%x`	Formato predeterminado para la fecha sola
`%X`	Formato predeterminado para la hora sola
`%R`	Indéntico a `%H:%M`
`%T`	Indéntico a `%H:%M:%S`
`%t`	Tabulación
`%n`	Salto de línea
`%%`	Un carácter '%' literal

No todos los símbolos son admitidos necesariamente en todas las plataformas.

Las características lingüísticas locales pueden leerse o modificarse mediante la función `setlocale`.

Sintaxis

```
cadena setlocal(mixto categoría, cadena idioma)
```

`categoría`	Funcionalidad relativa a las características lingüísticas locales definidas mediante una de las constantes siguientes: `LC_COLLATE`: comparación de cadena con la función `strcoll`; `LC_CTYPE`: clasificación y conversiones (función `stroupper`, por ejemplo); `LC_NUMERIC`: separador decimal; `LC_MONETARY`: símbolo de moneda (función `localeconv`) ; `LC_TIME`: formatos de fecha (función `strftime`); `LC_ALL`: todas las anteriores.
`idioma`	Código de idioma que debe regir la funcionalidad asociada. Algunos valores posibles: `du`: Holanda; `fr`: Francia; `ge`: Alemania; `it`: Italia; `ru`: Rusia; `sp`: España; `sw`: Suecia; `en`: Reino Unido; `us`: Estados Unidos.

La función `setlocal` devuelve el nuevo valor o `FALSE` en caso de error. Si el segundo parámetro es igual a `"0"`, `setlocal` devuelve simplemente el valor actual. Si es igual a `NULL` o una cadena vacía, `setlocale` toma el valor correspondiente al entorno del sistema operativo.

Ejemplo

```
<?php
echo 'Fecha/Hora: ',
      strftime('%d/%m/%Y - %H:%M:%S '),'<br />';
setlocale(LC_ALL,'sp');
echo 'Formato largo (español) : ',
      strftime('%A %d %B %Y'),'<br />';
setlocale(LC_ALL,'en');
echo 'Formato largo (inglés) : ',
      strftime('%A %d %B %Y'),'<br />';
?>
```

Resultado

```
Fecha/Hora: 28/01/2008 - 21:21:48
Formato largo (español): lunes 28 de enero de 2008
Formato largo (inglés): Monday 28 January 2008
```

getdate

La función `getdate` almacena en una matriz los diferentes componentes de una fecha dada en forma de un *timestamp* de Unix.

Sintaxis

`matriz getdate(entero timestamp)`

`timestamp` *Timestamp* (de manera predeterminada, el timestamp actual).

La función `getdate` devuelve una matriz asociativa que contiene las siguientes claves:

Clave	Valor
`seconds`	Segundos (de 0 a 59)
`minutes`	Minutos (de 0 a 59)
`hours`	Horas (de 0 a 24)
`mday`	Número del día del mes
`wday`	Número del día de la semana (de 0 = domingo a 6 = sábado)
`mon`	Número del mes (de 1 a 12)
`year`	Año
`yday`	Número del día del año (de 1 a 365)
`weekday`	Nombre del día de la semana
`month`	Nombre del mes
`0`	Timestamp

Ejemplo

```
<?php
$fecha = getdate(); // ahora
foreach($fecha as $clave => $valor) {
  echo "$clave => $valor<br />";
}
?>
```

Resultado

```
seconds => 54
minutes => 28
hours => 21
mday => 28
wday => 1
mon => 1
year => 2008
yday => 27
weekday => Monday
month => January
0 => 1201552134
```

time

La función `time` da el *timestamp* de Unix actual.

Sintaxis

```
entero time()
```

Ejemplo

```
<?php
$ts = time();
echo "timestamp de Unix actual = $ts";
?>
```

Resultado

```
timestamp de Unix actual = 1201552164
```

mktime

La función `mktime` crea un *timestamp* de Unix a partir de los diferentes componentes de una fecha.

Sintaxis

```
entero mktime([entero hora[,entero minutos[,entero segundos[,entero mes[,
entero día[,entero año]]]]]])
```

`hora`	Hora (de 0 a 23)
`minutos`	Minutos (de 0 a 59)
`segundos`	Segundos (de 0 a 59)
`mes`	Mes (de 1 a 12).
`día`	Día (de 1 a 31).
`año`	Año en 2 o 4 cifras. El año, en 4 cifras, debe estar entre 1902 (1970 antes de la versión 5.1.0) y 2038. Desaconsejamos especificar el año en 2 cifras (por la diferencia de comportamiento entre las versiones).

Los parámetros omitidos toman el valor actual.

La función `mktime` tiene la particularidad interesante de corregir los valores incorrectos efectuando un cálculo de fecha inteligente. Ejemplos:

- el 35/12/2001 se corregirá en 31/12/2001 + 4 días = 04/01/2002
- el 30/14/2001 se corregirá en 30/12/2001 + 2 meses = 30/02/2002 que a su vez es corregido en 28/02/2002 + 2 días = 02/03/2002

Este funcionamiento es muy práctico para realizar cálculo sobre las fechas.

Ejemplo

```
<?php
$ts = mktime();
echo 'mktime() = ahora = ',
    date('d/m/Y - H:i:s',$ts),'<br />';
$ts = mktime(0,0,0,8,26,1966);
echo 'mktime(0,0,0,8,26,1966) = ',
    date('d/m/Y - H:i:s',$ts),'<br />';
$ts = mktime(0,0,0,8,26+20000,1966);
echo '20000 días después del 26/08/1966 = ',
    date("d/m/Y",$ts),"
";
?>
```

Resultado

```
mktime() = ahora = 28/01/2008 - 21:39:51
mktime(0,0,0,8,26,1966) = 26/08/1966 - 00:00:00
20000 días después del 26/08/1966 = 29/05/2021
```

microtime

La función `microtime` devuelve el *timestamp* de Unix actual con la fracción de segundo en microsegundos.

Sintaxis

```
mixto microtime([booleano tipo_real])
```

`tipo_real` Booleano que indica si la función debe devolver un número real.

Sin parámetro (o si el parámetro es evaluado como `FALSE`), la función devuelve una cadena que da los microsegundos seguidos de un espacio y del *timestamp* de Unix actual. Si el parámetro es evaluado como `TRUE`, la función devuelve un número real.

Ejemplo

```
<?php
// Visualización de microtime en forma de cadena.
echo microtime().'<br />';
// Visualización de microtime en forma de número real.
echo microtime(TRUE).'<br />';
// Para conservar sólo los microsegundos,
// lo más sencillo es transformar la cadena en número real.
echo (float) microtime().'<br />';
?>
```

Resultado

```
0.45474800 1201552264
1201552264.45
0.454881
```

idate

La función `idate` devuelve los diferentes componentes (año, mes, etc.) de un timestamp de Unix.

Sintaxis

`*entero* idate(*carácter* componente [,*entero* timestamp])`

`componente` Carácter que indica el componente deseado (véase a continuación).

`timestamp` Timestamp para utilizar (de manera predeterminada, el timestamp actual).

La función devuelve un entero que corresponde al componente solicitado.

El componente puede especificarse mediante uno de los caracteres siguientes (lista no exhaustiva):

Carácter	Significado
Y	Año en 4 cifras
z	Día del año
y	Año en 2 cifras
m	Número del mes
D	Número del día del mes
H	Hora en 24 horas
i	Minutos
s	Segundos
t	Número de días en el mes

Carácter	Significado
W	Número de semana del año.
w	Día de la semana (0 para el domingo)

Ejemplo

```
<?php
// Visualización de la fecha/hora actual para control
echo strftime('%d/%m/%Y - %H:%M:%S '),'<br />';
// Extracción de diferentes componentes
$componentes = str_split('YmdHistwW');
foreach ($componentes as $componente) {
  echo "$componente = ",idate($componente),'
';
}
?>
```

Resultado

```
28/01/2008 - 21:33:12
Y = 2008
m = 1
d = 28
H = 21
i = 33
s = 12
t = 31
w = 1
W = 5
```

F. Generar un número aleatorio

La función `rand` permite generar números aleatorios.

Sintaxis

entero `rand([`*entero* `min[,` *entero* `max]])`

`min` y `max` — Límites de los números aleatorios que deben generarse. Valor predeterminado `min` = 0. Valor predeterminado `max` = un valor dado por la función `getrandmax`.

La función `rand` devuelve un número aleatorio entero comprendido entre el límite mínimo y el límite máximo ambos inclusive.

```
<?php
// Generación de números aleatorios.
echo rand().'<br />';
echo rand().'<br />';
echo rand(1,100).'<br />';
echo rand(1,100).'<br />';
?>
```

Resultado

```
214120785
257944955
68
65
```

G. Crear un identificador único

En ciertas situaciones, puede ser necesario generar identificadores únicos.

PHP ofrece la función `uniqid` para generar identificadores únicos.

Sintaxis

`cadena uniqid()([cadena prefijo [, booleano más_único]])`

`prefijo`	Prefijo del identificador. Poner una cadena vacía o no poner nada si no desea prefijo.
`más_único`	Si este parámetro se establece en `TRUE`, se añaden datos suplementarios al final del valor devuelto para obtener un identificador más largo y más difícilmente identificable.

La función `uniqid` devuelve un cadena de trece caracteres o veintitrés si el parámetro `más_único` se establece en `TRUE` (sin contar el prefijo), calculado a partir de la hora actual en microsegundos.

Ejemplo

```
<?php
echo uniqid(),'<br />';
echo uniqid(),'<br />';
echo uniqid('abc'),'<br />';
echo uniqid('',TRUE) ,'<br />';
?>
```

Resultado

```
47864520950dd
47864520958b1
abc47864520960b6
47864520960bf5.27165445
```

Este ejemplo muestra que el identificador generado es realmente único, aunque no haya gran diferencia entre dos llamadas sucesivas. Así, el identificador generado puede considerarse insuficientemente aleatorio y, en cierto sentido, determinista.

Una técnica clásica consiste en utilizar un hash con el identificador generado. La función `md5` permite hacerlo fácilmente utilizando el algoritmo MD5.

Sintaxis

```
cadena md5(cadena valor)
```

valor Cadena para encriptar.

La función `md5` devuelve la cadena encriptada.

Ejemplo

```
<?php
echo md5('olivier'),'<br />';
echo md5(uniqid()),'<br />';
echo md5(uniqid()),'<br />';
?>
```

Resultado

```
d3ca5dde60f88db606021eeba2499c02
694fb65aee42c22b371bcd9f9b3cfc3b
b69e0eba91d77fe9b6b6a4f80e3d4acd
```

La combinación de las funciones `uniqid` y `md5` da un identificador que contiene 32 caracteres. Este identificador es ahora más aleatorio y menos fácil de determinar.

Para los maniáticos de la seguridad, es posible ir aún más lejos utilizando un prefijo aleatorio.

Ejemplo

```
<?php
echo md5(uniqid(rand())),'<br />';
echo md5(uniqid(rand())),'<br />';
?>
```

Resultado

```
0615709d67387b9c91df4d8f9eb5a92a
b6c5ec69c0d4d0ed76c5f48e95857ac6
```

H. Gestionar las "comillas mágicas" ("magic quotes")

1. Definición

PHP ofrece una característica llamada "magic quotes" (comillas mágicas) cuya finalidad es resolver un problema ligado al registro de los datos en una base de datos efectuando una codificación de los datos "externa":

- datos introducidos en un formulario, transmitidos en una URL o enviados mediante una cookie;
- datos leídos en una base de datos o un archivo.

Esta "característica" puede convertirse rápidamente en un quebradero de cabeza si no se tiene en cuenta como se debe.

Cuando se activa "magic quotes", los caracteres como el apóstrofo (`'`), las comillas (`"`), la antibarra (`\`) y el carácter nulo (`\0`) son automáticamente protegidos con una antibarra (`\`).

Ejemplo

Dato inicial	Dato recuperado en el script
`c'est la vie`	`c\'est la vie`

Dos directivas permiten activar (valor `on`) o desactivar (valor `off`) las "comillas mágicas".

Directiva	Datos concernidos
`magic_quotes_gpc`	Datos introducidos en un formulario, transmitidos en una URL o enviados mediante una cookie.
`magic_quotes_runtime`	Datos leídos en una base de datos MySQL o en un archivo de texto.

El sufijo `gpc` de la directiva corresponde a Get, Post y Cookie.

Este principio de codificación de "magic quotes" es interesante, sobre todo delante del apóstrofo, si los datos están destinados a una base SQL. En SQL, el delimitador de cadena de caracteres es el apóstrofo (véase el capítulo Introducción a MySQL - Aprender las bases del lenguaje SQL); si una consulta envía la cadena `'c'est la vie'` a la base de datos, esta última interpretará `'c'` como una cadena y no sabrá qué hacer con el resto (`est la vie'`): la base devolverá un mensaje de error.

Para solucionar este problema, es necesario indicar a la base de datos que los apóstrofos en el interior de la cadena no son delimitadores de la cadena, en general precediéndolos de una carácter de escape: la antibarra (`\`) para MySQL. El valor correcto que debe enviarse es, por lo tanto, `'c\'est la vie` para MySQL.

Si la directiva magic_quotes_sybase se encuentra en on, el carácter de escape es sustituido por el apóstrofo; este carácter de escape es utilizado por otras bases de datos como Oracle o Microsoft SQL Server.

La característica "magic quotes" es útil si el dato introducido está destinado a una base MySQL (la codificación es automática), pero plantea problemas si el dato introducido está destinado a mostrarse simplemente en una página HTML (la codificación es inútil).

En la práctica, esta funcionalidad de "magic quotes" provoca dos situaciones problemáticas:

- Si el dato está destinado a la vez a mostrarse en la página y a registrarse en una base de datos, hay un problema: con la visualización, si "magic quotes" está activo, y con el registro de datos en la base, si "magic quotes" está inactivo.
- El desarrollador no tiene porque controlar la configuración de PHP en el entorno operativo: puede, por lo tanto, escribir código que funciona en su entorno de desarrollo (con una cierta configuración de "magic quotes"), pero que puede no funcionar en el entorno operativo en el que la configuración puede ser diferente.

El equipo de desarrollo de PHP recomienda desactivar la característica "magic quotes": la directiva magic_quotes_gpc está establecida en off en el archivo de configuración recomendado (php.ini-recommended). En una futura versión (sin duda, la versión 6), esta funcionalidad de "magic quotes" estará definitivamente desactivada.

Para ajustarse a esta recomendación y preparar el futuro, aconsejamos desactivar la característica "magic quotes" en la medida de lo posible.

No obstante, en este libro, veremos cómo utilizar correctamente esta funcionalidad y escribir un código independiente de la configuración.

2. Funciones relativas a las "comillas mágicas"

PHP tiene varias funciones que permiten gestionar correctamente la característica "magic quotes":

get_magic_quotes_gpc	Permite conocer el valor de la directiva magic_quotes_gpc.
get_magic_quotes_runtime	Permite conocer el valor de la directiva magic_quotes_runtime.
set_magic_quotes_runtime	Modifica el valor de la directiva magic_quotes_runtime durante el script actual.
addslashes	Añade una protección "magic quotes" en una cadena de caracteres.
stripslashes	Elimina una protección "magic quotes" de una cadena de caracteres.

La directiva magic_quotes_gpc no puede modificarse durante el script actual.

get_magic_quotes_gpc

La función get_magic_quotes_gpc permite conocer el valor de la directiva magic_quotes_gpc.

Sintaxis

```
entero get_magic_quotes_gpc()
```

La función get_magic_quotes_gpc devuelve 0 si la directiva magic_quotes_gpc está en off, o 1 si no.

get_magic_quotes_runtime y set_magic_quotes_runtime

La función get_magic_quotes_runtime permite conocer el valor de la directiva magic_quotes_runtime y la función set_magic_quotes_runtime modificarla durante el script actual.

Sintaxis

```
entero get_magic_quotes_runtime()
booleano set_magic_quotes_runtime(entero valor)
```

valor   Nuevo valor de la directiva magic_quotes_runtime: 0 = desactivada (off), 1 = activada (on).

La función get_magic_quotes_runtime devuelve 0 si la opción está desactivada y 1 si está activada.

La función set_magic_quotes_runtime devuelve TRUE si el cambio se ha efectuado y FALSE si no.

addslashes y stripslashes

Las funciones addslashes y stripslashes permiten añadir o eliminar la protección "magic quotes" en una cadena de caracteres.

Sintaxis

```
cadena addslashes(cadena texto)
cadena stripslashes(cadena texto)
```

texto   Cadena en cuestión.

La función addslashes toma como parámetro una cadena de caracteres y devuelve esta cadena añadiendo una antibarra (\) delante de los caracteres de apóstrofo ('), comillas ("), antibarra (\) y carácter nulo (\0).

La función stripslashes es la función inversa de addslashes: toma como parámetro una cadena de caracteres y devuelve esta cadena eliminando la antibarra (\) delante de los caracteres de apóstrofo ('), comillas ("), antibarra (\) y carácter nulo (\0).

En los dos casos, el carácter de escape utilizado es el apóstrofo (') si la directiva magic_quotes_sybase se encuentra en on.

Ejemplo

```
<?php
$texto = "c'est la vie";
$texto = addslashes($texto);
echo $texto,'<br />';
$texto = stripslashes($texto);
echo $texto,'<br />';
?>
```

Resultado (suponiendo que `magic quotes sybase = off`)

```
c\'est la vie
c'est la vie
```

Estas funciones serán útiles en los dos casos siguientes:

- Si tiene un dato en una variable, *que no ha sido codificado*, y este dato debe ser guardado en la base, se aconseja utilizar `addslashes` para efectuar la codificación adaptada.
- Si tiene un dato en una variable, *que ha sido codificado* (manual o automáticamente), y desea mostrarlo en una página HTML, es necesario invocar `stripslashes` para quitar la codificación.

No hay que invocar `addslashes` o `stripslashes` al azar en variables ya codificadas respecto a `addslashes` o no codificadas respecto a `stripslashes`.

Ejemplo

```
<?php
// Utilización de la función addslashes
// en un dato ya codificado.
echo addslashes("c\'est la vie"),'<br />';
// Utilización de la función stripslashes
// en un dato ya codificado:
// - Caso 1 : no importa
echo stripslashes("c'est la vie"),'<br />';
// - Caso 2 : mal
echo stripslashes('d:\fotos\retrato.jpg'),'<br />';
?>
```

Resultado (suponiendo que `magic quotes sybase = off`)

```
c\\\'est la vie
c'est la vie
d:fotosretrato.jpg
```

Por lo tanto, es importante no invocar addslahes sistemáticamente antes de realizar un registro en la base de datos, o stripslashes sistemáticamente antes de una visualización en una página HTML. Hay que saber de dónde viene el dato y si está o no codificado por la funcionalidad "magic quotes". Esta información puede obtenerse gracias a la función get_magic_quotes_gpc presentada anteriormente.

3. Gestión inteligente y portátil

Existen dos casos sencillos si controla la configuración de PHP:

- Está *seguro* de que magic_quotes_gpc = off: en ese caso, puede mostrar sin problema los datos procedentes de un formulario, una URL o una cookie (no hay necesidad de invocar stripslashes) y debe utilizar addslashes antes de cualquier operación en la base.
- Está *seguro* de que magic_quotes_gpc = on y de que magic_quotes_sybase está adaptado a la base que utiliza (off para MySQL, por ejemplo): en ese caso, debe invocar stripslashes antes de cualquier visualización de datos procedentes de un formulario, de una dirección URL o de una cookie, pero puede guardarlos directamente en la base. En cambio, puede haber problemas para los datos que tengan otra procedencia. Si inicializa una variable del tipo $valor = "c'est la vie", esta variable contendrá una información que ha sido codificada automáticamente por la característica "magic quotes"; en un momento u otro, será necesario codificar el dato con addslashes si debe guardarse en la base...

Si no controla la configuración de PHP y desea tener un código portátil, tendrá que proceder de otra manera.

Esta es la solución que recomendamos:

- Decida para siempre que cualquier variable PHP contiene un dato que no está protegido (enfoque coherente con las evoluciones futuras de PHP).
- Realice el tratamiento necesario en la asignación de una variable con un dato externo para asegurarse de que no contiene codificación "magic quotes".
- No haga nada con relación a la codificación "magic quotes" en la visualización de una variable en una página HTML (las variables no contienen caracteres de escape superfluos).
- Realice la codificación necesaria cuando guarde una variable en una base de datos.

El esquema siguiente presenta las fuentes de datos externas que tendrá que gestionar en el momento de la asignación de las variables:

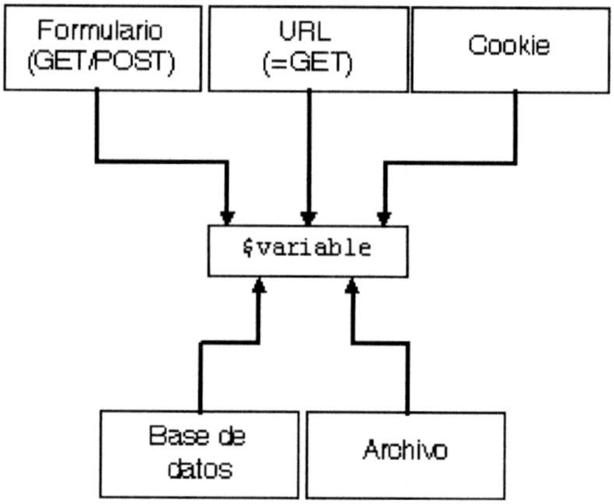

Dato procedente de un formulario, de una URL o de una cookie

Como decíamos, todo lo que viene de un formulario (método `GET` o `POST`), de una dirección URL (método `GET`) o de una cookie, y que llamaremos en adelante GPC, puede estar sujeto a la influencia de la directiva `magic_quotes_gpc` : en el momento de la asignación de una variable a partir de una de estas fuentes, para respetar nuestro principio de funcionamiento, es necesario quitar la codificación "magic quotes" si "magic quotes" está activo y no hacer nada en caso contrario.

Tal tratamiento es posible gracias a las funciones `get_magic_quotes_gpc` y `stripslashes`. Sólo hay que escribir una función que será sistemáticamente invocada en la recuperación de un dato GPC para quitar la codificación "magic quotes" si esta última está activa.

Ejemplo

```
<?php
function eliminar_codificación_MQ($valor) {
  // Si magic quotes está activo, devolver
  // el valor tras la eliminación de la codificación
  // (=> invocación de stripslashes), si no, devolver
  // el valor.
  return
    (get_magic_quotes_gpc())?stripslashes($valor):$valor;
}
?>
```

Utilice esta función únicamente con datos GPC para no arriesgarse a quitar caracteres de escape no ligados a una codificación "magic quotes".

En el capítulo Gestionar los vínculos y los formularios con PHP, volveremos a este tema y presentaremos un método alternativo que permite eliminar en una sola llamada la posible protección de todos los datos GPC.

Dato procedente de MySQL o de un archivo de texto

Para los datos procedentes de MySQL o de un archivo de texto, el tratamiento es mucho más sencillo, ya que es posible modificar el valor de la directiva `magic_quotes_runtime` durante la ejecución del script.

Una simple llamada a `set_magic_quotes_runtime(0)` permite garantizar que no habrá protección "magic quotes" en los datos leídos desde ese momento en una base MySQL (véase el capítulo Acceder a una base de datos MySQL) o en un archivo de texto (véase en este capítulo - Trabajar con archivos en el servidor).

Registro en una base de datos MySQL

Para el registro en la base de datos, veremos en el capítulo Acceder a una base de datos MySQL cómo tratar de manera genérica los datos antes de enviarlos a la base de datos para evitar problemas.

I. Trabajar con archivos en el servidor

1. Funciones útiles

PHP ofrece un gran número de funciones para trabajar con archivos en el servidor.

Las funciones más útiles son las siguientes:

Nombre	Rol
`fopen`	Abrir un archivo
`fclose`	Cerrar un archivo
`fread`	Leer el contenido de un archivo (en una cadena)
`file`	Leer el contenido de un archivo (en una matriz)
`fwrite`	Escribir en un archivo
`file_get_contents`	Abrir, leer y cerrar un archivo
`file_put_contents`	Abrir, escribir y cerrar un archivo
`readfile`	Muestra el contenido de un archivo directamente en la salida
`copy`	Copiar un archivo

Nombre	Rol
unlink	Eliminar un archivo
rename	Cambiar el nombre de un archivo
file_exists	Comprobar la existencia de un archivo
filesize	Leer el tamaño de un archivo

Algunas de estas funciones tomarán como parámetro un nombre de archivo o de directorio. En Windows, para especificar una ruta de acceso en una cadena de caracteres delimitada por comillas, debe escapar la antibarra (con una antibarra = `\\`) o puede utilizar una notación de tipo "Unix", con barras (/). Por ejemplo, la ruta `c:\temp\info.txt` puede escribirse `"c:\\temp\\info.txt"` o `"c:/temp/info.txt"`. Si no se indica ninguna ruta, se utiliza el directorio actual. Pueden especificarse rutas relativas utilizando el carácter `.` (punto) para designar el directorio actual y `..` (dos puntos) para designar el directorio superior.

La constante predefinida `DIRECTORY_SEPARATOR` da el carácter de separación utilizado en los nombres de directorio para la plataforma en la que está instalado PHP. La constante predefinida `PHP_EOL` da la secuencia de caracteres utilizada por la plataforma para representar una nueva línea.

Por otro lado, varias funciones poseen un parámetro (llamado `utilizar_inclusión` en las sintaxis de este libro) que permite buscar el archivo en los directorios especificados por la directiva de configuración `include_path`.

fopen

La función `fopen` permite abrir un archivo.

Sintaxis

```
recurso fopen(cadena nombre_archivo, cadena modo [, booleano
utilizar_inclusión])
```

`nombre_archivo` Ruta de acceso al archivo para abrir.

`modo` Modo de apertura del archivo:
`r` = sólo lectura
`+` = lectura/escritura
`w` = sólo escritura (vacía el archivo si existe, lo crea si no existe)
`w+` = lectura/escritura (vacía el archivo si existe, lo crea si no existe)
`a` = sólo escritura (se añade - crea el archivo si no existe)
`a+` = lectura/escritura (se añade - crea el archivo si no existe)
`x` = sólo escritura con creación previa del archivo (genera un error si el archivo existe ya)
`x+` = sólo escritura con creación previa del archivo (genera un error si el archivo existe ya)

En Windows, añadir una `b` para manipular los archivos binarios (esta opción, si está presente, es ignorada en Unix); utilizar un `t` en lugar de `b` especifica un modo de texto (las secuencias `\n` son automáticamente sustituidas por un `\r\n`).

`utilizar_inclusión` Poner `TRUE` para buscar el archivo en los directorios especificados por la directiva de configuración `include_path`.

La función `fopen` devuelve un puntero de archivo en caso de éxito y `TRUE` en caso de error.

Por razones de portabilidad, se recomienda utilizar siempre la opción `b` cuando abre archivos con `fopen`.

fclose

La función `fclose` permite cerrar un archivo.

Sintaxis

```
booleano fclose(recurso archivo)
```

`archivo` Puntero de archivo previamente abierto.

La función `fclose` devuelve `TRUE` en caso de éxito y `FALSE` en caso de error.

fread

La función `fread` permite leer el contenido de un archivo (en una cadena).

Sintaxis

```
cadena fread(recurso archivo, entero longitud)
```

`archivo` Puntero de archivo previamente abierto.

`longitud` Número de octetos que deben leerse en el archivo.

La función `fread` devuelve los datos leídos o `FALSE` en caso de error.

file

La función `file` permite leer el contenido de un archivo (en una matriz).

Sintaxis

```
matriz file(cadena nombre_archivo [, entero indicador])
```

`nombre_archivo` Ruta de acceso al archivo para leer.

`indicador`	Una o varias de estas constantes: `FILE_USE_INCLUDE_PATH`: buscar el archivo en los directorios especificados por la directiva de configuración `include_path`. `FILE_IGNORE_NEW_LINES`: no añadir la secuencia de nueva línea al final de cada línea de la matriz. `FILE_SKIP_EMPTY_LINES`: ignorar las líneas vacías.

fwrite

La función `fwrite` permite escribir en un archivo.

Sintaxis

```
entero fwrite(recurso archivo, cadena datos[, entero longitud])
```

`archivo`	Puntero de archivo previamente abierto.
`datos`	Datos para escribir en el archivo.
`longitud`	Si se especifica, indica el número de octetos para escribir (toda la cadena `datos` de manera predeterminada).

La función `fwrite` devuelve el número de octetos escritos o `FALSE` en caso de error.

file_get_contents

La función `file_get_contents` permite leer el contenido de un archivo (en una cadena).

Sintaxis

```
cadena file_get_contents(cadena nombre_archivo [, booleano utilizar_inclusión])
```

`nombre_archivo`	Ruta de acceso al archivo para leer.
`utilizar_inclusión`	Poner `TRUE` para buscar el archivo en los directorios especificados por la directiva de configuración `include_path`.

La función `file_get_contents` abre el archivo cuyo nombre se ha pasado como parámetro y lo devuelve en una cadena. La función devuelve `FALSE` en caso de error.

Utilizar esta función resulta más eficaz que abrir el archivo (`fopen`), leerlo (`fread`) y cerrarlo (`fclose`).

file_put_contents

La función `file_put_contents` permite escribir el contenido de una cadena en un archivo. Esta función apareció en la versión 5.

Sintaxis

```
entero file_put_contents(cadena nombre_archivo, cadena datos [, entero modo])
```

`nombre_archivo`	Ruta de acceso al archivo para leer.
`datos`	Datos para escribir en el archivo.

`modo`	Constante `FILE_USE_INCLUDE_PATH` para escribir en el primer directorio especificado en la directiva de configuración `include_path`. Constante `FILE_APPEND` para añadir los datos al final del archivo, si ya existe. Especificar la suma de las dos constantes para combinar las dos opciones.

La función `file_put_contents` abre el archivo cuyo nombre se ha pasado como parámetro, escribe el contenido de la cadena pasada como parámetro y cierra el archivo.

Si el archivo no existe, se crea. Si el archivo existe ya, su contenido es sustituido, salvo si la constante `FILE_APPEND` es especificada como tercer parámetro, caso en el que los datos se añaden al final del archivo.

La función devuelve el número de octetos escritos en el archivo, o `FALSE` en caso de error.

readfile

La función `readfile` lee un archivo y lo envía directamente a la salida.

Sintaxis

```
entero readfile(cadena nombre_archivo [, booleano utilizar_inclusión])
```

`nombre_archivo`	Ruta de acceso al archivo para leer.
`utilizar_inclusión`	Poner `TRUE` para buscar el archivo en los directorios especificados por la directiva de configuración `include_path`.

La función `readfile` devuelve el número de octetos leídos o `FALSE` en caso de error.

copy

La función `copy` permite copiar un archivo.

Sintaxis

```
booleano copy(cadena origen, cadena destino)
```

`origen`	Ubicación del archivo de origen.
`destino`	Ubicación del archivo de destino.

La función `copy` efectúa la copia y devuelve `TRUE` en caso de éxito o `FALSE` en caso de error.

unlink

La función `unlink` permite eliminar un archivo.

Sintaxis

```
booleano unlink(cadena nombre_archivo)
```

`nombre_archivo`	Ubicación del archivo para eliminar.

La función `unlink` elimina el archivo y devuelve `TRUE` en caso de éxito o `FALSE` en caso de error.

rename

La función `rename` permite cambiar el nombre de un archivo.

Sintaxis

```
booleano rename(cadena antiguo_nombre, cadena nuevo_nombre)
```

`antiguo_nombre`	Ubicación del archivo para renombrar.
`nuevo_nombre`	Nuevo nombre del archivo.

La función `rename` cambia el nombre del archivo y devuelve `TRUE` en caso de éxito o `FALSE` en caso de error.

file_exists

La función `file_exists` permite comprobar la existencia de un archivo.

Sintaxis

```
booleano file_exists(cadena nombre_archivo)
```

`nombre_archivo`	Ubicación del archivo para comprobar.

La función `file_exists` devuelve `TRUE` si el archivo existe o `FALSE` en caso contrario.

filesize

La función `filesize` permite leer el tamaño de un archivo.

Sintaxis

```
entero  filesize(cadena nombre_archivo)
```

`nombre_archivo`	Ubicación del archivo.

La función `filesize` devuelve el tamaño del archivo o `FALSE` en caso de error.

2. Ejemplo de utilización

Estas diferentes funciones pueden utilizarse para leer o escribir en archivos en el servidor.

Ejemplo

```
<?php
// Abrir un archivo en escritura.
$f = fopen ('info.txt','wb');
// Escribir en el archivo.
fwrite ($f, 'Olivier HEURTEL');
// Cerrar el archivo.
fclose ($f);
// Abrir un archivo en lectura.
$f = fopen ('info.txt','rb');
```

```
// Leer en el archivo.
$texto = fread ($f,  filesize ('info.txt'));
// Cerrar el archivo.
fclose ($f);
// Mostrar la información leída.
echo $texto,'<br />';
// Más sencillo: utilizar file_get_contents.
$texto = file_get_contents ('info.txt');
// Mostrar la información leída.
echo $texto;
?>
```

Resultado

```
Olivier HEURTEL
Olivier HEURTEL
```

3. Las "comillas mágicas"

Como vimos en el apartado Gestionar las "comillas mágicas" ("magic quotes"), si la directiva de configuración `magic_quotes_runtime` se encuentra en `on`, los datos leídos en los archivos de texto recibirán una protección de "magic quotes". Sin embargo, es muy fácil modificar el valor de la directiva `magic_quotes_runtime` durante la ejecución del script gracias a la función `set_magic_quotes_runtime`.

Ejemplo

```
<?php
// Escribir información en un archivo.
file_put_contents('info.txt',"C'est la vie");
// Mostrar el valor de la directiva magic_quotes_runtime.
$mqr = get_magic_quotes_runtime();
echo "<b>magic_quotes_runtime = $mqr</b><br />";
// Leer y mostrar el contenido del archivo.
$texto = file_get_contents('info.txt');
echo $texto,'<br />';
// Modificar el valor de la directiva magic_quotes_runtime.
$mqr = ($mqr == 1)?0:1;
set_magic_quotes_runtime($mqr);
echo "<b>magic_quotes_runtime = $mqr</b><br />";
// Leer y mostrar el contenido del archivo.
$texto = file_get_contents('info.txt');
echo $texto,'<br />';
?>
```

Resultado

```
magic_quotes_runtime = 0
C'est la vie
magic_quotes_runtime = 1
C\'est la vie
```

Una llamada sistemática a `set_magic_quotes_runtime(0)` permite garantizar que no habrá protección "magic quotes" en los datos leídos posteriormente en un archivo de texto, y, por lo tanto, ajustarse a la estrategia propuesta en el apartado Gestionar las "comillas mágicas" ("magic quotes").

J. Enviar un correo electrónico

1. Visión de conjunto

Un sitio web interactivo necesita a menudo enviar mensajes electrónicos a los usuarios, por ejemplo para confirmar una compra, una inscripción o enviar un boletín informativo.

La función `mail` que ofrece PHP, permite responder simplemente a este tipo de necesidad. Esta función se detalla en este capítulo, en primer lugar, para enviar mensajes de texto (sin adjuntos), y luego, para enviar mensajes en formato MIME (*Multipurpose Internet Mail Extensions*).

Además, PHP ofrece una potente biblioteca, pero más compleja de utilización, para gestionar mensajes según el protocolo IMAP (*Internet Message Access Protocol*). No trataremos esta biblioteca en este libro, ya que no es indispensable para responder a la necesidad mencionada anteriormente.

2. Enviar un mensaje de texto sin adjunto

La función `mail` permite enviar un mensaje electrónico.

Sintaxis

```
booleano mail(cadena destinatario, cadena asunto, cadena mensaje[, cadena
encabezado])
```

`destinatario`	Dirección electrónica del destinatario. Pueden indicarse varios destinatarios separándolos mediante comas.
`asunto`	Asunto del mensaje.
`mensaje`	Texto del mensaje.
`encabezado`	Encabezados suplementarios.

La función `mail` envía el mensaje indicado por los diferentes parámetros a un servidor de correo electrónico definido por las directivas de configuración siguientes:

Win32	SMTP	Dirección del servidor SMTP al que enviar el mensaje. Ejemplo: `smtp.gmail.com`
	sendmail_from	Dirección electrónica del emisor. Ejemplo: `webmaster@misitio.com` Esta directiva debe estar presente, aunque esté vacía.
Unix	sendmail_path	Ruta de acceso hacia el ejecutable del servidor de correo electrónico (puede incluir parámetros). Ejemplo: `sendmail -t -i`

La función `mail` devuelve `TRUE` si el mensaje ha podido enviarse al servidor (lo que no garantiza que este haya podido enviarlo con éxito) y `FALSE` en caso contrario. No hay ninguna manera de saber si el mensaje ha sido enviado correctamente; esta comprobación debe realizarse fuera de PHP.

El cuarto parámetro permite especificar información adicional que será enviada en el encabezado del mensaje; si hay varios elementos de información, deben separarse mediante la secuencia `\r\n`.

La secuencia para utilizar como separador de encabezado es a menudo fuente de problemas (y de debate en los foros de discusión). Muy a menudo, funciona la secuencia `\n` sola; a veces, la secuencia `\r\n` no funciona.

Ejemplo de mensaje simple

```
<?php
// Destinatario.
$destinatario = 'contact@olivier-heurtel.fr';
// Asunto.
$asunto = "Inscripción en miSitio.com";
// Mensaje.
$mensaje =
'Olivier Heurtel:
Le agradecemos que se haya inscrito en miSitio.com.
Esperamos que este sitio web responda a sus expectativas.
El administrador.';
// Envío.
$ok = mail($destinatario,$asunto,$mensaje);
?>
```

Este ejemplo muestra que el mensaje puede escribirse directamente en varias líneas; también es posible construirlo por concatenación.

Ejemplo de mensaje más complejo

```
<?php
// Dos destinatarios separados mediante una coma.
$destinatarios = 'olivier@diane.com,xavier@zeus.fr';
// Asunto.
$asunto = "Inscripción en maratón";
// Mensaje.
$mensaje .= "Olivier, Xavier,\n";
$mensaje .= "Confirmamos su inscripción\n";
$mensaje .= "en el maratón del domingo 6 de abril.\n";
$mensaje .= "Se dará la salida a las 9:00.\n\n";
$mensaje .= "La organización.\n";
// Encabezados suplementarios.
$encabezados .= "From: \"Inscripción\" <contact@maraton.es>\n";
$encabezados .= "Reply-To: \"Inscripción\" <contact@maraton.es>\n";
$encabezados .= "X-Priority: 1\n";
// Envío.
$ok = mail($destinatario,$asunto,$mensaje,$encabezados);
?>
```

Los encabezados suplementarios se especifican en forma de palabra_clave: valor.

Los encabezados más habituales son los siguientes:

From:	Origen del mensaje en forma de ["nombre en claro"] <dirección electrónica>. Ejemplos: "Olivier HEURTEL" <contact@olivier-heurtel.fr>,<contact@olivier-heurtel.fr>
To:	Destinatario(s) (mismo formato que el encabezado From).
Reply-To:	Dirección de respuesta (mismo formato que el encabezado From).
X-Priority:	Prioridad del mensaje, de 1 a 4: 1 = prioridad más alta; 2 = prioridad alta; 3 = prioridad normal; 4 = prioridad baja.

En el parámetro destinatario; no es posible especificar una dirección con la forma ["nombre en claro"] <dirección electrónica> En cambio, sí se pueden indicar direcciones con esta forma enviándolas en el encabezado To:, como duplicado del parámetro destinatario.

3. Enviar un mensaje en formato MIME

a. Preámbulo

En este parte, estudiaremos cómo enviar mensajes en formato MIME o, más en general, en formato Multipart MIME.

El formato MIME permite enviar un mensaje con otro formato que el de texto: imagen, formato HTML, etc.

El formato Multipart MIME permite enviar un mensaje compuesto de varias partes cada una con un formato diferente (texto más una imagen, por ejemplo), pudiendo ser una de las partes un adjunto.

El objetivo de esta parte, sin entrar en los detalles del formato MIME (el principiante puede centrarse en los numerosos RFC que existen sobre el tema), es mostrar concretamente cómo proceder en dos casos típicos, el envío de un mensaje en formato HTML y el envío de un mensaje con un adjunto.

b. Mensaje en formato HTML

El caso del envío de un mensaje en formato HTML permite ilustrar la utilización del formato MIME simple.

Ejemplo (fuente de un mensaje MIME en formato HTML)

```
From: "Olivier" <olivier@diane.com>
To: "Xavier" <xavier@zeus.fr>
Subject: ¡Hola!
Date: Mon, 10 Sep 2001 09:24:13 -0100
Message-ID: <3b9c6a403d9f000b@hermes.diane.com>
MIME-Version: 1.0
Content-Type: text/html; charset=iso-8859-1
Content-Transfer-Encoding: 8bit

<html>
<head><title>¡Hola!</title></head>
<body>
<font color="green">¡Hola!</font>
</body>
</html>
```

Un mensaje MIME simple contiene para empezar los encabezados estándar de un mensaje, y tres líneas de encabezados adicionales (en negrita) indicando que el mensaje se encuentra en formato MIME, y finalmente el cuerpo del mensaje propiamente dicho.

Las tres líneas de encabezados adicionales son las siguientes:

`MIME-Version`	Indica que el mensaje está en formato MIME y especifica la versión.
`Content-Type`	Indica el tipo MIME del contenido.
`Content-Transfer-Encoding`	Indica el tipo de codificación.

Algunos tipos MIME habituales:

`text/plain`	Texto simple. El juego de caracteres utilizado puede especificarse con la opción `charset` (por ejemplo `iso-8859-1`).

`text/html`	Formato HTML. El juego de caracteres utilizado puede especificarse con la opción `charset` (por ejemplo `iso-8859-1`).
`image/jpeg`	Imagen en formato JPEG.
`application/octet-stream`	Datos binarios.

Algunos tipos de codificación habituales:

`7bit`	Codificación del texto en 7 bits.
`8bit`	Codificación del texto en 8 bits (para conservar los caracteres acentuados).
`base64`	Codificación para los datos binarios (ver la función `base64_encode`).

Típicamente, para los tipos MIME `text/*`, se utiliza un tipo de codificación `7bit` u `8bit` y el cuerpo del mensaje contiene el texto en claro. También es posible utilizar una codificación `base64` y poner en el cuerpo del mensaje datos codificados en consecuencia (ver la función `base64_encode` a continuación).

Para los tipos MIME que corresponden a datos binarios (imagen, sonido, PDF...), se utiliza una codificación `base64` y el cuerpo del mensaje contiene datos codificados en consecuencia (ver la función `base64_encode` a continuación).

Enviar un mensaje en formato HTML con la función `mail` es relativamente sencillo. Es necesario:

- colocar las líneas adecuadas en el encabezado;
- poner los datos HTML en el cuerpo del mensaje.

Ejemplo

```
<?php
// Destinatarios.
$destinatarios = 'xavier@zeus.fr';
// Asunto.
$asunto = '¡Hola!';
// Encabezados adicionales.
$encabezados .= "From: \"Olivier\" <olivier@diane.com>\n";
$encabezados .= "MIME-Version: 1.0\n";
$encabezados .= "Content-Type: text/html; charset=iso-8859-1\n";
$encabezados .= "Content-Transfer-Encoding: 8bit\n";
// Mensaje (HTML).
$mensaje .= "<html>\n";
$mensaje .= "<head><title>¡Hola!</title></head>\n";
$mensaje .= "<body>\n";
$mensaje .= "<font color=\"green\">¡Hola!</font>\n";
$mensaje .= "</body>\n";
$mensaje .= "</html>\n";
// Envío.
$ok = mail($destinatario,$asunto,$mensaje,$encabezados);
?>
```

Si utiliza una codificación `base64`, puede invocar la función `base64_encode` para efectuar la codificación de los datos.

Sintaxis

```
cadena base64_encode(cadena datos)
```

`datos` Datos para codificar.

Esta función devuelve los datos codificados.

Además, para ajustarse a las especificaciones, es necesario dividir los datos codificados en `base64` en partes de 76 octetos separados por una secuencia `\r\n`.

Esta operación puede realizarse gracias a la función `chunk_split`.

Sintaxis

```
cadena chunk_split (cadena datos [,entero longitud [,cadena
separador]])
```

`datos`	Datos para dividir.
`longitud`	Longitud de las partes (76 de manera predeterminada).
`separador`	Separador de partes (`\r\n` de manera predeterminada).

La función `chunk_split` devuelve la cadena dividida.

Ejemplo de utilización para el envío de un mensaje

```
<?php
// Destinatarios.
$destinatarios = 'xavier@zeus.fr';
// Asunto.
$asunto = '¡Hola!';
// Encabezados adicionales.
$encabezados = '';
$encabezados .= "From: \"Olivier\" <olivier@diane.com>\r\n";
$encabezados .= "MIME-Version: 1.0\r\n";
$encabezados .= "Content-Type: text/html; charset=iso-8859-1\r\n";
$encabezados .= "Content-Transfer-Encoding: base64\r\n";
// Mensaje (HTML).
$mensaje .= "<html>\n";
$mensaje .= "<head><title>¡Hola!</title></head>\n";
$mensaje .= "<body>\n";
$mensaje .= "<font color=\"green\">¡Hola!</font>\n";
$mensaje .= "</body>\n";
$mensaje .= "</html>\n";
// Codificación y división.
$mensaje = chunk_split(base64_encode($mensaje));
// Envío.
$ok = mail($destinatario,$asunto,$mensaje,$encabezados);
?>
```

c. Mensaje con datos adjuntos

El caso del envío de un mensaje con datos adjuntos permite ilustrar la utilización del formato MIME.

Ejemplo (fuente de un mensaje con adjunto en formato Multipart MIME)

```
From: "Olivier" <olivier@diane.com>
To: "Xavier" <xavier@zeus.fr>
Subject: ¡Hola!
Date: Mon, 10 Sep 2001 09:24:13 -0100
Message-ID: <3b9c6a403d9f000b@hermes.diane.com>
MIME-Version: 1.0
Content-Type: multipart/mixed; boundary="=O=L=I=V=I=E=R="

--=O=L=I=V=I=E=R=
Content-Type: text/plain; charset=iso-8859-1
Content-Transfer-Encoding: 8bit

Ver el adjunto.

--=O=L=I=V=I=E=R=
Content-Type: application/octet-stream; name="PJ.DOC"
Content-Transfer-Encoding: base64
Content-Disposition: attachment; filename="PJ.DOC"

0M8R4KGxGuEAAA …
AAAAAAAAAAAAAAAAAAAAAAAAAA==

--=O=L=I=V=I=E=R=--
```

Un mensaje Multipart MIME contiene para empezar los encabezados estándar de un mensaje, y dos líneas de encabezados adicionales (en negrita) indicando que el mensaje se encuentra en formato Multipart MIME, y finalmente las diferentes partes del mensaje; cada parte posee su propio encabezado indicando su formato (tipo MIME y codificación).

En el encabezado del mensaje, encontramos las dos líneas `MIME-Version` y `Content-Type`. Para un mensaje Multipart MIME, `Content-Type` es equivalente a `multipart/mixed` seguido de una opción `boundary` que da la cadena utilizada para marcar el inicio de las diferentes partes del mensaje (`=O=L=I=V=I=E=R=` en nuestro ejemplo).

Cada parte del mensaje comienza por dos signos "menos" seguidos de la cadena dada por `boundary` (lo que resulta `--=O=L=I=V=I=E=R=` en nuestro ejemplo).

En el encabezado de cada parte, encontramos las dos líneas `Content-Type` y `Content-Transfer-Encoding` que indican el tipo MIME y la codificación de la parte.

Los datos de la parte vienen a continuación.

El final del mensaje está marcado por dos signos "menos" seguidos de la cadena dada por `boundary` seguida de dos signos menos (lo que resulta `--=O=L=I=V=I=E=R=--` en nuestro ejemplo).

La cadena dada por `boundary` debe elegirse con cuidado para evitar que se confunda con datos, lo que provocaría una interpretación incorrecta del mensaje.

En el encabezado de cada parte, es posible indicar una línea de encabezado adicional (`Content-Disposition`) que va a *sugerir* al cliente de correo electrónico una manera de presentar los datos que corresponda con el usuario: los dos valores posibles son `inline` (los datos se presentan directamente en el mensaje) o `attachment` (los datos se presentan como adjunto); en ese caso, puede indicarse un nombre de archivo mediante la opción `filename`.

Ejemplo

```
Content-Disposition: attachment; filename="PJ.DOC"
```

Para enviar un mensaje Multipart MIME con la función `mail`, hay que construir las diferentes partes del mensaje en el parámetro `mensaje`, respetando la estructura indicada anteriormente; el parámetro `encabezado` de la función `mail` contiene los encabezados estándar, incluido el encabezado que indica que se trata de un mensaje en formato Multipart MIME.

Las diferentes partes del mensaje deben separarse mediante una línea vacía (`\r\n`). Dentro de cada parte, ocurre lo mismo entre el encabezado de la parte y los datos. Ver el comentario en Enviar un mensaje electrónico - Enviar un mensaje de texto sin adjunto en cuanto a la secuencia `\r\n`.

Ejemplo de envío de un mensaje con adjunto

```
<?php
// Destinatarios.
$destinatarios = 'xavier@zeus.fr';
// Asunto.
$asunto = '¡Hola!';
// Encabezados adicionales.
$encabezados = '';
// -> origen del mensaje
$encabezados .= "From: \"Olivier\" <olivier@diane.com>\r\n";
// -> mensaje en formato Multipart MIME
$encabezados .= "MIME-Version: 1.0\r\n";
$encabezados .= "Content-Type: multipart/mixed; ";
$encabezados .= "boundary=\"=O=L=I=V=I=E=R=\"\r\n";
// Mensaje.
$mensaje = "";
// -> primera parte del mensaje (texto propiamente dicho)
//    -> encabezado de la parte
$mensaje .= "--=O=L=I=V=I=E=R=\r\n";
$mensaje .= "Content-Type: text/plain; ";
$mensaje .= "charset=iso-8859-1\r\n ";
$mensaje .= "Content-Transfer-Encoding: 8bit\r\n";
$mensaje .= "\r\n"; // línea vacía
//    -> datos de la parte
$mensaje .= "Ver el adjunto.\r\n";
```

```
$mensaje .= "\r\n"; // línea vacía
// -> segunda parte del mensaje (adjunto)
//    -> encabezado de la parte
$mensaje .= "--=O=L=I=V=I=E=R=\r\n";
$mensaje .= "Content-Type: application/octet-stream; ";
$mensaje .= "name=\"PJ.DOC\"\r\n";
$mensaje .= "Content-Transfer-Encoding: base64\r\n";
$mensaje .= "Content-Disposition: attachment; ";
$mensaje .= "filename=\"pj.doc\"\r\n";
$mensaje .= "\r\n"; // línea vacía
//    -> lectura del archivo que corresponde al adjunto
//       (asegurarse de que no hay codificación magic quotes)
set_magic_quotes_runtime(0);
$datos = file_get_contents('pj.doc');
//    -> codificación y división de los datos
$datos = chunk_split(base64_encode($datos));
//    -> datos de la parte (integración en el mensaje)
$mensaje .= "$datos\r\n";
$mensaje .= "\r\n"; // línea vacía
// Delimitador de fin del mensaje.
$mensaje .= "--=O=L=I=V=I=E=R=--\r\n";
// Envío del mensaje.
$ok = mail($destinatario,$asunto,$mensaje,$encabezados);
?>
```

Pueden enviarse varios adjuntos repitiendo, tantas veces como sea necesario, las líneas de código correspondientes.

En teoría, la totalidad del mensaje podría construirse en el encabezado (parámetro `mensaje` igual a una cadena vacía). En la práctica, y en términos generales, esto funciona en una plataforma Linux, pero no en Windows.

K. Manipular los encabezados HTTP

La función `header` permite enviar encabezados HTTP con la página HTML.

Sintaxis simplificada

`header(`*`cadena`*` encabezado [, `*`booleano`*` sustituir])`

`encabezado`	Cadena para enviar como encabezado HTTP con la página HTML.
`sustituir`	Indica si la función debe sustituir un encabezado previamente emitido (valor `TRUE`, de manera predeterminada) o bien añadir un nuevo encabezado (valor `FALSE`).

Los diferentes encabezados HTTP se describen en la RFC 2616.

Por ejemplo, la función `header` puede utilizarse para enviar un encabezado que prohíbe el almacenamiento en caché de la página por el cliente o por un proxy. Esta necesidad es bastante frecuente en los scripts de PHP que generan HTML dinámico cuyo contenido cambia en función del usuario.

Ejemplo

```
// HTTP 1.0
header("Pragma: no-cache");
// HTTP 1,1
header("Cache-Control: no-cache, must-revalidate");
```

En la continuación de este libro, tendremos la ocasión de utilizar la función `header` en varias situaciones:

- redirección HTTP (véase el capítulo Gestionar los formularios y los vínculos con PHP - Ir a otra página);
- identificación HTTP (véase el capítulo Gestionar las sesiones - Autenticación);
- descarga ("download") de un documento (véase el capítulo Gestionar los formularios y los vínculos con PHP - Transferir un archivo entre el cliente y el servidor);
- visualización de una imagen en una página mediante un script PHP (véase capítulo Acceder a una base de datos MySQL - Utilización de la extensión MySQLi).

La función `header` debe invocarse antes de cualquier instrucción (PHP o HTML) que tenga como efecto comenzar a construir la página HTML (sería en cierto modo demasiado tarde para el encabezado). Un simple espacio en el script o en un script incluido (`require` o `include`) provoca un error.

Ejemplo de llamada a la función `header` que genera un error

```
<!DOCTYPE html PUBLIC "-//W3C//DTD XHTML 1.0 Strict//EN"
  "http://www.w3.org/TR/xhtml1/DTD/xhtml1-strict.dtd">
<html xmlns="http://www.w3.org/1999/xhtml">
  <head><title>Entrada de datos</title></head>
  <body>
  <?php
  header('location: inicio.htm');
  exit;
  ?>
  </body>
</html>
```

Resultado

```
Warning: Cannot modify header information - headers already
sent by (output started at /app/scripts/info.php:6) in
/app/scripts/formulario.php on line 7
```

Si la funcionalidad de almacenamiento en el buffer de la página está activada con la directiva de configuración `output_buffering`, el resultado del script no se envía poco a poco, sino que se almacena en un buffer y luego se envía de una sola vez al final (o en partes si el buffer tiene límite de tamaño). En ese caso, es posible utilizar la función `header` sin provocar un error mientras que el script ha comenzado a construir la página.

PHP ofrece otras funciones relacionadas con los encabezados:

- `headers_list`: lista de los encabezados de la respuesta (versión 5).
- `header_sent`: permite comprobar si los encabezados ya han sido enviados.
- `get_headers`: lista de los encabezados enviados por un servidor, para una dirección URL dada (versión 5).

Capítulo 8 : Escribir funciones y clases PHP

A. Funciones

1. Introducción

Al igual que otros lenguajes de desarrollo, PHP ofrece la posibilidad de definir sus propias funciones (llamadas funciones de "usuario") con todas las ventajas que ello supone (modularidad, capitalización...). Una función es un conjunto de instrucciones identificadas por un nombre, cuya ejecución devuelve un valor y cuya invocación puede utilizarse como operando en una expresión. Un procedimiento es un conjunto de instrucciones identificadas por un nombre que puede invocarse como una instrucción.

2. Declaración y llamada

La palabra clave `function` permite introducir la definición de una función.

Sintaxis

```
function nombre_función([parámetros]) {
  instrucciones;
}
```

`nombre_función`	Nombre de la función (debe respetar las reglas para los nombres presentadas en el capítulo de Introducción a PHP - Estructura básica de una página PHP).
`parámetros`	Parámetros posibles de la función expresados en forma de una lista de variables (véase Parámetros): `$parametro1`, `$parametro2`, `...`
`instrucciones`	Conjunto de las instrucciones que componen la función.

El nombre de la función no debe ser una palabra reservada de PHP (nombre de función, de instrucción) ni ser igual al nombre de otra función previamente definida.

Una función de usuario se invoca como una función nativa de PHP: en una asignación, en una comparación, etc.

Si la función devuelve un valor, es posible utilizar la instrucción `return` para definir el valor de retorno de la función.

Sintaxis

```
return [expresión];
```

`expresión`	Expresión cuyo resultado constituye el valor de retorno de la función (`NULL` de manera predeterminada).

El resultado de una función puede ser de cualquier tipo (cadena, número, matriz, etc.).

La instrucción `return` detiene la ejecución de la función y devuelve el resultado de `expresión` al script que la invoca. Si existen varias instrucciones `return` en la función, es la primera que se encuentra en el desarrollo de las instrucciones la que define el valor de retorno y provoca la interrupción de la función. Si la función no incluye ninguna instrucción `return` (o si no se ejecuta ninguna instrucción `return`), el valor de retorno de la función es `NULL`.

Ejemplo

```
<?php
// Función sin parámetro  que muestra "¡Hola!"
// sin valor de retorno
function mostrar_hola() {
  echo '¡Hola!<br />';
}
// Función con 2 parámetros que devuelve el producto
// de dos parámetros.
function producto($valor1,$valor2) {
  return $valor1 * $valor2;
}
// Llamada a la función mostrar_hola
mostrar_hola();
// Utilización de la función producto:
// - en una asignación
$resultado = producto(2,4);
echo "2 x 4 = $resultado<br />";
// - en una comparación
if (producto(10,12) > 100) {
  echo '10 x 12 es superior a 100.<br />';
}
?>
```

Resultado

```
¡Hola!
2 x 4 = 8
10 x 12 es superior a 100.
```

En el lenguaje PHP, no existen procedimientos si hablamos con propiedad. Para crear algo parecido a un procedimiento, bastaría con definir una función que no devuelva ningún valor e invocar la función como si fuera una instrucción (como la función `mostrar_hola`, por ejemplo).

Es posible utilizar una función antes de definirla. Por lo tanto, no hay ningún problema para definir funciones que se invoquen entre ellas.

El alcance de una función es el script en el que está definida. Para poder utilizarla en varios scripts, lo mejor es definirla en un archivo incluido allí donde la función es necesaria.

PHP permite almacenar un nombre de función en una variable e invocar la variable en una instrucción, como si fuera una función, con la notación `$variable()`. En una estructura así, PHP sustituye la variable por su valor e intenta ejecutar la función correspondiente (que obviamente debe existir). Esta característica se llama "función variable".

Ejemplo

```
<?php
// Función que efectúa un producto.
function producto($valor1,$valor2) {
  return $valor1 * $valor2;
}
// Función que efectúa una suma.
function suma($valor1,$valor2) {
  return $valor1 + $valor2;
}
// Función que efectúa un cálculo, pasando el nombre del cálculo
//('suma' o 'producto') como parámetro.
function calcular($operación,$valor1,$valor2) {
  // $operación contiene el nombre de la función
  // que debe ejecutarse => invocación $operación().
  return $operación($valor1,$valor2) ;
}
// Utilización de la función calcular.
echo '3 + 5 = ',calcular('suma',3,5).'<br />';
echo '3 x 5 = ',calcular('producto',3,5).'<br />';

?>
```

Resultado

```
3 + 5 = 8
3 x 5 = 15
```

3. Parámetros

Los posibles parámetros (también llamados argumentos) de una función son definidos en forma de una lista de variables.

En este apartado, vamos a estudiar las siguientes posibilidades:

- definir un valor predeterminado para un parámetro;
- pasar un parámetro por referencia;
- utilizar una lista variable de parámetros.

a. Valor predeterminado

Es posible indicar que un parámetro posee un valor predeterminado gracias a la sintaxis siguiente:

```
$parámetro = expresión_literal
```

El valor predeterminado de un parámetro debe ser una expresión literal y no puede ser ni una variable, ni una función, ni una expresión compuesta. Las constantes están autorizadas.

El valor predeterminado es utilizado como valor de un parámetro cuando la función es invocada sin mencionar el valor para el parámetro en cuestión.

Ejemplo

```
<?php
// Definición de una constante.
define('UNO',1);
// Definición de la función producto con valores
// predeterminados para los parámetros (entre los que hay
// una constante para el primer parámetro).
function producto($valor1=UNO,$valor2=2) {
  return $valor1 * $valor2;
}
// Llamadas
// - sin parámetro
echo 'producto() = ',producto(),'<br />';
// - con un solo parámetro = forzosamente el primero
echo 'producto(3) = ',producto(3),'<br />';
?>
```

Resultado

```
producto() = 2
producto(3) = 6
```

No dar valor a un parámetro con un valor predeterminado sólo es posible partiendo de la derecha. Facilitar un valor "vacío" (cadena vacía o `NULL`) no resuelve el problema, ya que el valor en cuestión es convertido por PHP en el tipo adecuado (0 en el ejemplo anterior).

Pasar un número insuficiente de parámetros y que no haya un valor predeterminado genera un error. Pasar demasiados parámetros no genera ningún error; los parámetros de más son ignorados.

b. Pasar un parámetro por referencia

De manera predeterminada, el paso de los parámetros se lleva a cabo por valor: es una copia del valor el que se proporciona a la función. En consecuencia, la modificación de los parámetros en el interior de la función no tiene ningún efecto en los valores en el script que invoca.

En caso de necesidad, es posible facilitar un parámetro por referencia utilizando el operador de referencia & (véase el capítulo Introducción a PHP - Las bases del lenguaje PHP) delante del nombre del parámetro en la definición de la función. Con una definición de este tipo, lo que se proporciona a la función es una referencia hacia la variable (y no una copia); esta última trabaja directamente sobre la variable del script original.

Ejemplo

```
<?php
// Definición de una función que toma dos parámetros:
// uno proporcionado por valor y el otro por referencia.
function una_función($por_valor,&$por_referencia) {
  // Incremento de los dos parámetros.
  $por_valor++;
  $por_referencia++;
  // Visualización de los dos parámetros
  // dentro de la función.
  echo "\$por_valor= $por_valor<br />";
  echo "\$por_referencia = $por_referencia<br />";
}

// Inicialización de dos variables.
$x = 1;
$y = 10;
// Visualización de las variables antes de la llamada a la función.
echo "\$x antes de la llamada = $x<br />";
echo "\$y antes de la llamada = $y<br />";
// Llamada de la función utilizando las dos variables
// como valor de los parámetros.
una_función($x,$y);
// Visualización de las variables tras la llamada a la función.
echo "\$x tras la llamada = $x<br />";
echo "\$y tras la llamada = $y<br />";
?>
```

Resultado

```
$x antes de la llamada = 1
$y antes de la llamada = 10
$por_valor = 2
$por_referencia = 11
$x tras la llamada = 1
$y tras la llamada = 11
```

Con una definición de este tipo, ya no es posible pasar una constante o una expresión como valor del parámetro.

c. Lista variable de parámetros.

Dentro de una función, es posible utilizar las tres funciones PHP siguientes:

Función	Rol
`func_num_args`	Da el número de parámetros pasados a la función.
`func_get_args`	Devuelve la lista de parámetros pasados a la función (en una matriz).
`func_get_arg`	Devuelve el valor de un parámetro cuyo número se ha especificado.

Sintaxis

```
entero func_num_args()
matriz func_get_args()
mixto func_get_arg(entero número)
```

`número` Número del parámetro solicitado (0 = primer parámetro).

Mediante estas funciones nativas, es muy fácil escribir una función que acepte un número variable de parámetros. Los principios básicos son los siguientes:

- declarar la función sin parámetro;
- recuperar, en el cuerpo de la función, los parámetros con las funciones `func_get_args` o `func_get_arg` y utilizarlos (normalmente en un bucle).

En la práctica, nada impide que los parámetros sean de diferente tipo.

Por otro lado, es posible declarar explícitamente los primeros parámetros y aceptar a continuación una lista variable de parámetros complementarios. En ese caso, los parámetros declarados explícitamente se retoman en el recuento y en la lista de los parámetros. Por lo tanto, conviene eliminarlos en el proceso mismo.

Ejemplo

```
<?php
// Función que acepta un primer parámetro por referencia
// y que almacena el producto de todos los demás parámetros.
function producto(&$resultado) {
  switch (func_num_args()) {
    case 1:
      // Un solo parámetro (la variable para el resultado)
      // Devolver 0 (elección arbitraria).
      $resultado = 0;
      break;
    default :
      // Recuperar los parámetros en una matriz
      // y eliminar el primer elemento
      // (el primer parámetro).
```

```
        $parámetros = func_get_args();
        unset($parámetros[0]);
        // Restablecer el resultado en 1.
        $resultado = 1;
        // Hacer un bucle en la matriz de los parámetros
        // para multiplicar el resultado por el parámetro.
        foreach($parámetros as $parámetro) {
          $resultado *= $parámetro;
        }
        break;
  }
}
// llamadas
producto($resultado);
echo 'producto($resultado) => ',$resultado,'<br />';
producto($resultado,1,2,3);
echo 'producto($resultado,1,2,3) => ',$resultado,'<br />';
?>
```

Resultado

```
producto($resultado) => 0
producto($resultado,1,2,3) => 6
```

4. Consideraciones sobre las variables utilizadas en las funciones

a. Variable local/global

Las variables utilizadas dentro de una función son locales: no están definidas fuera de la función e inicializadas con cada llamada de la función. Ocurre lo mismo con los parámetros de la función.

Recíprocamente, una variable definida fuera de la función (en el script original que invoca la función) no está definida dentro de la función.

PHP ofrece una noción de variable global para acceder en una función a las variables definidas en el contexto del script original.

Para ello, dentro de la función, hay que declarar las variables globales que la función utiliza con la palabra clave `global` o utilizar la matriz asociativa predefinida `$GLOBALS`.

Sintaxis

```
global $variable[, ...];
```

`$variable` Variable de la función que tiene un alcance global. Varias variables puede mencionarse separándolas mediante comas.

La matriz predefinida `$GLOBALS` es una matriz asociativa. En una matriz asociativa, la clave es igual al nombre de la variable global (sin el $) y el valor asociado es igual al valor de la variable global.

La matriz asociativa `$GLOBALS` es una matriz "superglobal". Una matriz superglobal está automáticamente disponible en todos los entornos de ejecución, sin tener que declararla global. En este libro, utilizaremos otras matrices superglobales.

Ejemplo

```
<?php
// Objetivo: escribir una función que efectúe un producto
//           de las variables $x e $y y que almacene el resultado
//           en la variable $z.
// Inicialización de dos variables en el script que invoca la función.
$x = 2;
$y = 5;
echo '<b>Caso 1: sin utilización de las variables',
     'globales</b><br />';
function producto1() {
  // $x e $y están vacías dentro de la función.
  echo "\$x = $x<br />";
  echo "\$y = $y<br />";
  $z = 0 + $x * $y;
}
producto1();
// $z está vacía en el script principal.
echo "\$z = $z<br />";
// Resolución del problema utilizando variables globales:
// - con la palabra clave global para $x e $y
// - con la matriz $GLOBALS para $z
echo '<b>Caso 2: utilización de las variables globales</b><br />';
function producto2() {
  global $x, $y;
  echo "\$x = $x<br />";
  echo "\$y = $y<br />";
  $GLOBALS['z'] = 0 + $x * $y;
}
producto2();
echo "\$z = $z<br />";
?>
```

Resultado

Caso 1: sin utilización de las variables globales
```
$x =
$y =
$z =
```
Caso 2: utilización de las variables globales
```
$x = 2
$y = 5
$z = 10
```

Un parámetro de una función se comporta como una variable local en la función, salvo si se facilita por referencia, caso en el que es equivalente a una variable global.

b. Variable estática

De manera predeterminada, las variables locales de una función se reinician con cada llamada de la función.

La palabra clave `static` permite definir variables locales estáticas que tiene como propiedad conservar su valor de una llamada a otra de la función, durante la duración del script.

Sintaxis

```
static $variable = expresión_literal[, …];
```

`$variable`	Variable en cuestión.
`expresión_literal`	Valor inicial asignado a la variable en la primera llamada a la función dentro del script. Sólo las expresiones literales y las constantes son aceptadas; las expresiones compuestas o las funciones no están autorizadas.

Ejemplo

```
<?php
// Definición de una función
function variable_estática() {
  // Inicialización de una variable estática.
  static $variable_estática = 0;
  // Inicialización de otra variable.
  $otra_variable = 0;
  // Visualización de las dos variables.
  echo "\$variable_estática = $variable_estática <br />";
  echo "\$otra_variable = $otra_variable<br />";
  // Incremento de las dos variables.
  $variable_estática++;
  $otra_variable++;
}
// Primera llamada a la función.
echo '<b>Primera llamada a la función:</b><br />';
variable_estática();
// …
// Segunda llamada a la función.
echo '<b>Segunda llamada a la función:</b><br />';
variable_estática();
//…
// Tercera llamada a la función.
echo '<b>Tercera llamada a la función:</b><br />';
variable_estática();

?>
```

Resultado

```
Primera llamada a la función:
$variable_estática = 0
$otra_variable = 0
Segunda llamada a la función:
$variable_estática = 1
$otra_variable = 0
Tercera llamada a la función:
$variable_estática = 2
$otra_variable = 0
```

El valor sólo se conserva durante la ejecución del script: cuando este se termina, el valor se pierde y en la siguiente llamada del script la variable estática se reinicializa.

5. Las constantes y las funciones

En el capítulo Introducción al PHP, vimos que el alcance de las constantes es el script en el que están definidas.

A diferencia de las variables, este alcance se extiende a las funciones utilizadas en el script: una constante puede utilizarse dentro de la función si que esté declarada global. En sentido contrario, una constante definida en una función puede utilizarse en un script, tras la llamada a la función.

Ejemplo

```
<?php
// Definición de una constante en el script.
define(CONSTANTE_SCRIPT,'constante script');
// Definición de una función.
function constante() {
  // Que define una constante.
  define(CONSTANTE_FUNCION,"constante función");
  // Y que muestra una constante del script que invoca la función.
  echo 'En la función, CONSTANTE_SCRIPT = ',
        CONSTANTE_SCRIPT,'<br />';
}
// Llamada a la función.
constante();
// Visualización de la constante definida en la función.
echo 'En el script, CONSTANTE_FUNCION = ',
   CONSTANTE_FUNCION,'<br />';
?>
```

Resultado

```
En la función, CONSTANTE_SCRIPT = constante script
En el script, CONSTANTE_FUNCION = constante función
```

6. Recursividad

Al igual que numerosos lenguajes, PHP autoriza la recursividad, es decir, la posibilidad de que una función se invoque a sí misma.

Para ilustrar esta característica, vamos a escribir una función genérica que permita mostrar el contenido de una matriz, y si es preciso, multidimensional.

Código fuente

```
<?php
function mostrar_matriz($matriz,$titulo="",$nivel=0) {
  // Parámetros
  //    - $matriz = matriz de la que hay que mostrar el contenido
  //    - $titulo = título que debe mostrarse por encima del contenido
  //    - $nivel = nivel de visualización
  // Si hay un título, mostrarlo.
  if ($titulo != "") {
    echo "<br /><b>$titulo</b><br />";
  }
  // Comprobar si hay datos.
  if (isset($matriz)) { // hay datos
    // Recorrer la matriz pasada como parámetro.
    reset ($matriz);
    foreach($matriz as $clave => $valor) {
      // Mostrar la clave (con sangrado función
      // del nivel).
      echo
        str_pad('',12*$nivel, ' '),
        htmlentities($clave),' = ';
      // Mostrar el valor
      if (is_array($valor)) { // es una matriz...
        // poner una etiqueta <br />
        echo '<br />';
        // E invocar recursivamente mostrar_matriz
        // para mostrar la matriz en cuestión (sin título
        // y en el nivel siguiente para el sangrado)
        mostrar_matriz($valor,'',$nivel+1);
      } else { // es un valor escalar
        // Mostrar el valor.
        echo htmlentities($valor),'<br />';
      }
    }
  } else { // sin datos
    // Poner una simple etiqueta <br />
    echo '<br />';
  }
}
// Mostrar una matriz de colores.
$colores = array('Azul','Blanco','Rojo');
mostrar_matriz($colores,'Colores');
```

```
// Mostrar una matriz de dos dimensiones (país/ciudad).
$país = array('España' => array('Madrid','Barcelona','Zaragoza'),
              'Francia' => array('París','Nantes'));
mostrar_matriz($país,'País/Ciudades');
?>
```

Resultado

```
Colores
0 = Azul
1 = Blanco
2 = Rojo

País/Ciudades
España =
  0 = Madrid
  1 = Barcelona
  2 = Zaragoza
Francia =
  0 = París
  1 = Nantes
```

Para ser estricto, habría que comprobar que la variable facilitada inicialmente como primer parámetro es realmente una matriz.

Utilizaremos esta función en varias ocasiones, partiendo de la hipótesis de que forma parte de un juego de funciones genéricas definidas en un archivo que se incluye en el script en caso de necesidad.

B. Clases

1. Concepto

PHP ofrece funcionalidades clásicas de programación orientada a objetos:

- definición de clase;
- utilización de los métodos constructor y destructor;
- nociones de atributo o de método público, privado, protegido;
- herencia;
- nociones de clase o método abstracto, de clase o método final, de interfaz, de atributo o método estático (de clase);
- excepciones.

Una clase es un tipo compuesto que agrupa variables (llamadas atributos de la clase) y funciones (llamadas métodos de la clase). En sí misma, un clase no contiene datos; es sólo un modelo, una definición.

A partir de la clase, es posible definir ("crear") objetos que tienen la estructura de la clase y que, en su caso, sí tienen datos.

En este parte, presentaremos las características básicas utilizadas más a menudo: es una introducción práctica a la funcionalidad de objetos de PHP. Para saber más, consulte la documentación de PHP.

2. Definir una clase

La palabra clave `class` permite introducir la definición de una clase.

Sintaxis

```
class nombre_clase {
  // definición de los atributos
  [
  public | private | protected $atributo [= literal];
  ...
  ]
  // definición de los métodos
  [
  [public | private | protected] function método() {
    ...
  }
  ...
  ]
}
```

`nombre_clase`	Nombre de la clase (debe respetar las reglas para los nombres presentadas en el capítulo de Introducción a MySQL).
`$atributo`	Nombre de una variable correspondiente a un atributo de la clase.
`literal`	Valor inicial del atributo. Sólo las expresiones literales y las constantes son aceptadas; las expresiones compuestas o las funciones no están autorizadas.
`método`	Definición de una función correspondiente a uno de los métodos de la clase.

La visibilidad de los atributos y de los métodos viene definida por una de las palabras clave siguientes:

`public`	El atributo o el método son públicos y se puede acceder a ellos desde el exterior de la clase.
`private`	El atributo o el método son privados y sólo se puede acceder a ellos desde el interior de la clase.
`protected`	El atributo o el método están protegidos y sólo se puede acceder a ellos desde el interior de la clase o de las clases derivadas de la clase (véase la noción de herencia).

De manera predeterminada, un método es público. En cambio, la visibilidad del atributo debe especificarse.

Los métodos son definidos como funciones de usuario clásicas (con parámetros, instrucción `return`, etc.), pero, en el interior de la clase. Un método de una clase puede tener el mismo nombre que una función de usuario o que otro método de otra clase.

Uno de los métodos puede llevar el mismo nombre que la clase en la que está definido. Este método particular, llamado método **constructor** es automáticamente invocado en la creación de un nuevo objeto. En general, este método es utilizado para inicializar atributos que no pueden ser inicializados por una simple expresión literal. El método constructor de una clase puede recibir un nombre de manera unificada `__construct`. Este modo de denominación es recomendable, ya que facilita la invocación del método constructor de una clase principal en una clase derivada (véase la noción de herencia). En primer lugar, PHP busca siempre un método llamado `__construct`; si no lo encuentra, busca un método que lleve el mismo nombre que la clase.

Adicionalmente, es posible especificar un método **destructor** llamado `__destruct` (sin parámetro). Este método destructor es invocado automáticamente cuando se elimina la última referencia a un objeto. Este método puede emplearse para liberar recursos utilizados por el objeto (archivo, conexión a una base de datos, etc.).

Por último, se puede especificar un método **tostring** llamado `__toString` (sin parámetro) que permite convertir un objeto en cadena. Este método es automáticamente invocado cada vez que el objeto se utiliza en un contexto en el que PHP espera una cadena (por ejemplo, en un `echo`). Este método debe devolver una cadena en la que puede integrar la información que desea sobre el objeto.

En el interior de los métodos, el objeto actual puede referenciarse mediante la variable `$this`; para acceder a los atributos o a los métodos, sólo hay que utilizar el operador `->` seguido del nombre del atributo o del nombre del método, después del nombre de la variable `$this`.

Sintaxis

```
$this->atributo
$this->método([valor[, …]])
```

Asegúrese de que el signo `$` va con el nombre de la variable `this`, no con el nombre del atributo.

Ejemplo

```
<?php
// Definición de una clase destinada a almacenar información
// sobre un usuario.
class usuario {
  // Definición de los atributos.
  public  $apellidos; // apellidos del usuario
  public  $nombre; // nombre del usuario
  public  $idioma = 'es'; // idioma del usuario
                          // español de manera predeterminada
  private $timestamp; // fecha/hora de creación (privado)
  // Definición de los métodos:
  // - método constructor
  public function __construct($nombre,$apellidos) {
    // Inicializar los apellidos y el nombre
    // con los valores facilitados como parámetros.
    $this->nombre = $nombre;
    $this->apellidos = $apellidos;
    // Inicializar el timestamp con la función time().
    $this->timestamp = time();
  }
  // - método destructor
  public function __destruct() {
    // Simplemente muestra un mensaje.
    echo "<p><b>Eliminación de $this->apellidos</b></p>";
  }
  // - método de conversión del objeto en cadena
  public function __toString() {
    // Devuelve simplemente los apellidos y el nombre.
    return "__toString = $this->apellidos - $this->nombre";
  }
  // - método que modifica el idioma del usuario.
  public function idioma($idioma) {
    $this->idioma = $idioma;
  }
  // - método (privado) que da formato a la fecha/hora
  //   de creación del usuario.
  private function formatoTimestamp() {
    setlocale(LC_TIME,$this->idioma);
    return strftime('%c', $this->timestamp);
  }
  // - método que da información sobre el usuario
  public function datos() {
    $creación = $this->formatoTimestamp();
    return "$this->nombre $this->apellidos - $creación";
  }
}
?>
```

El alcance de una clase es el script en el que está definida. Para poder utilizarla en varios scripts, lo mejor es definirla en un archivo incluido allí donde la clase es necesaria.

3. Crear de un objeto

Para crear un objeto (o "instanciar" una clase) se parte de la definición de la clase. En cierto modo, esto significa definir una variable teniendo como "tipo" la clase.

La creación de objeto se efectúa gracias al operador `new`.

Sintaxis

```
$nombre_objeto = new nombre_clase[(valor[, …])]
```

`$nombre_objeto`	Variable destinada a almacenar el objeto.
`nombre_clase`	Nombre de la clase que sirve de "modelo" para el objeto.
`valor`	Parámetro posible pasado al método constructor de la clase invocada en la creación del objeto.

Tras la creación del objeto, puede accederse a los atributos y métodos públicos del objeto con el operador ->, en la variable `$nombre_objeto`, como con la variable `$this`.

No hay protección de los atributos públicos de los objetos; puede manipularse directamente.

Ejemplo

```
<?php
// Inclusión del archivo que contiene la definición
// de la clase usuario presentada anteriormente.
include('clases.inc');
// Creación de un objeto.
$yo = new usuario('Olivier','Heurtel');
// La variable $yo contiene ahora un objeto basado
// en la clase usuario. Puede accederse a los métodos
// mediante el operador ->.
// Utilización de los métodos del objeto.
echo "{$yo->datos()} <br/>";
$yo->idioma('us');  // modificación del idioma
echo "{$yo->datos()} <br/>";
// Modificación y lectura directa de un atributo público
$yo->nombre = strtoupper($yo->nombre);
echo "$yo->nombre <br />";
// Visualización directa del objeto => utilización de __toString
echo "$yo <br />";
?>
```

Resultado

```
Olivier Heurtel - 07/12/2007 21:09:28
Olivier Heurtel - 12/7/2007 09:09:28 PM
OLIVIER
__toString = HEURTEL - Olivier
Eliminación de HEURTEL
```

Como muestra este ejemplo, las variables de objeto pueden ser sustituidas como las otras (véase el capítulo Introducción a PHP - Las bases del lenguaje PHP) en las cadenas de caracteres delimitadas por comillas dobles. En caso de necesidad, pueden utilizarse llaves para delimitar la variable en el interior de la cadena.

Las reglas de alcance y de duración de las variables se aplican a los objetos (véase el capítulo Introducción a PHP - Las bases del lenguaje PHP).

4. Herencia

Es posible definir una nueva clase a partir de una clase existente con la palabra clave `extends`.

Sintaxis

```
class nombre_clase extends nombre_clase_base{
  // Definición de los atributos adicionales.
  [
  public | private | protected $atributo [= literal];
  ...
  ]
  // Definición de los métodos adicionales.
  [
  [public | private | protected] function método() {
    ...
  }
  ...
  ]
}
```

El significado de los diferentes elementos es el mismo que para la definición de una clase.

La nueva clase creada se denomina clase derivada y la que ha servido de "molde" para esta creación, clase base.

La nueva clase posee implícitamente los atributos y métodos de la clase base y puede definir nuevos, sobre todo un método constructor llamado `__construct`. Si la clase derivada no tiene método constructor, es el método constructor de la clase base la que es invocada en la creación de un objeto en la clase derivada.

Cuando el método constructor existe en la clase derivada, no hay llamada automática al método constructor de la clase base: si es necesario, hay que invocarlo explícitamente utilizando `parent::__construct()`.

Ejemplo

```
<?php
// Definición de una clase base.
class usuario {
  // Definición de los atributos.
  public  $apellidos; // apellidos del usuario
  public  $nombre; // nombre del usuario
  // Definición de los métodos:
  // - método constructor
  public function __construct($nombre,$apellidos) {
    // Inicializar los apellidos y el nombre
    // con los valores facilitados como parámetros
    $this->nombre = $nombre;
    $this->apellidos = $apellidos;
  }
  // - método que da la información sobre el usuario
  public function datos() {
    return "$this->nombre $this->apellidos";
  }
}
// Definición de una clase que deriva de la primera
class usuario_color extends usuario{
  // Definición de los atributos complementarios.
  public $colores; // colores preferidos del usuario
  // Definición de los métodos complementarios
  // - método constructor
  public function __construct($nombre,$colores) {
    // Llamada constructor de la clase base
    // para la primera parte de la inicialización.
    parent::__construct ($nombre,'X');
    // Inicialización específica complementaria.
    $this->colores = explode(',',$colores);
  }
  // - lista de los colores preferidos del usuario
  public function colores() {
    return implode(',',$this->colores);
  }
}
// Creación de un objeto en la clase derivada.
$yo = new usuario_color('Olivier','azul,blanco,rojo');
// Utilización de los métodos:
// - de la clase base
echo "{$yo->datos()}<br />"; // existe por herencia
// - de la clase derivada
echo "{$yo->colores()}<br />"; // existe en la clase
?>
```

Resultado

```
Olivier X
azul,blanco,rojo
```

En una clase derivada, es posible volver a declarar un método o un atributo que existe en la clase base. En ese caso, el operador `parent::` puede utilizarse para hacer referencia explícitamente a los atributos (`parent::atributo`) o métodos (`parent::método()`) de la clase base e identificar la ambigüedad de la denominación (este operador puede utilizarse incluso si no hay ambigüedad).

5. Otras características relacionadas con las clases

a. Clase o método abstractos

Una clase abstracta es una clase a partir de la cual no pueden crearse objetos. Por el contrario, una clase así puede servir de base a la definición de una clase derivada que sí podrá servir para crear objetos (salvo que sea también abstracta).

Un método abstracto es un método definido en una clase (siendo esta obligatoriamente abstracta), pero no implementado (el código del método no está presente). Un método así podrá implementarse en una clase derivada. Un método abstracto no puede ser privado.

En cuanto a la sintaxis, sólo hay que poner la palabra clave `abstract` delante de la definición de la clase o del método.

Una clase derivada que no implemente todos los métodos abstractos de la clase base es implícitamente abstracta (aunque la palabra clave `abstract` no esté presente).

Ejemplo

```
<?php
// Definición de una clase abstracta.
abstract class claseBase {
  // Atributo protegido.
  protected $x;
  // Dos métodos para acceder al atributo protegido:
  // - para leer
  public function get() {
    return "GET = $this->x";
  }
  // - para escribir
  //   > método abstracto
  abstract public function put($valor);
}
// Definición de una clase derivada que hereda de la clase base.
class claseDerivada extends claseBase {
  // Implementación del método de escritura.
  public function put($valor) {
    $this->x = $valor;
  }
}
// Utilización de la clase derivada.
$objeto = new claseDerivada();
$objeto->put(123);
echo "{$objeto->get()} <br />";
?>
```

Resultado

```
GET = 123
```

b. Clase o método finales

No se puede heredar una clase final.

Un método final no puede redefinirse en una clase derivada.

En cuanto a la sintaxis, sólo hay que poner la palabra clave `final` delante de la definición de la clase o del método.

Intentar heredar de una clase final genera un error:

```
Fatal error:  Class claseDerivada may not inherit from final
class (claseBase) in \app\scripts\index.php on line 10
```

Intentar redefinir un método final en una clase derivada genera un error:

```
Fatal error:  Cannot override final method
claseBase::métodoFinal() in \app\scripts\index.php on line 14
```

c. Interfaz

Una interfaz es una clase que sólo contiene especificaciones de métodos sin implementaciones. Una interfaz tampoco contiene atributos.

Pueden definirse otras clases posteriormente e implementar una o varias interfaces, es decir, implementar métodos de una o varias interfaces.

Sintaxis de definición de una interfaz

```
interface nombre_interfaz {
  // Definición de los métodos.
  [public] function método();
  …
}
```

`nombre_interfaz`	Nombre de la interfaz (debe respetar las reglas para los nombres presentadas en el capítulo de Introducción a PHP - Estructura básica de una página PHP).
`método`	Especificación de un método de la interfaz.

Los métodos de una interfaz son forzosamente públicos; la palabra clave `public` puede omitirse.

Es posible definir una nueva clase que implemente una o varias interfaces con la palabra clave `implements`.

Sintaxis

```
class nombre_clase implements nombre_interfaz[,…] {
…
}
```

Una clase de este tipo debe redefinir los diferentes métodos de las interfaces que implementa. Si uno de los métodos de las interfaces no es implementado, la clase debe ser abstracta.

Ejemplo

```
<?php
// Definición de dos interfaces.
interface lectura {
  function get();
}
interface escritura {
  function put($valor);
}
// Definición de una clase que implementa las dos interfaces.
class unaClase implements lectura,escritura {
  // Definición de un atributo cualquiera.
  private $x;
  // Implementación del método de lectura.
  public function get() {
    return $this->x;
  }
  // Implementación del método de escritura.
  public function put($valor) {
    $this->x = $valor;
  }
}
?>
```

d. Atributo o método estático - Constante de clase

Un atributo o un método estático pueden utilizarse directamente sin creación previa de un objeto. También se habla de atributo o de método de clase.

Para definir un atributo o un método estático, simplemente hay que poner la palabra clave `static` delante de la definición del atributo o del método.

Para referenciar un atributo o un método estático, hay que utilizar la sintaxis `nombre_clase::$nombre_atributo` o `nombre_clase::nombre_método()`.

Una constante de clase es una constante definida en una clase utilizable directamente sin creación previa de un objeto (como un atributo de clase, pero constante).

Sintaxis de definición de una constante de clase

```
const nombre_constante = valor;
```

`nombre_constante`	Nombre de la constante.
`valor`	Valor de la constante.

Una constante de clase es implícitamente pública.

Para referencia una constante de clase, hay que utilizar la sintaxis `nombre_clase::nombre_constante`.

Ejemplo

```
<?php
// Definición de una clase.
class unaClase {
  // Atributo privado cualquiera.
  private $x;
  // Atributo privado estático para almacenar
  // el número de objetos creados.
  static private $número = 0;
  // Constante de clase para definir un valor
  // por defecto.
  const DEFECTO = 'X';
  // Función pública estática que devuelve
  // el número de objetos.
  static public function númeroObjetos() {
    return unaClase::$número;
  }
  // Método constructor
  // - recuperar el valor del atributo (valor por defecto
  //   = la constante de clase)
  // - incrementar el número de objetos
  public function __construct($valor = unaClase::DEFECTO) {
    $this->x = $valor;
    unaClase::$número++;
    echo "Creación del objeto: $this->x<br />";
  }
  // Método destructor.
  // - decrementar el número de objetos
  public function __destruct() {
    unaClase::$número--;
    echo "Eliminación del objeto: $this->x<br />";
  }
}
// Crear dos objetos.
$desconocido = new unaClase();
$abc = new unaClase ('ABC');
// Mostrar el número de objetos
echo unaClase::númeroObjetos(),' objeto(s)<br />';

// "Eliminar" un objeto.
unset($desconocido);
// Mostrar el número de objetos
echo unaClase::númeroObjetos(),' objeto(s)<br />';
?>
```

Resultado

```
Creación del objeto: X
Creación del objeto: ABC
2 objeto(s)
Eliminación del objeto: X
1 objeto(s)
Eliminación del objeto: ABC
```

6. Excepciones

Las funcionalidades orientadas a objetos de PHP utilizan la noción de excepción para gestionar los errores (como los lenguajes C++ y Java).

La idea consiste en incluir el código susceptible de generar errores en un bloque `try` y asociarle un bloque `catch` destinado a interceptar los errores y a tratarlos:

Estructura general

```
try {
  // Código susceptible de generar errores.
  …
} catch (Exception $e) {
  // Código destinado a tratar los errores.
  …
}
```

La clase `Exception` es una clase que contiene principalmente los siguientes métodos:

`__construct`	Método constructor que acepta dos parámetros: un mensaje de error y un código de error (opcional).
`getMessage`	Método que permite recuperar el mensaje de error.
`getCode`	Método que permite recuperar el código de error.

Dentro del bloque `try`, una excepción puede identificarse mediante una instrucción del tipo `throw new Exception(mensaje[,código])`. En el bloque `catch`, los métodos `getMessage` y `getCode` permiten recuperar información sobre el error y tratarlo. En caso de excepción en un bloque `try`, el tratamiento enlaza directamente con el bloque `catch`: el resto del bloque `try` no se ejecuta.

Ejemplo

```
<?php
// Definición de una clase.
class unaClase {
  // Un atributo cualquiera.
  private $x;
  // Método constructor.
  public function __construct($valor) {
    $this->x = $valor;
  }
  // Método que efectúa una acción cualquiera.
```

```
  public function accion() {
    // Por una razón determinada, la acción se prohíbe
    // si el atributo es negativo: se identifica una acción.
    if ($this->x < 0) {
      throw new Exception('Acción prohibida',123);
    }
  }
}
// Crear dos objetos.
$objeto = new unaClase(1);
try {
  echo 'Objeto 1: ';
  $objeto->accion(); // no va a identificar ninguna excepción
  echo 'OK<br />';
} catch (Exception $e) {
  echo 'ERROR',$e->getCode(),' - ',$e->getMessage(),'<br />';
}
$objeto = new unaClase(-1);
try {
  echo 'Objeto 2 : ';
  $objeto->accion(); // va a identificar una excepción
  echo 'OK<br />';
} catch (Exception $e) {
  echo 'ERROR',$e->getCode(),' - ',$e->getMessage(),'<br />';
}
?>
```

Resultado

```
Objeto 1: OK
Objeto 2: ERROR 123 - Acción prohibida
```

Capítulo 9 : Gestionar los errores en un script PHP

A. Visión de conjunto

Un error, en un script PHP, puede manifestarse de dos maneras, simultáneas en algunos casos:

- por un valor de retorno particular de la función PHP en la que se ha producido el error;
- por un mensaje enviado directamente en la página.

Ejemplos

Función	Comportamiento en caso de error
`require`	Si el archivo pasado como parámetro no existe, se muestra un mensaje pero la función no devuelve ningún código particular.
`mysqli_query`	Si el servidor MySQL devuelve un error en la ejecución de una consulta, no se muestra ningún mensaje pero la función devuelve `FALSE` (pudiendo conocer el tipo de error mediante otras funciones).
`mysqli_connect`	Si el servidor MySQL devuelve un error en la conexión, se muestra un mensaje y la función devuelve `FALSE` (pudiendo conocer el tipo de error mediante otras funciones).

Gestionar los errores en un script PHP consiste, por lo tanto, y de manera general, en establecer un mecanismo que permita detectar un error con el fin de mostrar por sí mismo un mensaje en lugar del mensaje mostrado directamente por PHP.

B. Los mensajes de error de PHP

Los mensajes de error (o de alerta) mostrados por PHP tienen un nivel correspondiente a su relevancia:

Valor	Constante asociada	Descripción
1	`E_ERROR`	Error grave de ejecución (mensaje "fatal error: ..."). El script no se ejecuta. Ejemplos: llamada a una función que no existe, archivo mencionado en la instrucción `require` que no existe.
2	`E_WARNING`	Alerta de ejecución (mensaje "warning: ..."). El script continúa. Ejemplo: intento de apertura, con `fopen`, de un archivo que no existe, fallo al abrir una conexión MySQL... En general, la continuación del script provoca otros mensajes del mismo tipo.

4	`E_PARSE`	Error de compilación ("Parse error: ..."). El script no se ejecuta. Ejemplo: olvido de un punto y coma, de un paréntesis de cierre...
8	`E_NOTICE`	Advertencia durante la ejecución (mensaje "Notice: ..."). De manera predeterminada, PHP está configurado para no mostrar estas advertencias. El script continúa. Ejemplo: utilización de una variable no inicializada.
16	`E_CORE_ERROR`	Error grave durante la inicialización de PHP.
32	`E_CORE_WARNING`	Alerta durante la inicialización de PHP.
64	`E_COMPILE_ERROR`	Error grave durante la compilación.
128	`E_COMPILE_WARNING`	Alerta durante la compilación.
256	`E_USER_ERROR`	Error generado por el programador.
512	`E_USER_WARNING`	Alerta generada por el programador.
1024	`E_USER_NOTICE`	Advertencia generada por el programador.
2048	`E_STRICT`	Consejos durante la ejecución. Autoriza a PHP a sugerir modificaciones para mejorar la portabilidad del código, sobre todo con vistas a las futuras versiones (utilización de una función obsoleta, por ejemplo). Parece ocultar los errores de nivel inferior. Este nivel apareció con la versión 5.
4096	`E_RECOVERABLE_ERROR`	Error grave recuperable. Si el error no es gestionado por el programador (véase más adelante), el script se interrumpe. Añadido en la versión 5.2.0.
6143	`E_ALL`	Todos los errores y advertencias (conjunto de los niveles anteriores), con la excepción de `E_STRICT`. En la versión 5, `E_ALL` era el 2047: todos los errores y advertencias, con la excepción de `E_STRICT` y `E_RECOVERABLE_ERROR`.

Ejemplo de error grave

```
<?php
$archivo = fope ('/tmp/info.txt','r');
$texto = fread($archivo,100);
fclose($archivo);
?>
```

Resultado

```
Fatal error: Call to undefined function: fope() in /app/scripts/index.php on line 2
```

Ejemplos de alerta

```
<?php
$archivo = fopen('/tmp/infos.txt','r');
$texto = fread($archivo,100);
fclose($archivo);
?>
```

Resultado

```
Warning: fopen(/tmp/infos.txt) [function.fopen]: failed to
open stream: No such file or directory in /app/scripts/index.php on line 2
Warning: fread(): supplied argument is not a valid stream
resource in /app/scripts/index.php on line 3
Warning: fclose(): supplied argument is not a valid stream
resource in /app/scripts/index.php on line 4
```

Ejemplo de error de análisis

```
<?php
echo '¡Hola!<br />'      // ¡sin punto y coma!
echo '¡Bienvenido!<br />';
?>
```

Resultado

```
Parse error: syntax error, unexpected T_ECHO, expecting ','
or ';' in /app/scripts/index.php on line 3
```

C. Las funciones de gestión de los errores

PHP ofrece varias funciones que permiten gestionar correctamente los errores en un script:

Nombre	Rol
`error_reporting`	Define los niveles de error que muestra PHP.
`error_log`	Envía un mensaje de error hacia un destino (un archivo, por ejemplo).
`set_error_handler`	Indica el nombre de una función de usuario para gestionar errores.
`restore_error_handler`	Activa el antiguo manejador de errores.
`trigger_error, user_error`	Desencadena un error definido por el programador (`user_error` es un alias de `trigger_error`).

Nombre	Rol
`error_get_last`	Devuelve información sobre el último error encontrado en el script.

Además, el operador `@`, colocado delante del nombre de una función, permite eliminar la visualización de los mensajes generados en caso de error en la función.

Ejemplo

```
<?php
$archivo = @fopen('/tmp/infos.txt','r');
$texto = @fread($archivo,100);
@fclose($archivo);
?>
```

Durante la ejecución de este script, no se muestra ningún mensaje aunque el archivo solicitado no exista.

Si el error provoca la detención del script, la utilización del operador `@` no cambia nada; la página mostrada estará vacía o incompleta, y el usuario no verá ningún mensaje. Por lo tanto, conviene comprobar el resultado de las funciones, o utilizar un manejador de errores, para controlar el funcionamiento de la aplicación y hacer las operaciones necesarias.

error_reporting

La función `error_reporting` permite definir los niveles de error para los cuales el programa deja que PHP muestre los mensajes.

Sintaxis

entero `error_reporting([`*entero* `niveles])`

`niveles` Niveles de error mostrados por PHP, expresados en forma de una suma de los valores asignados a cada nivel.

La función `error_reporting` devuelve el antiguo valor. Invocada sin parámetro, esta función simplemente devuelve el valor actual sin cambiar nada.

Para definir los niveles deseados, se recomienda encarecidamente, con vistas a una compatibilidad futura, utilizar las constantes y no poner los valores sin más en la aplicación.

La constante `E_ALL`, igual a la suma de todas las otras constantes (salvo `E_STRICT`) puede utilizarse para solicitar la visualización de todos los niveles de error.

En sentido contrario, un nivel igual a 0 provoca la eliminación de la visualización de todos los mensajes; es el equivalente, para el conjunto del script, del operador `@` que puede utilizarse en una función.

Tal como están definidos los valores de niveles de error, especificar varios niveles es una tarea sencilla gracias a las operaciones aritméticas en las constantes.

Ejemplo

E_ERROR+E_WARNING

Niveles E_ERROR y E_WARNING

E_ALL-E_USER_ERROR-E_USER_WARNING-E_USER_NOTICE

Todos los niveles salvo E_USER_ERROR, E_USER_WARNING, y E_USER_NOTICE

El valor predeterminado (todo salvo E_NOTICE = E_ALL-E_NOTICE) es definido por la directiva de configuración error_reporting.

Además, la directiva de configuración display_errors permite autorizar (on) o prohibir (off) la visualización de los mensajes de error; si display_errors se encuentra en off, dar un valor cualquiera a error_reporting (en el archivo ini o en un script) no tiene ningún efecto.

En fase de desarrollo, es recomendable mostrar todos los errores (E_ALL), incluidas las advertencias, con el fin de escribir el código más limpio posible.

Ejemplo

```
<?php
// Valor actual de error_reporting.
echo '<b>error_reporting = ',error_reporting(),'</b><br />';
// De manera predeterminada, igual a todo sal-
vo E_NOTICE = E_ALL - E_NOTICE.
echo '= E_ALL - E_NOTICE = ',(E_ALL-E_NOTICE),'<br />';
// Visualización de una variable no inicializada.
echo "\$x (no inicializada) = $x => sin mensaje <br />";
// Paso de error_reporting a E_ALL (todo)
error_reporting(E_ALL);
echo '<b>error_reporting = E_ALL</b><br />';
// Visualización de una variable no inicializada.
echo "\$x (no inicializada) = $x => mensaje <br />";
// Lectura de un archivo que no existe.
if (! readfile('/tmp/infos.txt')) {
   echo 'Error en readfile => mensaje<br />';
};
// Paso de error_reporting a 0 (nada).
error_reporting(0);
echo '<b>error_reporting = 0</b><br />';
// Lectura de un archivo que no existe.
if (! readfile('/tmp/infos.txt')) {
   echo 'Error en readfile => ya no hay mensajes<br />';
};
?>
```

Resultado

```
error_reporting = 6135
= E_ALL - E_NOTICE = 6135
$x (no inicializada) = => sin mensaje
error_reporting = E_ALL
Notice: Undefined variable: x in /app/scripts/index.php on line 12
$x (no inicializada) = => mensaje
Warning: readfile(/tmp/infos.txt) [function.readfile]: failed
to open stream: No such file or directory in /app/scripts/index.php on line 14
Erreur dans readfile => mensaje
error_reporting = 0
Error en readfile => ya no hay mensajes
```

En general, ya en producción, es recomendable desactivar la visualización de los mensajes de error (bien mediante una directiva de configuración, bien mediante una llamada a `error_reporting(0)` al principio de cada script para ser independiente de la configuración). Ésta inhibición de los mensajes de error, justificada por una parte por razones de seguridad (los mensajes de error de PHP revelan información sobre el árbol del servidor) permite igualmente mostrar por uno mismo mensajes limpios.

error_log

La función `error_log` permite enviar un mensaje de error hacia un destino dado.

Sintaxis

```
entero error_log(cadena mensaje, entero tipo_destino,
[cadena destino[,cadena complemento]])
```

`mensaje`	Mensaje para enviar
`tipo_destino`	Tipo de destino: 0 : historial PHP; 1: dirección electrónica; 2: depuración; 3: archivo
`destino`	Precisa el destino para los tipos de 1 a 3: 1: dirección electrónica; 2: dirección (IP o nombre) del puesto remoto y, si es preciso, número de puerto; 3: nombre del archivo (creado automáticamente si no existe)
`complemento`	Encabezado(s) complementario(s) para enviar en el mensaje en el caso 1 (ver la función `mail` en el capítulo Utilizar las funciones PHP - Enviar un correo electrónico)

La función `error_log` devuelve `TRUE` si el mensaje ha podido enviarse y `FALSE` en caso contrario.

Para el tipo 0 (historial de PHP), el archivo de destino está definido por la directiva de configuración `error_log`.

Si la directiva de configuración `log_errors` se encuentra en `on`, los mensajes son sistemáticamente escritos en el archivo especificado por la directiva `error_log`, sin que sea necesario invocar la función `error_log`.

El tipo de destino 2 permite utilizar una "consola" de depuración en un equipo remoto del servidor. En líneas generales, debe desarrollarse una pequeña aplicación (en C, C++, VisualBasic ...) en el equipo en cuestión, para recuperar, en un socket, la información enviada por la aplicación en PHP. No profundizaremos sobre esta posibilidad en este libro.

Ejemplo

```
<?php
// Sin visualización de los errores en el script.
error_reporting(0);
// Lectura de un archivo que no existe.
$nombre_archivo = '/tmp/infos.txt';
if (! readfile($nombre_archivo)) {
   // Escritura de un mensaje de error en un archivo de seguimiento
   // específico en la aplicación
   error_log("No es posible leer el archivo $nombre_archivo.\n",
             3,'/app/logs/miAplicacion.log');
   // Visualización de un mensaje para el usuario.
   echo 'Su solicitud no puede atenderse en este momento; ',
        'inténtelo de nuevo más tarde.';
};
?>
```

Resultado en el archivo miAplicacion.log

```
No se puede leer el archivo /tmp/infos.txt.
```

Resultado en el explorador

```
Su solicitud no puede atenderse en este momento; inténtelo de nuevo más tarde.
```

La función `error_log` es práctica, en fase de test o de producción, para conservar el historial de un error en alguna parte. Sin embargo, no sustituye la visualización de un mensaje explícito para el usuario.

set_error_handler

La función `set_error_handler` permite especificar el nombre de una función de usuario que debe invocarse para gestionar los errores de manera centralizada.

Sintaxis

```
cadena set_error_handler(cadena función[,entero niveles])
```

Con

`función`	Nombre de la función encargada de gestionar los errores
`niveles`	Niveles de error concernidos (apareción en la versión 5)

La función `set_error_handler` devuelve el nombre de la antigua función encargada de la gestión de los errores (cadena vacía si no había) o `FALSE` en caso de error.

La función de gestión de los errores debe aceptar como mínimo dos parámetros, el primero para el nivel del error y el segundo para el mensaje de error. Pueden especificarse tres parámetros adicionales para el nombre del archivo en el que ha aparecido el error, el número de la línea en la que se ha generado el error y el contexto del error (matriz de todas las variables que existían en el momento del error).

Desde el momento en que se especifica un manejador de errores, PHP deja de mostrar mensajes, sea cual sea el valor de `error_reporting`. Además, de manera predeterminada, el manejador de errores es invocado para todos los errores, independientemente de su nivel y del valor de `error_reporting`. El parámetro `niveles` permite especificar los niveles pertinentes. Los niveles `E_ERROR`, `E_PARSE`, `E_CORE_ERROR`, `E_CORE_WARNING`, `E_COMPILE_ERROR` y `E_COMPILE_WARNING` no pueden gestionarse de esta manera.

Ejemplo

```
<?php
// Definir el manejador de errores.
function manejador_errores
            ($nivel,$mensaje,$archivo,$línea) {
   // Mostrar el archivo en cuestión con el número de línea.
   echo "Archivo = $archivo<br />";
   echo "Línea   = $línea<br />";
   // Mostrar el nivel y el mensaje.
   echo "Nivel = $nivel <br />";
   echo "Mensaje = $mensaje<br />";
}
// Especificar el manejador que debe utilizarse.
set_error_handler('manejador_errores');
// Generar un error.
readfile('/tmp/infos.txt');
// Mostrar un mensaje final.
echo 'Fin';
?>
```

Resultado

```
Archivo = /app/scripts/index.php
Línea = 15
Nivel = 2
Mensaje = readfile(/tmp/infos.txt) [function.readfile]:
failed to open stream: No such file or directory
Fin
```

Este ejemplo muestra que si el error no provoca la interrupción del script, este último continúa tras la llamada al manejador de errores; de él depende, pues, la detención de la ejecución del script mediante la instrucción `exit` o la función `die` (véase el capítulo Introducción a PHP - Las bases del lenguaje PHP).

Ejemplo

```
<?php
// Definir el manejador de errores.
function manejador_errores
            ($nivel,$mensaje,$archivo,$línea) {
   // Mostrar el archivo en cuestión con el número de línea.
   echo "Archivo = $archivo<br />";
   echo "Línea   = $línea<br />";
   // Mostrar el nivel y el mensaje.
   echo "Nivel = $nivel <br />";
   echo "Mensaje = $mensaje<br />";
   // Interrumpir el script
   exit;
}
// Especificar el manejador que debe utilizarse.
set_error_handler('manejador_errores');
// Generar un error.
readfile('/tmp/infos.txt');
// Mostrar un mensaje final.
echo 'Fin';
?>
```

Resultado

```
Archivo = /app/scripts/index.php
Línea = 15
Nivel = 2
Mensaje = readfile(/tmp/infos.txt) [function.readfile]:
failed to open stream: No such file or directory
```

En el manejador de errores, es posible utilizar la función `header` (véase el capítulo Gestionar los formularios y los vínculos con PHP - Ir a otra página) para redirigir al usuario hacia una página HTML o un script PHP encargado de la visualización de los mensajes de errores.

Esta técnica es muy práctica, ya que permite centralizar la gestión de los errores (la función puede definirse en un archivo incluido) y separar claramente el código encargado del procesamiento normal, del código encargado de gestionar los errores.

restore_error_handler

La función `restore_error_handler` permite restaurar el antiguo manejador de errores tras un cambio efectuado con `set_error_handler`.

Sintaxis

```
restore_error_handler()
```

Ejemplo

```
<?php
// Definir un primer manejador de errores.
function manejador1 ($número,$mensaje) {
   // Muestra un simple mensaje
   echo '=> manejador n° 1<br />';
}
// Definir un segundo manejador de errores.
function manejador2 ($número,$mensaje) {
   // Muestra un simple mensaje
   echo '=> manejador n° 2<br />';
}
// Definir una función que genere un error.
function generar_error() {
   // Mostrar un mensaje.
   echo 'Generar un error<br />';
   // Lectura de un archivo que no existe.
   readfile('/tmp/infos.txt');
}
// Primera secuencia: sin manejador.
echo '<b>Sin manejador</b><br />';
generar_error();
// Segunda secuencia: manejador número 1.
set_error_handler('manejador1');
echo '<b>Utilizar el manejador n° 1</b><br />';
generar_error();
// Tercera secuencia: manejador número 2.
set_error_handler('manejador2');
echo '<b>Utilizar el manejador n° 2</b><br />';
generar_error();
// Cuarta secuencia: restaurar el antiguo manejador.
restore_error_handler();
echo '<b>Primer restore_error_handler()</b><br />';
generar_error();
// Quinta secuencia: restaurar el antiguo manejador.
restore_error_handler();
echo '<b>Segundo restore_error_handler()</b><br />';
generar_error();
?>
```

Resultado

Sin manejador
Generar un error
Warning: readfile(/tmp/infos.txt) [function.readfile]: failed to open stream: No such file or directory in **/app/scripts/index.php** on line **17**
Utilizar el manejador n° 1
Generar un error
=> manejador n° 1

```
Utilizar el manejador n° 2
Generar un error
=> manejador n° 2
Primer restore_error_handler()
Generar un error
=> manejador n° 1
Segundo restore_error_handler()
Generar un error
Warning: readfile(/tmp/infos.txt) [function.readfile]: failed
to open stream: No such file or directory in /app/scripts/index.php
on line 17
```

Este ejemplo ilustra la posibilidad de poner o quitar los manejadores de errores en serie gracias a las funciones `set_error_handler` y `restore_error_handler`.

Si una parte de un script requiere un manejador diferente del utilizado en el resto del script, sólo hay que invocar `set_error_handler` al principio de la sección correspondiente para definir el manejador y luego `restore_error_handler` al final de la sección para restituir el antiguo.

Por otro lado, nótese que el manejador predeterminado, es decir, el de PHP, es sistemáticamente restituido al final de la ejecución de un script; por lo tanto, no es necesario invocar `restore_error_handler` al final del script.

trigger_error (o su alias user_error)

La función `trigger_error` permite desencadenar un error definido por el programador como si este error hubiera sido desencadenado de manera nativa por PHP.

Sintaxis

`trigger_error(`*cadena* `mensaje,` *entero* `nivel)`

`mensaje` Mensaje del error.

`nivel` Nivel del error entre `E_USER_EROR`, `E_USER_WARNING` y `E_USER_NOTICE` (¡cualquier otro valor genera un error!)

El error desencadenado por `trigger_error` es tratado por el manejador interno de PHP (visualización del mensaje) o, si se da el caso, por el manejador definido por `set_error_handler`. En el primer caso, el script se interrumpe si el nivel del error es igual a `E_USER_ERROR` (si no, continúa). En el segundo caso, el script continúa cualquier que sea el nivel del error (será el manejador quien interrumpa el script si es necesario).

Ejemplo con el manejador interno

```
<?php
// Desencadenar un error E_USER_NOTICE.
trigger_error('*** mi mensaje ***',E_USER_NOTICE);
// Desencadenar un error E_USER_WARNING.
trigger_error('*** mi mensaje ***',E_USER_WARNING);
// Desencadenar un error E_USER_ERROR.
trigger_error('*** mi mensaje ***',E_USER_ERROR);
```

```
// Mostrar un mensaje final.
echo 'Fin';

?>
```

Resultado

```
Notice: *** mi mensaje *** in /app/scripts/index.php on line 3
Warning: *** mi mensaje *** in /app/scripts/index.php on line 5
Fatal error: *** mi mensaje *** in /app/scripts/index.php on line 7
```

Este ejemplo muestra que los dos primeros errores (niveles `E_USER_NOTICE` y `E_USER_WARNING`) no provocan la detención del script, a diferencia del tercero (nivel `E_USER_ERROR`).

Ejemplo con un manejador externo

```
<?php
// Definir el manejador de errores.
function manejador_errores($nivel,$mensaje) {
   // Mostrar simplemente el nivel y el mensaje.
   echo "Nivel = $nivel <br />";
   echo "Mensaje = $mensaje<br />";
   // No interrumpir el script.
   // exit;
}
// Especificar el manejador que debe utilizarse.
set_error_handler('manejador_errores');
// desencadenar un error E_USER_NOTICE
trigger_error('*** mi mensaje ***',E_USER_NOTICE);
// desencadenar un error E_USER_WARNING
trigger_error('*** mi mensaje ***',E_USER_WARNING);
// desencadenar un error E_USER_ERROR
trigger_error('*** mi mensaje ***',E_USER_ERROR);
// mostrar un mensaje final
echo 'Fin';

?>
```

Resultado

```
Nivel = 1024
Mensaje = *** mi mensaje ***
Nivel = 512
Mensaje = *** mi mensaje ***
Nivel = 256
Mensaje = *** mi mensaje ***
Fin
```

error_get_last

La función `error_get_last` devuelve información sobre el último error encontrado en el script. Esta función apareció en la versión 5.2.3.

Sintaxis

```
matriz error_get_last()
```

La función `error_get_last` devuelve una matriz asociativa que contiene las claves `type`, `message`, `file` y `line`:

Ejemplo

```
<?php
// Generar un error (sin mostrarlo: @...).
@readfile('/tmp/infos.txt');
// Continuar el script.
echo 'continuación...<br />';
// Mostrar información sobre el último error.
foreach (error_get_last() as $clave => $valor) {
  echo "$clave => $valor<br />";
}
?>
```

Resultado

```
continuación...
type => 2
message => readfile(/tmp/infos.txt) [function.readfile]: failed to open
stream: No such file or directory
file => /app/scripts/index.php
line => 3
```

La variable $php_errormsg

Si la directiva de configuración `track_errors` se encuentra en `on`, el mensaje del último error está disponible en la variable `$php_errormsg`.

La utilización de esta variable directamente en un script es un posible sustituto de un manejador errores.

Existen numerosas directivas de configuración relativas a los errores, además de las presentadas en este capítulo. Para saber más, consulte la documentación de PHP.

Capítulo 10 : Gestionar los formularios y los vínculos con PHP

A. Visión de conjunto

1. Introducción

En los sitios web dinámicos e *interactivos*, a menudo es necesario interactuar con el usuario.

En HTML, existen dos métodos principales para interactuar con un usuario:

- los vínculos (etiqueta `<a>`);
- los formularios (etiqueta `<form>`).

Pueden utilizarse scripts PHP para procesar el clic del usuario en un vínculo o la entrada de datos del usuario en un formulario.

2. Las vínculos

El vínculo es la técnica básica que permite navegar a un usuario entre las diferentes páginas de un sitio web.

Un vínculo HTML se crea con las etiquetas `<a>` y `</a>`.

Sintaxis simplificada

```
<a
  [ action="url" ]
  [ id="identificador_vínculo" ]
  [ target="meta" ]
>
...
</a>
```

Los atributos de la etiqueta `<a>` son los siguientes:

`action`	URL (*Uniform Resource Locator*) relativa o absoluta a la que hace referencia el vínculo, en nuestro caso, un script PHP.
`id`	Identificador del vínculo. Si la página HTML contiene varios vínculos, el identificador permite diferenciarlos. No obstante, este identificador no tiene mayor interés para nosotros, puesto que no se procesa en el script ligado al vínculo. Por el contrario, puede ser utilizado del lado cliente, en JavaScript, por ejemplo.
`target`	Destino (por ejemplo, otra ventana) en la que abrir la dirección meta. De manera predeterminada, la dirección meta se muestra en la misma ventana.

La dirección puede contener parámetros que permiten pasar información de una página a otra.

Sintaxis

```
url_clásica?nombre=valor[&...]
```

El punto de interrogación (?) introduce la lista de los parámetros de la dirección separados por el carácter et (&); cada parámetro está constituido por una pareja nombre/valor con la forma nombre=valor:

```
www.misitio.com/info/index.php?nombre=Olivier
buscar.php?nombre=Olivier&apellido=HEURTEL
```

Ejemplo

- Script pagina1.php

```
<?php
// Inicialización de una variable.
$nombre='Olivier';
?>
<!DOCTYPE html PUBLIC "-//W3C//DTD XHTML 1.0 Strict//EN"
  "http://www.w3.org/TR/xhtml1/DTD/xhtml1-strict.dtd">
<html xmlns="http://www.w3.org/1999/xhtml">
  <head><title>Página 1</title></head>
  <body>
    <div>
    <!-- vínculo hacia la página 2 pasando el valor de $nombre
         a través de la dirección -->
    <a href="pagina2.php?nombre=<?php echo $nombre; ?> ">Pagina 2</a>
    </div>
  </body>
</html>
```

- Código fuente de la página en el explorador

```
<!DOCTYPE html PUBLIC "-//W3C//DTD XHTML 1.0 Strict//EN"
  "http://www.w3.org/TR/xhtml1/DTD/xhtml1-strict.dtd">
<html xmlns="http://www.w3.org/1999/xhtml">
  <head><title>Página 1</title></head>
  <body>
    <div>
    <!-- vínculo hacia la página 2 pasando el valor de $nombre
         a través de la dirección -->
    <a href="pagina2.php?nombre=Olivier">Página 2</a>
    </div>
  </body>
</html>
```

- Script pagina2.php

```
<?php
echo "Página 2 - Hola $nombre";
?>
```

Resultado

- Visualización de la página 1

- Resultado del clic en el vínculo

De momento, no se muestra ningún nombre en la segunda página. La variable `$nombre` definida en el script `pagina1.php` no está disponible en el script `pagina2.php` (véase el capítulo Introducción a PHP - Las bases del lenguaje PHP sobre el alcance y la vida de las variables). Además, nuestro script no contiene ninguna instrucción que permita recuperar los datos pasados a través de la dirección; veremos cómo proceder en el apartado Recuperar los datos de una dirección o de un formulario.

3. Los formularios

a. Pequeño recordatorio sobre los formularios

El formulario es una herramienta básica indispensable para los sitios web dinámicos, puesto que permite al usuario introducir información y, por lo tanto, interactuar con el sitio.

Un formulario HTML se crea mediante las etiquetas `<form>` y `</form>`.

Sintaxis simplificada

```
<form
  [ action="url_de_proceso" ]
  [ method="GET"|"POST" ]
  [ id="identificador_formulario" ]
  [ target="destino" ]
>
...
</form>
```

Los atributos de la etiqueta `<form>` son los siguientes:

`action` URL relativa o absoluta (*Uniform Resource Locator*) que procesará el formulario, en nuestro caso, un script PHP. Este atributo es obligatorio para ajustarse a la recomendación XHTML estricto.

`method` Modo de transmisión hacia el servidor de los datos introducidos en el formulario. `GET` (valor predeterminado): los datos del formulario son transmitidos en la dirección URL. `POST`: los datos del formulario son transmitidos en el cuerpo de la consulta.

`id` Identificador del formulario. Si la página HTML contiene varios formularios, el identificador permite diferenciarlos. En nuestro caso, este identificador no tiene mayor interés para nosotros, puesto que no se procesa en el script de proceso del formulario. Por el contrario, puede ser utilizado del lado cliente, en JavaScript, por ejemplo.

`target` Destino (por ejemplo, otra ventana) en la que abrir la dirección meta.

Entre las etiquetas `<form>` y `</form>`, es posible colocar las etiquetas `<input>`, `<select>` o `<textarea>` para definir zonas de entrada de datos.

Ejemplo (formulario HTML completo)

```
<!DOCTYPE html PUBLIC "-//W3C//DTD XHTML 1.0 Strict//EN"
  "http://www.w3.org/TR/xhtml1/DTD/xhtml1-strict.dtd">
<html xmlns="http://www.w3.org/1999/xhtml">
  <head>
    <title>Entrada de datos</title>
  </head>
  <body>
    <form action=" " method="post">
    <div>
      Nombre:
      <input type="text" name="nombre" value=""
           size="20" maxlength="20" />
      Contraseña:
      <input type="password" name="contraseña" value=""
           size="20" maxlength="20" />
      <br />Sexo:
      <input type="radio" name="sexo" value="M" />Hombre
      <input type="radio" name="sexo" value="F" />Mujer
```

```
      <input type="radio" name="sexo" value="?"
                              checked="checked" />No sabe
      <br />Foto:
      <input type="file" name="foto" value="" size="50" />
      <br />Colores preferidos:
      <input type="checkbox" name="colores[azul]" />Azul
      <input type="checkbox" name="colores[blanco]" />Blanco
      <input type="checkbox" name="colores[rojo]" />Rojo
      <input type="checkbox" name="colores[no]"
                                  checked="checked" />No sabe
      <br />Idioma:
      <select name="idioma">
        <option value="F">Francés</option>
        <option value="E" selected="selected" >Español</option>
        <option value="I">Italiano</option>
      </select>
      <br />Frutas preferidas:<br />
      <select name="frutas[]" multiple="multiple" size="8">
        <option value="A">Albaricoques</option>
        <option value="C">Cerezas</option>
        <option value="F">Fresas</option>
        <option value="P">Melocotones</option>
        <option value="?" selected="selected">
                        No sabe</option>
      </select>
      <br />Comentario:<br />
      <textarea name="comentario" rows="4" cols="50"></textarea>
      <br />
      <input type="hidden" name="invisible" value="123" /><br />
      <input type="submit" name="enviar" value="Enviar" />
      <input type="image" name="validar" src="validar.gif" />
      <input type="reset" name="limpiar" value="Limpiar" />
      <input type="button" name="action" value="No hace nada" />
    </div>
    </form>
  </body>
</html>
```

Resultado

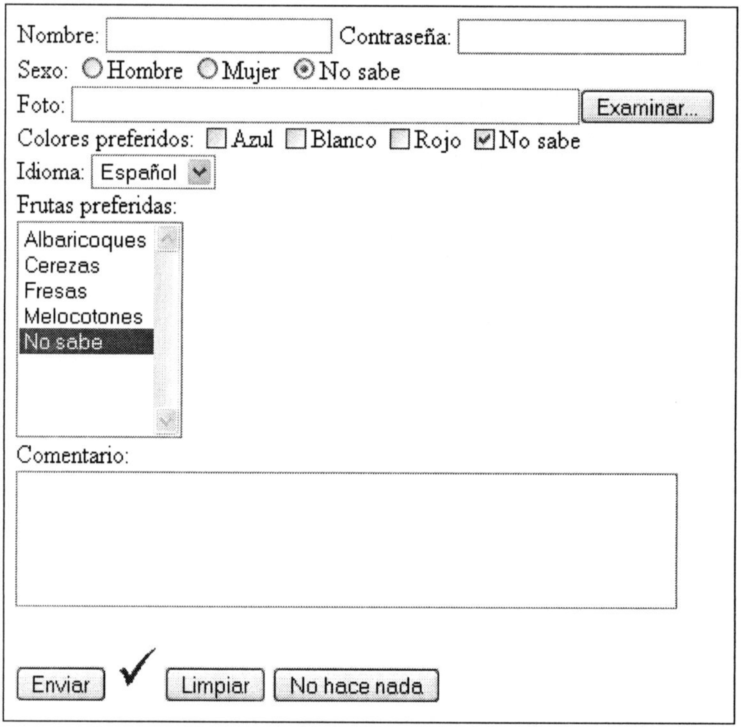

PHP puede intervenir en dos puntos con relación al formulario:

- para la construcción del formulario, si este debe contener datos dinámicos;
- para el procesamiento del formulario (es decir, de los datos introducidos por el usuario en el formulario).

b. Construir un formulario dinámicamente

Como el resto de la página, todo o parte de un formulario puede construirse dinámicamente. Abordaremos tres casos en este párrafo:

- generar la totalidad del formulario;
- generar valores iniciales en las zonas de texto;
- generar una lista de opciones.

Generar la totalidad del formulario

Si existe una descripción del formulario en una u otra forma, es posible generar la totalidad del formulario.

En el siguiente ejemplo simplificado, suponemos que recuperamos (en un archivo, en una base de datos...) una descripción del formulario en forma de matriz en dos dimensiones: cada línea de la matriz contiene una descripción de la zona en forma de una matriz con el título, el tipo, el nombre y el valor.

```
<?php
// Matriz que contiene la descripción del formulario.
$formulario = array(
  array('Nombre: ','text','nombre','HEURTEL'),
  array('','submit','aceptar','Aceptar') );
// Generación del formulario mediante un bucle
// en la matriz.
echo '<form action="entrada.php" method="POST">';
foreach($formulario as $zona) {
  echo "$zona[0]<input type=\"$zona[1]\" ",
       "name=\"$zona[2]\" value=\"$zona[3]\"><br />";
}
echo '</form>';
?>
```

Resultado en la pantalla

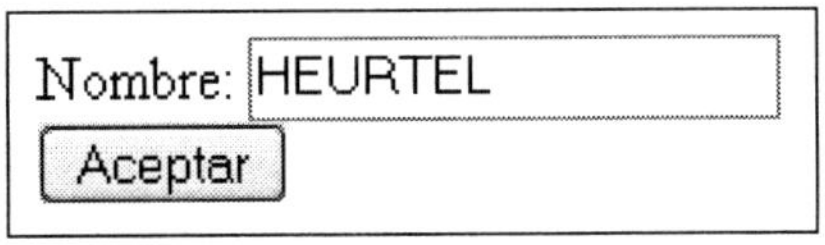

Resultado en el código fuente del explorador

```
<form action="entrada.php" method="POST">Nombre: <input
type="text" name="nombre" value="HEURTEL"><br /><input
type="submit" name="aceptar" value="Aceptar"><br /></form>
```

Generar valores iniciales en las zonas de entrada de datos

Ya hemos estudiado esta posibilidad en diferentes ejemplos.

Ejemplo

```
<form action="entrada.php" method="POST">
Nombre: <input type="text" name="nombre"
           value="<?php echo $nombre ? >"><br />
<input type="submit" name="aceptar" value="Aceptar">
</form>
```

Aquí, suponemos que `$nombre` es una variable inicializada en el script PHP.

Generar una lista de opciones

El código PHP puede utilizarse para generar listas de opciones, bien en una zona `<select>` (lista de selección única o múltiple), bien en un `<input>` de tipo `radio` (grupo de botones de opción), bien en una zona `<input>` de tipo `checkbox` (casillas de verificación).

Los datos mostrados provienen muy a menudo de una base de datos y es interesante poder construir esta zona del formulario dinámicamente a partir de datos extraídos de la base.

Ejemplo con una lista de selección múltiple

```
<?php
// Frutas para mostrar en la lista, con la forma
// de una matriz asociativa que da el código
// de la fruta (clave de la matriz) y el nombre de la fruta.
$frutas_del_mercado = array(
  'A' => 'Albaricoques',
  'C' => 'Cerezas',
  'F' => 'Fresas',
  'P' => 'Melocotones',
  '?' => 'No sabe');
// Frutas preferidas del usuario, con la forma
// de una matriz que da el código de las frutas correspondientes.
$frutas_preferidas = array('A','F');
// Advertencia: veremos más adelante cómo recuperar
//            esta información en una base de datos.
?>
<!-- creación del formulario -->
<form action="entrada.php" method="POST">
Frutas preferidas:<br />
<select name="frutas[]" multiple size="8">
<?php
// Código PHP que genera la parte dinámica del formulario.
// Recorrer la lista para mostrar y recuperar el código
// y el nombre.
foreach($frutas_del_mercado as $código => $nombre) {
  // Determinar si la línea debe estar seleccionada
  //  - sí, si el código figura en la lista de las frutas
  //    preferidas del usuario => búsqueda de $código
  //    en $frutas_preferidas con la función in_array
  //  - si es el caso, poner el atributo "selected" en
  //    la etiqueta "option"; si no, no poner nada.
  $selección =
    in_array($código,$frutas_preferidas)?'selected="selected"':'';
  // Generar la etiqueta "option" con la variable $código
  // para el atributo "value", la variable $selección
  // para la indicación de selección y la variable $nombre
  // para el texto mostrado en la lista.
  echo "<option value=\"$código\" $selección>$nombre</option>";
}
?>
</select>
</form>
```

Resultado en la pantalla

Código fuente en el explorador

```
<!-- creación del formulario -->
<form action="entrada.php" method="POST">
Frutas preferidas:<br />
<select name="frutas[]" multiple size="8">
<option value="A" selected="selected">Albaricoques</option><option value="C"
>Cerezas</option><option value="F"
selected="selected">Fresas</option><option value="P"
>Melocotones</option><option value="?" >No sabe</option></select>
</form>
```

Este ejemplo es muy fácil de adaptar si no se utiliza el atributo `value`.

Ejemplo con una lista de selección única

```
<?php
// Lista de los idiomas para mostrar en la lista,
// con la forma de una matriz asociativa que da el código
// del idioma (clave de la matriz) y el nombre del idioma.
$idiomas_disponibles = array(
  'E' => 'Español',
  'F' => 'Francés',
  'I' => 'Italiano');
// Código del idioma del usuario.
$idioma = 'E';
?>
<!-- creación del formulario -->
<form action="entrada.php" method="POST">
Idioma:<br />
<select name="idioma">
<?php
// Código PHP que genera la parte dinámica del formulario.
// Recorrer la lista para mostrar y recuperar el código
// y el nombre.
foreach($idiomas_disponibles as $código => $nombre) {
  // Determinar si la línea debe estar seleccionada
  //  - sí, si el código es igual al código del idioma
  //    del usuario
  //  - si es el caso, poner el atributo "selected" en
```

```
    //     la etiqueta "option"; si no, no poner nada
    $selección = ($código == $idioma)?'selected="selected"':'';
    // Generar la etiqueta "option" con la variable $código
    // para la opción "value", la variable $selección
    // para la indicación de selección y la variable $nombre
    // para el texto mostrado en la lista.
    echo "<option value=\"$código\" $selección>$nombre</option>";
}
?>
</select>
</form>
```

Resultado en la pantalla

Código fuente en el explorador

```
<!-- creación del formulario -->
<form action="entrada.php" method="POST">
Idioma:<br />
<select name="idioma">
<option value="E" selected="selected">Español</option><option value="F"
>Francés</option><option value="I"
>Italiano</option></select>
</form>
```

Pueden utilizarse técnicas similares para construir una lista de casillas de verificación, un grupo de botones de opción, etc.

c. Procesar un formulario mediante un script PHP

Básicamente, existen tres métodos para procesar un formulario mediante un script PHP:

- colocar el formulario en un documento HTML "puro" (`.htm` o `.html`) e indicar el nombre del script que debe procesar el formulario en el atributo `action` de la etiqueta `<form>`: en ese caso, el formulario no contiene ningún elemento dinámico;
- colocar el formulario en un script PHP (por ejemplo, para construir una parte del formulario dinámicamente) y que sea otro script PHP el que procese el formulario (indicado en el atributo `action` de la etiqueta `<form>`);
- Colocar el formulario en un script PHP (por ejemplo, para construir una parte del formulario dinámicamente) y que sea procesado por el mismo script PHP (indicado en la opción `action` de la etiqueta `<form>`).

Por otro lado, en algún punto de otra página, un vínculo (<u>Formulario</u> por ejemplo) puede aparecer para enlazar con el formulario de entrada de datos:

- Formulario HTML:

```
<a href="formulario.htm">Formulario</a>
```

- Formulario PHP:

```
<a href="formulario.php">Formulario</a>
```

Primer método

Documento HTML `formulario.htm`

```
<!DOCTYPE html PUBLIC "-//W3C//DTD XHTML 1.0 Strict//EN"
  "http://www.w3.org/TR/xhtml1/DTD/xhtml1-strict.dtd">
<html xmlns="http://www.w3.org/1999/xhtml">
  <head><title>Entrada de datos</title></head>
  <body>
    <form action="proceso.php" method="post">
    <div>
      Nombre: <input type="text" name="nombre" value="" />
      <input type="submit" name="aceptar" value="Aceptar" />
    </div>
    </form>
  </body>
</html>
```

Script PHP `proceso.php`

```
<?php
/* Tareas...
     - recuperar los datos introducidos
     - procesarlos
     - mostrar una nueva página
*/
?>
```

Resultado

- Visualización inicial del formulario:

- Entrada de datos:

- El resultado del clic en el botón **Aceptar** es una página vacía, ya que, de momento, el script de proceso no hace nada.

Segundo método

Documento PHP `formulario.php`

Se utiliza un poco de código PHP (en negrita) para generar una parte dinámica del formulario.

```
<?php
// Incluir un archivo que contiene la definición
// de constantes, entre ellas el título de la página (TITULO_PAGINA_FORMULARIO).
require('constantes.inc');
// Inicialización de una variable que contiene el valor
// inicial de la zona de entrada de datos (en la práctica,
// este valor viene de otro lugar y no está codificado
// directamente).
$nombre = 'X';
// En el código HTML que sigue, inclusión de dos pequeños
// trozos de código PHP para mostrar respectivamente
// el título de la página y el valor inicial de la zona de entrada de datos.
?>
<!DOCTYPE html PUBLIC "-//W3C//DTD XHTML 1.0 Strict//EN"
  "http://www.w3.org/TR/xhtml1/DTD/xhtml1-strict.dtd">
<html xmlns="http://www.w3.org/1999/xhtml">
  <head>
    <title><?php echo TITULO_PAGINA_FORMULARIO; ?> </title>
  </head>
  <body>
    <form action="proceso.php" method="post">
    <div>
      Nombre: <input type="text" name="nombre"
                     value="<?php echo $nombre; ?> " />
      <input type="submit" name="aceptar" value="Aceptar" />
    </div>
    </form>
  </body>
</html>
```

Script PHP `proceso.php`

```
<?php
/* Tareas...
    - recuperar los datos introducidos
    - procesarlos
    - mostrar una nueva página
*/
?>
```

Resultado

- Visualización inicial del formulario (un valor inicial dinámico aparece en la zona de entrada de datos):

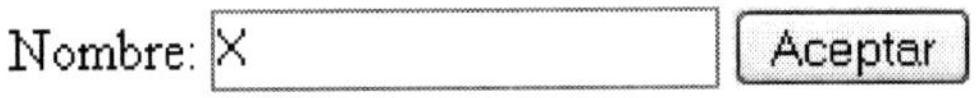

- Entrada de datos:

- El resultado del clic en el botón **Aceptar** es una página vacía, ya que, de momento, el script de proceso no hace nada.

Tercer método:

Documento PHP `formulario.php`

Es el mismo script que antes, con la diferencia de que el atributo `action` de la etiqueta `<form>` indica que el formulario debe ser tratado por el mismo script `formulario.php`.

```
<?php
// Incluir un archivo que contiene la definición
// de constantes, entre ellas el título de la página (TITULO_PAGINA_FORMULARIO).
require('constantes.inc');
// Inicialización de una variable que contiene el valor
// inicial de la zona de entrada de datos (en la práctica,
// este valor viene de otro lugar y no está codificado
// directamente).
$nombre = 'X';
// En el código HTML que sigue, inclusión de dos pequeños
// trozos de código PHP para mostrar respectivamente
// el título de la página y el valor inicial de la zona de entrada de datos.
?>
<!DOCTYPE html PUBLIC "-//W3C//DTD XHTML 1.0 Strict//EN"
  "http://www.w3.org/TR/xhtml1/DTD/xhtml1-strict.dtd">
<html xmlns="http://www.w3.org/1999/xhtml">
  <head>
    <title><?php echo TITULO_PAGINA_FORMULARIO; ?></title>
  </head>
  <body>
    <form action="formulario.php" method="post">
    <div>
      Nombre: <input type="text" name="nombre"
                    value="<?php echo $nombre; ?>" />
      <input type="submit" name="aceptar" value="Aceptar" />
    </div>
    </form>
  </body>
</html>
```

Resultado

- Visualización inicial del formulario (un valor inicial dinámico aparece en la zona de entrada de datos):

- Entrada de datos:

- El resultado del clic en el botón **Aceptar** es la misma página mostrada de nuevo, ya que, de momento, el script de proceso no hace nada más:

¿Qué elegir?

La elección de uno u otro método depende de la complejidad del sitio web y de las preferencias de cada uno.

Algunas consideraciones generales:

- Separar la página HTML (o el script PHP que genera el formulario) del script PHP que lo procesa tiene un inconveniente en cuanto al mantenimiento: si se modifica el formulario, hay dos archivos que modificar (con un mayor riesgo de error o de olvido).
- Por otro lado, si el formulario no tiene ninguna parte dinámica, escribirlo en un archivo HTML separado del script PHP que lo procesa permite separar bien la interfaz de usuario (la capa de "presentación") del proceso.
- En la práctica, para facilitar el mantenimiento, es recomendable establecer algunos valores mostrados en varios puntos (nombre de la empresa, por ejemplo) en constantes o variables y utilizar estas constantes/variables en las páginas: todas las páginas se vuelven un poco dinámicas y el tercer método nos parece óptimo.

En este capítulo, detallaremos el proceso del formulario en PHP, sirviéndonos de ejemplos construidos a partir del modelo del tercer método.

4. Recuperar los datos de una dirección o de un formulario

A diferencia de los scripts CGI, no hay necesidad de hacer análisis complejos de las cadenas de caracteres ("parser") para recuperar los valores pasados a través de una dirección o introducidos por el usuario en un formulario; estos valores serán recuperados fácilmente en el script de proceso.

a. Primer método: las matrices $_POST, $_GET y $_REQUEST

De manera predeterminada, todas las zonas de formulario son guardadas automáticamente en el script PHP que procesa el formulario en una matriz asociativa `$_POST` para los formularios `POST` y `$_GET` para los formularios `GET`: la clave de la matriz es igual al nombre de la zona en el formulario (opción `name` de la etiqueta `<input>`, `<select>` o `<textarea>`) y el valor igual al valor introducido en la zona.

Asimismo, todos los parámetros de la dirección se guardan en la matriz asociativa `$_GET`: la clave de la matriz es igual al nombre del parámetro y el valor igual al valor pasado en la dirección.

Además, estos datos están también disponibles en la matriz asociativa `$_REQUEST` que agrupa el contenido de las matrices `$_GET` y `$_POST` (y, lo veremos más adelante, de la matriz `$_COOKIE` que contiene datos sobre las cookies).

> Las matrices `$_GET`, `$_POST` y `$_REQUEST` aparecieron en la versión 4.1. Antes de la versión 4.1, `$_GET` y `$_POST` se denominaban `$HTTP_GET_VARS` y `$HTTP_POST_VARS`, y `$_REQUEST` no tenía equivalente. Por razones de compatibilidad ascendente, estas variables "largas" siguen estando disponibles con la condición de establecer la directiva de configuración `register_long_array` en `on` (`off` de manera predeterminada).

Ejemplo con un formulario

Documento HTML `formulario.htm`

```
<!DOCTYPE html PUBLIC "-//W3C//DTD XHTML 1.0 Strict//EN"
  "http://www.w3.org/TR/xhtml1/DTD/xhtml1-strict.dtd">
<html xmlns="http://www.w3.org/1999/xhtml">
  <head><title>Entrada de datos</title></head>
  <body>
    <form action="proceso.php" method="post">
    <div>
      Nombre: <input type="text" name="nombre" value="" />
      <input type="submit" name="aceptar" value="Aceptar" />
    </div>
    </form>
  </body>
</html>
```

Script PHP `proceso.php`

```
<?php
// Visualización de los datos contenidos
// en las matrices $_POST y $_REQUEST.
echo '$_POST[\'nombre\'] -> ',$_POST['nombre'] ,'<br \>';
echo '$_REQUEST[\'nombre\'] -> ',$_REQUEST['nombre'] ,'<br \>';
?>
```

Resultado

- Visualización inicial del formulario

- Entrada de datos

- Resultado del clic en el vínculo **Aceptar**

```
$_POST['nombre'] -> Olivier
$_REQUEST['nombre'] -> Olivier
```

Ejemplo con una dirección

Script pagina1.php

```
<?php
// Inicialización de una variable.
$nombre='Olivier';
?>
<!DOCTYPE html PUBLIC "-//W3C//DTD XHTML 1.0 Strict//EN"
  "http://www.w3.org/TR/xhtml1/DTD/xhtml1-strict.dtd">
<html xmlns="http://www.w3.org/1999/xhtml">
  <head><title>Página 1</title></head>
  <body>
    <div>
    <!-- vínculo hacia la página 2 pasando el valor de $nombre
         a través de la dirección -->
    <a href="pagina2.php? nombre=<?php echo $nombre; ?> ">Página 2</a>
    </div>
  </body>
</html>
```

Script pagina2.php

```
<?php
// Visualización de los datos contenidos
// en los matrices $_GET y $_REQUEST.
echo '$_GET[\'nombre\'] -> ',$_GET['nombre'] ,'<br \>';
echo '$_REQUEST[\'nombre\'] -> ',$_REQUEST['nombre'] ,'<br \>';
?>
```

Resultado

- Visualización de la página 1

- Resultado del clic en el vínculo

```
$_GET['nombre'] -> Olivier
$_REQUEST['nombre'] -> Olivier
```

b. Segundo método: la función import_request_variables

Los datos pasados en una dirección o introducidos en un formulario pueden importarse automáticamente en variables PHP gracias a la función `import_request_variables`.

Sintaxis

import_request_variables(*cadena* tipos, *cadena* prefijo)

`tipos` Tipo de información deseada: `G` o `g`: información enviada por el método `GET`; `P` o `p`: información enviada por el método `POST`; `C` o `c`: información enviada por una cookie (véase el capítulo Gestionar las sesiones - Utilizar cookies).

`prefijo` Prefijo para el nombre de la variable.

Cuando esta función es invocada en el script de proceso de una dirección, PHP crea una variable para cada parámetro de la dirección: el nombre de la variable es igual al nombre del parámetro en la dirección precedido del prefijo, y el valor de la variable es igual al valor pasado en la dirección.

Cuando esta función es invocada en el script de proceso de un formulario, PHP crea una variable para cada zona del formulario: el nombre de la variable es igual al nombre de la zona en el formulario precedido del prefijo, y el valor de la variable es igual al valor introducido en el formulario.

El prefijo es opcional, pero un error de nivel `E_NOTICE` es generado si no está indicado.

Puede utilizar una combinación de las diferentes letras de tipos para importar en una sola vez datos de orígenes diferentes. Por ejemplo, especificar `PG` permite recuperar los datos enviados por un método `POST` o por un método `GET`.

Ejemplo con un formulario

Documento HTML `formulario.htm`

```
<!DOCTYPE html PUBLIC "-//W3C//DTD XHTML 1.0 Strict//EN"
  "http://www.w3.org/TR/xhtml1/DTD/xhtml1-strict.dtd">
<html xmlns="http://www.w3.org/1999/xhtml">
  <head><title>Entrada de datos</title></head>
  <body>
    <form action="proceso.php" method="post">
    <div>
      Nombre: <input type="text" name="nombre" value="" />
      <input type="submit" name="aceptar" value="Aceptar" />
    </div>
    </form>
  </body>
</html>
```

Script PHP `proceso.php`

```
<?php
// Importar los datos del formulario:
//  - método POST
//  - prefijo form_
import_request_variables('P','form_') ;
// Mostrar la variable importada.
echo '$form_nombre = ',$form_nombre, '<br />';
?>
```

Resultado

- Visualización inicial del formulario

- Entrada de datos

- Resultado del clic en el vínculo **Aceptar**

```
$form_nombre = Olivier
```

Ejemplo con una dirección

Script pagina1.php

```
<?php
// Inicialización de una variable.
$nombre='Olivier';
?>
<!DOCTYPE html PUBLIC "-//W3C//DTD XHTML 1.0 Strict//EN"
  "http://www.w3.org/TR/xhtml1/DTD/xhtml1-strict.dtd">
<html xmlns="http://www.w3.org/1999/xhtml">
  <head><title>Página 1</title></head>
  <body>
    <div>
    <!-- vínculo hacia la página 2 pasando el valor de $nombre
         a través de la dirección -->
    <a href="pagina2.php? nombre=<?php echo $nombre; ?> ">Página 2</a>
    </div>
  </body>
</html>
```

Script pagina2.php

```
<?php
// Importar la información de la dirección URL:
//  - método GET
//  - prefijo url_
import_request_variables('G','url_');
// Mostrar la variable importada.
echo '$url_nombre = ',$url_nombre, '<br />';
?>
```

Resultado

- Visualización de la página 1

- Resultado del clic en el vínculo

```
$url_nombre = Olivier
```

c. Tercer método (no recomendado)

El tercer método no se recomienda, ya que depende de una directiva de configuración y puede plantear problemas de rendimiento y de seguridad. No obstante, se evoca brevemente en esta parte, ya que puede encontrarlo en código PHP "antiguo".

Si la directiva de configuración `register_globals` se encuentra en `on`, todas las zonas de formulario son automáticamente guardadas en variables en el script PHP que procesa el formulario. Las variables derivan del nombre (atributo `name` de la etiqueta `<input>`, `<select>` o `<textarea>`) de la zona correspondiente del formulario. Este comportamiento es válido cualquiera que sea el método (`GET` o `POST`).

Igualmente, todos los datos de la dirección URL se guardan automáticamente en variables en el script PHP que procesa la dirección. Las variables derivan del nombre del parámetro correspondiente de la dirección.

d. ¿Qué elegir?

Uno de los dos primeros métodos.

Las sucesivas evoluciones de PHP se dirigen a una utilización de las matrices `$_POST` o `$_GET`, o de la función `import_request_variables`. En una futura versión (la 5.3 o 6), la directiva de configuración `register_globals` pasará definitivamente a `off` y no se podrá modificar en el archivo `php.ini`. En ese caso, el tercer método ya no estará disponible.

La comunidad PHP aconseja vivamente que se utilice uno de los dos primeros métodos por razones de seguridad: consultando la matriz adecuada, o importando explícitamente las variables, estamos seguros de que la información viene realmente del lugar previsto y de que no ha habido una sustitución por un usuario malintencionado.

A continuación, presentaremos más detalladamente la utilización de estos métodos para recuperar datos pasados a través de la dirección o datos introducidos en un formulario (utilizando el método `POST`).

Las matrices `$_POST`, `$_GET` y `$_REQUEST` son matrices superglobales. Están disponibles en todos los contextos de ejecución.

En el capítulo Acceder a una base de datos MySQL, después de ver otras matrices similares, haremos un pequeño resumen sobre las variables GPCS (Get/Post/Cookie/Session).

B. Recuperar los datos pasados por la dirección

1. Consideraciones

a. ¿Qué pasa si dos parámetros tienen el mismo nombre?

Simplemente será el último parámetro encontrado en la dirección el que establece el valor.

Ejemplo

```
<a href="pagina2.php?nombre=Olivier&nombre=Xavier">Página 2</a>
```

Esta dirección da una sola variable `nombre` igual a `Xavier` en la matriz `$_GET` o al importar los datos con `import_request_variables`.

b. Utilizar una matriz para pasar datos en la dirección URL

Es posible utilizar una notación de tipo matriz en el nombre del parámetro pasado en la dirección URL.

Ejemplo

```
<a href="pagina2.php?data[]=HEURTEL&data[]=Olivier">Página 2</a>
```

Esta dirección facilita una variable `data`, de tipo matriz, que contiene las siguientes líneas:

Clave	Valor
0	HEURTEL
1	Olivier

PHP rellena la matriz añadiendo una línea para cada parámetro, con un índice entero consecutivo que comienza en 0 (como para la notación `[]` estudiada en el capítulo Introducción a PHP - Las bases del lenguaje PHP).

Esta técnica es interesante, pero, en el código, hay que saber que el índice 0 corresponde al apellido y el índice 1 al nombre. Por otro lado, puede haber un problema si el orden de los parámetros cambia.

Para mejorar esta técnica, es posible establecer uno mismo la clave, bien con un número, bien con una cadena de caracteres.

Ejemplo

```
<a href="pagina2.php?data[apellido]=HEURTEL&data[nombre]=Olivier">
   Página 2</a>
```

Esta dirección da el siguiente resultado en la matriz `data`:

Clave	Valor
apellido	HEURTEL
nombre	Olivier

2. Transmitir caracteres especiales

Si el valor que debe transmitirse no contiene caracteres especiales (espacio, signo et (`&`), signo de interrogación (`?`), etc., puede colocarse directamente en la dirección como indicábamos anteriormente. En caso contrario, es necesario codificarlo para asegurarse de que esos caracteres particulares son interpretados correctamente.

Por ejemplo, si los datos pasados en la dirección contienen `"Olivier & Xavier"`, sólo `Olivier` será recuperado al final, ya que `&` es interpretado como el separador de parámetros.

La codificación necesaria puede realizarse fácilmente gracias a las funciones `urlencode` o `rawurlencode`.

Sintaxis

```
cadena urlencode(cadena valor)
cadena rawurlencode(cadena valor)
```

`valor` Cadena para codificar.

Estas dos funciones devuelven la cadena tras su codificación. La codificación consiste en sustituir todos los caracteres no alfanuméricos por una secuencia `%xy`, siendo `xy` un número hexadecimal igual al código ASCII del carácter. La diferencia entre las dos funciones es sutil y tiene que ver sólo con el carácter espacio: la función `urlencode` sustituye los espacios por el signo más (+), con el verdadero carácter "más" codificado a su vez, mientras que la función `rawurlencode` sustituye los espacios por la secuencia %20 (código ASCII 32 en hexadecimal). La función `urlencode` se ajusta al tipo MIME `application/x-www-form-urlencoded` (tipo utilizado para transmitir los valores de los formularios), mientras que la función `rawurlencode` sigue la RFC1738; en principio, hay que utilizar la función `rawurlencode`.

Ejemplo

```
<?php
// Inicialización de una variable.
$nombre='Olivier & Xavier';
echo urlencode($nombre),'<br />';
echo rawurlencode($nombre),'<br />';
?>
```

Resultado

```
Olivier+%26+Xavier
Olivier%20%26%20Xavier
```

Ejemplo completo

- El script `pagina1.php` puede modificarse de la manera siguiente:

```
<?php
// Inicialización de una variable.
$nombre='Olivier & Xavier';
?>
<!DOCTYPE html PUBLIC "-//W3C//DTD XHTML 1.0 Strict//EN"
  "http://www.w3.org/TR/xhtml1/DTD/xhtml1-strict.dtd">
<html xmlns="http://www.w3.org/1999/xhtml">
  <head><title>Página 1</title></head>
  <body>
    <div>
    <!-- vínculo hacia la página 2 pasando el valor de $nombre
         en la dirección -->
    <a href=
         "pagina2.php?nombre=<?php echo rawurlencode($nombre); ?> ">
         Página 2</a>
    </div>
  </body>
</html>
```

- Código fuente de la página en el explorador

```
<!DOCTYPE html PUBLIC "-//W3C//DTD XHTML 1.0 Strict//EN"
  "http://www.w3.org/TR/xhtml1/DTD/xhtml1-strict.dtd">
<html xmlns="http://www.w3.org/1999/xhtml">
  <head><title>Página 1</title></head>
  <body>
    <div>
    <!-- vínculo hacia la página 2 pasando el valor de $nombre
         a través de la dirección -->
    <a href="pagina2.php?nombre=Olivier%20%26%20Xavier">
       Página 2</a>
    </div>
  </body>
</html>
```

- Script `pagina2.php`

```
<?php
// Visualización de la información pasada en la dirección.
// (utilización de la matriz $_GET).
echo $_GET['nombre'];
?>
```

- Resultado mostrado

```
Olivier & Xavier
```

La cadena de la consulta también puede construirse mediante la función `http_build_query` incorporada en la versión 5.

Sintaxis

```
cadena http_build_query(matriz datos [,cadena prefijo])
```

`datos` Matriz que contiene los datos que deben utilizarse para construir la cadena de la consulta. El índice o la clave de la matriz se utilizan como nombre del parámetro para el valor asociado.

`prefijo` Prefijo que debe utilizarse para el nombre de los parámetros, cuando se trata de un índice numérico. Permite tener al final un nombre utilizable como nombre de variable (un nombre de variable PHP no puede comenzar por una cifra).

Esta función construye, y codifica, una cadena de consulta con la forma `clave1=valor1&clave2=valor2&...` utilizando claves (o índices) y valores encontrados en la matriz `datos`. Si se introduce, el parámetro `prefijo` se añade delante de los índices numéricos.

Ejemplo

```
<?php
// Inicialización de la matriz que contiene los datos.
$datos=array('nombre' => 'Olivier & Xavier','David + Daniel');
// Construcción de la cadena de la consulta:
// - sin prefijo
echo http_build_query($datos),'<br />';
// - con prefijo
echo http_build_query($datos,'v_'),'<br />';
?>
```

Resultado

```
nombre=Olivier+%26+Xavier&0=David+%2B+Daniel
nombre=Olivier+%26+Xavier&v_0=David+%2B+Daniel
```

Existen dos funciones, `urldecode` y `rawurldecode`, que permiten descodificar una cadena previamente codificada, por `urlencode` y `rawurlencode` respectivamente. No es necesario invocar estas funciones de descodificación cuando los datos codificados se transmiten en la dirección. En realidad, estos datos se descodifican automáticamente.

C. Recuperar los datos introducidos en el formulario

1. Consideraciones

a. ¿Qué pasa si dos zonas tienen el mismo nombre?

Simplemente será la última zona en el formulario la que establezca el valor.

Ejemplo

```
<form action="formulario.php" method="POST"><div>
Apellido: <input type="text" name="apellido"><br />
Nombre: <input type="text" name="apellido"><br />
<input type="submit" name="aceptar" value="Aceptar">
</div></form>
```

Introducir `HEURTEL` en la primera zona y `Olivier` en la segunda zona da una única variable igual a `Olivier` en la matriz `$_POST` o al importar los datos con `import_request_variables`.

b. ¿Qué pasa si hay dos formularios en la página HTML?

Sólo se crearán variables y se asignarán valores para el formulario que haya sido validado.

Ejemplo

```
<form action="formulario.php" method="POST"><div>
Apellido 1: <input type="text" name="apellido1"><br />
<input type="submit" name="aceptar1" value="Aceptar1">
</div></form>
<form action="formulario.php" method="POST"><div>
Apellido 2: <input type="text" name="apellido2"><br />
<input type="submit" name="aceptar2" value="Aceptar2">
</div></form>
```

Si el usuario valida el primer formulario, la variable `apellido1` estará disponible. Si el usuario valida el segundo formulario, la variable `apellido2` estará disponible.

c. Utilizar una matriz para recuperar los datos introducidos

Es posible utilizar una notación de tipo matriz en el atributo `name` de las etiquetas `<input>`, `<select>` y `<textarea>`.

Ejemplo

```
<form action="formulario.php" method="POST"><div>
Apellido: <input type="text" name="entrada[]"><br />
Nombre: <input type="text" name="entrada[]"><br />
<input type="submit" name="aceptar" value="Aceptar">
</div></form>
```

La entrada de `HEURTEL` en la primera zona y de `Olivier` en la segunda da una única variable `entrada` de tipo matriz que contiene las siguientes líneas:

Clave	Valor
0	HEURTEL
1	Olivier

PHP rellena la matriz añadiendo una línea para cada zona, con un índice entero consecutivo que comienza en 0 (como para la notación `[]` estudiada en el capítulo Introducción a PHP - Las bases del lenguaje PHP).

Esta técnica es interesante, pero, en el código, hay que saber que el índice 0 corresponde al apellido y el índice 1 al nombre. Por otro lado, puede haber un problema si el orden de las zonas cambia.

Para mejorar esta técnica, es posible establecer uno mismo la clave, bien con un número, bien con una cadena de caracteres.

Ejemplo

```
<form action="formulario.php" method="POST"><div>
Apellido: <input type="text" name="entrada[apellido]"><br />
Nombre: <input type="text" name="entrada[nombre]"><br />
<input type="submit" name="aceptar" value="Aceptar">
</div></form>
```

La entrada de `HEURTEL` en la primera zona y de `Olivier` en la segunda da el siguiente resultado en la matriz `entrada`:

Clave	Valor
apellido	HEURTEL
nombre	Olivier

Más adelante veremos casos en los que este tipo de notación es obligatoria.

d. Pasar información en una zona oculta de formulario

Los datos introducidos en un formulario se transmiten al script encargado del tratamiento y pueden ser mostrados entonces en una nueva página.

Este método puede utilizarse para transmitir de paso otros datos no introducidos por el usuario, colocándolos en una zona oculta de formulario.

Ejemplo

- Script `pagina1.php`

```
<?php
// Inicialización de una variable.
$nombre='Olivier & Xavier';
?>
<!DOCTYPE html PUBLIC "-//W3C//DTD XHTML 1.0 Strict//EN"
  "http://www.w3.org/TR/xhtml1/DTD/xhtml1-strict.dtd">
<html xmlns="http://www.w3.org/1999/xhtml">
  <head><title>Página 1</title></head>
  <body>
    <div>
    <!-- vínculo hacia la página 2 con un botón de formulario -->
    <form action="pagina2.php" method="post">
    <!-- se oculta la información -->
    <input type="hidden" name="nombre" value="<?php echo $nombre; ?>" />
    <input type="submit" name="pagina2" value="Página 2" />
    </form>
    </div>
  </body>
</html>
```

- Código fuente de la página en el explorador

```
<!DOCTYPE html PUBLIC "-//W3C//DTD XHTML 1.0 Strict//EN"
  "http://www.w3.org/TR/xhtml1/DTD/xhtml1-strict.dtd">
<html xmlns="http://www.w3.org/1999/xhtml">
  <head><title>Página 1</title></head>
  <body>
    <div>
    <!-- vínculo hacia la página 2 con un botón de formulario -->
    <form action="pagina2.php" method="post">
    <!-- se oculta la información -->
    <input type="hidden" name="nombre" value="Olivier & Xavier" />
    <input type="submit" name="pagina2" value="Página 2" />
    </form>
    </div>
  </body>
</html>
```

- Script `pagina2.php`

```
<?php
// Visualización de la información oculta transmitida
// en el formulario.
echo $_POST['nombre'];
?>
```

Resultado

- Visualización de la página 1

- Resultado del clic en el botón

2. Los diferentes tipos de zona

a. Visión de conjunto

Tomemos nuestro formulario completo inicial y veamos cuáles son los datos recuperados en el script PHP.

Script `formulario.htm`

```
<!DOCTYPE html PUBLIC "-//W3C//DTD XHTML 1.0 Strict//EN"
  "http://www.w3.org/TR/xhtml1/DTD/xhtml1-strict.dtd">
<html xmlns="http://www.w3.org/1999/xhtml">
  <head>
    <title>Entrada de datos</title>
  </head>
  <body>
    <form action="formulario.php" method="post">
    <div>
      Apellido:
      <input type="text" name="apellido" value=""
           size="20" maxlength="20" />

      Contraseña:
      <input type="password" name="contraseña" value=""
           size="20" maxlength="20" />
```

```
      <br />Sexo:
      <input type="radio" name="sexo" value="H" />Hombre
      <input type="radio" name="sexo" value="M" />Mujer
      <input type="radio" name="sexo" value="?"
                              checked="checked" />No sabe
      <br />Foto:
      <input type="file" name="foto" value="" size="50" />
      <br />Colores preferidos:
      <input type="checkbox" name="colores[azul]" />Azul
      <input type="checkbox" name="colores[blanco]" />Blanco
      <input type="checkbox" name="colores[rojo]" />Rojo
      <input type="checkbox" name="colores[no]"
                                  checked="checked" />No sabe
      <br />Idioma:
      <select name="idioma">
        <option value="E" selected="selected">Español</option>
        <option value="F" >Francés</option>
        <option value="I">Italiano</option>
      </select>
      <br />Frutas preferidas:<br />
      <select name="frutas[]" multiple="multiple" size="8">
        <option value="A">Albaricoques</option>
        <option value="C">Cerezas</option>
        <option value="F">Fresas</option>
        <option value="P">Melocotones</option>
        <option value="?" selected="selected">
                          No sabe</option>
      </select>
      <br />Comentario:<br />
      <textarea name="comentario" rows="4" cols="50"></textarea>
      <br />
      <input type="hidden" name="invisible" value="123" /><br />
      <input type="submit" name="enviar" value="Aceptar" />
      <input type="image" name="validar" src="validar.gif" />
      <input type="reset" name="limpiar" value="Limpiar" />
      <input type="button" name="action" value="No hace nada" />
    </div>
    </form>
  </body>
</html>
```

Script formulario.php

```
<?php
// Inclusión de un archivo que contiene funciones genéricas
// (entre ellas, la función mostrar_matriz definida
// en el capítulo 8)
include('funciones.inc') ;
mostrar_matriz($_POST,'$_POST :');
?>
```

Resultado

- Visualización inicial y entrada de diferentes valores:

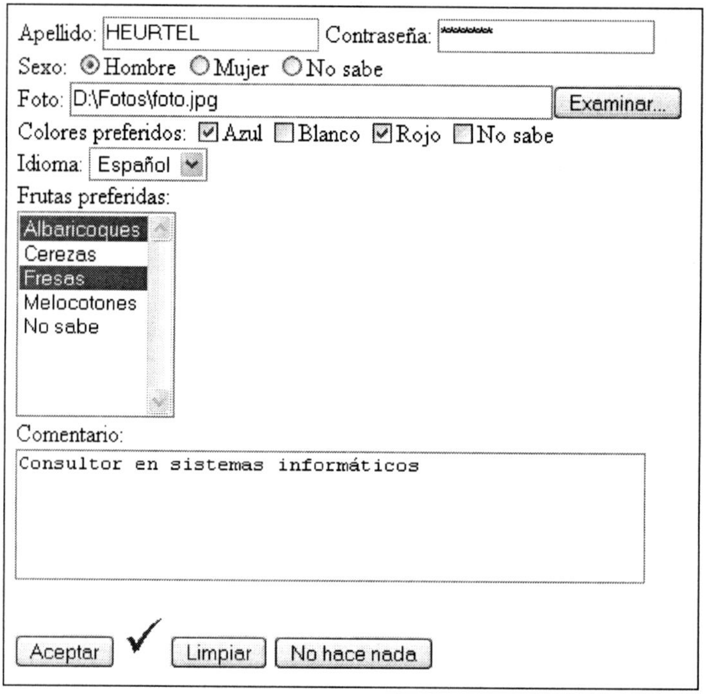

- Resultado del clic en botón **Aceptar** (visualización del contenido de `$_POST`):

```
$_POST:
apellido = HEURTEL
contraseña = olivier
sexo = H
foto = foto.jpg
colores =
  azul = on
  rojo = on
idioma = E
frutas =
  0 = A
  1 = F
comentario = Consultor en sistemas informáticos
invisible = 123
enviar = OK
```

Partiremos de este ejemplo para dar algunas explicaciones.

b. Zona que contiene texto

Para las zonas de texto, es decir las zonas `<input>` de tipo `text`, `password`, `file` y `hidden`, así como las zona `<textarea>`, las variables asociadas contienen el texto introducido.

Ejemplo

```
$_POST:
apellido = HEURTEL
contraseña = olivier
foto = foto.jpg
comentario = Consultor en sistemas informáticos
invisible = 123
```

De momento, con la zona de tipo `file`, hemos recuperado sólo el nombre del archivo, no el archivo en sí mismo (véase en este capítulo Transferir un archivo entre el cliente y el servidor - Cargar un archivo a partir del cliente: "file upload").

c. Grupo de botones de opción

Para tener un grupo de botones de opción, las zonas deben llevar el mismo nombre.

Para un grupo de botones de opción, es decir para zonas `<input>` de tipo `radio`, la variable asociada contiene el valor contenido en el atributo `value` de la etiqueta `input` del botón seleccionado. Si el atributo `value` está ausente, el valor por defecto es `on`, lo que puede suponer un problema puesto que en ese caso es imposible saber cuál es la opción seleccionada. En la práctica, hay que indicar el atributo `value`.

Ejemplo

```
<br />Sexo:
<input type="radio" name="sexo" value="H" />Hombre
<input type="radio" name="sexo" value="M" />Mujer
<input type="radio" name="sexo" value="?"
                    checked="checked" />No sabe
```

Opción seleccionadas

Resultado

```
$_POST:
sexo = H
```

d. Casilla de verificación

Para las casillas de verificación, es decir para zonas `<input>` de tipo `checkbox`, la variable asociada contiene el valor contenido en el atributo `value` de la etiqueta `input`. Si se omite el atributo `value`, el valor por defecto es `on`. En los dos casos, la variable asociada es definida únicamente para las casillas marcadas.

Ejemplo

```
<br />Colores preferidos:
<input type="checkbox" name="azul" value="b"/> Azul
<input type="checkbox" name="blanco" />Blanco
<input type="checkbox" name="rojo" />Rojo
<input type="checkbox" name="nosabe"
                      checked="checked" />No sabe
```

Opciones seleccionadas

Resultado

```
$_POST:
azul = b
rojo = on
```

Con la casilla de verificación, el atributo `value` tiene, en general, menos importancia, ya que es posible determinar que una casilla está marcada únicamente por el hecho de que la variable asociada tiene un valor (poco importa cuál sea este valor). En cambio, es importante que cada casilla de verificación tenga un nombre diferente.

Puede tomarse diferentes enfoques en cuanto al valor del atributo `value`:

- El atributo `value` almacena el valor deseado al nivel de la lógica aplicativa en el caso en el que la casilla esté marcada (`1`, `sí`...), sabiendo que, si la casilla no está marcada, la variable no existe.
- El atributo `value` está ausente y el código interpreta la existencia de la variable según las necesidades de la lógica aplicativa.

En el código, si desea recuperar el hecho de que una casilla esté marcada con la forma de un booleano, puede escribir una instrucción del tipo:

```
$casilla_marcada = isset($_POST['nombre_casilla'])?TRUE:FALSE;
```

Si lo desea, puede utilizar una matriz para no tener una variable por casilla de verificación. Para poder determinar cuáles son las casillas marcadas, hay dos posibilidades:

- Utilizar una matriz sin índice, pero indicar el atributo `value`:

```
<br />Colores preferidos:
<input type="checkbox" name="colores[]" value="azul" />Azul
<input type="checkbox" name="colores[]" value="blanco" />Blanco
<input type="checkbox" name="colores[]" value="rojo" />Rojo
<input type="checkbox" name="colores[]" value="no sabe"
                            checked="checked" />No sabe
```

- No indicar el atributo `value`, pero definir uno mismo índices o claves en la matriz:

```
// índices numéricos
<br />Colores preferidos:
<input type="checkbox" name="colores[1] " />Azul
<input type="checkbox" name="colores[2] " />Blanco
<input type="checkbox" name="colores[3] " />Rojo
<input type="checkbox" name="colores[4] "
                              checked="checked" />No sabe
```

```
// claves alfanuméricas
<br />Colores preferidos:
<input type="checkbox" name="colores[azul]" />Azul
<input type="checkbox" name="colores[blanco]" />Blanco
<input type="checkbox" name="colores[rojo]" />Rojo
<input type="checkbox" name="colores[nosabe]"
                              checked="checked" />No sabe
```

Con este último ejemplo, si las casillas "Azul" y "Rojo" están marcadas, la matriz `color` contendrá las líneas siguientes:

```
$_POST:
colores =
  azul = on
  rojo = on
```

Si se utiliza una matriz para el conjunto del formulario, hay diferentes soluciones, entre las cuales:

- Utilizar una matriz sin índice, pero indicar el atributo `value`:

```
<br />Colores preferidos:
<input type="checkbox" name="entrada[colores][]" value="azul" />Azul
<input type="checkbox" name="entrada[colores][]" value="blanco" />Blanco
<input type="checkbox" name="entrada[colores][]" value="rojo" />Rojo
<input type="checkbox" name="entrada[colores][]" value="nosabe"
                              checked="checked" />No sabe
```

- No indicar el atributo `value`, pero definir uno mismo índices o claves en la matriz:

```
// índices numéricos
<br />Colores preferidos:
<input type="checkbox" name="entrada[colores][1]" />Azul
<input type="checkbox" name="entrada[colores][2]" />Blanco
<input type="checkbox" name="entrada[colores][3]" />Rojo
<input type="checkbox" name="entrada[colores][4]"
                              checked="checked" />No sabe
```

```
// claves alfanuméricas
<br />Colores preferidos:
<input type="checkbox" name="entrada[colores][azul]" />Azul
<input type="checkbox" name="entrada[colores][blanco]" />Blanco
<input type="checkbox" name="entrada[colores][rojo]" />Rojo
<input type="checkbox" name="entrada[colores][nosabe]"
                              checked="checked" />No sabe
```

Con este último ejemplo, si las casillas "Azul" y "Rojo" están marcadas, la matriz `entrada` contendrá las líneas siguientes:

```
$_POST:
entrada =
  colores =
    azul = on
    rojo = on
```

e. Lista de selección única

Para las listas de selección única, es decir, para una zona `<select>` sin atributo múltiple, la variable asociada contiene el valor contenido en el atributo `value` de la etiqueta `<option>`, o, si no hay atributo `value`, el valor mostrado en la lista (detrás de la etiqueta `<option>`).

Ejemplo (con atributo `value`)

```
<br />Idioma:
<select name="idioma">
  <option value="E" selected="selected">Español</option>
  <option value="F">Francés</option>
  <option value="I">Italiano</option>
</select>
```

Opción seleccionadas

Resultado

```
$_POST:
idioma = E
```

Ejemplo (sin atributo `value`)

```
<br />Idioma:
<select name="idioma">
  <option selected="selected">Español</option>
  <option>Francés</option>
  <option>Italiano</option>
</select>
```

Opción seleccionada

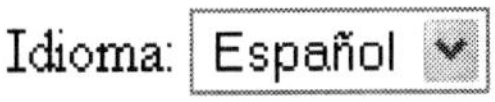

Resultado

```
$_POST:
idioma = Español
```

Puede elegirse una u otra solución en función de las necesidades de la lógica aplicativa. A menudo, la opción `value` es utilizada para introducir un código que se almacenará en la base en lugar del valor mostrado. Este enfoque presenta el siguiente inconveniente: la parte de interfaz de usuario (capa de presentación) debe conocer los códigos, lo que no es una gran idea. La solución óptima consiste, por lo tanto, en generar dinámicamente el formulario a partir de la base de datos.

f. Lista de selección múltiple

Para las listas de selección múltiple, es decir, para una zona `<select>` con atributo `multiple`, la variable asociada contiene el valor contenido en el atributo `value` de la etiqueta `<option>`, o, si no hay atributo `value`, el valor mostrado en la lista (detrás de la etiqueta `<option>`). Atención, esto sólo es válido para la última opción seleccionada, si la variable es una variable escalar. Por lo tanto, para una lista de selección múltiple, es necesario utilizar una matriz.

Ejemplo (con atributo `value`)

```
<br />Frutas preferidas:<br />
<select name="frutas[]" multiple="multiple" size="8">
  <option value="A">Albaricoques</option>
  <option value="C">Cerezas</option>
  <option value="F">Fresas</option>
  <option value="P">Melocotones</option>
  <option value="?" selected="selected">
                   No sabe</option>
</select>
```

Opciones seleccionadas

Resultado

```
$_POST:
frutas =
  0 = A
  1 = F
```

Como ya hemos visto, PHP completa la matriz con un línea para cada opción seleccionada y numera las líneas automáticamente. En el caso de la lista de selección múltiple, este modo de funcionamiento no plantea problema alguno.

Ejemplo (sin opción `value`)

```
<br />Frutas preferidas:<br />
<select name="frutas[]" multiple="multiple" size="8">
  <option>Albaricoques</option>
  <option>Cerezas</option>
  <option>Fresas</option>
  <option>Melocotones</option>
  <option selected="selected">
                    No sabe</option>
</select>
```

Resultado (con la misma selección que anteriormente)

```
$_POST:
frutas =
  0 = Albaricoques
  1 = Fresas
```

Puede elegirse una u otra solución en función de las necesidades de la lógica aplicativa (los mismos principios que para la lista de selección única).

Utilizar una matriz para el conjunto del formulario no plantea ningún problema.

Ejemplo (con atributo `value`)

```
<br />Frutas preferidas:<br />
<select name="entrada[frutas][]" multiple="multiple" size="8">
  <option value="A">Albaricoques</option>
  <option value="C">Cerezas</option>
  <option value="F">Fresas</option>
  <option value="P">Melocotones</option>
  <option value="?" selected="selected">
                    No sabe</option>
</select>
```

Resultado (con la misma selección que anteriormente)

```
$_POST:
entrada =
  frutas =
    0 = A
    1 = F
```

g. Botón de validación

Para un botón de validación, es decir, para una zona `<input>` de tipo `submit`, PHP crea una variable que lleva el mismo nombre del botón (atributo `name`) y como valor, el valor del atributo `value`, <u>únicamente</u> si se hace clic el botón.

Ejemplo

```
<input type="submit" name="enviar" value="Aceptar" />
```

Resultado (si se hace clic en el botón)

```
$_POST:
enviar = Aceptar
```

Si el botón no tiene nombre, no se crea ninguna variable. Esto no es tan grave si:

- No es necesario saber cómo es invocado el script (visualización inicial o proceso del formulario).
- Sólo hay un botón de validación.

En los otros casos, hay que nombrar el/los botón/botones.

Para hacer la diferencia entre la llamada al script para una visualización inicial y la llamada del script para procesar el formulario (véase en este capítulo Visión de conjunto - Los formularios), basta con comprobar la existencia de la variable, por ejemplo con la función PHP `isset`.

Ejemplo

```
<?php
...
// Comprobar cómo el script es invocado
if (isset($_POST['enviar'])) {
  // Existe una línea en la variable $_POST
  // que corresponde al botón Aceptar llamado "enviar":
  // el script es invocado en la validación de formulario.
  // => Procesar el formulario...
  ...
} else {
  // El script no es invocado mediante el clic
  // en el botón Aceptar. Si no hay otro botón "submit",
  // el script es invocado para la visualización inicial.
  // => Inicializar el formulario...
  ...
}
?>
```

Un problema surge si el formulario posee una sola zona de texto, no hay botones y el usuario pulsa `ENTER` o `RETURN`. En ese caso, el formulario se envía, pero no existe botón de validación para realizar la comprobación en el script PHP. La solución consiste en comprobar si la variable `$_POST` (o `$_GET`, o `$_REQUEST`) está vacía o no (con `empty`, no `isset`, ya que la matriz sigue existiendo).

Si el formulario contiene dos botones de validación llamados de manera diferente (atributo `name`), el primero `aceptar` y el segundo `cancelar`, es posible determinar en qué contexto es invocado el script.

Ejemplo

```
// Comprobar cómo el script es invocado
if (isset($_POST['aceptar'])) {
     // botón Aceptar
} elseif (isset($_POST['cancelar'])) {
     // botón Cancelar.
} else {
     // visualización inicial
}
```

Si el formulario contiene dos botones de validación con el mismo nombre (atributo `name="enviar"`, por ejemplo), pero valores (atributo `value`) diferentes, el primero `aceptar` y el segundo `cancelar`, es posible determinar en qué contexto es invocado el script.

Ejemplo

```
// Comprobar cómo el script es invocado
if ($_POST['enviar'] == 'Aceptar') {
      // botón Aceptar
} elseif ($_POST['enviar'] == 'Cancelar') {
      // botón Cancelar.
} else {
      // visualización inicial.
}
```

h. Botón de imagen

Para un botón de imagen, es decir, para una zona `<input>` de tipo `image`, PHP crea dos variables con el nombre del botón (atributo `name`) seguido de `_x` e `_y`, dando la posición relativa, en píxeles, del clic con (únicamente si se hace clic en la imagen). Si el botón no tiene nombre, las dos variables son nombradas `x` e `y`.

Ejemplo

```
<input type="image" name="validar" src="validar.gif" />
```

Resultado (si se hace clic en la imagen)

```
$_POST:
validar_x = 5
validar_y = 8
```

Entonces es posible procesar la posición del clic si esta es significativa desde el punto de vista de la lógica aplicativa.

Si hay varios botones de imagen en el formulario, es posible determinar qué botón ha provocado el envío del formulario.

```
// Comprobar cómo el script es invocado
if (isset($_POST['validar_x'])) {
      // botón Validar.
} else ...
```

i. Botón "reset" o "button"

Un clic en los botones correspondientes a zonas `<input>` de tipo `reset` o `button` no provoca el envío del formulario, ni la invocación del script de proceso. Estos botones permiten ejecutar una simple acción del lado del explorador (en JavaScript, por ejemplo).

3. Conclusiones

Hay que acostumbrarse a nombrar bien (atributo `name`) todas las zonas del formulario con nombres distintos o utilizar una denominación de tipo matriz, mejor asociativa, para facilitar el mantenimiento y la legibilidad del código.

Para los grupos de botones de opción, hay que colocar el atributo `value` distinto en cada botón.

Para las casillas de verificación, hay que utilizar nombres distintos (atributo `name`) y/o valores distintos (atributo `value`), para estar seguros de poder hacer la diferencia posteriormente; en caso de utilizar una matriz, no deje a PHP efectuar la numeración (evítese `[]`).

Para las listas de selección múltiple, hay que utilizar una denominación de tipo matriz para poder recuperar la lista de los valores seleccionados; emplee el atributo `value` para recuperar un valor diferente del que aparece en la lista.

Igualmente, hay que nombrar el/los botón/botones de validación para poder saber cómo se invoca el script PHP. Si se utilizan varios botones, es posible emplear el mismo nombre, puesto que los valores (atributo `value`) son diferentes.

El formulario utilizado a lo largo de este apartado es un buen ejemplo de aplicación de estas recomendaciones.

Mismo ejemplo con una matriz

```
<!DOCTYPE html PUBLIC "-//W3C//DTD XHTML 1.0 Strict//EN"
  "http://www.w3.org/TR/xhtml1/DTD/xhtml1-strict.dtd">
<html xmlns="http://www.w3.org/1999/xhtml">
  <head>
    <title>Entrada de datos</title>
  </head>
  <body>
    <form action="formulario.php" method="post">
    <div>
      Apellido:
      <input type="text" name="entrada[nombre]" value=""
           size="20" maxlength="20" />
      Contraseña:
```

```
      <input type="password" name="entrada[contraseña]" value=""
           size="20" maxlength="20" />
      <br />Sexo:
      <input type="radio" name="entrada[sexo]" value="H" />Hombre
      <input type="radio" name="entrada[sexo]" value="M" />Mujer
      <input type="radio" name="entrada[sexo]" value="?"
                              checked="checked" />No sabe
      <br />Foto:
      <input type="file" name="entrada[foto] " value="" size="50" />
      <br />Colores preferidos:
      <input type="checkbox" name="entrada[colores][azul] " />Azul
      <input type="checkbox" name="entrada[colores][blanco] " />Blanco
      <input type="checkbox" name="entrada[colores][rojo] " />Rojo
      <input type="checkbox" name="entrada[colores][no] "
                                  checked="checked" />No sabe
      <br />Idioma:
      <select name="entrada[idioma]"
        <option value="E" selected="selected">Español</option>
        <option value="F" >Francés</option>
        <option value="I">Italiano</option>
      </select>
      <br />Frutas preferidas:<br />
      <select name="entrada[frutas][]" multiple="multiple" size="8">
        <option value="A">Albaricoques</option>
        <option value="C">Cerezas</option>
        <option value="F">Fresas</option>
        <option value="P">Melocotones</option>
        <option value="?" selected="selected">
                        No sabe</option>
      </select>
      <br />Comentario:<br />
      <textarea name="entrada[comentario]"
                        rows="4" cols="50"></textarea>
      <br />
      <input type="hidden" name="entrada[invisible]" value="123" />
      <br />
      <input type="submit" name="enviar" value="Aceptar" />
      <input type="image" name="validar" src="validar.gif" />
      <input type="reset" name="limpiar" value="Limpiar" />
      <input type="button" name="action" value="No hace nada" />
    </div>
    </form>
  </body>
</html>
```

Resultado (con la misma entrada que en el ejemplo inicial)

```
$_POST:
entrada =
  apellido = HEURTEL
  contraseña = olivier
  sexo = H
  foto = foto.jpg
  colores =
    azul = on
    rojo = on
  idioma = E
  frutas =
    0 = A
    1 = E
  comentario = Consultor en sistemas informáticos
  invisible = 123
enviar = OK
```

D. Controlar los datos recuperados

1. Visión de conjunto

En la primera parte de este capítulo, hemos visto cómo recuperar los datos pasados en una dirección URL o introducidos en un formulario.

Después, hay que comprobar que los datos recuperados son correctos, es decir, respetan las reglas de gestión definidas para la aplicación.

Para la seguridad del sitio web, conviene siempre sospechar de los datos que vienen del exterior (formulario, dirección URL, pero también, lo veremos más adelante, cookies, etc.). Estos datos deben controlarse y filtrarse para evitar los ataques potenciales de un usuario malintencionado.

El objetivo de esta parte es dar algunas pistas sobre las técnicas utilizadas habitualmente en PHP para esta comprobación. En el caso de un formulario, otro enfoque posible consiste en realizar un control en JavaScript en el explorador, cuyo interés reside en evitar un envío al servidor.

Los diferentes ejemplos presentados en esta parte utilizan formularios. Deben efectuarse las mismas comprobaciones respecto a los datos pasados en la dirección.

2. Comprobaciones clásicas

a. Limpieza de los espacios innecesarios

La función `trim` (véase el capítulo Utilizar las funciones PHP - Manipular las cadenas de caracteres) puede utilizarse para eliminar los "vacíos" innecesarios al principio o al final de la cadena. En el caso de un formulario, este proceso se aplica sobre todo a las zonas de entrada de texto libre (`<input>` de tipo `text` o `password`, `<textarea>`).

Ejemplo

```
// Recuperar el valor introducido en la zona "nombre" y limpiar
// los espacios innecesarios (al principio y al final).
$nombre = trim ($_POST['nombre']);
```

b. Dato obligatorio

Comprobar si un dato obligatorio está presente es muy sencillo: sólo hay que comprobar si la variable asociada contiene un valor.

Ejemplo

```
$nombre = trim($_POST['nombre']);
if ($nombre == '') {
  // $nombre vacío = zona "nombre no introducida => hacer algo
}
```

c. Longitud máxima de una cadena

La longitud de los datos recuperados puede controlarse con la función `strlen` (véase el capítulo Utilizar las funciones PHP - Manipular las cadenas de caracteres). En el caso de un formulario, este proceso se aplica sobre todo a las zonas de entrada de texto libre (`<input>` de tipo `text` o `password`, `<textarea>`).

Ejemplo

```
$nombre = trim($_POST['nombre']);
if (strlen($nombre) > 20) {
  // $nombre demasiado largo => hacer algo
}
```

En un formulario, el atributo `maxlength` de la etiqueta `input` permite realizar un control complementario en el momento de la entrada de los datos (es el explorador quien se encarga).

d. Caracteres autorizados para una cadena - Formato

En caso de necesidad, la utilización de las expresiones regulares (véase el capítulo Utilizar las funciones PHP - Manipular las cadenas de caracteres) permite controlar fácilmente que sólo estén presentes ciertos caracteres y, si es necesario, que la cadena introducida respete un formato específico.

A modo de ejemplo, supongamos que una contraseña debe cumplir la regla siguiente: comenzar por una letra, seguida de letras, de cifras o de caracteres _#*$ con una longitud mínima de 4.

Ejemplo

```
$contraseña = trim($_POST['contraseña']);
if (! eregi('^[a-z][a-z0-9_#*$]{3,}',$contraseña)) {
  // Contraseña no válida.
}
```

Consideraciones sobre la expresión regular utilizada (`^[a-z][a-z0-9_#*$]{3,}`):

- `eregi` no diferencia entre mayúsculas y minúsculas.
- `^` = comienza por...
- `[a-z]` = una letra entre `a` y `z` (o `A` y `Z` ya que se utiliza `eregi`)...
- `[a-z0-9_#*$]{3,}` = y le sigue al menos 3 (`{3,}`) caracteres entre los indicados: de `a` a `z` (incluido de `A` a `Z`), de `0` a `9` y los caracteres `_#*$`

Veremos a continuación otros ejemplos con fechas y números.

e. Validez de una fecha - Intervalo de valores

En general, deben realizarse dos comprobaciones sobre una fecha:

- respeto del formato (DD/MM/AAAA, por ejemplo);
- validez (no 32/13/2001).

La comprobación de respeto del formato y de los caracteres autorizados es muy sencilla con una expresión regular.

Ejemplo

```
$fecha_nacimiento = trim($_POST['fecha_nacimiento']);
$formato_fecha = '^[0-9]{1,2}/[0-9]{1,2}/[0-9]{4}$';
if (! ereg($formato_fecha,$fecha_nacimiento)) {
  // Formato incorrecto para la fecha.
}
```

Consideraciones sobre la expresión regular utilizada (^([0-9]{1,2})/([0-9]{1,2})/([0-9]{4})$):

- `^` = comienza por...
- `[0-9]{1,2}` = una o dos cifras...
- `/` = seguido del carácter "/" ...

- `[0-9]{1,2}` = una o dos cifras...
- `/` = seguido del carácter "/" ...
- `[0-9]{4}` = seguido de 4 cifras...
- `$` = seguido de nada... La cadena debe terminarse ahí.

Para comprobar la validez de la fecha, es posible utilizar la función `checkdate` (véase el capítulo Utilizar las funciones PHP - Manipular las fechas).

En un primer momento, es necesario recuperar los componentes de la fecha introducida. Pueden aplicarse varios métodos:

- con la función `explode`:

```
$dma = explode('/',$fecha_nacimiento);
// $dma[0] contiene el día
// $dma[1] contiene el mes
// $dma[2] contiene el año
if (! checkdate($dma[1],$dma[0],$dma[2])) {
  // Fecha no válida.
}
```

- variante con la funciones `explode` y `list`:

```
list($día,$mes,$año) = explode('/',$fecha_nacimiento);
// Recuperación de los componentes en variables
// independientes.
if (! checkdate($mes,$día,$año)) {
  // Fecha no válida.
}
```

- con el tercer parámetro de la función `ereg` que permite recuperar partes de la cadena, y ello directamente en la comprobación de conformidad del formato:

```
$formato_fecha = '^([0-9]{1,2})/([0-9]{1,2})/([0-9]{4})$';
if (! ereg($formato_fecha,$fecha_nacimiento,$dma) ) {
  // Formato incorrecto para la fecha.
} else {
  // Formato correcto para la fecha
  // $dma contiene los diferentes componentes
  // con índices diferentes con relación al ejemplo anterior:
  // $dma[1] contiene el día
  // $dma[2] contiene el mes
  // $dma[3] contiene el año
  if (! checkdate($dma[2],$dma[1],$dma[3])) {
    // Fecha no válida.
  }
}
```

Para comprobar el intervalo de valores, lo más sencillo es hacer una comparación numérica (o alfabética) sobre un número (una cadena) construido con la forma `AAAAMMDD` (`20071211` para el `11/12/2007`).

Ejemplo

```
// Recuperar los componentes de la fecha.
list($día,$mes,$año) = explode('/',$fecha_nacimiento);
// Construir una cadena en formato AAAAMMDD
$aaaammdd = sprintf('%04d%02d%02d',$año,$mes,$día);
// Definir las fechas mínima y máxima según el mismo formato.
$fecha_mín = '19000101'; // 01/01/1900
$fecha_máx = date('Ymd'); // fecha del día
// Comparar.
if ($aaaammdd < $fecha_mín or $aaaammdd > $fecha_máx =
  // Fecha fuera del intervalo autorizado
}
```

f. Validez de un número - Intervalo de valores

Puede utilizarse varias técnicas para comprobar que un número está bien formado:

- las expresiones regulares;
- la función `is_numeric`;
- la conversión de la entrada de datos y la comprobación del resultado obtenido.

Ejemplos con las expresiones regulares

```
// Comprobar que un dato es un número entero.
ereg('^[+|-]?[0-9]+$',$variable)
// Comprobar que un dato es un número entero y controlar
// el número de cifras (entre 1 y 3, por ejemplo).
ereg('^[+|-]?[0-9]{1,3}$',$variable)
// Comprobar que un dato es un número decimal
// (en este ejemplo la coma y el punto son admitidos
// como separador decimal).
ereg('^[+|-]?[0-9]+[.|,]?[0-9]*$',$variable)
```

Para el intervalo de valores, una comprobación del siguiente tipo basta.

Ejemplo

```
if ($variable < m nimo o $variable > m ximo) {
  // $variable fuera del intervalo autorizado
}
```

g. Validez de una dirección electrónica

Las expresiones regulares también son útiles para esta tarea. Pueden encontrarse numerosos ejemplos en Internet.

La solución siguiente funciona correctamente para las estructuras de direcciones actuales:

```
eregi(
  '^[a-z0-9]+([._-]?[a-z0-9]+)*'.                  // inicio
  '@'.                                             // continuación
  '[a-z0-9]+([.-]?[a-z0-9]+)*\.[a-z]{2,4}$',       // fin
  $dirección_email
)
```

Para facilitar la lectura, la expresión regular se construye por concatenación de tres cadenas.

Consideraciones sobre la expresión regular utilizada:

- `eregi` para no diferenciar entre mayúsculas y minúsculas.
- `^` = comienza por...
- `[0-9a-z]+` = una secuencia que contiene letras o cifras...
- `([._-]?[a-z0-9]+)*` = seguida, si se da el caso, de una o varias secuencias que comienzan cada una opcionalmente por un guión, una subraya o un punto seguido de letras o de cifras...
- `@` = seguida de una @...
- `[0-9a-z]+` = seguida de una secuencia que contiene letras o cifras...
- `([.-]?[a-z0-9]+)*` = seguida, si se da el caso, de una o varias secuencias que comienzan cada una opcionalmente por un guión o un punto seguido de letras o de cifras...
- `\.` = seguida de un punto...
- `[a-z]{2,3}` = seguida de dos a cuatro letras...
- `$` = seguido de nada... La cadena debe terminarse ahí.

La expresión regular permite comprobar que la dirección es sintácticamente correcta, pero no que existe realmente.

E. Problemas con los datos recuperados

1. La característica de "magic quotes"

Cómo vimos en el capítulo Utilizar las funciones PHP - Gestionar las "comillas mágicas" ("magic quotes"), PHP ofrece una funcionalidad llamada "magic quotes" ("comillas mágicas") que protege los datos introducidos en un formulario o transmitidos en una dirección URL.

Como recordatorio, si la directiva de configuración `magic_quotes_gpc` se encuentra en `on`, todos los datos que llegan por un método `GET` o `POST` son automáticamente protegidos con una antibarra (\) delante de los caracteres de apóstrofo ('), comillas ("), antibarra (\) y carácter nulo (`\0`).

Consideremos el script PHP `formulario.php` siguiente que simplemente muestra una zona de entrada de datos para mostrar luego el valor en la zona del formulario directamente en la página.

```
<?php
// Recuperar el dato introducido.
$entrada = isset($_POST['entrada'])?$_POST['entrada']:'';
// Reproducirlo a continuación en la zona de entrada
// y directamente en la página.
?>
<!DOCTYPE html PUBLIC "-//W3C//DTD XHTML 1.0 Strict//EN"
  "http://www.w3.org/TR/xhtml1/DTD/xhtml1-strict.dtd">
<html xmlns="http://www.w3.org/1999/xhtml">
  <head><title>Entrada de datos</title></head>
  <body>
    <form action="formulario.php" method="post">
    <div>
      Entrada: <input type="text" name="entrada"
                      value="<?php echo $entrada; ?>" />
      <input type="submit" name="aceptar" value="Aceptar" />
      <br /><?php echo $entrada; ?>
    </div>
    </form>
  </body>
</html>
```

Resultado

- Visualización inicial:

- Entrada de un valor:

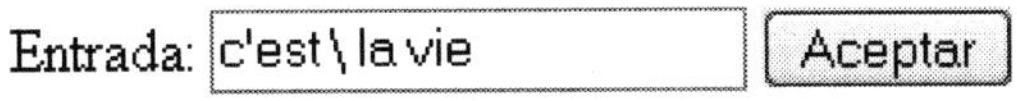

- Resultado después de hacer clic en el botón **Aceptar** si `magic_quotes_gpc = on`:

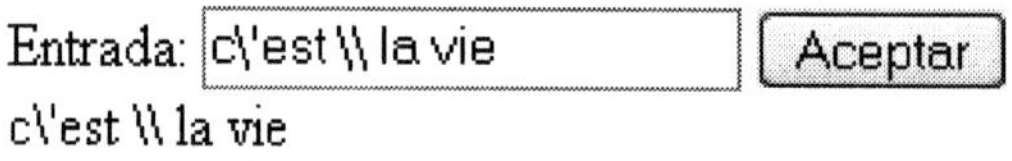

- Resultado después de hacer clic en el botón **Aceptar** si `magic_quotes_gpc = off`:

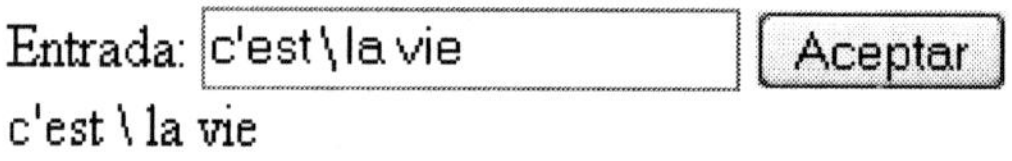

Un problema similar puede plantearse con los datos transmitidos en la dirección.

Ejemplo

- Script `pagina1.php`:

```
<?php
// Inicialización de una variable.
$data="c'est \ la vie";
?>
<!DOCTYPE html PUBLIC "-//W3C//DTD XHTML 1.0 Strict//EN"
  "http://www.w3.org/TR/xhtml1/DTD/xhtml1-strict.dtd">
<html xmlns="http://www.w3.org/1999/xhtml">
  <head><title>Página 1</title></head>
  <body>
    <div>
    <!-- vínculo hacia la página 2 pasando el valor
         a través de la dirección -->
    <a href=
        "pagina2.php?data=<?php echo rawurlencode($data); ?>">
        Página 2</a>
    </div>
  </body>
</html>
```

- Script `pagina2.php`:

```
<?php
// Visualización de la información pasada en la dirección.
echo $_GET['data'];
?>
```

- Resultado después de hacer clic en vínculo si `magic_quotes_gpc = on`:

```
c\'est \\ la vie
```

Para ajustarse a la estrategia que consiste en no tener datos protegidos en las variables (véase el capítulo Utilizar las funciones PHP - Gestionar las "comillas mágicas" ("magic quotes")), hay que invocar sistemáticamente una función en la recuperación de un dato GPC para quitar la protección "magic quotes" si esta última está activa.

Ejemplo

```
<?php
function eliminar_codificacion_MQ($valor) {
  // Si magic quotes está activo, devolver
  // el valor tras la eliminación de la codificación
  // (=> invocación de stripslashes), si no, devolver
  // el valor.
  return
    (get_magic_quotes_gpc())?stripslashes($valor):$valor;
}
?>
```

Utilice esta función únicamente con datos GPC para no arriesgarse a quitar caracteres de escape no ligados a una protección "magic quotes".

La recuperación de los datos de un formulario toma entonces la siguiente forma:

```
<?php
// Inclusión del archivo que contiene la definición
// de nuestras funciones generales
include('funciones.inc') ;
// Recuperación de los valores introducidos en el formulario.
$nombre = eliminar_codificacion_MQ(trim($_POST['nombre']));
$contraseña =
  eliminar_codificacion_MQ(trim($_POST['contraseña']));
$fecha_nacimiento =
  eliminar_codificacion_MQ(trim($_POST['fecha_nacimiento']));
// ...
?>
```

Para las zonas que no son de entrada de datos libre (lista de selección única o múltiple, grupo de botones de opción, casillas de verificación), puede no ser necesario invocar la función, ya que el dato devuelto es controlado, y se puede hacer que no contenga apóstrofo: no obstante, ante la duda, invóquela sistemáticamente (adaptándola en el caso de que la variable sea una matriz).

Puede realizarse una llamada similar en la recuperación de los datos transmitidos en una dirección:

```
<?php
// Visualización de la información pasada en la dirección.
$nombre = eliminar_codificacion_MQ($_GET['nombre']);
?>
```

También puede escribir una función que elimine sistemáticamente, y en una sola llamada, la protección "magic quotes" de todas las matrices GPC.

Ejemplo

```
function eliminar_codificacion_MQ_GPC() {
  // Si magic quotes está activo...
  if (get_magic_quotes_gpc()) {
    // Definir una función "strip_slashes" que acepte
    // un parámetro por referencia (importante)
    // y que le aplique la función "stripslashes".
    function strip_slashes(&$valor) {
      $valor = stripslashes($valor);
    }
    // Aplicar esta función "strip_slashes" de manera recursiva
    // a todas las matrices GPC.
    array_walk_recursive($_POST, 'strip_slashes');
    array_walk_recursive($_GET, 'strip_slashes');
    array_walk_recursive($_REQUEST, 'strip_slashes');
    array_walk_recursive($_COOKIE, 'strip_slashes');
  }
}
```

La recuperación de los datos introducidos en un formulario o transmitidos en una dirección toma entonces la siguiente forma:

```
<?php
// Inclusión del archivo que contiene la definición
// de nuestras funciones generales.
include('funciones.inc') ;
// Llamada a la función que elimina la codificación
// "magic quotes" de todas las matrices GPC.
eliminar_codificacion_MQ_GPC();
// Recuperación de los valores introducidos en el formulario.
$nombre = trim($_POST['nombre']);
$contraseña = trim($_POST['contraseña']);
$fecha_nacimiento = trim($_POST['fecha_nacimiento']);
// ...
?>
```

Esta segunda solución presenta dos ventajas:

- todos los datos GPC son tratados en una sola llamada;
- la migración a la versión PHP que desactivará definitivamente la característica "magic quotes" será más fácil (una sola de código que eliminar).

2. Otros problemas con los datos recuperados

Otro problema de visualización en una zona de formulario puede producirse si el dato mostrado contiene unas comillas (").

Ejemplo

Código fuente de la página en el explorador (fragmento)

```
<form action="formulario.php" method="post">
<div>
  Entrada: <input type="text" name="entrada"
                value="dice: "¡Hola!"" />
  <input type="submit" name="aceptar" value="Aceptar" />
  <br />dice: "¡Hola!"    </div>
</form>
```

En HTML, en los atributos (`value`, `name`...) de las etiquetas, el delimitador de cadena son las comillas. En el atributo `value`, la secuencia `"dice: "` es considerada como el valor del atributo y el resto de la cadena es ignorado. El problema se produce incluso con el carácter \, ya que este último no es un carácter de escape en HTML.

Otro problema de visualización puede producirse si el dato mostrado contiene etiquetas HTML.

Ejemplo

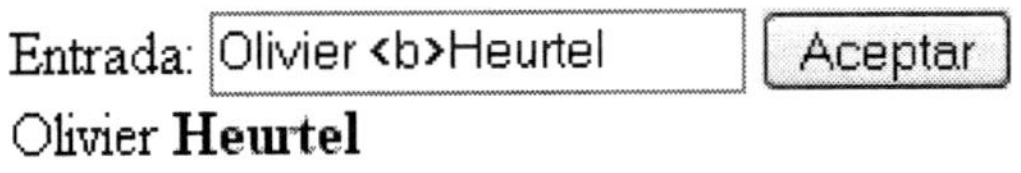

La entrada `Olivier <b>Heurtel` da la palabra `Heurtel` en negrita en la visualización en la página HTML. La etiqueta `<b>` introducida por el usuario se encuentra tal cual en el código fuente de la página y, por lo tanto, es interpretada por el explorador como la marca de negrita.

Por último, podemos encontrar un tercer problema en la entrada de datos en un área de texto.

Ejemplo

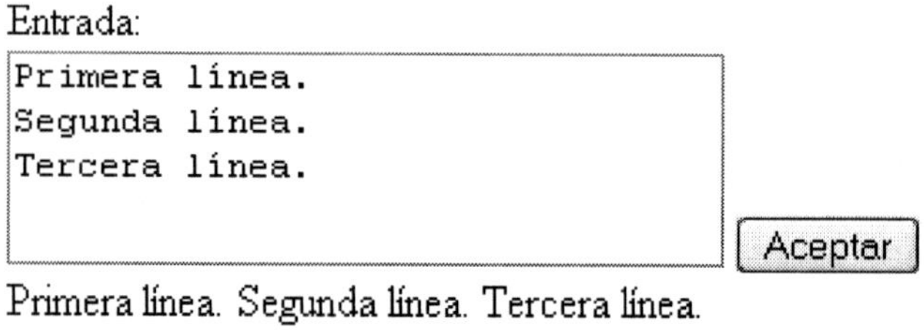

Una entrada de datos en varias líneas en un `<textarea>` se muestra correctamente en la zona de texto, pero sin los saltos de línea en la página HTML. El texto está presente con saltos de línea en el código fuente de la página, pero el salto de línea, fuera de un `<textarea>`, es ignorado por el explorador: hay que poner una etiqueta `<br />`.

Vemos, por lo tanto, tres problemas relacionados con la presentación en pantalla de datos procedentes de una fuente externa (formulario, dirección URL, etc.):

- presencia de las comillas que puede plantear un problema en la utilización del dato en un formulario (atributo `value`);
- presencia de etiquetas HTML válidas que son interpretadas como tales por el explorador:
- saltos de línea ignorados presentes en un texto.

El segundo "problema" puede presentar cierto interés en las situaciones en las que se desee ofrecer la posibilidad al usuario de introducir texto con algo de formato para una visualización ulterior en una página.

Para resolver estos tres problemas, PHP tiene cuatro funciones: `htmlspecialchars`, `htmlentities`, `nl2br` y `strip_tags`.

La función `htmlspecialchars` toma una cadena de caracteres y la devuelve sustituyendo ciertos caracteres por su equivalente en HTML:

Sintaxis

```
cadena htmlspecialchars(cadena texto [,entero opción [,
cadena juego [,booleano doble_codificación]]])
```

`texto`	Cadena para tratar.
`opción`	Funcionamiento con comillas (") y apóstrofo (').
`juego`	Juego de caracteres que debe utilizarse para la conversión.
`doble_codificación`	Indica si se debe (`TRUE`, valor predeterminado) o no (`FALSE`) codificar las entidades HTML ya codificadas. Aparecido en la versión 5.2.3.

Los caracteres convertidos son las siguientes:

Entrada	Salida
&	&
"	"
'	'
<	<
>	>

El segundo parámetro permite precisar el funcionamiento con comillas (") y apóstrofo (').

Valor	Comportamiento
ENT_COMPAT	Conversión de las comillas, pero no el apóstrofo (por defecto).
ENT_NOQUOTES	Ninguna conversión
ENT_QUOTES	Conversión de los dos caracteres

El tercer parámetro permite definir el juego de caracteres que debe utilizarse para la conversión: **ISO-8859-1** (por defecto), **ISO-8859-15**, **UTF-8**, etc.

Desde la versión 5.1.0, existe una función htmlspecialchars_decode que efectúa la conversión inversa de la función htmlspecialchars.

Ejemplo

```
<?php
$texto = 'Olivier & Co. diría: "c\'est la vie!"';
echo htmlspecialchars($texto,ENT_QUOTES);
?>
```

Resultado en el código fuente de la página (los elementos en cuestión están en negrita):

Olivier **&** Co. diría: **"**c**'**est la vie! **"**

La función htmlentities presenta un componente idéntico al de htmlspecialchars, pero para todos los caracteres que tienen un equivalente en HTML (caracteres acentuados, principalmente).

Sintaxis

```
cadena htmlentities(cadena texto [,entero opción [,cadena
juego [,booleano doble_codificación]]])
```

texto	Cadena para tratar.
opción	Funcionamiento con comillas (") y apóstrofo (').
juego	Juego de caracteres que debe utilizarse para la conversión.

`doble_codificación`	Indica si se debe (`TRUE`, valor predeterminado) o no (`FALSE`) codificar las entidades HTML ya codificadas. Aparecido en la versión 5.2.3.

El segundo y el tercer parámetro tienen el mismo significado que para la función `htmlspecialchars`.

Ejemplo

```
<?php
$texto = 'Olivier & Co. diría: "c\'est la vie!"';
echo htmlentities($texto,ENT_QUOTES);
?>
```

Resultado en el código fuente de la página (los elementos en cuestión están en negrita):

```
Olivier &amp; Co. dir&iacute;a: &quot;c&#039;est
la vie! &quot;
```

La función `nl2br` toma una cadena de caracteres y la devuelve insertando una etiqueta HTML de salto de línea delante de cada salto de línea: la etiqueta es `<br />` (compatibilidad XHTML) a partir de la versión 4.0.5 de PHP y `<br>` antes.

Sintaxis

```
cadena nl2br(cadena texto)
```

`texto`	Cadena para tratar.

Ejemplo

```
<?php
$texto = "Primera línea.\nSegunda línea.";
echo nl2br($texto);
?>
```

Resultado en el código fuente de la página (los elementos en cuestión están en negrita):

```
Primera línea.<br />
Segunda línea.
```

Por último, la función `strip_tags` toma una cadena de caracteres y la devuelve tras eliminar todas las etiquetas HTML que contiene.

Sintaxis

```
cadena strip_tags(cadena texto[,cadena etiquetas_autorizadas])
```

`texto`	Cadena para tratar.
`etiquetas_autorizadas`	Lista de las etiquetas que deben conservarse en la cadena.

El segundo parámetro permite indicar las etiquetas que deben conservarse.

Ejemplo

```
<?php
$texto = "<b>Olivier</b> <i>Heurtel</i>";
echo $texto,'<br/>';
echo strip_tags($texto),'<br/>';
echo strip_tags($texto,'<b>'),'<br/>';
?>
```

Resultado

Olivier *Heurtel*
Olivier Heurtel
Olivier Heurtel

Así, estas funciones permitirán gestionar los diferentes problemas evocados anteriormente.

Para evitar cualquier problema de visualización en el explorador, la idea es aplicar una transformación en los datos antes o en la instrucción `echo`.

Pueden desarrollarse funciones personales para efectuar esta operación.

Ejemplo

```
<?php
// Función que permite mostrar datos en un formulario.
// Codificar todos los caracteres HTML especiales.
function hacia_formulario($valor) {
  return htmlentities($valor,ENT_QUOTES);
}
// Función que permite mostrar datos en una página.
// Codificar todos los caracteres HTML especiales.
// Transformar los saltos de línea en <br />.
function  hacia_pagina($valor) {
  return nl2br(htmlentities($valor,ENT_QUOTES));
}
?>
```

Estas funciones pueden utilizarse en un script de proceso de un formulario.

Ejemplo

```
<?php
// Inclusión del archivo que contiene la definición
// de nuestras funciones generales.
include('funciones.inc') ;
// Comprobar si la página es invocada tras la validación de formulario
if (isset($_POST['aceptar'])) {
  // Llamada a la función que elimina la codificación
  // "magic quotes" de todas las matrices GPC.
  eliminar_codificacion_MQ_GPC();
  // Recuperación del valor introducido en el formulario
  $nombre = isset($_POST['nombre'])?$_POST['nombre']:'';
  // El valor introducido se vuelve a mostrar en el formulario
  // y en la página...
```

```
}
?>
<!DOCTYPE html PUBLIC "-//W3C//DTD XHTML 1.0 Strict//EN"
  "http://www.w3.org/TR/xhtml1/DTD/xhtml1-strict.dtd">
<html xmlns="http://www.w3.org/1999/xhtml">
  <head><title>Entrada de datos</title></head>
  <body>
    <form action="formulario.php" method="post">
    <div>
      Nombre:
      <input type="text" name="nombre"
        value="<?php echo hacia_formulario($nombre); ?>" />
      <input type="submit" name="aceptar" value="Aceptar" /><br />
      <?php echo hacia_pagina($nombre); ?>
    </div>
    </form>
  </body>
</html>
```

Resultado

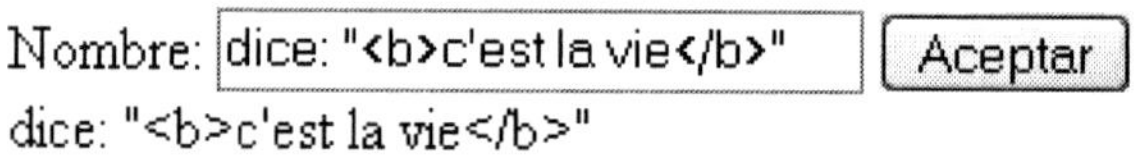

Con esta estrategia, la entrada es restituida tal cual: si el usuario ha introducido una etiqueta, la encuentra (no es interpretada por el explorador). Si es necesario, las funciones pueden modificarse para eliminar las etiquetas mediante la función `strip_tags`.

La función `nl2br` debe invocarse después de las funciones `htmlentities` o `htmlspecialchar`. En caso contrario, la etiqueta `<br />` añadida por `nl2br` es codificada (como `<br />`) antes de insertarse en el código fuente de la página y no es, por lo tanto, interpretada por el explorador (el texto `<br />` aparece en la página mostrada). La función `nl2br` no debe ser invocada para texto destinado a una zona `<textarea>` (so pena de obtener ahí también el texto `<br />` en la zona).

3. Conclusiones

La gestión de los formularios y de las direcciones URL, visualizando o guardando datos recuperados, puede convertirse rápidamente en un rompecabezas si tenemos en cuenta los diferentes problemas potenciales y directivas de configuración asociadas.

No obstante, con un poco de rigor y dos o tres funciones escritas y definitivas, esta gestión puede llevarse a cabo sin problema.

Resumimos la estrategia recomendada en el siguiente esquema:

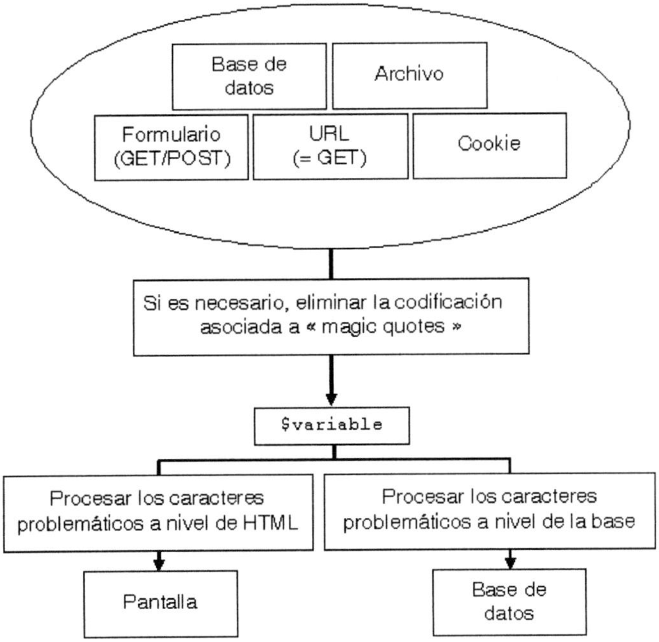

Los casos de las bases de datos y de las cookies es tratado en detalle en los capítulos siguientes; el caso de los archivos fue presentado en el capítulo Utilizar las funciones PHP.

Las funciones `eliminar_codificacion_MQ`, `eliminar_codificacion_MQ_GPC`, `hacia_formulario` y `hacia_pagina` propuestas a modo de ejemplos en este capítulo permiten gestionar los datos externos sin problema según la estrategia recomendada anteriormente.

F. Utilización de los filtros

1. Principios

Desde la versión 5.2.0, una nueva extensión permite filtrar y validar datos, sobre todo los que proceden de la entrada de los usuarios o de una URL.

Cada filtro es definido por un número (identificador), un nombre y, si es necesario, opciones e indicadores que detallan el comportamiento del filtro. Cada opción se establece mediante un nombre utilizado como clave en una matriz asociativa. Cada indicador viene dado por una constante; para especificar varios indicadores, sólo hay que añadir las constantes correspondientes.

Algunos ejemplos de filtros (ver la documentación para la descripción de todos los filtros):

Identificador (constante predefinida)	Descripción
`FILTER_VALIDATE_INT`	Valida un valor como entero. Las opciones `min_range` y `max_range` permiten definir un intervalo de validez.
`FILTER_VALIDATE_FLOAT`	Valida un valor como número de coma flotante.
`FILTER_VALIDATE_REGEXP`	Valida un valor mediante una expresión regular compatible con PERL. Las expresiones regulares de PERL son ligeramente diferentes de las expresiones regulares de PHP detalladas en este libro (consúltese la documentación para ver las diferencias). La expresión regular que debe utilizarse se especifica gracias a la opción `regexp`.
`FILTER_VALIDATE_EMAIL`	Valida un valor como dirección electrónica.
`FILTER_SANITIZE_STRING`	Eliminar las etiquetas contenidas en una cadena y codifica los caracteres ' y ". Varios indicadores están disponibles para eliminar o codificar caracteres suplementarios (véase a continuación).
`FILTER_SANITIZE_SPECIAL_CHARS`	Codificar en HTML los caracteres ', ", <, > y &, así como todos los caracteres de código ASCII inferior a 32. Varios indicadores están disponibles para eliminar o codificar caracteres suplementarios (véase a continuación).
`FILTER_SANITIZE_MAGIC_QUOTES`	Escapa los caracteres ', " y \ (aplica la función (`addslashes`).

Los indicadores siguientes pueden utilizarse con los filtros `FILTER_SANITIZE_STRING` y `FILTER_SANITIZE_SPECIAL_CHARS`:

`FILTER_FLAG_STRIP_LOW`	Elimina los caracteres de código ASCII inferior a 32.
`FILTER_FLAG_STRIP_HIGH`	Elimina los caracteres de código ASCII superior a 127.
`FILTER_FLAG_ENCODE_HIGH`	Codifica en HTML los caracteres de código ASCII superior a 127.

Además, los siguientes indicadores pueden utilizarse con el filtro FILTER_ SANITIZE_STRING:

FILTER_FLAG_NO_ENCODE_QUOTES	No codifica los caracteres ' y ".
FILTER_FLAG_ENCODE_AMP	Codifica en HTML el carácter &.
FILTER_FLAG_ENCODE_LOW	Codifica en HTML los caracteres de código ASCII inferior a 32.

Además, el indicador FILTER_NULL_ON_FAILURE puede utilizarse con todos los filtros para que las funciones devuelvan el valor NULL en lugar del valor FALSE en caso de error.

Estos filtros pueden utilizarse en las funciones filter_var, filter_var_array, filter_input y filter_input_array.

Funciones filter_var y filter_var_array

La función filter_var permite filtrar un dato.

Sintaxis

mixto filter_var(*mixto* dato[,*entero* filtro[,*mixto* opciones_indicadores]])

dato	Dato para filtrar.
filtro	Identificador del filtro que debe aplicarse (FILTER_SANITIZE_STRING de manera predeterminada).
opciones_indicadores	Opciones o indicadores posibles del filtro (véase a continuación).

Esta función devuelve el dato filtrado, o FALSE si el filtro no ha podido aplicarse (o NULL si se utiliza el indicador FILTER_NULL_ON_FAILURE)

En el caso más general, el parámetro opciones_indicadores es especificado con la forma de una matriz asociativa que contiene una o dos líneas, con las siguientes claves: flags para los indicadores y options para las opciones. Como se indicó anteriormente, pueden facilitarse varios indicadores añadiendo las constantes correspondientes. El valor de las opciones se define también con la forma de una matriz asociativa en la que el nombre de la opción es utilizado como clave.

En el caso en el que el parámetro opciones_indicadores sólo establezca indicadores, el valor correspondiente puede pasarse directamente, sin utilizar una matriz.

Ejemplo 1

```
<?php
echo "<b>Filtrar un número entero</b><br />";
$valores = array('123','abc','1.2',NULL);
foreach ($valores as $x) {
  echo "$x => ";
  var_export(filter_var($x,FILTER_VALIDATE_INT));
  echo "<br />";
```

```
}
echo "<b>+ NULL en lugar de FALSE en caso de error</b><br />";
$x = 'abc';
// indicador pasado como opción directamente
$options = FILTER_NULL_ON_FAILURE;
echo "$x => ";
var_export(filter_var($x,FILTER_VALIDATE_INT,$options));
echo "<br />";
echo "<b>Filtrar un número entero (0-100)</b><br />";
// opciones del filtro definidas a través de una matriz asociativa
$options =
  array
    (
    'options' => array('min_range' => 0,'max_range' => 100)
    );
$valores = array('0','100','101');
foreach ($valores as $x) {
  echo "$x => ";
  var_export(filter_var($x,FILTER_VALIDATE_INT,$options));
  echo "<br />";
}
echo "<b>+ NULL en lugar de FALSE en caso de error</b><br />";
// indicador añadido en la matriz de las opciones
$options =
  array
    (
    'options' => array('min_range' => 0,'max_range' => 100),
    'flags' => FILTER_NULL_ON_FAILURE
    );
$x = '101';
echo "$x => ";
var_export(filter_var($x,FILTER_VALIDATE_INT,$options));
echo "<br />";
echo "<b>Filtrar con una expresión regular</b><br />";
$regexp = '<^[0-9]{2}/[0-9]{2}/[0-9]{4}$>';
$options =
  array
    (
    'options' => array('regexp' => $regexp)
    );
$valores = array('01/01/2007','01/01/07');
foreach ($valores as $x) {
  echo "$x => ";
  var_export(filter_var($x,FILTER_VALIDATE_REGEXP,$options));
  echo "<br />";
}
?>
```

Resultado

```
Filtrar un número entero
123 => 123
abc => false
1.2 => false
+ NULL en lugar de FALSE en caso de error
abc => NULL
Filtrar un número entero (0-100)
0 => 0
100 => 100
101 => false
+ NULL en lugar de FALSE en caso de error
101 => NULL
Filtrar con una expresión regular
01/01/2007 => '01/01/2007'
01/01/07 => false
```

Ejemplo 2

```
<?php
$texto = "<b>c'est la vie</b>";
echo "// texto mostrado sin precaución<br />\n";
echo $texto,"<br />\n";
echo "// FILTER_SANITIZE_SPECIAL_CHARS<br />\n";
echo
  filter_var
    (
    $texto,
    FILTER_SANITIZE_SPECIAL_CHARS
    ),
  "<br />\n";
echo "// + opción FILTER_FLAG_ENCODE_HIGH<br />\n";
echo
  filter_var
    (
    $texto,
    FILTER_SANITIZE_SPECIAL_CHARS,
    FILTER_FLAG_ENCODE_HIGH
    ),
  "<br />\n";
echo "// FILTER_SANITIZE_STRING<br />\n";
echo filter_var($texto,FILTER_SANITIZE_STRING),"<br />\n";
echo "// + opción FILTER_FLAG_ENCODE_HIGH<br />\n";
echo
  filter_var
    ($texto,
    FILTER_SANITIZE_STRING,
    FILTER_FLAG_ENCODE_HIGH
    ),
  "<br />\n";
echo "// FILTER_SANITIZE_MAGIC_QUOTES<br />\n";
echo
```

```
  filter_var
    (
    $texto,
    FILTER_SANITIZE_MAGIC_QUOTES
    ),
  "<br />\n";
?>
```

Resultado en el explorador

```
// texto mostrado sin precaución
c'est la vie
// FILTER_SANITIZE_SPECIAL_CHARS
<b>c'est la vie</b>
// + opción FILTER_FLAG_ENCODE_HIGH
<b>c'est la vie</b>
// FILTER_SANITIZE_STRING
c'est la vie
// + opción FILTER_FLAG_ENCODE_HIGH
c'est la vie
// FILTER_SANITIZE_MAGIC_QUOTES
c\'est la vie
```

Resultado en el código fuente de la página

```
// texto mostrado sin precaución<br />
<b>c'est la vie</b><br />
// FILTER_SANITIZE_SPECIAL_CHARS<br />
&#60;b&#62;c&#39;est la vie&#60;/b&#62;<br />
// + opción FILTER_FLAG_ENCODE_HIGH<br />
&#60;b&#62;c&#39;est la vie&#60;/b&#62;<br />
// FILTER_SANITIZE_STRING<br />
c&#39;est la vie<br />
// + opción FILTER_FLAG_ENCODE_HIGH<br />
c&#39;est la vie;<br />
// FILTER_SANITIZE_MAGIC_QUOTES<br />
<b>c\'est la vie</b><br />
```

La función `filter_var_array` permite filtrar una matriz de datos.

Sintaxis

`mixto filter_var_array(matriz datos[,mixto filtros])`

`datos` Matriz asociativa que contiene los datos que deben filtrarse. Las claves son cadenas de caracteres que identifican cada dato para validar.

`filtros` Definición de los filtros que deben aplicarse a cada dato de la matriz de datos.

La función devuelve la matriz de los datos filtrados; las líneas para las que el filtro no se ha aplicado correctamente se encuentran en `FALSE` (o `NULL` si se utiliza el indicador `FILTER_NULL_ON_FAILURE`) y aquellas para las que el dato no existe se encuentran en `NULL`.

En el caso más general, el parámetro `filtros` es especificado con la forma de una matriz asociativa que retoma las claves de la matriz de datos (la correspondencia entre las matrices `datos` y `filtros` se efectúa por mediación de la clave). Cada valor de la matriz `filtros` puede ser un simple identificador de filtro o una matriz asociativa que una descripción más completa del filtro que debe aplicarse. En ese caso, las claves de la matriz `filtros` son `filter` para el identificador del filtro, `flags` para los indicadores que deben aplicarse en el filtro y `options` para las opciones que deben aplicarse en el filtro; los valores asociados a las claves `flags` y `options` se definen como para la función `filter_var`.

En el caso en el que el mismo filtro deba aplicarse a todos los datos, sin indicador ni opción, el parámetro `filtros` puede ser un simple entero igual al identificador del filtro.

Ejemplo

```
<?php
echo '<b>Filtrar una matriz de números enteros</b><br />';
$valores = array('123','abc');
var_export($valores);
echo '<br /> => ';
// Mismo filtro para todos los datos,
// sin indicador ni opción.
var_export
  (filter_var_array($valores,FILTER_VALIDATE_INT));
echo '<br />';
echo '<b>Filtrar una matriz de datos diversos (1)</b><br />';
$valores = array
     (
     'edad' => 123,
     'tamaño' => 'abc',
     'mail' => 'contact@olivier-heurtel.fr'
     );
// Filtro diferente pero "simple" (sin indicador
// ni opción) à appliquer aux données.
$filtros = array
     (
     'edad' => FILTER_VALIDATE_INT,
     'tamaño' => FILTER_VALIDATE_INT,
     'mail' => FILTER_VALIDATE_MAIL
     );
var_export($valores);
echo '<br /> => ';
var_export(filter_var_array($valores,$filtros));
echo '<br />';
echo '<b>Filtrar una matriz de datos diversos (2)</b><br />';
$valores = array
     (
     'edad' => 123,
     'tamaño' => 'abc',
     'mail' => 'contact@olivier-heurtel.fr'
     );
```

```
// Filtro con opciones e indicador
// para aplicar a uno de los datos.
$filtro_edad = array
    (
    'filter' => FILTER_VALIDATE_INT,
    'options' => array('min_range' => 0,'max_range' => 100),
    'flags' => FILTER_NULL_ON_FAILURE
    );
// Anotar la mención de un filtro
// para un dato que no existe.
$filtros = array
    (
    'edad' => $filtro_edad,
    'tamaño' => FILTER_VALIDATE_INT,
    'peso' => FILTER_VALIDATE_INT, // no existe
    'mail' => FILTER_VALIDATE_MAIL
    );
var_export($valores);
echo '<br />';
var_export(filter_var_array($valores,$filtros));
?>
```

Resultado

```
Filtrar una matriz de números enteros
array ( 0 => '123', 1 => 'abc', )
=> array ( 0 => 123, 1 => false, )
Filtrar una matriz de datos diversos (1)
array ( 'edad' => 123, 'tamaño' => 'abc', 'mail' =>
'contact@olivier-heurtel.fr', )
=> array ( 'edad' => 123, 'tamaño' => false, 'mail' =>
'contact@olivier-heurtel.fr', )
Filtrar una matriz de datos diversos (2)
array ( 'edad' => 123, 'tamaño' => 'abc', 'mail' =>
'contact@olivier-heurtel.fr', )
=> array ( 'edad' => NULL, 'tamaño' => false, 'peso' => NULL, 'mail' =>
'contact@olivier-heurtel.fr', )
```

En el último ejemplo, observe el valor `NULL` que ha sido asociado al dato `peso` (mencionado en el filtro, pero ausente de los datos).

Funciones filter_input y filter_input_array

Las funciones `filter_input` y `filter_input_array` son similares a las funciones `filter_var` y `filter_var_array`, pero se aplican a datos exteriores a PHP (datos de un formulario, por ejemplo) y no a variables del script.

Sintaxis

```
mixto filter_input(entero origen, cadena nombre_variable[,entero
filtro[,mixto opciones_indicadores]])
```

`origen`	Origen de los datos. Una de las constantes `INPUT_GET` (datos pasados por el método `GET`), `INPUT_POST` (datos pasados por el método `POST`), `INPUT_COOKIE` (datos pasados por una cookie).
`nombre_variable`	Nombre de la variable que procesar.
`filtro`	Identificador del filtro que debe aplicarse (`FILTER_DEFAULT` de manera predeterminada).
`opciones_indicadores`	Opciones o indicadores posibles del filtro (igual que para la función `filter_var`).

Esta función devuelve el dato filtrado, o `FALSE` si el filtro no ha podido aplicarse o `NULL` si la variable no está definida. Si se utiliza el indicador `FILTER_NULL_ON_FAILURE`, la función devuelve `NULL` si no se ha podido aplicar el filtro o `FALSE` si la variable no está definida.

Sintaxis

mixto `filter_input_array(`*entero* `origen[,`*mixto* `filtros])`

`origen`	Origen de los datos (igual que para la función `filter_input`).
`filtros`	Definición de los filtros que deben aplicarse a cada dato de la matriz de datos (igual que para la función `filter_var_input`).

Esta función es equivalente a una llamada a la función `filter_var_array` ejecutada sobre la matriz `$_GET`, `$_POST` o `$_COOKIE` correspondiente al origen (`INPUT_GET`, `INPUT_POST` o `INPUT_COOKIE`).

La función devuelve la matriz de los datos filtrados o `NULL` si el origen no contiene ningún dato; las líneas para las que el filtro no se ha aplicado correctamente se encuentran en `FALSE` (o `NULL` si se utiliza el indicador `FILTER_NULL_ON_FAILURE`) y aquellas para las que no existe la variable se encuentran en `NULL`.

Mostramos un ejemplo de utilización de estas funciones a continuación (véase Aplicación en los formularios).

2. Aplicación en los formularios

Los filtros pueden ser útiles para implementar todo o parte de los procesos relativos a la gestión de los formularios:

- recuperación de los datos introducidos (funciones `filter_input` y `filter_input_array`);
- comprobación de los datos introducidos (filtros `FILTER_VALIDATE_*`);
- procesamiento de los problemas relativos a los datos introducidos (filtros `FILTER_SANITIZE_*`).

Hay que destacar sobre todo que los filtros `FILTER_SANITIZE_*` llevan a cabo transformaciones similares a las funciones `htmlspecialchars`, `html_entities` y `strip_tags`, presentadas anteriormente (véase E - Problemas con los datos recuperados), y puede, por lo tanto, sustituirlas en nuestros ejemplos.

Ejemplo

```
<?php
// Inclusión del archivo que contiene la definición
// de nuestras funciones generales.
include('funciones.inc') ;
// Comprobar si la página es invocada tras la validación de formulario
if (filter_has_var(INPUT_POST, 'aceptar')) {
  // Definir los filtros para los datos introducidos.
  $filtros =
    array
      (
      'nombre' => array('filter'=> FILTER_SANITIZE_STRING,
                     'flags' => FILTER_FLAG_ENCODE_HIGH +
                                FILTER_FLAG_ENCODE_LOW)
      );
  // Recuperar el dato filtrado.
  $entrada = filter_input_array(INPUT_POST,$filtros);
  $nombre = $entrada['nombre'];
  // El valor introducido se vuelve a mostrar en el formulario
  // y en la página…
}
?>
<!DOCTYPE html PUBLIC "-//W3C//DTD XHTML 1.0 Strict//EN"
  "http://www.w3.org/TR/xhtml1/DTD/xhtml1-strict.dtd">
<html xmlns="http://www.w3.org/1999/xhtml">
  <head><title>Entrada de datos</title></head>
  <body>
    <form action="formulario.php" method="post">
    <div>
      Nombre:
      <input type="text" name="nombre"
        value="<?php echo $nombre; ?>" />
      <input type="submit" name="aceptar" value="Aceptar" /><br />
      <?php echo $nombre; ?>
    </div>
    </form>
  </body>
</html>
```

Entrada

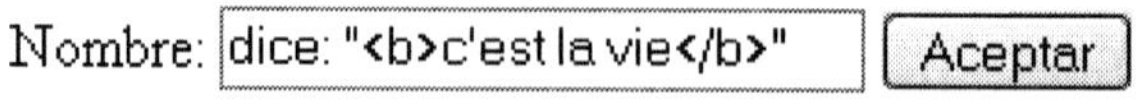

Resultado

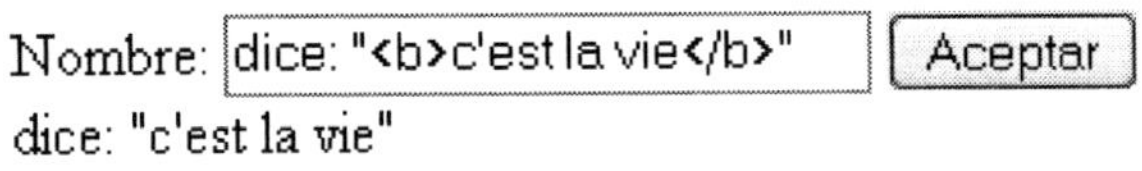

En este ejemplo, el filtro `FILTER_SANITIZE_STRING` es utilizado para recuperar los datos introducidos, eliminar las posibles etiquetas y codificar los caracteres que pueden plantear un problema en caso de visualización futura (en la página o en el formulario).

G. Ir a otra página

En el proceso efectuado por un script PHP, puede ser necesario mostrar otra página.

El caso puede darse, por ejemplo, al final del proceso del formulario, y la situación puede variar en función de si el formulario es procesado por el script que lo muestra o por un script independiente.

Posibles variantes:

	Formulario procesado por:	
Resultado del procesamiento	**El script de visualización**	**Otro script**
OK	- Ir a otra página	- Página ya correcta - Ir a otra página
Problema	- Volver a mostrar el formulario con un mensaje - Ir a una página de error específica	- Volver a mostrar el formulario con un mensaje - Ir a una página de error específica - Mostrar el error en la página actual

Redirigir al usuario hacia otra página durante la ejecución del script es posible utilizando la función `header` que permite enviar encabezados HTTP con la página HTML (véase Utilizar las funciones PHP - Manipular los encabezados HTTP).

Vamos a utilizar el encabezado `location` que redirige la consulta hacia otra dirección.

Sintaxis de la directiva `location`

```
location: URL absoluta o relativa
```

Sintaxis con la función `header`

```
header('location: URL absoluta o relativa')
```

Ejemplos

```
// Redirección hacia un script PHP situado en el mismo nivel.
header('location: error.php');
// Redirección hacia una página HTML situada en un subnivel.
header('location: ./error/mensaje.htm');
// Redirección hacia otro sitio web.
header('location: http://www.olivier-heurtel.fr');
```

El protocolo HTTP 1.1 requiere una dirección absoluta en la directiva `location`. Para ello, puede utilizar las variables globales `$_SERVER['HTTP_HOST']` y `$_SERVER['PHP_SELF']` (véase el capítulo Anexos - Variables PHP predefinidas).

Ejemplo

```
<?php
$url_relativa = 'error.php';
echo '$url_relativa = ',$url_relativa,'<br />';
echo '$_SERVER[\'HTTP_HOST\'] = ',
     $_SERVER['HTTP_HOST'],'<br />';
echo '$_SERVER[\'PHP_SELF\'] = ',
     $_SERVER['PHP_SELF'],'<br />';
echo 'dirname($_SERVER[\'PHP_SELF\']) = ',
     dirname($_SERVER['PHP_SELF']),'<br />';
$url_absoluta = 'http://' . $_SERVER['HTTP_HOST'] .
                rtrim(dirname($_SERVER['PHP_SELF']), '/\\') .
                '/' . $url_relativa;
echo '$url_absoluta = ',$url_absoluta,'<br />';
?>
```

Ejemplo

```
$url_relativa = error.php
$_SERVER['HTTP_HOST'] = xampp
$_SERVER['PHP_SELF'] = /eni/index.php
dirname($_SERVER['PHP_SELF']) = /eni
$url_absoluta = http://xampp/eni/error.php
```

Ejemplo sencillo de utilización en un script `info.php`

```
<?php
// Asignar un valor a $nombre si un número elegido al azar
// entre 0 y 1 es igual a 1.
$nombre = (rand(0,1)==1)?'Olivier':'';
// Comprobar si $nombre está introducido.
if ($nombre == '') {
  // La variable $nombre está vacía, no es normal:
  // => redirigir al usuario hacia una página de error.
  header('location: error.htm');
  // Interrumpir la ejecución de este script.
  exit;
}
// La variable $nombre no está vacía, dejar que continúe el script.
$mensaje = "Bonjour $nombre !"; // preparar un mensaje
```

```
?>
<!DOCTYPE html PUBLIC "-//W3C//DTD XHTML 1.0 Strict//EN"
  "http://www.w3.org/TR/xhtml1/DTD/xhtml1-strict.dtd">
<html xmlns="http://www.w3.org/1999/xhtml">
  <head><title>Entrada de datos</title></head>
  <body>
  <p><?php echo $mensaje; ?></p>
  </body>
</html>
```

Página `error.htm`

```
<!DOCTYPE html PUBLIC "-//W3C//DTD XHTML 1.0 Strict//EN"
  "http://www.w3.org/TR/xhtml1/DTD/xhtml1-strict.dtd">
<html xmlns="http://www.w3.org/1999/xhtml">
  <head><title>Error</title></head>
  <body>
  <div>
  El sitio web no está disponible en este momento; inténte-
lo más tarde.<br />
  Gracias por su comprensión.<br />
  <!-- Vínculo para una nueva tentativa -->
  <a href="info.php">Intentar de nuevo</a>
  </div>
  </body>
</html>
```

Estadísticamente, una de cada dos veces, la llamada del script `info.php` dará el siguiente resultado:

```
¡Hola Olivier!
```

Y el resto de las veces:

```
El sitio web no está disponible en este momento; inténtelo más tarde.
Gracias por su comprensión.
Intentar de nuevo
```

Salvo casos particulares, la función `header` debe invocarse antes de cualquier instrucción (PHP o HTML) que tenga como efecto comenzar a construir la página HTML (véase el capítulo Utilizar las funciones PHP - Manipular los encabezados HTTP).

Primer ejemplo de lógica de encadenamiento

Un script `formulario.php` garantiza la visualización inicial del formulario y su procesamiento. En caso de error, el formulario se muestra de nuevo para la corrección (con los valores introducidos), junto con un mensaje de error; en caso de éxito del procesamiento, se invoca otra página.

```
<?php
// Inclusión del archivo que contiene la definición
// de nuestras funciones generales.
include('funciones.inc') ;
```

```
// Comprobar cómo el script es invocado.
if (isset($_POST['aceptar'])) {
  // Procesamiento del formulario.
  // Llamada a la función que elimina la codificación
  // "magic quotes" de todas las matrices GPC.
  eliminar_codificacion_MQ_GPC();
  // Recuperación de los valores introducidos en el formulario.
  $nombre = trim($_POST['nombre']);
  // Control de los valores introducidos.

  if ($nombre == '')
    { $mensaje .= "El nombre es obligatorio.\n"; }
  if (strlen($nombre) > 10)
    { $mensaje .= "El nombre debe tener, como mucho, 10 caracteres.\n"; }
  // Comprobar si hay errores.
  if ($mensaje == '') {
    // No hay errores.
    // Redirigir al usuario hacia otra página e interrumpir
    // la ejecución del script.
    header('location: inicio.php');
    exit;
  } else {
    // Error.
    // Preparar el mensaje para la visualización.
    $mensaje = hacia_pagina($mensaje);
  }
} else {
  // Visualización inicial.
  // En este sencillo ejemplo, no hacer nada.
}
// En el código HTML que sigue, inclusión de dos pequeños
// fragmentos de código PHP para mostrar respectivamente
// las zonas de texto y el mensaje.
?>
<!DOCTYPE html PUBLIC "-//W3C//DTD XHTML 1.0 Strict//EN"
  "http://www.w3.org/TR/xhtml1/DTD/xhtml1-strict.dtd">
<html xmlns="http://www.w3.org/1999/xhtml">
  <head><title>Entrada de datos</title></head>
  <body>
    <form action="formulario.php" method="post">
    <div>
      Nombre:
      <input type="text" name="nombre"
        value="<?php echo hacia_formulario($nombre); ?>" />
      <input type="submit" name="aceptar" value="Aceptar" /><br />
      <?php echo $mensaje; ?>
    </div>
    </form>
  </body>
</html>
```

Segundo ejemplo de lógica de encadenamiento

Un script `formulario.php` garantiza la visualización inicial del formulario y un script `proceso.htm` su procesamiento. En caso de error, se muestra un mensaje de error y el usuario es invitado a volver atrás. En caso de éxito del proceso, se muestra otra página.

Archivo `formulario.htm`

```
<!DOCTYPE html PUBLIC "-//W3C//DTD XHTML 1.0 Strict//EN"
  "http://www.w3.org/TR/xhtml1/DTD/xhtml1-strict.dtd">
<html xmlns="http://www.w3.org/1999/xhtml">
  <head><title>Entrada de datos</title></head>
  <body>
    <form action="proceso.php" method="post">
    <div>
      Nombre:
      <input type="text" name="nombre" value="" />
      <input type="submit" name="aceptar" value="Aceptar" />
    </div>
    </form>
  </body>
</html>
```

Script `proceso.php`

```
<?php
// Incluir el archivo que contiene la definición
// de nuestras funciones generales.
include('funciones.inc') ;
// Comprobar cómo el script es invocado.
if (isset($_POST['aceptar'])) {
  // Procesamiento del formulario.
  // Llamada a la función que elimina la codificación
  // "magic quotes" de todas las matrices GPC.
  eliminar_codificacion_MQ_GPC();
  // Recuperación de los valores introducidos en el formulario.
  $nombre = trim($_POST['nombre']);
  // Control de los valores introducidos.
  if ($nombre == '')
    { $mensaje .= "El nombre es obligatorio.\n"; }
  if (strlen($nombre) > 10)
    { $mensaje .= "El nombre debe tener, como mucho, 10 caracteres.\n"; }
  // Comprobar si hay errores.
  if ($mensaje == '') {
    // No hay errores.
    // Redirigir al usuario hacia otra página e interrumpir
    // la ejecución del script.
    header('location: inicio.php');
    exit;
  } else {
    // Error.
    // Preparar el mensaje para la visualización.
```

```
    $mensaje = hacia_pagina($mensaje);
  }
}
// En el código HTML que sigue, inclusión de un pequeño
// fragmento de código PHP para mostrar el mensaje.
?>
<!DOCTYPE html PUBLIC "-//W3C//DTD XHTML 1.0 Strict//EN"
  "http://www.w3.org/TR/xhtml1/DTD/xhtml1-strict.dtd">
<html xmlns="http://www.w3.org/1999/xhtml">
  <head><title>Error</title></head>
  <body>
    <!-- Pequeño formulario que contiene un botón que permite
    ---- volver atrás (con JavaScript) para corregir.
    -->
    <form>
    <div>
      <?php echo $mensaje; ?><br />
      <input type="button" value="Corregir"
                          onClick="self.history.back()">
    </div>
    </form>
  </body>
</html>
```

Puede haber otras lógicas de encadenamiento, siendo la función `header` la que permite jugar con las diferentes posibilidades (véase la documentación de PHP).

El resultado del procesamiento también puede mostrarse en otra ventana gracias al atributo `target` de la etiqueta `<form>`:

```
<form action="proceso.php" method="post" target="proceso">
```

Si la ventana no existe, será creada por el explorador.

H. Transferir un archivo entre el cliente y el servidor

1. Visión de conjunto

Algunos sitios web pueden ofrecer a los usuarios transferir documentos desde su equipo al servidor web: mandar un CV (sitio web de búsqueda de empleo), adjuntar documentos a un mensaje (sitio web de correo electrónico) o simplemente almacenar el documento en el servidor (sitio web de almacenamiento).

En la terminología anglosajona, este característica se denomina "file upload".

Inversamente, muchos sitios web permiten a los usuarios descargar ("download") documentos desde el servidor web a su equipo.

Estas dos características son aplicaciones particulares de las técnicas presentadas en este capítulo.

2. Cargar un archivo a partir del cliente: "file upload"

Esta funcionalidad, muy sencilla de poner en práctica en PHP, requiere dos operaciones:

- en un formulario, mostrar una zona que permita al usuario especificar la ubicación del archivo en su equipo;
- en el script de procesamiento del formulario, recuperar el archivo enviado por el usuario y hacer algo con él.

En la primera parte de este capítulo, hemos visto la posibilidad de poner en un formulario una zona para especificar la ubicación de un archivo en un equipo (`type="file"`).

Poner una zona de este tipo no es suficiente. Para que se realice la transferencia del archivo, hay que añadir el atributo `enctype="multipart/form-data"` en la etiqueta `<form>`:

```
<form action="formulario.php" method="post"
                  enctype="multipart/form-data">
```

Esta técnica sólo funciona con los formularios que utilizan el método `POST`.

Además, es posible añadir una zona oculta en el formulario para limitar el tamaño de los archivos que pueden enviarse hacia el servidor. Esta zona oculta, obligatoriamente situada antes de la zona de tipo `file` debe llamarse `MAX_FILE_SIZE` (atributo `name`) y especificar el tamaño máximo en octetos en el atributo `value`:

Ejemplo de zona oculta para limitar el tamaño de los archivos a 10 kb:

```
<input type="hidden" name="MAX_FILE_SIZE" value="10240">
```

El valor precisado en esta zona no puede ser superior al valor de la directiva de configuración `upload_max_filesize` (2 Mb de manera predeterminada). Si la zona oculta no está presente, es el tamaño especificado en la directiva `upload_max_filesize` el que se aplica.

Por otro lado, la carga sólo es posible si la directiva de configuración `file_uploads` se encuentra en `on`.

Ejemplo formulario completo

```
<form action="formulario.php" method="post"
                  enctype="multipart/form-data">
<div>
  Archivo:
  <input type="file" name="archivo" value="" />
  <input type="submit" name="aceptar" value="Aceptar" />
</div>
</form>
```

Cuando un archivo es enviado con un formulario, se puede acceder a la información sobre este archivo en el script PHP gracias a la variable `$_FILES`; el valor introducido por el usuario ya no está disponible en `$_POST`.

$_FILES es una matriz asociativa multidimensional; la primera clave es igual al nombre de la zona de tipo file del formulario (archivo en nuestro ejemplo) y la matriz asociativa vinculada contiene cinco líneas:

Clave	Valor
name	Nombre del archivo (sin ruta de acceso)
type	Tipo MIME del archivo (facilitado por el explorador)
size	Tamaño del archivo en octetos
tmp_name	Nombre del archivo temporal creado en el servidor (ruta completa)
error	Código de error. Una de las siguientes constantes: UPLOAD_ERR_OK(0): sin errores UPLOAD_ERR_INI_SIZE(1): tamaño del archivo superior al tamaño definido por la directiva de configuración upload_max_filesize UPLOAD_ERR_FORM_SIZE(2): tamaño del archivo superior al tamaño definido por la opción MAX_FILE_SIZE del formulario UPLOAD_ERR_PARTIAL(3): el archivo ha sido cargado parcialmente UPLOAD_ERR_NO_FILE(4): no se ha especificado ningún archivo UPLOAD_ERR_NO_TMP_DIR(6): no hay directorio temporal. Introducida en la versión 5.0.3. UPLOAD_ERR_CANT_WRITE(7): error en la escritura del archivo en el disco. Introducida en la versión 5.1.0. UPLOAD_ERR_EXTENSION(8): transferencia detenida por la extensión. Introducida en la versión 5.2.0.

Según la versión, existe un código de error 5, sin nombre de constante, en caso de error en el archivo especificado (nombre, ruta). Este código de error ya no existe desde la versión 5.2.

En el servidor, el archivo transferido es una archivo temporal con un nombre del tipo php*.tmp, situado en el directorio definido por la directiva de configuración upload_tmp_dir.

La estructura de $_FILES permite tener varias zonas de tipo file en el formulario y, por lo tanto, autorizar la carga de varios archivos.

Ejemplo

El formulario contiene dos zonas de tipo `file` denominadas `archivo1` y `archivo2`:

fichier1	name	foto.gif
	type	image/gif
	tmp_name	d:\temp\phpB.tmp
	size	2376
fichier2	name	cv.pdf
	type	application/pdf
	tmp_name	d:\temp\php12.tmp
	size	52147

Si el archivo temporal creado en el servidor no es manipulado (renombrado/copiado/movido) por le script PHP que procesa el formulario, es eliminado automáticamente al final del script. En el script PHP, conviene manipular, por lo tanto, el archivo temporal según las necesidades de la aplicación.

Ejemplo completo

```
<?php
// Inclusión del archivo que contiene la funciones generales.
include('funciones.inc') ;
// Inicialización de la variable de mensaje.
$mensaje = '';
// Procesamiento del formulario.
if (isset($_POST['aceptar'])) {
  // Recuperar los datos en el archivo.
  $datos = $_FILES["archivo"];
  // Extraer:
  //    - su nombre
  $nombre = valor_introducido($datos['name']);
  //    - su tipo MIME
  $tipo_mime = $datos['type'];
  //    - su tamaño
  $tamaño = $datos['size'];
  //    - la ubicación del archivo temporal
  $archivo_temporal = $datos['tmp_name'];
  //    - el código de error
  $código_error = $datos['error'];
  // Controles y proceso
  switch ($código_error) {
  case UPLOAD_ERR_OK :
    // Archivo recibido.
    // Determinar su destino final
    $destino = "/app/documentos/$nombre";
    // Copiar el archivo temporal (comprobar el resultado).
```

```
    if (copy($archivo_temporal,$destino)) {
      // Copia OK => mostrar un mensaje de confirmación.
      $mensaje = "Transferencia terminada - Archivo = $nombre - ";
      $mensaje .= "Tamaño = $tamaño octetos - ";
      $mensaje .= "Tipo MIME = $tipo_mime.";
    } else {
      // Problema de copia => mostrar un mensaje de error.
      $mensaje = 'Problema de copia en el servidor.';
    }
    break;
  case UPLOAD_ERR_NO_FILE :
    // No se ha especificado el archivo.
    $mensaje = 'No se ha especificado el archivo.';
    break;
  case UPLOAD_ERR_INI_SIZE :
    // Tamaño archivo > upload_max_filesize.
    $mensaje = "Archivo '$nombre' no transferido ";
    $mensaje .= ' (tamaño > upload_max_filesize).';
    break;
  case UPLOAD_ERR_FORM_SIZE :
    // Tamaño archivo > MAX_FILE_SIZE.
    $mensaje = "Archivo '$nombre' no transferido ";
    $mensaje .= ' (tamaño > MAX_FILE_SIZE).';
    break;
  case UPLOAD_ERR_PARTIAL :
    // Archivo parcialmente transferido.
    $mensaje = "Archivo '$nombre' no transferido ";
    $mensaje .= ' (problema en la transferencia).';
    break;
  case UPLOAD_ERR_NO_TMP_DIR :
    // No hay directorio temporal.
    $mensaje = "Archivo '$nombre' no transferido ";
    $mensaje .= ' (no hay directorio temporal).';
    break;
  case UPLOAD_ERR_CANT_WRITE :
    // Error en la escritura del archivo en el disco.
    $mensaje = "Archivo '$nombre' no transferido ";
    $mensaje .= ' (Error en la escritura del archivo en el disco).';
    break;
  case UPLOAD_ERR_EXTENSION :
    // Transferencia detenida por la extensión.
    $mensaje = "Archivo '$nombre' no transferido ";
    $mensaje .= ' (transferencia detenida por la extensión).';
    break;
  default :
    // ¡Error imprevisto!
    $mensaje = "Archivo no transferido ";
    $mensaje .= " (error desconocido: $código_error).";
  }
}
```

```
?>
<!DOCTYPE html PUBLIC "-//W3C//DTD XHTML 1.0 Strict//EN"
  "http://www.w3.org/TR/xhtml1/DTD/xhtml1-strict.dtd">
<html xmlns="http://www.w3.org/1999/xhtml">
  <head><title>Upload</title></head>
  <body>
    <form action="upload.php" method="post"
                  enctype="multipart/form-data">
    <div>
      Archivo:
      <input size="100" type="file" name="archivo" value="" />
      <input type="submit" name="aceptar" value="Aceptar" /><br />
      <?php echo hacia_pagina($mensaje); ?>
    </div>
    </form>
  </body>
</html>
```

Resultado

- Visualización inicial del formulario y selección de un archivo (mediante el botón **Examinar**...) :

- Resultado del clic en el vínculo **Aceptar**:

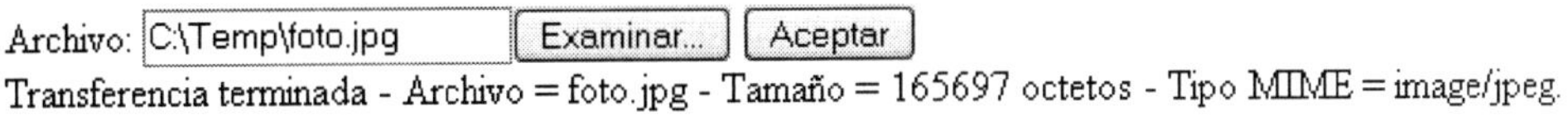

En este ejemplo, el archivo se copia en un directorio en el servidor. En el capítulo Acceder a una base de datos en MySQL, veremos cómo almacenar el archivo en una base de datos MySQL.

3. Descargar un archivo a partir del servidor: "download"

Para descargar un archivo a partir del servidor, es posible utilizar el método clásico que consiste en utilizar un vínculo (etiqueta `<a>`).

Ejemplo

```
<a href="cv.pdf">Descargar</a>
```

Esta técnica puede plantear un cierto número de problemas:

- Es el explorador el que decide proponer al usuario un cuadro de diálogo para guardar o mostrar directamente el documento si sabe cómo hacerlo;
- Los archivos que son interpretados por el servidor (`.php`, por ejemplo) o por el explorador (`.htm`, por ejemplo) no pueden descargarse de esta manera.

Puede utilizarse otra técnica para forzar al explorador a mostrar un cuadro de diálogo destinado a guardar el archivo para cualquier tipo de documento.

Esta técnica consiste en enviar ciertos encabezados específicos mediante la función `header` (véase Utilizar las funciones PHP - Manipular los encabezados HTTP), seguido del documento propiamente dicho.

No se garantiza que esta técnica funcione correctamente, ni que funcione en todos los exploradores. Principalmente, hay problemas conocidos con algunas versiones de Internet Explorer.

Los encabezados básicos son los siguientes:

`Content-Disposition: attachment; filename=...`

Este encabezado sugiere al explorador que trate el documento como un adjunto (`attachment`) y propone al usuario que se guarde con el nombre definido por `filename`.

`Content-Type: ...`

Este encabezado comunica al explorador el tipo MIME del documento.

Algunos tipos MIME habituales:

Tipo MIME	Tipo del documento
application/msword	Documento Microsoft Word
application/octetstream	Genérico
application/pdf	Documento PDF
application/vnd.ms-excel	Documento Microsoft Excel
application/vnd.ms-powerpoint	Documento Microsoft PowerPoint
application/zip	Documento Zip
image/bmp	Imagen en formato bitmap
image/gif	Imagen en formato GIF
image/jpeg	Imagen en formato JPEG
image/tiff	Imagen en formato TIFF
image/png	Imagen en formato PNG
text/html	Documento HMTL
text/plain	Documento de texto

Poniendo cualquier cosa como tipo MIME (`x/y`, por ejemplo), el explorador debe desenvolverse con la extensión del documento.

Tras el envío de los encabezados, ya sólo queda enviar el documento "directamente" a la página, por ejemplo por medio de la función `readfile` (véase el capítulo Utilizar las funciones PHP - Trabajar con archivos en el servidor).

Ilustraremos esta técnica mediante un script `download.php` que ofrece una lista de documentos para descargar. Presentaremos dos ejemplos: un ejemplo que utiliza un formulario y un ejemplo que utiliza vínculos.

En los dos casos, la lista de los documentos que pueden descargarse está codificada directamente en el script. En una verdadera aplicación, esta lista de documentos vendría con seguridad desde una base de datos (véase el capítulo Acceder a una base de datos MySQL).

Utilización de un formulario

En este primer ejemplo, el script genera un formulario que contiene un botón de tipo "imagen" (`type="image"`) para cada archivo propuesto para su descarga, siendo el nombre del botón igual al número del documento.

Como vimos en el capítulo Utilizar las funciones MySQL, recuperaremos en `$_POST` dos variables `n_x` y `n_y` que dan respectivamente la posición relativa horizontal y vertical del clic en el interior de la imagen (siendo `n` el nombre de la imagen en la que se ha hecho clic, en nuestro caso un número).

Ejemplo

```
<?php
// Lista de los documentos (en una verdadera aplicación,
// procedería de una base de datos).
$documentos = array('cv.pdf','foto.gif');
// Procesamiento del formulario si $_POST no está vacío
if (! empty($_POST)) {
  // Recuperar el número del documento.
  // Recuperar la clave de la primera línea de $_POST
  // (normalmente del tipo n_x, siendo n el número del documento).
  list($número) = each($_POST);
  // Convierte la cadena en entero => sólo queda el número.
  $número = (integer) $número;
  // Deducir el nombre del documento.
  $nombre_archivo = $documentos[$número];
  // Enviar el encabezado de adjunto.
  $header  = "Content-Disposition: attachment; ";
  $header .= "filename=$nombre_archivo\n" ;
  header($header);
  // Enviar el encabezado del tipo MIME (aquí, "desconocido").
  header("Content-Type: x/y\n");
  // Enviar el documento.
  // Sin codificación magic quotes antes de leer el archivo.
  set_magic_quotes_runtime(0);
  readfile($nombre_archivo);
}
?>
```

```
<!DOCTYPE html PUBLIC "-//W3C//DTD XHTML 1.0 Strict//EN"
  "http://www.w3.org/TR/xhtml1/DTD/xhtml1-strict.dtd">
<html xmlns="http://www.w3.org/1999/xhtml">
  <head><title>Download</title></head>
  <body>
    <form action="Download.php" method="post">
    <table border="1" cellpadding="4" cellspacing="0">
    <tr align="center">
      <th>documento</th><th>descargar</th>
    </tr>
    <?php
    // Un pequeño fragmento de código PHP para generar las filas
    // de la tabla que presenta la lista de los documentos.
    // Recorrer la lista de los documentos y utilizar el nombre
    // para la presentación y el número como nombre de la imagen.
    foreach($documentos as $número => $documento) {
      echo sprintf
          (
          "<tr><td>%s</td><td align=\"center\">%s</td></tr>\n",
          $documento,
          "<input type=\"image\" name=\"$número\"
          src=\"download.gif\" />"
          );
    }
    ?>
    </table>
    </form>
  </body>
</html>
```

Resultado (en Firefox)

- Visualización inicial de la página

documento	descargar
cv.pdf	
foto.gif	

- Después de hacer clic en la imagen asociada al documento `cv.pdf`

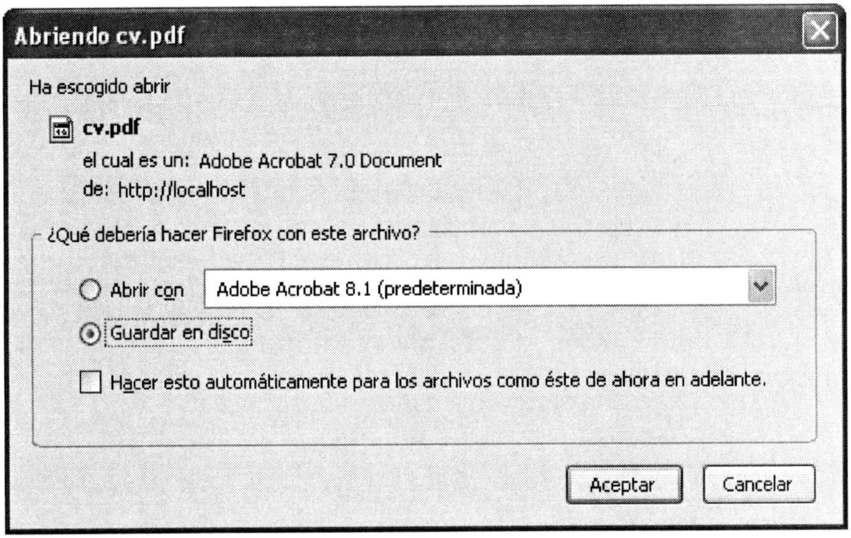

Utilización de los vínculos

En este segundo ejemplo, el script genera una tabla que contiene un vínculo para cada archivo para descarga. El vínculo invoca de nuevo el script pasando el número del documento como parámetro en la dirección URL.

Ejemplo

```
<?php
// Lista de los documentos (en una verdadera aplicación,
// procedería de una base de datos).
$documentos = array('cv.pdf','foto.gif');
// Procesamiento del formulario si $_GET no está vacío
if (! empty($_GET)) {
  // Recuperar el número del documento
  $número = $_GET['num'];
  // Deducir el nombre del documento.
  $nombre_archivo = $documentos[$número];
  // Enviar el encabezado de adjunto.
  $header  = "Content-Disposition: attachment; ";
  $header .= "filename=$nombre_archivo\n" ;
  header($header);
  // Enviar el encabezado del tipo MIME (aquí, "desconocido").
  header("Content-Type: x/y\n");
  // Enviar el documento.
  // Sin codificación magic quotes antes de leer el archivo.
  set_magic_quotes_runtime(0);
  readfile($nombre_archivo);
```

```
}
?>
<!DOCTYPE html PUBLIC "-//W3C//DTD XHTML 1.0 Strict//EN"
  "http://www.w3.org/TR/xhtml1/DTD/xhtml1-strict.dtd">
<html xmlns="http://www.w3.org/1999/xhtml">
  <head><title>Download</title></head>
  <body>
    <table border="1" cellpadding="4" cellspacing="0">
    <tr align="center"><th>documento</th></tr>
    <?php
    // Un pequeño fragmento de código PHP para generar las filas
    // de la tabla que presenta la lista de los documentos.
    // Recorrer la lista de los documentos y utilizar el nombre
    // para la presentación y el número en
    foreach($documentos as $número => $documento) {
      echo sprintf
           (
           "<tr><td>%s</td></tr>\n",
           "<a href=\"download.php?num=$número\">$documento</a>"
           );
    }
    ?>
    </table>
  </body>
</html>
```

Resultado (en Firefox)

- Visualización inicial de la página

documento
cv.pdf
foto.gif

- Después de hacer clic en el vínculo asociado al documento `cv.pdf`

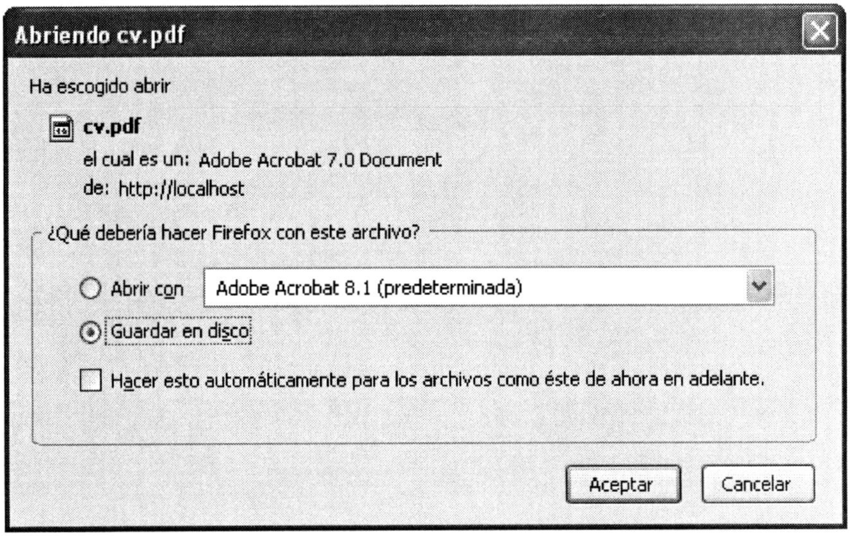

Capítulo 11 : Acceder a una base de datos MySQL

A. Introducción

1. Visión de conjunto

La utilización de una base de datos SQL es a menudo indispensable para la puesta en marcha de un sitio web dinámico. De hecho, es un método estándar para el almacenamiento de datos útiles para el sitio web:

- lista de los usuarios con sus preferencias;
- catálogo de productos;
- registro de transacciones realizadas...

PHP ofrece un soporte nativo para un gran número de bases de datos, entre las cuales se encuentra MySQL, Oracle, Microsoft SQL Server, Informix, Sybase, SQLite. Por otro lado, PHP admite ODBC (*Open DataBase Connectivity*) y puede, por lo tanto, acceder a cualquier base de datos que soporte ODBC.

En este libro, estudiaremos el acceso a una base de datos MySQL.

En la mayoría de los casos, cuando se utilice una base de datos, el script PHP tendrá que realizar una o varias de las siguientes tareas:

- conectarse y desconectarse;
- leer datos (una fila o varias filas);
- actualizar datos (añadir, modificar o eliminar).

En este capítulo estudiaremos las principales operaciones.

Para los diferentes ejemplos, utilizaremos la base de datos `eni` creada en el capítulo Introducción a MySQL. Para obtener los mismos resultados que los presentados en este capítulo, debe recrearse la base de datos.

Ejemplo

```
[root@xampp ~]#mysql -u root < crear-base-eni.sql
```

2. ¿Qué extensión utilizar para acceder a MySQL?

Desde la versión 5, PHP ofrece dos extensiones para acceder a una base de datos MySQL:

- MySQL (prefijo `mysql_`);
- MySQLi (prefijo `mysqli_`).

La extensión MySQL es la antigua extensión, presente en las versiones anteriores de PHP. Esta extensión puede utilizarse para acceder a cualquier versión de MySQL, pero no admite las nuevas características de la versión 4.1 de MySQL.

Para utilizar las nuevas características de la versión 4.1 de MySQL, hay que utilizar la extensión 4,1 MySQLi, que apareció en la versión 5 de PHP. Esta extensión también puede utilizarse para acceder a una versión más antigua de MySQL, con la condición de no utilizar las características incorporadas en la versión 4.1 de MySQL.

Al margen de las nuevas características de la versión 4.1 de MySQL, las dos extensiones son muy parecidas en cuanto a funcionalidad. Muy frecuentemente, ofrecen las mismas funciones, con sintaxis idénticas o compatibles. Salvo excepciones, para pasar de la utilización de MySQL a MySQLi, sólo hay que sustituir el prefijo `mysql_` en el nombre de la función por le prefijo `mysqli_`.

Comenzaremos por presentar de manera detallada la utilización de la extensión MySQLi. A continuación, estableceremos una correspondencia entre la extensión MySQLi y la extensión MySQL, centrándonos en las principales diferencias.

Presentaremos también brevemente la extensión *PHP Data Objects* (PDO) que define una interfaz uniforme para acceder a las bases de datos en PHP. Esta extensión apareció en la versión 5.1.

3. La noción de fetch

Más adelante veremos que la instrucción de ejecución de una consulta `SELECT` (con la intención de leer datos) simplemente ejecuta la consulta, pero no devuelve ningún dato. Después de la ejecución de la consulta, es necesario extraer las filas del resultado: es la noción de "fetch".

Para resumir el funcionamiento, la instrucción de ejecución de una consulta `SELECT` identifica un resultado y sitúa un puntero interno en la primera fila de este resultado:

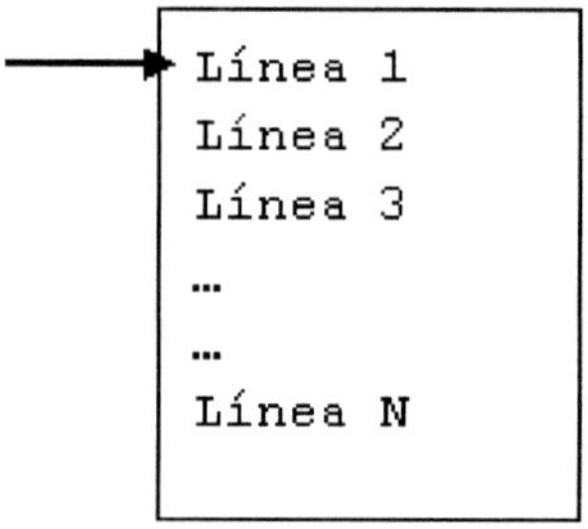

Una instrucción complementaria permite leer la fila actual del resultado, asignar los valores a variables PHP y avanzar el puntero a la fila siguiente:

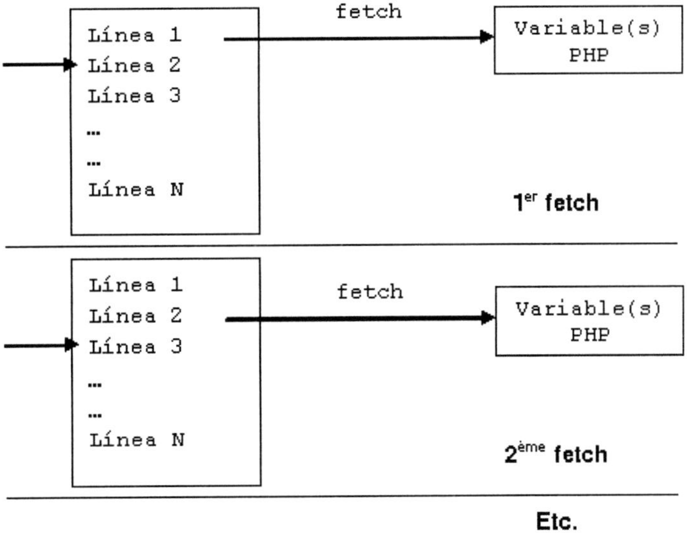

B. Utilización de la extensión MySQLi

1. Introducción

La extensión MySQLi puede utilizarse, bien en forma de procedimiento, bien en forma de objeto.

En su forma orientada a objeto, la extensión MySQLi ofrece tres clases:

`mysqli`	Conexión entre PHP y MySQL.
`mysqli_stmt`	Consulta preparada.
`mysqli_result`	Resultado de la ejecución de una consulta.

Estas diferentes clases ofrecen métodos que permiten efectuar las diferentes acciones (ejecución de una consulta, recuperación del resultado, etc.).

En su forma de procedimiento, la extensión MySQLi ofrece funciones que permiten efectuar las mismas acciones. Varias de estas funciones devuelven o admiten sin ningún problema objetos de tipo `mysqli` o `mysqli_result` como parámetros.

En este libro, presentaremos únicamente la forma de procedimiento de la extensión MySQLi.

La principal novedad de MySQL 4.1, utilizable con la extensión MySQLi, es la noción de consulta preparada.

Una consulta preparada es una consulta que contiene parámetros representados por un signo de interrogación (`?`).

Ejemplos

```
SELECT * FROM coleccion WHERE id = ?
INSERT INTO coleccion(nombre,precio_siniva) VALUES(?,?)
```

En sentido contrario, una consulta no preparada es una consulta en la que se especifican todos los valores.

Ejemplos

```
SELECT * FROM coleccion WHERE id = 1
INSERT INTO coleccion(nombre,precio_siniva) VALUES('TechNote',10.48)
```

En este capítulo, explicaremos cómo ejecutar consultas de lectura y de actualización, primero con consultas no preparadas (véase en este apartado Utilizar consultas no preparadas) y luego con consultas preparadas (véase en este apartado Utilizar consultas preparadas).

2. Conexión y desconexión

a. Conexión

La función `mysqli_connect` permite establecer una conexión con una base de datos MySQL.

Sintaxis

```
objeto mysqli_connect([cadena host [, cadena usuario
[,cadena contraseña [, cadena nombre_base [, entero puerto ]]]]])
```

Con

`host`	Nombre (o dirección IP) del host al que debe conectarse (equipo local predeterminado).
`usuario`	Nombre del usuario que debe utilizarse para establecer la conexión. Valor predeterminado: el propietario del proceso del servidor web.
`contraseña`	Nombre del usuario que debe utilizarse para establecer la conexión. Valor predeterminado: cadena vacía (sin contraseña).
`nombre_base`	Base de datos MySQL seleccionada de manera predeterminada (ninguna predeterminada).
`puerto`	Número del puerto para la conexión al servidor MySQL (puerto estándar 3306 de manera predeterminada).

La función `mysqli_connect` devuelve un identificador de conexión (objeto `mysqli`) o, en caso de error, el valor `FALSE` acompañado de un mensaje de alerta en pantalla (véase el capítulo Gestionar los errores en un script PHP para gestionar esta situación correctamente).

Varias directivas de configuración permiten definir valores predeterminados para los diferentes parámetros de la función `mysqli_connect` (consúltese la documentación).

b. Desconexión

Las conexiones abiertas en un script son automáticamente cerradas al final del script, salvo por una desconexión explícita anterior con la función `mysqli_close`.

La función `mysqli_close` permite cerrar una conexión durante la ejecución del script.

Sintaxis

```
booleano mysqli_close(objeto conexión)
```

`conexión` Identificador de conexión devuelto por la función `mysqli_connect`.

La función `mysql_close` devuelve `TRUE` en caso de éxito y `FALSE` en caso de error (junto con un mensaje de alerta).

c. Obtener información sobre el servidor de MySQL

Las funciones `mysqli_get_host_info` y `mysqli_get_server_info` permiten obtener información sobre el servidor de MySQL.

Sintaxis

```
cadena mysqli_get_host_info(objeto conexión)
cadena mysqli_get_server_info(objeto conexión)
```

`conexión` Identificador de conexión devuelto por la función `mysqli_connect`.

La función `mysqli_get_host_info` devuelve información sobre el tipo de conexión utilizado.

La función `mysqli_get_server_info` devuelve la versión del servidor MySQL.

d. Obtener información en caso de error de conexión

Las funciones `mysqli_connect_errno` y `mysqli_connect_error` permiten recuperar información sobre el posible error de la última conexión efectuada con la función `mysqli_connect`.

Sintaxis

```
entero mysqli_connect_errno()
cadena mysqli_connect_error()
```

La función `mysqli_connect_errno` devuelve un número de error (0 si no hay ningún error) y la función `mysqli_connect_error` el mensaje asociado (una cadena vacía si no hay ningún error).

e. Ejemplo

En este ejemplo, utilizamos el operador `@` para no mostrar las alertas generadas por las funciones en caso de error (véase Gestionar los errores en un script PHP - Las funciones de gestión de los errores).

Ejemplo

```
<?php
// Definición de una pequeña función que abre una conexión.
function conectar($host,$usuario,$contrasenia) {
  $db = @mysqli_connect($host,$usuario,$contrasenia);
  if ($db) {
    echo 'Conexión realizada correctamente.<br />';
    echo 'Información sobre el servidor: ',
         mysqli_get_host_info($db),'<br />';
    echo 'Versión del servidor: ',
         mysqli_get_server_info($db),'<br />';
  } else {
    printf(
      'Error %d: %s.<br />',
      mysqli_connect_errno(),mysqli_connect_error());
  }
  return $db;
}
// Definición de una pequeña función que cierra una conexión.
function desconectar($conexion) {
  if ($conexion) {
    $ok = @mysqli_close($conexion);
    if ($ok) {
      echo 'Desconexión realizada correctamente.<br />';
    } else {
      echo 'Fallo en la desconexión. <br />';
    }
  } else {
      echo 'Conexión no abierta.<br />';
  }
}
// Primera prueba de conexión/desconexión.
echo '<b>Primera prueba</b><br />';
$db = conectar('localhost','eniweb','web');
desconectar($db);
// Segunda prueba de conexión/desconexión.
echo '<b>Segunda prueba</b><br />';
$db = conectar('xampp','desconocido','desconocido');
desconectar($db);
?>
```

Resultado

```
Primera prueba
Conexión realizada con éxito.
Información sobre el servidor: Localhost via UNIX socket
Versión del servidor: 5.0.45
Desconexión realizada con éxito.
```

```
Segunda prueba Error 1045: Access denied for user 'desconocido'@'xampp'
(using password: YES).
Conexión no abierta.
```

3. Seleccionar una base de datos

La función `mysqli_connect` presentada anteriormente permite seleccionar una base de datos desde el momento de la conexión (cuarto parámetro de la función).

La función `mysqli_select_db` permite seleccionar o modificar la base de datos que debe utilizarse para una conexión dada.

Sintaxis

```
booleano mysqli_select_db (objeto conexión, cadena nombre_base))
```

Con

`conexión`	Identificador de conexión devuelto por la función `mysqli_connect`.
`nombre_base`	Nombre de la base de datos.

La función `mysqli_select_db` devuelve `TRUE` en caso de éxito y `FALSE` en caso de error. La función `mysqli_select_db` no genera mensaje de alerta en caso de error.

Ejemplo

```
<?php
// Conexión.
$db = mysqli_connect('localhost','eniweb','web');
if (! $db) {
  exit('Fallo en la conexión.');
}
echo 'Conexión realizada correctamente.<br />';
// Selección de la base de datos.
$ok = mysqli_select_db($db,'eni');
if ($ok) {
  echo 'Base de datos seleccionada.<br />';
} else {
  echo 'Fallo en la selección de la base de datos.';
}
// Desconexión.
$ok = mysqli_close($db);
if ($ok) {
  echo 'Desconexión realizada correctamente.';
} else {
  echo 'Fallo en la desconexión.';
}
?>
```

Resultado

```
Conexión realizada con éxito.
Base de datos seleccionada.
Desconexión realizada con éxito.
```

4. Utilizar consultas no preparadas

a. Visión de conjunto

Las fases de utilización de una consulta no preparada son las siguientes:

Consulta de lectura (**SELECT**)	Consulta de actualización (**INSERT, UPDATE, DELETE**)
Ejecutar la consulta =`mysqli_query`	
Conocer el número de filas en el resultado =`mysqli_num_rows`	Conocer el número de filas procesadas = `mysqli_affected_rows`
Extraer las filas del resultado = `mysqli_fetch_array` o `mysqli_fetch_assoc` o `mysqli_fetch_object` o `mysqli_fetch_row`.	Conocer el valor del último identificador generado para una columna con el tipo `AUTO_INCREMENT`=`mysqli_insert_id`

Además, las funciones `mysqli_errno` y `mysqli_error` permiten recuperar información sobre el posible error de la última operación efectuada en una sesión.

b. Ejecutar una consulta

La función `mysqli_query` permite ejecutar una consulta en una base de datos.

Sintaxis

`objeto mysqli_query(objeto conexión, cadena consulta [, entero modo])`

Con

`conexión` Identificador de conexión devuelto por la función `mysqli_connect`.

`consulta` Texto de la consulta que debe ejecutarse.

`modo` Indica si el resultado debe guardarse en el buffer (constante `MYSQLI_STORE_RESULT`, valor predeterminado) o no (constante `MYSQLI_USE_RESULT`).

En el caso de una consulta SQL que devuelve un resultado (como `SELECT`, `SHOW` o `DESCRIBE`), la función `mysqli_query` devuelve un identificador de resultado de consulta en caso de éxito (objeto `mysqli_result`) y `FALSE` en caso de fallo. Para las otras sentencias SQL, esta función devuelve `TRUE` en caso de éxito y `FALSE` en caso de fallo. La función `mysqli_query` no genera mensaje de alerta en caso de error.

En el caso de una consulta SQL que devuelve un resultado, la función `mysqli_query` ejecuta la consulta, indica si la consulta ha sido ejecutada correctamente, pero no envía ningún dato. Será necesario extraer las filas del resultado. El tercer parámetro de la función `mysqli_query` indica si el resultado de la consulta se guarda en el buffer (constante `MYSQLI_STORE_RESULT`, valor predeterminado) o no (`MYSQLI_USE_RESULT`). Para las consultas voluminosas, la utilización de `MYSQLI_USE_RESULT` consume mucha menos memoria y permite extraer la primera fila mucho más rápidamente: no hay necesidad de esperar a que la totalidad del resultado se encuentre en el buffer. En cambio, después de ejecutar la consulta con `MYSQLI_USE_RESULT`, no es posible conocer el número de filas del resultado, ni ejecutar otra consulta antes de haber extraído la totalidad de las filas o haber liberado el resultado (`mysqli_free_result`).

Ejemplo (con una consulta `SELECT`)

```
<?php
// Conexión y selección de la base de datos.
$db = mysqli_connect('localhost','eniweb','web','eni');
if (! $db) {
  exit('Fallo en la conexión.');
}
// Ejecución de una consulta SELECT.
$consulta = mysqli_query($db,'SELECT * FROM coleccion');
if ($consulta === FALSE) {
  echo 'Fallo en la ejecución de la consulta';
} else {
  echo 'Conexión realizada correctamente.';
}
// Desconexión.
$ok = mysqli_close($db);
?>
```

Resultado

```
Ejecución realizada con éxito.
```

c. Conocer el número de filas en el resultado de una consulta de lectura

La función `mysqli_num_rows` permite conocer el número de filas en el resultado.

Sintaxis

```
entero mysqli_num_rows(objeto resultado)
```

Con

`resultado`	Identificador de resultado de consulta devuelto por la función `mysqli_query`.

Esta función sólo puede utilizarse para las consultas que devuelven un resultado (como `SELECT`, `SHOW` o `DESCRIBE`) y para las que el resultado se ha guardado en el buffer (véase la función `mysqli_query`).

Ejemplo

```
<?php
// Conexión (con selección de la base de datos).
$db = mysqli_connect('localhost','eniweb','web','eni');
if (! $db) {
  exit('Fallo en la conexión.');
}
// Ejecución de una consulta
$consulta = mysqli_query($db,'SELECT * FROM coleccion');
if ($consulta === FALSE) {
  echo 'Fallo en la ejecución de la consulta';
} else {
  // Visualización del número de filas en el resultado
  echo 'Número de colecciones: ',mysqli_num_rows($consulta);
}
// Desconexión.
$ok = mysqli_close($db);
?>
```

Resultado

```
Número de colecciones: 4
```

d. Extraer el resultado de una consulta de lectura

El resultado de la ejecución de una consulta que devuelve un resultado (como `SELECT`, `SHOW` o `DESCRIBE`) puede ser leído por las funciones `mysqli_fetch_array`, `mysqli_fetch_ assoc`, `mysqli_fetch_object` o `mysqli_fetch_row`.

Estas funciones hacen lo mismo: leen la fila actual del resultado y avanzan el puntero a la fila siguiente (ver la introducción).

Estas funciones difieren en el tipo de datos utilizado para devolver el resultado.

Sintaxis

```
matriz mysqli_fetch_array(objeto resultado[, entero tipo])
matriz mysqli_fetch_assoc(objeto resultado)
objeto mysqli_fetch_object(objeto resultado)
matriz mysqli_fetch_row(objeto resultado)
```

Con

`resultado`	Identificador de resultado de consulta devuelto por la función `mysqli_query`.
`tipo`	Tipo de resultado igual a una de las siguientes constantes: `MYSQLI_ASSOC`, `MYSQLI_NUM`, `MYSQLI_BOTH` (valor predeterminado).

Las funciones mysqli_fetch_array, mysqli_fetch_assoc y mysqli_fetch_row devuelven la fila actual del resultado en la forma de una matriz, correspondiendo cada línea de la matriz a una columna del resultado. La función mysqli_fetch_object devuelve la fila actual con la forma de un objeto.

Si ya no hay ninguna fila que leer en el resultado, estas funciones devuelven NULL.

Para la función mysqli_fetch_assoc, la matriz es una matriz asociativa cuya clave es el nombre de la columna. Para la función mysqli_fetch_row, se trata de una matriz con enteros como índices, correspondiendo el índice 0 a la primera columna, el índice 1 a la segunda, etc. Por último, para la función mysqli_fetch_array, el tipo de la matriz depende del segundo parámetro:

MYSQLI_NUM	Matriz de índices enteros (como la función mysqli_fetch_row).
MYSQLI_ASSOC	Matriz asociativa (como la función mysqli_fetch_assoc).
MYSQLI_BOTH (valor predeterminado)	Los dos a la vez. Cada columna está presente dos veces, una vez con un índice entero que corresponde a su posición y una vez con una clave que corresponde a su nombre.

Ejemplo

Consulta	SELECT id,nombre,precio_siniva FROM coleccion		
Columnas	id	nombre	precio_siniva
Primera fila del resultado	1	Recursos Informáticos	24.44

Resultado de un fetch con:

`mysqli_fetch_row` o `mysqli_fetch_array (…,MYSQL_NUM)`

Clave	Valor
0	1
1	Recursos informáticos
2	24.44

`mysqli_fetch_assoc` o `mysqli_fetch_array (…,MYSQL_ASSOC)`

Clave	Valor
id	1
nombre	Recursos informáticos
precio_siniva	24.44

`mysqli_fetch_array (…,MYSQL_BOTH)`

Clave	Valor
id	1
0	1
nombre	Recursos informáticos
1	Recursos informáticos
precio_siniva	24.44
2	24.44

La función `mysqli_fetch_object` devuelve un objeto, con un atributo por columna, correspondiendo el nombre del atributo con el nombre de la columna.

Ejemplo

Atributo	Valor
id	1
nombre	Recursos Informáticos
precio_siniva	24.44

En caso de utilización de un alias de columna en la consulta `SELECT` (ejemplo `SELECT AVG(precio_siniva)` **`precio_medio`** `FROM coleccion`), es el alias de columna el que se utiliza como clave o nombre de atributo.

Ejemplo

```
<?php
// Inclusión del archivo que contiene la definición
// de la función 'mostrar_matriz'.
require('funciones.inc');
// Conexión (con selección de la base de datos).
$db = mysqli_connect('localhost','eniweb','web','eni');
if (! $db) {
  exit('Fallo en la conexión.');
}
```

```
// Ejecución de una consulta
$sql = 'SELECT id,nombre,precio_siniva FROM coleccion LIMIT 4';
$consulta = mysqli_query($db,$sql);
// Primer fetch con mysqli_fetch_row.
$fila = mysqli_fetch_row($consulta);
mostrar_matriz($fila,'mysql_fetch_row');
// Segundo fetch con mysqli_fetch_assoc.
$fila = mysqli_fetch_assoc($consulta);
mostrar_matriz($fila,'mysql_fetch_assoc');
// Tercer fetch con mysqli_fetch_array:
// -> sin segundo parámetro = MYSQLI_BOTH
$fila = mysqli_fetch_array($consulta);
mostrar_matriz($fila,'mysql_fetch_array');
// Cuarto fetch con mysqli_fetch_object.
$fila = mysqli_fetch_object($consulta);
echo "<p /><b>mysql_fetch_object</b><br />";
echo "\$fila->id = $fila->id<br />";
echo "\$fila->nombre = $fila->nombre<br />";
echo "\$fila->precio_siniva = $fila->precio_siniva<br />";
// Quinto fetch de nuevo con mysqli_fetch_row:
// -> en principio, ya no hay filas.
$fila = mysqli_fetch_row($consulta);
if ($fila === NULL) {
      echo '<p /><b>Quinto fetch: nada más</b>';
}
// Desconexión.
$ok = mysqli_close($db);
?>
```

Resultado

```
mysql_fetch_row
0 = 1
1 = Recursos Informáticos
2 = 24.44
mysql_fetch_assoc
id = 2
apellido = TechNote
precio_siniva = 9.48
mysql_fetch_array
0 = 3
id = 3
1 = Prácticas Técnicas
apellido = Prácticas Técnicas
2 = 25.59
precio_siniva = 25.59
mysql_fetch_object
$fila->id = 4
$fila->nombre = Pack Técnico
$fila->precio_siniva = 46.45
Quinto fetch: nada más
```

En caso de utilización de un identificador de resultado no válido, las funciones `mysqli_fech_*` devuelven `NULL` y muestran una alerta (véase Gestionar los errores).

Todos los métodos se parecen, sobre todo desde el punto de vista del rendimiento. Las funciones `mysqli_fetch_assoc` y `mysqli_fetch_object` permiten emplear el nombre de las columnas de la consulta y hacer el código más legible.

Ejemplo de lectura de la totalidad del resultado

```
<?php
// Conexión (con selección de la base de datos).
$db = mysqli_connect('localhost','eniweb','web','eni');
if (! $db) {
  exit('Fallo en la conexión.');
}
// Ejecución de una consulta
$sql = 'SELECT id,titulo FROM libro WHERE id_coleccion = 1';
$consulta = mysqli_query($db,$sql);
// Lectura del resultado.
while ($fila = mysqli_fetch_assoc($consulta)) {
  echo $fila['id'],' - ',$fila['titulo'],'<br />';
}
// Desconexión.
$ok = mysqli_close($db);
?>
```

Resultado

```
1 - PHP 4
2 - PHP 5,2
4 - Oracle 10g
7 - BusinessObjects 6
8 - MySQL 5
```

Para obtener información sobre las columnas del resultado (nombre de tabla, nombre de columna, tipo de datos, etc.), puede utilizar las funciones `mysqli_fetch_field` o `mysqli_fetch_fields`. Para obtener más información, consulte la documentación.

e. Obtener información sobre el resultado de una consulta de actualización

Como señalábamos en el preámbulo, actualizar datos consiste en ejecutar consultas `INSERT` (creación), `UPDATE` (modificación) o `DELETE` (eliminación) mediante la función `mysqli_query`, como para una consulta `SELECT`.

Además, hay dos funciones interesantes: `mysqli_affected_rows` y `mysqli_insert_id`

La función `mysqli_affected_rows` permite conocer el número de filas afectadas (insertadas, modificadas o eliminadas) por la última consulta `INSERT`, `UPDATE` o `DELETE` ejecutada en una sesión.

Sintaxis

`entero mysqli_affected_rows(objeto conexión)`

Con

`conexión` Identificador de conexión devuelto por la función `mysqli_connect`.

Si la última consulta ha fallado, la función `mysql_affected_rows` devuelve -1.

Para una consulta de selección, la función `mysqli_affected_rows` da el mismo resultado que la función `mysqli_num_rows`.

En el caso de una orden `UPDATE`, `mysqli_affected_rows` no cuenta las filas no modificadas cuando los valores antes y después son los mismos.

La función `mysqli_insert_id` devuelve el valor del último identificador generado para una columna con el tipo `AUTO_INCREMENT` por una consulta `INSERT` en una sesión.

Sintaxis

`entero mysqli_insert_id(objeto conexión)`

`conexión` Identificador de conexión devuelto por la función `mysqli_connect`.

Si no se ha generado automáticamente ningún identificador por la última consulta, la función `mysqli_insert_id` devuelve 0.

Ejemplos

```
<?php
// Definición de una pequeña función de visualización de la lista
// de las colecciones.
function mostrar_colecciones($db) {
  $sql = 'SELECT * FROM coleccion';
  $consulta = mysqli_query($db,$sql);
  echo "<b>Lista de las colecciones:</b><br />";
  while ($fila = mysqli_fetch_assoc($consulta)) {
    echo $fila['id'],' - ',$fila['nombre'],
         ' - ',$fila['precio_siniva'],'<br />';
  }
}
// Conexión (con selección de la base de datos).
$db = mysqli_connect('localhost','eniweb','web','eni');
if (! $db) {
  exit('Fallo en la conexión.');
}
// Visualización de control.
mostrar_colecciones($db);
 // Consulta INSERT.
$sql = "INSERT INTO coleccion(nombre,precio_siniva) " .
       "VALUES('Pack Ofimática',55.92)";
$consulta = mysqli_query($db,$sql);
```

```
$identificador = mysqli_insert_id($db);
echo 'Identificador de la nueva colección = ',
     $identificador,'<br />';
// Consulta UPDATE.
$sql = "UPDATE coleccion SET precio_siniva = precio_siniva * 1.05 " .
       "WHERE precio_siniva < 25";
$consulta = mysqli_query($db,$sql);
$número = mysqli_affected_rows($db);
echo "$número colección/colecciones más.<br />";
// Visualización de control.
mostrar_colecciones($db);
?>
```

Resultado

```
Lista de las colecciones:
1 - Recursos Informáticos - 24.44
2 - TechNote - 9.48
3 - Prácticas Técnicas - 25.59
4 - Pack Técnico - 46.45
Identificador de la nueva colección = 5
2 colección/colecciones más.
Lista de las colecciones:
1 - Recursos Informáticos - 25.66
2 - TechNote - 9.95
3 - Prácticas Técnicas - 25.59
4 - Pack Técnico - 46.45
5 - Pack Ofimática - 55.92
```

f. Gestionar los errores

Las funciones `mysqli_errno` y `mysqli_error` permiten recuperar información sobre el posible error de la última operación efectuada en una sesión.

Sintaxis

```
entero mysqli_errno(objeto conexión)
cadena mysqli_error(objeto conexión)
```

Con

`conexión` Identificador de conexión devuelto por la función `mysqli_connect`.

La función `mysqli_errno` devuelve un número de error (0 si no hay ningún error) y la función `mysqli_error` el mensaje asociado (una cadena vacía si no hay ningún error).

Ejemplo

```
<?php
// Conexión.
$db = mysqli_connect('localhost','eniweb','web');
if (! $db) {
  exit('Fallo en la conexión.');
}
// Selección de una base de datos incorrecta.
$ok = mysqli_select_db($db,'hermes');
echo '1 : ',mysqli_errno($db),' - ',
            mysqli_error($db),'<br />';
// Selección de la base de datos correcta.
$ok = mysqli_select_db($db,'eni');
// Consulta sobre una tabla que no existe.
$sql = 'SELECT * FROM articulo';
$consulta = mysqli_query($db,$sql);
echo '2 : ',mysqli_errno($db),' - ',
            mysqli_error($db),'<br />';
// Fetch en un resultado incorrecto.
$fila = mysqli_fetch_assoc($consulta);
echo '3 : ',mysqli_errno($db),' - ',
            mysqli_error($db),'<br />';
// Consultar INSERT que viola una clave única.
$sql = "UPDATE coleccion SET nombre = 'TechNote' WHERE id = 1";
$consulta = mysqli_query($db,$sql);
echo '4 : ',mysqli_errno($db),' - ',
            mysqli_error($db),'<br />';
?>
```

Resultado

```
1 : 1044 - Access denied for user 'eniweb'@'localhost' to database 'hermes'
2 : 1146 - Table 'eni.articulo' doesn't exist
Warning: mysqli_fetch_assoc() expects parameter 1 to be
mysqli_result, boolean given in /app/scripts/index.php on line 19
3 : 1146 - Table 'eni.articulo' doesn't exist
4 : 1062 - Duplicate entry 'TechNote' for key 2
```

Los puntos 2 y 3 ilustran el hecho de que los errores ligados a la utilización de un recurso (de conexión o de resultado) no válido generan una alerta que se muestra directamente. En ese caso, el error no es un error de MySQL y las funciones `mysqli_errno` o `mysqli_error` no se reinician ni devuelven un error específico: el mensaje del punto 3 es, en realidad, el del punto 2.

En la práctica, las funciones `mysqli_errno` y `mysqli_error` se utilizan tras la ejecución de las consultas.

5. Utilizar consultas preparadas

a. Visión de conjunto

La principal novedad de MySQL 4.1, utilizable con la extensión MySQLi, es la noción de consulta preparada.

Una consulta preparada es una consulta que contiene parámetros representados por un signo de interrogación (`?`).

Ejemplos

```
SELECT * FROM articulos WHERE identificador = ?
INSERT INTO articulos(texto,precio) VALUES(?,?)
```

Un parámetro no puede sustituir un nombre de tabla, un número de columna o toda una parte de la consulta.

Ejemplos no válidos

```
SELECT * FROM ?
SELECT * FROM articulos WHERE ?
```

Las fases de utilización de una consulta preparada son las siguientes:

Consulta de lectura (**SELECT**)	Consulta de actualización (**INSERT, UPDATE, DELETE**)
Preparar la consulta =mysqli_prepare	
Vincular las variables PHP a los parámetros de la consulta = mysqli_stmt_bind_param	
Ejecutar la consulta =mysqli_stmt_execute	
Conocer el número de filas en el resultado =mysqli_num_rows	Conocer el número de filas procesadas =mysqli_stmt_affected_rows
Vincular variables PHP a las columnas del resultado =mysqli_stmt_bind_result	Conocer el valor del último identificador generado para una columna con el tipo AUTO_INCREMENT =mysqli_stmt_insert_id
Extraer las filas del resultado =mysqli_stmt_fetch	
Cerrar la consulta preparada =mysqli_stmt_close	

En el caso de una consulta de tipo SELECT, es posible almacenar en un buffer el resultado completo de la ejecución de una consulta preparada. En ese caso, las siguientes funciones son útiles:

mysqli_stmt_store_result	Almacena en un buffer el resultado completo de una consulta preparada de tipo SELECT.
mysqli_stmt_num_rows	Devuelve el número de filas seleccionadas por una consulta preparada de tipo SELECT, cuyo resultado ha sido almacenado previamente con mysqli_stmt_store_result.
mysqli_stmt_free_result	Libera el resultado de una consulta preparada de tipo SELECT, cuyo resultado ha sido almacenado previamente con mysqli_stmt_store_result.

Además, las funciones mysqli_stmt_errno y mysqli_stmt_error permiten recuperar información sobre el posible error de la <u>última</u> ejecución de una consulta preparada.

En cada ejecución de la consulta preparada, se utiliza el valor actual de las variables PHP asociadas a los parámetros. El interés reside en poder emplear varias veces la misma consulta con valores diferentes de los parámetros sin analizar de nuevo la consulta, lo que permite mejorar el rendimiento.

b. Preparar una consulta

La función mysqli_prepare prepara una consulta para la ejecución.

Sintaxis

`*objeto* mysqli_prepare(*objeto* conexión, *cadena* sql)`

conexión	Identificador de conexión devuelto por la función mysqli_connect.
sql	Texto de la consulta SQL.

La función mysqli_prepare devuelve un recurso de consulta preparada (objeto mysqli_stmt) o, en caso de error, el valor NULL acompañado de un mensaje de alerta en pantalla (véase el capítulo Gestionar los errores en un script PHP para gestionar esta situación correctamente).

Ejemplo

```
<?php
// Conexión y selección de la base de datos.
$db = mysqli_connect('localhost','eniweb','web','eni');
if (! $db) {
  exit('Fallo en la conexión.');
}
// Preparación de la consulta.
$sql = 'INSERT INTO coleccion(nombre,precio_siniva) VALUES(?,?)';
$consulta = mysqli_prepare($db, $sql);
// Desconexión.
```

```
$ok = mysqli_close($db);
?>
```

Las funciones `mysqli_stmt_init` y `mysqli_stmt_prepare` hacen lo mismo, pero en dos pasos.

c. Vincular variables PHP a los parámetros de la consulta

La función `mysqli_stmt_bind_param` enlaza variables a los parámetros de una consulta preparada.

Sintaxis

```
booleano mysqli_stmt_bind_param(objeto consulta, cadena tipos,
mixto variable[, ...])
```

`consulta`	Recurso de consulta preparada devuelto por la función `mysqli_prepare` (o `mysqli_stmt_init`).
`tipos`	Cadena de caracteres que contiene uno o varios caracteres que especifican el tipo de datos de la variable para enlazar: `i` = variable de tipo entero; `d` = variable de tipo número decimal; `s` = variable de tipo cadena de caracteres; `b` = variable de tipo blob.
`variable`	Variable para enlazar con un parámetro.

La función `mysqli_stmt_bind_param` devuelve `TRUE` en caso de éxito, o, en caso de error, el valor `FALSE` acompañado de un mensaje de alerta en pantalla (véase el capítulo Gestionar los errores en un script PHP para gestionar esta situación correctamente).

Debe haber exactamente el mismo número de variables y, por lo tanto, de caracteres en el parámetro `tipos`, que parámetros en la consulta. La asociación es posicional (primera variable para el primer ?, etc.).

Ejemplo

```
<?php
// Conexión y selección de la base de datos.
$db = mysqli_connect('localhost','eniweb','web','eni');
if (! $db) {
  exit('Fallo en la conexión.');
}
// Preparación de la consulta.
$sql = 'INSERT INTO coleccion(nombre,precio_siniva) VALUES(?,?)';
$consulta = mysqli_prepare($db, $sql);
// Enlace de los parámetros.
$ok = mysqli_stmt_bind_param($consulta,'sd',$nombre,$precio_siniva);
// Desconexión.
$ok = mysqli_close($db);
?>
```

Como muestra este ejemplo, las variables enlazadas no necesitan estar definidas en el momento de la llamada a la función `mysqli_stmt_bind_param`.

Los parámetros pueden enlazarse con líneas de una matriz o los atributos de un objeto. En los dos casos, `mysqli_stmt_bind_param` crea la matriz o el objeto, si no existían ya. En ese caso, no hay que crear de nuevo la matriz o el objeto después de invocar `mysqli_stmt_bind_param` ya que puede romper el enlace.

Ejemplo

```
<?php
...
// Enlace de los parámetros.
// Con las líneas de una matriz.
$ok = mysqli_stmt_bind_param
        ($consulta,'sd',
         $colección['nombre'],$colección['precio_siniva']);
...
?>
<?php
...
// Enlace de los parámetros.
// Con los atributos de un objeto.
$ok = mysqli_stmt_bind_param
        ($consulta,'sd',
         $colección->nombre,$colección->precio_siniva);
...
?>
```

d. Ejecutar la consulta preparada

La función `mysqli_stmt_execute` ejecuta una consulta preparada.

Sintaxis

```
booleano mysqli_stmt_execute(objeto consulta)
```

`consulta` Recurso de consulta preparada devuelto por la función `mysqli_prepare`.

La función `mysqli_execute` devuelve `TRUE` en caso de éxito o `FALSE` en caso de error.

Ejemplo

```
<?php
// Conexión y selección de la base de datos.
$db = mysqli_connect('localhost','eniweb','web','eni');
if (! $db) {
  exit('Fallo en la conexión.');
}
// Preparación de la consulta.
$sql = 'INSERT INTO coleccion(nombre,precio_siniva) VALUES(?,?)';
$consulta = mysqli_prepare($db, $sql);
// Enlace de los parámetros.
$ok = mysqli_stmt_bind_param($consulta,'sd',$nombre,$precio_siniva);
// Ejecución de la consulta.
$nombre = 'Epsilon';
```

```
$precio_siniva = 51.18;
$ok = mysqli_stmt_execute($consulta);
// Nueva ejecución de la consulta.
$nombre = 'Expert IT';
$precio_siniva = 36.97;
$ok = mysqli_stmt_execute($consulta);
// Desconexión.
$ok = mysqli_close($db);
?>
```

e. Obtener información sobre el resultado de una consulta de actualización

La función `mysqli_stmt_affected_rows` devuelve el número de líneas actualizadas por una consulta preparada.

Sintaxis

```
entero mysqli_stmt_affected_rows(objeto consulta)
```

`consulta` Recurso de consulta preparada devuelto por la función `mysqli_prepare`.

Si la consulta ha fallado, si no es una consulta de actualización, la función `mysqli_stmt_affected_rows` devuelve -1.

Ejemplo

```
<?php
// Conexión y selección de la base de datos.
$db = mysqli_connect('localhost','eniweb','web','eni');
if (! $db) {
  exit('Fallo en la conexión.');
}
// Preparación de la consulta.
$sql = 'UPDATE coleccion SET gastos_siniva = ? ' .
       'WHERE gastos_siniva IS NULL';
$consulta = mysqli_prepare($db, $sql);
// Enlace de los parámetros.
$ok = mysqli_stmt_bind_param($consulta,'d',$gastos_siniva);
// Ejecución de la consulta.
$gastos_siniva = 1;
$ok = mysqli_stmt_execute($consulta);
echo 'Número de colecciones modificadas = ',
     mysqli_stmt_affected_rows($consulta),'<br />;
// Desconexión.
$ok = mysqli_close($db);
?>
```

Resultado

```
Número de colecciones modificadas = 5
```

La función `mysqli_stmt_insert_id` devuelve el valor del último identificador generado para una columna con el tipo `AUTO_INCREMENT` por una consulta preparada `INSERT`.

Sintaxis

```
entero mysqli_stmt_insert_id(objeto consulta)
```

`consulta` Recurso de consulta preparada devuelto por la función `mysqli_prepare`.

Si no se ha generado automáticamente ningún identificador por la última consulta, la función `mysqli_stmt_insert_id` devuelve 0.

Ejemplo

```
<?php
// Conexión y selección de la base de datos.
$db = mysqli_connect('localhost','eniweb','web','eni');
if (! $db) {
  exit('Fallo en la conexión.');
}
// Preparación de la consulta.
$sql = 'INSERT INTO coleccion(nombre) VALUES(?)';
$consulta = mysqli_prepare($db, $sql);
// Enlace de los parámetros.
$ok = mysqli_stmt_bind_param($consulta,'s',$nombre);
// Ejecución de la consulta.
$nombre = 'Soluciones Informáticas';
$ok = mysqli_stmt_execute($consulta);
echo 'Identificador de la nueva colección = ',
     mysqli_stmt_insert_id($consulta),'<br />';
// Desconexión.
$ok = mysqli_close($db);
?>
```

Resultado

```
Identificador de la nueva colección = 8
```

f. Enlazar variables PHP con las columnas del resultado de una consulta de lectura

La función `mysqli_stmt_bind_result` asocia variables PHP a las columnas del resultado de una consulta preparada de tipo `SELECT`.

Sintaxis

```
booleano mysqli_stmt_bind_result(objeto consulta, mixto variable [, ...])
```

`consulta` Recurso de consulta preparada devuelto por la función `mysqli_prepare`.

`variable` Variable para enlazar a una columna del resultado.

La función mysqli_stmt_bind_result devuelve TRUE en caso de éxito, o, en caso de error, el valor FALSE acompañado de un mensaje de alerta en pantalla (véase el capítulo Gestionar los errores en un script PHP para gestionar esta situación correctamente).

Debe haber exactamente el mismo número de variables que de columnas en el resultado. La asociación es posicional (primera variable para la primera columna, etc.).

La llamada a la función mysqli_stmt_bind_result es necesaria para todas las consultas que devuelven un resultado (SELECT, SHOW, DESCRIBE).

Ejemplo

```
<?php
// Conexión y selección de la base de datos.
$db = mysqli_connect('localhost','eniweb','web','eni');
if (! $db) {
  exit('Fallo en la conexión.');
}
// Preparación de la consulta.
$sql = 'SELECT id,titulo FROM libro WHERE id_coleccion = ?';
$consulta = mysqli_prepare($db, $sql);
// Enlace de los parámetros.
$ok = mysqli_stmt_bind_param($consulta,'i',$id_coleccion);
// Ejecución de la consulta.
$id_coleccion = 1;
$ok = mysqli_stmt_execute($consulta);
// Enlace de las columnas del resultado.
$ok = mysqli_stmt_bind_result($consulta,$id,$título);
// Desconexión.
$ok = mysqli_close($db);
?>
```

Las columnas del resultado pueden enlazarse con líneas de una matriz o los atributos de un objeto. En los dos casos, mysqli_stmt_bind_result crea la matriz o el objeto, si no existían ya. En ese caso, no hay que crear de nuevo la matriz o el objeto después de invocar mysqli_stmt_bind_result ya que puede romper el enlace.

Ejemplo

```
<?php
...
// Enlace de las columnas del resultado.
// Con una matriz.
$ok = mysqli_stmt_bind_result
        ($consulta,$libro['id'],$libro['titulo']);
...
?>
```

```
<?php
...
// Enlace de las columnas del resultado.
// Con una matriz, dejando a PHP asignar los índices.
$ok = mysqli_stmt_bind_result
        ($consulta,$libro[],$libro[]);
...
?>
```

```
<?php
...
// Enlace de las columnas del resultado.
// Con los atributos de un objeto.
$ok = mysqli_stmt_bind_result
        ($consulta,$libro->id,$libro->titulo);
...
?>
```

g. Extraer el resultado de una consulta de lectura

La función `mysqli_stmt_fetch` lee una línea de resultado de una consulta preparada de tipo `SELECT` (`SELECT`, `SHOW`, `DESCRIBE`).

Sintaxis

```
booleano mysqli_stmt_fetch(objeto consulta)
```

`requête` Recurso de consulta preparada devuelto por la función `mysqli_prepare`.

La función `mysqli_stmt_fetch` devuelve `TRUE` en caso de éxito, `FALSE` en caso de error y `NULL` si no hay más líneas que leer.

La línea es extraída en las variables PHP enlazadas previamente con el resultado.

Ejemplo

```
<?php
// Conexión y selección de la base de datos.
$db = mysqli_connect('localhost','eniweb','web','eni');
if (! $db) {
  exit('Fallo en la conexión.');
}
// Preparación de la consulta.
$sql = 'SELECT id,titulo FROM libro WHERE id_coleccion = ?';
$consulta = mysqli_prepare($db, $sql);
// Enlace de los parámetros.
$ok = mysqli_stmt_bind_param($consulta,'i',$id_coleccion);
// Ejecución de la consulta.
$id_coleccion = 1;
$ok = mysqli_stmt_execute($consulta);

// Enlace de las columnas del resultado.
$ok = mysqli_stmt_bind_result($consulta,$id,$título);
```

```
// Lectura del resultado.
echo "<b>Colección número $id_coleccion</b><br />";
while (mysqli_stmt_fetch($consulta)) {
  echo "$id - $título<br />";
}
// Nueva ejecución y lectura del resultado
// (no vale rehacer los enlaces).
$id_coleccion = 3;
$ok = mysqli_stmt_execute($consulta);
echo "<b>Colección número $id_coleccion</b><br />";
while (mysqli_stmt_fetch($consulta)) {
  echo "$id - $título<br />";
}
// Desconexión.
$ok = mysqli_close($db);
?>
```

Resultado

```
Colección número 1
1 - PHP 4
2 - PHP 5,2
4 - Oracle 10g
7 - BusinessObjects 6
8 - MySQL 5
Colección número 3
9 - PHP y MySQL (versiones 4 y 5)
```

h. Utilizar un resultado almacenado

En el caso de una consulta de tipo `SELECT`, es posible almacenar en un buffer el resultado completo de la ejecución en una consulta preparada. Para ello, las siguientes funciones son útiles:

`mysqli_stmt_store_result`	Almacena en un buffer el resultado completo de una consulta preparada de tipo `SELECT`.
`mysqli_stmt_num_rows`	Devuelve el número de filas seleccionadas por una consulta preparada de tipo `SELECT`, cuyo resultado ha sido almacenado previamente con `mysqli_stmt_store_result`.
`mysqli_stmt_free_result`	Libera el resultado de una consulta preparada de tipo `SELECT`, cuyo resultado ha sido almacenado previamente con `mysqli_stmt_store_result`.

El único interés de almacenar el resultado es poder conocer inmediatamente el número de líneas en el resultado (con la función `mysqli_stmt_num_rows`). En cambio, almacenar el resultado de una consulta que devuelve un gran número de filas consume memoria (del lado cliente).

La función `mysqli_stmt_fetch` presentada más arriba permite leer el resultado almacenado (sin diferencia de sintaxis).

mysqli_stmt_store_result

La función `mysqli_stmt_store_result` almacena en un buffer el resultado completo de una consulta preparada de tipo `SELECT` (`SELECT`, `SHOW`, `DESCRIBE`).

Sintaxis

```
booleano mysqli_stmt_store_result(objeto consulta)
```

`consulta` Recurso de consulta preparada devuelto por la función `mysqli_prepare`.

La función `mysqli_stmt_store_result` devuelve `TRUE` en caso de éxito y `FALSE` en caso de error.

mysqli_stmt_num_rows

La función `mysqli_stmt_num_rows` devuelve el número de filas seleccionadas por una consulta preparada de tipo `SELECT`, cuyo resultado ha sido almacenado previamente con la función `mysqli_stmt_store_result` .

Sintaxis

```
entero mysqli_stmt_num_rows(objeto consulta)
```

`consulta` Recurso de consulta preparada devuelto por la función `mysqli_prepare`.

La función `mysqli_stmt_bind_result` devuelve siempre 0 si el resultado no ha sido almacenado previamente mediante la función `mysqli_stmt_store_result`.

mysqli_stmt_free_result

La función `mysqli_stmt_free_result` libera el resultado de una consulta preparada de tipo `SELECT`, cuyo resultado ha sido almacenado previamente con `mysqli_stmt_store_result`.

Sintaxis

```
mysqli_stmt_free_result(objeto consulta)
```

`consulta` Recurso de consulta preparada devuelto por la función `mysqli_prepare`.

La función `mysqli_stmt_free_result` no hace nada si el resultado no ha sido almacenado previamente mediante la función `mysqli_stmt_store_result`.

Ejemplo

```
<?php
// Conexión y selección de la base de datos.
$db = mysqli_connect('localhost','eniweb','web','eni');
if (! $db) {
  exit('Fallo en la conexión.');
}
// Preparación de la consulta.
$sql = 'SELECT id,titulo FROM libro WHERE id_coleccion = ?';
$consulta = mysqli_prepare($db, $sql);
// Enlace de los parámetros.
$ok = mysqli_stmt_bind_param($consulta,'i',$id_coleccion);
// Ejecución de la consulta.
$id_coleccion = 1;
$ok = mysqli_stmt_execute($consulta);
// Enlace de las columnas del resultado.
$ok = mysqli_stmt_bind_result($consulta,$id,$título);
echo '<b>Antes de invocar mysqli_stmt_store_result</b><br />',
     'Número de filas seleccionadas = ',
     mysqli_stmt_num_rows($consulta),'<br />';
$ok = mysqli_stmt_store_result($consulta);
echo '<b>Después de invocar mysqli_stmt_store_result</b><br />',
     'Número de filas seleccionadas = ',
     mysqli_stmt_num_rows($consulta),'<br />';
// Lectura del resultado.
echo "<b>Colección número $id_coleccion</b><br />";
while (mysqli_stmt_fetch($consulta)) {
  echo "$id - $título<br />";
}
// Liberación del resultado.
mysqli_stmt_free_result($consulta);
// Desconexión.
$ok = mysqli_close($db);
?>
```

Resultado

Antes de invocar mysqli_stmt_store_result
Número de líneas seleccionadas = 0
Después de invocar mysqli_stmt_store_result
Número de líneas seleccionadas = 5
Colección número 1
1 - PHP 4
2 - PHP 5,2
4 - Oracle 10g
7 - BusinessObjects 6
8 - MySQL 5

i. Gestionar los errores

Las funciones `mysqli_stmt_errno` y `mysqli_stmt_error` permiten recuperar información sobre el posible error de la última ejecución de una consulta preparada.

Sintaxis

```
entero mysqli_stmt_errno(objeto consulta)
cadena mysqli_stmt_error(objeto consulta)
```

`consulta` Recurso de consulta preparada devuelto por la función `mysqli_prepare`.

La función `mysqli_stmt_errno` devuelve un número de error (0 si no hay ningún error) y la función `mysqli_stmt_error` el mensaje asociado (una cadena vacía si no hay ningún error).

Para poder utilizar estas dos funciones, es necesario pasar como parámetro un recurso de consulta preparada válido. Esto significa que la consulta debe haber sido preparada con éxito con la función `mysqli_prepare`. Para obtener información sobre un error de preparación, hay que utilizar las funciones `mysqli_errno` y/o `mysqli_error` (véase en este apartado Utilizar consultas no preparadas - Gestionar los errores).

Ejemplo

```
<?php
// Conexión y selección de la base de datos.
$db = mysqli_connect('localhost','eniweb','web','eni');
if (! $db) {
  exit('Fallo en la conexión.');
}
// Preparación de una consulta sobre una tabla que no existe.
$sql = 'SELECT * FROM articulo';
$consulta = mysqli_prepare($db, $sql);
// Utilización de mysqli_errno y mysqli_error en este punto.
echo '1 : ',mysqli_errno($db),' - ',
            mysqli_error($db),'<br />';
// Preparación de una consulta (sobre una tabla que existe).
$sql = 'UPDATE coleccion SET nombre = ? WHERE id = ?';
$consulta = mysqli_prepare($db, $sql);
// Enlace de los parámetros.
$ok = mysqli_stmt_bind_param($consulta,'si',$nombre,$id);
// Ejecución de la consulta (que viola una clave única).
$id = 1;
$nombre = 'TechNote';
$ok = mysqli_stmt_execute($consulta);
echo '2 : ',mysqli_stmt_errno($consulta),' - ',
            mysqli_stmt_error($consulta),'<br />';
// Desconexión.
$ok = mysqli_close($db);
?>
```

Resultado

```
1 : 1146 - Table 'eni.articulo' doesn't exist
2 : 1062 - Duplicate entry 'TechNote' for key 2
```

j. Cerrar una consulta preparada

La función `mysqli_stmt_close` cierra una consulta preparada.

Sintaxis

booleano `mysqli_stmt_close(`*objeto* `consulta)`

`consulta` Recurso de consulta preparada devuelto por la función `mysqli_prepare`.

La función `mysqli_stmt_close` devuelve `TRUE` en caso de éxito, o, en caso de error, el valor `NULL` acompañado de un mensaje de alerta en pantalla (véase el capítulo Gestionar los errores en un script PHP para gestionar esta situación correctamente). La función devuelve un error si la consulta no ha sido preparada (con éxito).

Se recomienda cerrar una consulta preparada antes de reutilizar la variable para otra consulta.

6. Invocar una rutina

a. Procedimiento almacenado

Para invocar un procedimiento almacenado, hay que ejecutar la sentencia SQL `CALL nombre_procedimiento(...)` mediante las funciones `mysqli_query` o `mysqli_stmt_execute`.

Si el procedimiento almacenado devuelve un resultado directamente (utilización de una sentencia `SELECT`, por ejemplo), este último debe leerse mediante las funciones de fetch adaptadas.

Si el procedimiento almacenado posee un parámetro `OUT`, hay que utilizar una variable MySQL (`@variable`) en la sentencia SQL `CALL`, y luego ejecutar una consulta `SELECT @variable` para recuperar el resultado en el script PHP.

Primer ejemplo: procedimiento con parámetro OUT

En este primer ejemplo, invocaremos un procedimiento almacenado que permite crear una nueva colección y que devuelve el identificador de la nueva colección en un parámetro `OUT`.

Código fuente del procedimiento almacenado

```
CREATE PROCEDURE pa_crear_coleccion
  (
  -- Nombre de la nueva colección.
  IN p_nombre VARCHAR(25),
  -- Precio sin IVA de la nueva colección.
  IN p_precio_siniva DECIMAL(5,2),
  -- Identificador de la nueva colección.
  OUT p_id INT
  )
BEGIN
  /*
  ** Insertar la nueva colección
  ** y recuperar el identificador asignado.
  */
  INSERT INTO coleccion (nombre,precio_siniva)
  VALUES (p_nombre,p_precio_siniva);
  SET p_id = LAST_INSERT_ID();
END;
```

Script PHP (consulta no preparada)

```
<?php
// Conexión y selección de la base de datos.
$db = mysqli_connect('localhost','eniweb','web','eni');
if (! $db) {
  exit('Fallo en la conexión.');
}
// Definición de las características de la nueva colección.
$nombre = 'Formación multimedia';
$precio_siniva = 19.86;
// Ejecución de la consulta de llamada al procedimiento.
// El parámetro OUT del procedimiento es recuperado
// en la variable MySQL @id.
$sql = "CALL pa_crear_coleccion('$nombre',$precio_siniva,@id)";
$consulta = mysqli_query($db,$sql);
// Ejecución de la consulta que lee el contenido.
// de la variable MySQL @id.
$sql='SELECT @id';
$consulta = mysqli_query($db,$sql);
$fila = mysqli_fetch_assoc($consulta);
// Visualización del resultado.
echo 'Identificador de la nueva colección = ',
     $fila['@id'],'<br />';
// Ejecución de una consulta que elimina
// la nueva colección.
$sql = "DELETE FROM coleccion WHERE id = {$fila['@id']}";
$consulta = mysqli_query($db,$sql);
// Desconexión.
$ok = mysqli_close($db);
?>
```

Resultado

```
Identificador de la nueva colección = 9
```

Script PHP (consulta preparada)

```
<?php
// Conexión y selección de la base de datos.
$db = mysqli_connect('localhost','eniweb','web','eni');
if (! $db) {
  exit('Fallo en la conexión.');
}
// Definición de las características de la nueva colección.
$nombre = 'Formación multimedia';
$precio_siniva = 19.86;
// Ejecución de la consulta de llamada al procedimiento.
// El parámetro OUT del procedimiento es recuperado
// en la variable MySQL @id.
$sql = 'CALL pa_crear_coleccion(?,?,@id)';
$consulta = mysqli_prepare($db,$sql);
$ok = mysqli_stmt_bind_param($consulta,'sd',$nombre,$precio_siniva);
$ok = mysqli_stmt_execute($consulta);
// Ejecución de la consulta que lee el contenido
// en la variable MySQL @id.
$sql='SELECT @id';
$consulta = mysqli_prepare($db,$sql);
$ok = mysqli_stmt_bind_result($consulta,$id);
$ok = mysqli_stmt_execute($consulta);
$ok = mysqli_stmt_fetch($consulta);
// Visualización del resultado.
echo "Identificador de la nueva colección = $id";
// Ejecución de una consulta que elimina
// la nueva colección.
$sql = "DELETE FROM coleccion WHERE id = $id";
$consulta = mysqli_query($db,$sql);
// Desconexión.
$ok = mysqli_close($db);
?>
```

Resultado

```
Identificador de la nueva colección = 10
```

Segundo ejemplo: procedimiento que devuelve un resultado directamente

En este segundo ejemplo, invocaremos un procedimiento almacenado que devuelve la lista de subtemas de un tema cuyo identificador pasa como parámetro.

Código fuente del procedimiento almacenado

```
CREATE PROCEDURE pa_leer_subtemas
  (
  -- Identificador de un tema (primario).
  IN p_id_primario INT
  )
BEGIN
  /*
  ** Seleccionar los subtemas
  ** de un tema cuyo identificador ha sido introducido
  ** como parámetro.
  */
  SELECT
    titulo
  FROM
    tema
  WHERE
    id_primario = p_id_primario;
END;
```

Script PHP (consulta no preparada)

```
<?php
// Conexión y selección de la base de datos.
$db = mysqli_connect('localhost','eniweb','web','eni');
if (! $db) {
  exit('Fallo en la conexión.');
}
// Identificador del tema primario.
$id_tema = 1;
// Ejecución de la consulta de llamada al procedimiento.
$sql = "CALL pa_leer_subtemas($id_tema)";
$consulta = mysqli_query($db,$sql);
while ($fila = mysqli_fetch_assoc($consulta)) {
  echo $fila['titulo'],'<br />';
}
// Desconexión.
$ok = mysqli_close($db);
?>
```

Resultado

```
MySQL
Oracle
```

Script PHP (consulta preparada)

```
<?php
// Conexión y selección de la base de datos.
$db = mysqli_connect('localhost','eniweb','web','eni');
if (! $db) {
  exit('Fallo en la conexión.');
```

```
}
// Identificador del tema primario.
$id_tema = 1;
// Ejecución de la consulta de llamada al procedimiento.
$sql = 'CALL pa_leer_subtemas(?)';
$consulta = mysqli_prepare($db,$sql);
$ok = mysqli_stmt_bind_param($consulta,'i',$id_tema);
$ok = mysqli_stmt_execute($consulta);
// Es importante hacer el bind del resultado tras la ejecución
// ya que la estructura del resultado no es conocida antes.
$ok = mysqli_stmt_bind_result($consulta,$título);
while (mysqli_stmt_fetch($consulta)) {
  echo $título,'<br />';
}
// Desconexión.
$ok = mysqli_close($db);
?>
```

Resultado

```
MySQL
Oracle
```

b. Función almacenada

Para invocar una función almacenada, hay que ejecutar la sentencia SQL `SELECT nombre_funcion(...)` mediante las funciones `mysqli_query` o `mysqli_stmt_execute` y luego leer el resultado por medio de las funciones de fetch adaptadas.

En el ejemplo, invocaremos una función almacenada que devuelve el número de subtemas de un tema cuyo identificador pasa como parámetro.

Código fuente del procedimiento almacenado

```
CREATE FUNCTION fa_numero_subtemas
  (
  -- Identificador de un tema (primario).
  p_id_primario INT
  )
  RETURNS INT
BEGIN
  /*
  ** Contar el número de subtemas
  ** de un tema cuyo identificador ha sido introducido
  ** como parámetro.
  */
  DECLARE v_resultado INT;
  SELECT
    COUNT(*)
  INTO
    v_resultado
  FROM
```

```
    tema
  WHERE
    id_primario = p_id_primario;
  RETURN v_resultado;
END;
```

Script PHP (consulta no preparada)

```
<?php
// Conexión y selección de la base de datos.
$db = mysqli_connect('localhost','eniweb','web','eni');
if (! $db) {
  exit('Fallo en la conexión.');
}
// Identificador del tema primario.
$id_tema = 1;
// Ejecución de la consulta de llamada a la función
// (la expresión que invoca la función es invocada
// con un alias de columna).
$sql = "SELECT fa_numero_subtemas($id_tema) num";
$consulta = mysqli_query($db,$sql);
$fila = mysqli_fetch_assoc($consulta);
echo 'Número de subtemas = ',$fila['num'];
// Desconexión.
$ok = mysqli_close($db);
?>
```

Resultado

```
Número de subtemas = 2
```

Script PHP (consulta preparada)

```
<?php
// Conexión y selección de la base de datos.
$db = mysqli_connect('localhost','eniweb','web','eni');
if (! $db) {
  exit('Fallo en la conexión.');
}
// Identificador del tema primario.
$id_tema = 1;
// Ejecución de la consulta de llamada a la función
// (la expresión que invoca la función es invocada
// con un alias de columna).
$sql = 'SELECT fa_numero_subtemas(?) num';
$consulta = mysqli_prepare($db,$sql);
$ok = mysqli_stmt_bind_param($consulta,'i',$id_tema);
$ok = mysqli_stmt_execute($consulta);
$ok = mysqli_stmt_bind_result($consulta,$num);
$ok = mysqli_stmt_fetch($consulta);
echo 'Número de subtemas = ',$num;
// Desconexión.
```

```
$ok = mysqli_close($db);
?>
```

Resultado

```
Número de subtemas = 2
```

7. Utilizar los tipos de datos BLOB

Leer o actualizar (insertar, modificar) datos de tipo BLOB no plantea problema alguno.

a. Inserción o modificación

En el caso de la inserción o de la modificación mediante una consulta no preparada, sólo hay que asegurarse de que los caracteres especiales del dato BLOB están correctamente protegidos, por ejemplo aplicándole la función `mysqli_real_escape_string`. (Véase en este capítulo - "Magic quotes": de nuevo).

Ejemplo

```
<?php
// Conexión y selección de la base de datos.
$db = mysqli_connect('localhost','eniweb','web','eni');
if (! $db) {
  exit('Fallo en la conexión.');
}
// Título del libro del que hay que cargar la portada
// y nombre del archivo de imagen correspondiente.
$título = 'MySQL 5';
$archivo_imagen = 'RI5MYS.jpg';
// Lectura del contenido del archivo de imagen
// asegurándose de que no hay "magic quotes".
set_magic_quotes_runtime(0);
$imagen = file_get_contents($archivo_imagen);
// Protección de los caracteres especiales de la imagen.
$imagen = mysqli_real_escape_string($db,$imagen);
// Ejecución de una consulta de actualización de la imagen.
$sql = "UPDATE libro SET cubierta = '$imagen' " .
       "WHERE titulo = '$título'";
$ok = mysqli_query($db,$sql);
if ($ok) {
  echo 'Actualización terminada con éxito.';
} else {
  echo 'Error durante la actualización.',
       mysqli_error($db);
}
// Desconexión.
$ok = mysqli_close($db);
?>
```

Resultado (si todo va bien)

```
Actualización terminada con éxito.
```

La operación de protección de caracteres especiales no es necesaria cuando se utiliza una consulta preparada. En cambio, el dato BLOB debe ser "enviado" al servidor MySQL mediante la función `mysqli_stmt_send_long_data`.

Sintaxis

booleano `mysqli_stmt_send_long_data(`*objeto* `consulta,` *entero* `numero_parametro,` *cadena* `dato)`

`consulta`	Recurso de consulta preparada devuelto por la función `mysqli_prepare`.
`número_parámetro`	Número del parámetro al que se asocian los datos (0 para el primer parámetro).
`dato`	Cadena de caracteres que contiene los datos para enviar.

La función `mysqli_stmt_send_long_data` devuelve `TRUE` en caso de éxito y `FALSE` en caso de error.

Si la longitud del dato para enviar excede el límite `max_allowed_packet` de MySQL, esta función puede invocarse varias veces para enviar los datos por paquetes de tamaño inferior al límite.

Por otro lado, en la llamada a la función `mysqli_stmt_bind_param`, hay que utilizar la letra `b` (binario) para especificar el tipo del dato.

Ejemplo

```
<?php
// Conexión y selección de la base de datos.
$db = mysqli_connect('localhost','eniweb','web','eni');
if (! $db) {
  exit('Fallo en la conexión.');
}
// Título del libro del que hay que cargar la portada
// y nombre del archivo de imagen correspondiente.
$título = 'MySQL 5';
$archivo_imagen = 'RI5MYS.jpg';
// Lectura del contenido del archivo de imagen
// asegurándose de que no hay "magic quotes".
set_magic_quotes_runtime(0);
$imagen = file_get_contents($archivo_imagen);
// Preparación de la consulta de actualización de la imagen.
$sql = 'UPDATE libro SET portada = ? ' .
       'WHERE titulo = ?';
$consulta = mysqli_prepare($db,$sql);
$ok = mysqli_stmt_bind_param($consulta,'bs',$imagen,$título);
// Envío de los datos de la imagen.
$ok = mysqli_stmt_send_long_data($consulta,0,$imagen);
```

```
// Ejecución de la consulta.
$ok = mysqli_stmt_execute($consulta);
if ($ok) {
  echo 'Actualización terminada con éxito.';
} else {
  echo 'Error durante la actualización.',
       mysqli_stmt_error($consulta);
}
// Desconexión.
$ok = mysqli_close($db);
?>
```

b. Lectura

La lectura de un dato de tipo `BLOB` no requiere ninguna operación particular, con la excepción, si es necesario, del ajuste de la directiva de configuración de PHP `memory_limit`.

La directiva `memory_limit` determina la cantidad de memoria máxima que un script está autorizado a utilizar. El valor predeterminado depende de la versión de PHP (128 Mb en la versión 5.2.4, 8 Mb antes de la versión 5.2.0).

Esta directiva puede modificarse temporalmente para un script por medio de la función `ini_set`.

Ejemplo

```
ini_set('memory_limit','32M');
```

En el caso de la utilización de una consulta preparada, en la llamada a la función `mysqli_stmt_bind_result`, parece que PHP asigna una variable para el dato BLOB de un tamaño igual al tamaño máximo posible del tipo (por ejemplo, 16 Mb para un dato de tipo `MEDIUMBLOB`). Si este tamaño es superior al valor de la directiva `memory_limit`, se produce un error (incluso si el dato que debe leerse es, de hecho, inferior al límite): **Fatal error:** `Allowed memory size of 8388608 bytes exhausted (tried to allocate 16777216 bytes) ....`

Ejemplo (consulta no preparada)

```
<?php
// Conexión y selección de la base de datos.
$db = mysqli_connect('localhost','eniweb','web','eni');
if (! $db) {
  exit('Fallo en la conexión.');
}
// Título del libro del que hay que mostrar la imagen
// de la portada y tipo MIME de la imagen (aquí, JPEG).
$título = 'MySQL 5';
$tipo_mime = 'image/jpeg';
// Ejecución de una consulta de lectura de la imagen.
$sql = "SELECT cubierta FROM libro WHERE titulo = '$título'";
$consulta = mysqli_query($db,$sql);
$fila = mysqli_fetch_assoc($consulta);
```

```
// Desconexión.
$ok = mysqli_close($db);
// Envío de la imagen al explorador (el tipo MIME de la imagen
// es comunicado al explorador mediante la función
// header).
header("Content-type: $type_mime");
echo $fila['cubierta'];
?>
```

Resultado

Ejemplo (consulta preparada)

```
<?php
// Conexión y selección de la base de datos.
$db = mysqli_connect('localhost','eniweb','web','eni');
if (! $db) {
  exit('Fallo en la conexión.');
}
// Título del libro del que hay que mostrar la imagen
// de la portada y tipo MIME de la imagen (aquí, JPEG).
$título = 'MySQL 5';
$tipo_mime = 'image/jpeg';
// Por precaución, aumento del valor
// de la directiva memory_limit.
ini_set('memory_limit','32M');
// Ejecución de una consulta de lectura de la imagen.
$sql = 'SELECT portada FROM libro WHERE titulo = ?';
$consulta = mysqli_query($db,$sql);
$consulta = mysqli_prepare($db,$sql);
$ok = mysqli_stmt_bind_param($consulta,'s',$título);
$ok = mysqli_stmt_bind_result($consulta,$imagen);
$ok = mysqli_stmt_execute($consulta);
```

```
$ok = mysqli_stmt_fetch($consulta);
// Desconexión.
$ok = mysqli_close($db);
// Envío de la imagen al explorador (el tipo MIME de la imagen
// es comunicado al explorador mediante la función
// header).
header("Content-type: $type_mime");
echo $imagen;
?>
```

Resultado

C. Utilización de la extensión MySQL

Todas las funciones presentadas anteriormente en la extensión MySQLi, con excepción de las funciones relativas a las consultas preparadas, tienen un equivalente directo en la extensión MySQL; sólo hay que sustituir el prefijo `mysqli_` por `mysql_`:

MySQLi	MySQL	Sintaxis
`mysqli_connect`	`mysql_connect`	Ver nota 1
`mysqli_close`	`mysql_close`	Ver nota 2
`mysqli_select_db`	`mysql_select_db`	Ver nota 3
`mysqli_query`	`mysql_query`	Ver nota 3
`mysqli_num_rows`	`mysql_num_rows`	Idéntica

MySQLi	MySQL	Sintaxis
mysqli_fetch_array	mysql_fetch_array	Idéntica
mysqli_fetch_array	mysql_fetch_array	Idéntica
mysqli_fetch_object	mysql_fetch_object	Idéntica
mysqli_fetch_row	mysql_fetch_row	Idéntica
mysqli_affected_rows	mysql_affected_rows	Ver nota 2
mysqli_insert_id	mysql_insert_id	Ver nota 2
mysqli_errno	mysql_errno	Ver nota 2
mysqli_error	mysql_error	Ver nota 2

Notas

1 Los primeros parámetros de mysql_connect y mysqli_connect son idénticos (servidores, usuario, contraseña); los parámetros siguientes son diferentes. La función mysql_connect no permite seleccionar la base de datos que debe utilizarse desde la conexión.

2 La extensión MySQL permite utilizar una conexión predeterminada en las llamadas a funciones (la última conexión abierta). Por consiguiente, el identificador de conexión es opcional en las funciones mysql_close, mysql_affected_rows, mysql_insert_id, mysql_errno y mysql_error.

3 Para las funciones mysql_select_db y mysql_query la sintaxis está invertida: el identificador de conexión es enviado como segundo parámetro, y es opcional (utilización de la última conexión abierta en caso de omisión).

Las funciones mysql_connect y mysql_query devuelven recursos y no objetos. En la práctica, esto no tiene ninguna incidencia, ya que el resultado de estas funciones pasa simplemente como parámetro a otras funciones.

La extensión MySQL no ofrece funciones equivalentes a las funciones mysqli_connect_error y mysqli_connect_errno que permiten recuperar información en un caso de error de conexión. Por el contrario, las funciones mysql_error y mysql_errno pueden ser llamadas para recuperar información en caso de error de conexión.

La extensión MySQL ofrece, por otro lado, una función mysql_**unbuffered**_query con la misma sintaxis que la función mysql_query, que permite ejecutar una consulta, pero sin colocar el resultado en un buffer. El funcionamiento es idéntico a la llamada de mysqli_query pasando la constante MYSQLI_USE_RESULT como tercer parámetro.

Ejemplo

```
<?php
// Definir algunas variables.
$servidor = 'localhost';
$usuario = 'eniweb';
$contrasenia = 'web';
$base = 'eni';
// Conexión = mysql_connect
// Sin selección de la base de datos en esta llamada.
$db = mysql_connect($servidor,$usuario,$contrasenia);
// Comprobar el éxito de la conexión
if (mysql_errno() != 0) {
  printf(
    'Error mysql_connect : %d - %s<br />',
    mysql_errno(),mysql_error());
    exit;
}
// Seleccionar la base = mysql_select_db
// Diferencias con relación a mysqli_select_db:
//    > sintaxis invertida
//    > identificador de conexión opcional
$ok = mysql_select_db($base,$db);
if (! $ok) {
  printf(
    'Error mysql_connect : %d - %s<br />',
    mysql_errno(),mysql_error());
    exit;
}
// Ejecutar una consulta = mysql_query
// Diferencias con relación a mysqli_query:
//    > sintaxis invertida
//    > identificador de conexión opcional
//    > sin tercer parámetro
$sql = 'SELECT * FROM coleccion LIMIT 4';
$consulta = mysql_query($sql, $db);
if (! $consulta) {
  printf(
    'Error mysql_connect : %d - %s<br />',
    mysql_errno(),mysql_error());
    exit;
}
// Determinar el número de filas del resultado = mysql_num_rows
// Idéntica a mysqli_num_rows.
printf("Número de colecciones = %s<br />\n",
       mysql_num_rows($consulta));
// Recuperar el resultado = mysql_fetch_*
// Diferencias con relación a mysqli_fetch_*:
//    > constantes MYSQL_NUM, MYSQL_ASSOC, MYSQL_BOTH
//      en mysql_fetch_array
```

```
$fila = mysql_fetch_array($consulta, MYSQL_ASSOC);
printf(
  "Primera colección = %s - %s<br />\n",
  $fila['nombre'],$fila['precio_siniva']);
// Ejecutar una consulta = mysql_query
// Ejemplo con INSERT.
$sql = "INSERT INTO coleccion(nombre,precio_siniva) " .
       "VALUES('Open IT',5)";
$consulta = mysql_query($sql, $db);
// Recuperar el identificador generado = mysql_insert_id
// Diferencias con relación a mysqli_insert_id:
//   > identificador de conexión opcional
printf(
  "Identificador de la nueva colección = %s<br />\n",
  mysql_insert_id($db));
// Ejecutar una consulta = mysql_query
// Ejemplo con UPDATE.
$sql = "UPDATE coleccion SET precio_siniva = 5.69 " .
       "WHERE nombre = 'Open IT'";
$consulta = mysql_query($sql, $db);
// Recuperar el número de filas actualizadas =
// mysql_affected_rows
// Diferencias con relación a mysqli_affected_rows:
//   > identificador de conexión opcional
printf(
  "Número de colecciones modificadas = %s<br />\n",
  mysql_affected_rows($db));
// Desconexión = mysql_close
// Diferencias con relación a mysqli_close:
//   > identificador de conexión opcional
mysql_close($db);
?>
```

Resultado

```
Número de colecciones = 4
Primera colección = Recursos Informáticos -  25.66
Identificador de la nueva colección = 11
Número de colecciones modificadas = 1
```

D. PHP Data Objects (PDO)

PHP Data Objects (PDO) es una extensión incorporada en la versión 5.1 que define una interfaz uniforme para acceder a las bases de datos en PHP. El acceso a una base de datos a través de PDO se efectúa por mediación de un controlador que presenta las características de la base de datos.

Nótese que PDO no proporciona una capa de abstracción de la base de datos, sino una capa de abstracción del acceso a las bases de datos. Las consultas deben respetar la sintaxis de la base de datos que se utilice; PDO no reescribe las consultas SQL y no emula las funcionalidades que faltan (con la excepción de las consultas configuradas).

Numerosas bases de datos, como MySQL, Oracle, Microsoft SQL Server y SQLite, disponen de un controlador PDO.

PDO es una extensión orientada a objetos que ofrece tres clases:

- `PDO`: conexión entre PHP y la base de datos,
- `PDOStatement`: consulta preparada, y, tras la ejecución, resultado asociado,
- `PDOException`: exception identificada por PDO.

En este capítulo, presentaremos esta extensión mediante un simple ejemplo comentado:

```
<?php
// Definición de los parámetros de conexión.
// La sintaxis del código fuente (Data Source Name o DSN)
// es específico de cada controlador.
$codigo = 'mysql:host=localhost;dbname=eni';
$usuario = 'eniweb';
$contrasenia = 'web';
// Definición de dos consultas de prueba.
// Nótese que la consulta de inserción está configurada
// (es, en realidad, la única característica emulada por PDO,
// si no es soportada nativamente por la base de datos).

$sql_select = 'SELECT * FROM coleccion';
$sql_insert = 'INSERT INTO coleccion(nombre,precio_siniva) ' .
              'VALUES(:p1,:p2)';
// Todas las operaciones se efectúan en un bloque 'try'
// para recuperar las excepciones identificadas por PDO.
try {
  // Conexión a la base de datos.
  $db = new PDO($codigo, $usuario, $contrasenia);
  // Modificación de los parámetros de conexión
  // para solicitar que se identifiquen excepciones
  // en caso de error.
  $db->setAttribute(PDO::ATTR_ERRMODE,PDO::ERRMODE_EXCEPTION);
  // Preparar una consulta para la inserción.
  $st = $db->prepare($sql_insert);
  // Enlazar los parámetros.
  $st->bindParam(':p1',$nombre);
  $st->bindParam(':p2',$precio_siniva);
  // Asignar un valor a las variables.
  $nombre = 'Mega +';
  $precio_siniva = 21.38;
  // Ejecutar la consulta.
  // Para las bases de datos que soportan las transacciones,
  // los métodos beginTransaction(), commit() y rollback()
```

```
  // de los objetos PDO pueden utilizarse.
  $st->execute();
  // Preparar una consulta para la selección.
  $st = $db->prepare($sql_select);
  // Ejecutar la consulta.
  $st->execute();
  // Recuperar el resultado.
  // Pueden utilizarse varios métodos para recuperar
  // el resultado: fetch(), fetchObject(), fetchAll().
  // El método fetch() dispone de un parámetro que permite
  // especificar el tipo de resultado (matriz, objeto, etc.).
  while ($fila = $st->fetch()) {
    echo "$fila[1] - $fila[2]<br />\n";
  }
  // Liberar los recursos.
  $st = null;
  $db = null;
} catch (PDOException $e) {
  // Gestionar las excepciones
  echo 'Error!: ',$e->getMessage(),'<br />';
  die();
}
?>
```

Resultado

```
Recursos Informáticos -  25.66
TechNote - 9.95
Prácticas Técnicas - 25.59
Pack Técnico - 46.45
Pack Ofimática - 55.92
Epsilon - 51.18
Expert IT - 36.97
Soluciones Informáticas - 20.00
Formación multimedia - 19.86
Open IT - 5.69
Mega + - 21.38
```

E. "Magic quotes": de nuevo

1. Preámbulo

Hemos visto en el capítulo Utilizar las funciones PHP que este lenguaje ofrece una característica llamada "magic quotes" cuya finalidad es resolver un problema ligado al registro de los datos en una base de datos efectuando una codificación de los datos introducidos en un formulario.

Ejemplo (inserción en una base de datos MySQL de un dato que contiene un apóstrofo):

```
<?php
// Dato que plantea problema (puede introducirse inocentemente
// en un formulario).
$nombre = "Frank O'Connor";
$precio_siniva = 10;
// Consulta de inserción.
$sql = "INSERT INTO coleccion(nombre,precio_siniva) " .
       "VALUES('$nombre',$precio_siniva)";
echo $sql,'<br />';
// Ejecución.
$db = mysqli_connect('localhost','eniweb','web','eni');
$consulta = mysqli_query($db,$sql);
echo mysqli_error($db),'<br />';
// Desconexión.
$ok = mysqli_close($db);
?>
```

Resultado

```
INSERT INTO collection(nombre,prix_ht) VALUES('O'Connor',10)
You have an error in your SQL syntax; check the manual that
corresponds to your MySQL server version for the right syntax
to use near 'Connor',10)' at line 1
```

En SQL, el delimitador de cadena de caracteres es el apóstrofo: Si una consulta envía la cadena `O'Connor` a la base de datos, esta última interpretará `'O'` como una cadena y no sabrá qué hacer con el resto (`Connor'`):

Para solucionar este problema, es necesario indicar a la base de datos que los apóstrofos en el interior de la cadena no son delimitadores de la cadena, en general anteponiendo al apóstrofo un carácter "mágico" ("de escape"): es la antibarra (\) o apóstrofo (') para MySQL.

Ejemplo

```
<?php
// Dato corregido.
$nombre = "Frank O\'Connor";
$precio_siniva = 10;
```

```
// Consulta de inserción.
$sql = "INSERT INTO coleccion(nombre,precio_siniva) " .
       "VALUES('$nombre',$precio_siniva)";
echo $sql,'<br />';
// Ejecución.
$db = mysqli_connect('localhost','eniweb','web','eni');
$consulta = mysqli_query($db,$sql);
echo mysqli_error($db),'<br />';
// Desconexión.
$ok = mysqli_close($db);
?>
```

Resultado

```
INSERT INTO coleccion(nombre,precio_siniva) VALUES('Frank O\'Connor',10)
```

La característica "magic quotes" de codificación automática responde a este problema: si está activa (directiva de configuración `magic_quotes_gpc = on`), todos los datos enviados por un formulario (métodos `GET` o `POST`), de una URL (método `GET`) o de una cookie son automáticamente codificados con el carácter antibarra (`\`), o el apóstrofo (`'`) si la directiva de configuración `magic_quotes_sybase` se encuentra en `on`.

Desafortunadamente, vimos que esta característica "magic quotes" planteaba otros problemas con relación a:

- la visualización de los datos en la página HTML;
- la dependencia potencial del código con respecto a directivas de configuración.

Como recordatorio, la solución propuesta consiste en asegurarse de que los datos se cargan en variables sin codificación y actuar convenientemente en el momento de guardarlos en la base; es lo que vamos a ver en este capítulo.

2. Carga de datos procedentes de una base

Como vimos en el capítulo Utilizar las funciones PHP, cuando la directiva `magic_quotes_runtime` se encuentra en `on`, se aplica una protección "magic quotes" automáticamente en los datos leídos en una base de datos MySQL. Además, la función `get_magic_quotes_runtime` permite conocer el valor de la directiva `magic_quotes_runtime` y la función `set_magic_quotes_runtime` modificarla durante el script actual.

Ejemplo

```
<?php
// Consulta de prueba.
$sql = "SELECT 'Frank O''Connor' data";
// Conexión.
$db = mysqli_connect('localhost','eniweb','web','eni');
// Mostrar el valor de la directiva magic_quotes_runtime.
$mqr = get_magic_quotes_runtime();
echo "<b>magic_quotes_runtime = $mqr</b><br />";
// Ejecución de la consulta y visualización del resultado.
$consulta = mysqli_query($db,$sql);
```

```
$fila = mysqli_fetch_assoc($consulta);
echo $fila['data'],'<br />';
// Modificación del valor de la directiva
// magic_quotes_runtime.
$mqr = ($mqr == 1)?0:1;
set_magic_quotes_runtime($mqr);
echo "<b>magic_quotes_runtime = $mqr</b><br />";
// Ejecución de la consulta y visualización del resultado.
$consulta = mysqli_query($db,$sql);
$fila = mysqli_fetch_assoc($consulta);
echo $fila['data'],'<br />';
// Desconexión.
$ok = mysqli_close($db);
?>
```

Resultado

```
magic_quotes_runtime = 0
Frank O'Connor
magic_quotes_runtime = 1
Frank O\'Connor
```

La función `set_magic_quotes_runtime` es particularmente interesante con MySQL para escribir un código independiente de la configuración: antes de cada ejecución de una consulta SELECT, sólo hay que invocar esta función con el valor 0 ó 1 en función de la estrategia que se haya adoptado.

En el mismo orden de ideas, una llamada del tipo `set_magic_quotes_runtime(get_magic_quotes_gpc())` permite obtener, para los datos procedentes de la base, el mismo comportamiento que para los datos GPC.

3. Actualización de los datos en la base

Para la actualización de los datos en la base, hay que asegurarse de que todos los datos de tipo "texto" tienen el carácter de escape adaptado (\ o ' para MySQL) delante de cada apóstrofo.

Si se adopta una estrategia en la que todas las variables contienen datos codificados, no hay nada que hacer.

Por el contrario, si se adopta una estrategia (recomendada en este libro) en la que ninguna variable contiene datos codificados, conviene asegurar el escape de los apóstrofos en los datos enviados a la base.

La función `mysqli_real_escape_string` puede utilizarse para ello.

Sintaxis

```
cadena mysqli_real_escape_string(objeto conexión,cadena valor)
```

Con

`conexión`	Identificador de conexión devuelto por la función `mysqli_connect`.
`valor`	Cadena de caracteres que debe protegerse.

La función `mysqli_real_escape_string` añade una antibarra (`\`) delante de todos los caracteres de apóstrofo (`'`), comillas (`"`), antibarra (`\`), NUL (ASCII 0), salto de línea (`\n`) y retorno de carro (`\r`) encontrados en la cadena `valor`.

➲ El parámetro `valor` no debe estar protegido.

Ejemplo

```
<?php
// Dato que plantea problema (puede introducirse inocentemente
// en un formulario).
$nombre = "Frank O'Connor";
$precio_siniva = 10;
// Conexión.
$db = mysqli_connect('localhost','eniweb','web','eni');
// Definición de la consulta con protección de los datos
// de tipo "texto".
$sql =
  sprintf(
    "INSERT INTO coleccion(nombre,precio_siniva) VALUES('%s',%s)",
    mysqli_escape_string($db,$nombre) ,$precio_siniva);
echo $sql,'<br />';
// Desconexión.
$ok = mysqli_close($db);
?>
```

Resultado

```
INSERT INTO coleccion(nombre,precio_siniva) VALUES('Frank O\'Connor',10)
```

Es posible escribir una función genérica, con la misma idea que la función `sprintf`, marcando la ubicación de los parámetros mediante una secuencia `%n`, `n` con valor `1` para el primer parámetro, `2` para el segundo... Esta función admite un número variable de parámetros, siendo el primero la conexión que debe utilizarse, el segundo la estructura de la consulta y los siguientes los valores de los parámetros en el orden de numeración.

Ejemplo

```
<?php
function construir_consulta($db,$sql) {
  // Recuperar el número de parámetros.
  $numero_param = func_num_args();
  // Realizar un bucle sobre todos los parámetros a partir del tercero.
  for($i=2;$i<$numero_param;$i++) {
    // Recuperar el valor del parámetro.
    $valor = func_get_arg($i);
    // Si es una cadena, escaparlo.
```

```
    if (is_string($valor)) {
      $valor = mysqli_escape_string($db,$valor);
    }
    // Poner el valor en su lugar %n (n = $i-1).
    $sql = str_replace('%'.($i-1),$valor,$sql);
  }
  // Devolver la consulta.
  return $sql;
}
// Algunas variables contienen valores procedentes
// de alguna parte…
$nombre = "Frank O'Connor";
$precio_siniva = 10;
// Conexión.
$db = mysqli_connect('localhost','eniweb','web','eni');
// Construcción de la consulta.
$sql =
  construir_consulta(
    $db,
    " INSERT INTO coleccion(nombre,precio_siniva) VALUES('%1',%2)",
    $nombre,
    $precio_siniva);
echo $sql,'<br />';
// Desconexión.
$ok = mysqli_close($db);
?>
```

Resultado

```
INSERT INTO coleccion(nombre,precio_siniva) VALUES('Frank O\'Connor',10)
```

No hay problema de este tipo en la utilización de consultas configuradas.

Ejemplo

```
<?php
// Algunas variables contienen valores procedentes
// de alguna parte…
$nombre = "Frank O'Connor +";
$precio_siniva = 10;
// Conexión.
$db = mysqli_connect('localhost','eniweb','web','eni');
// Ejecución de una consulta de inserción.
$sql = 'INSERT INTO coleccion(nombre,precio_siniva) VALUES(?,?)';
$consulta = mysqli_prepare($db,$sql);
$ok = mysqli_stmt_bind_param($consulta,'sd',$nombre,$precio_siniva);
$ok = mysqli_execute($consulta);
if ($ok) {
  echo mysqli_stmt_affected_rows($consulta),
       ' colección insertada<br />';
```

```
} else {
  echo mysqli_stmt_error($consulta),'<br />';
}
// Desconexión.
$ok = mysqli_close($db);
?>
```

Resultado

```
1 colección insertada.
```

F. Ejemplos de integración en formularios

1. Visión de conjunto

Para terminar este capítulo, vamos a presentar algunos ejemplos de acceso a una base de datos MySQL a partir de formularios.

Veremos tres ejemplos:

- un formulario que permite introducir datos en una lista;
- un formulario de búsqueda con visualización del resultado;
- un formulario de entrada de tipo "página".

Por razones de concisión, en estos ejemplos, el control de entrada y la gestión de errores están prácticamente ausentes, y el formato es muy sencillo.

2. Formulario de entrada en lista

Presentación del formulario.

Identificador	Nombre	Precio sin IVA	Eliminar
1	Recursos Informáticos	25,66	☐
2	TechNote	10,97	☐
3	Prácticas técnicas	25,59	☐
4	Pack técnico	46,45	☐

Guardar

El formulario ofrece el contenido actual de la tabla que puede ser modificado (entrada directa en las zonas de texto) o eliminado (por medio de las casillas de la derecha), más cinco filas vacías para introducir nuevos valores. El identificador no puede introducirse, es el servidor MySQL quien lo asigna.

Cada fila de la tabla contiene cuatro zonas de formulario nombradas (atributo `name` de la etiqueta `<input>`) de la siguiente manera:

Columna	Nombre
Identificador	`entrada[i][modificar]`
Nombre	`entrada[i][nombre]`
Precio sin IVA	`entrada[i][precio_siniva]`
Eliminar	`entrada[i][eliminar]`

El índice `i` es el identificador de la colección para las filas que existen y un número comprendido entre -1 y -5 para las filas vacías. La zona de la columna **Identificador** es una zona oculta (`type="hidden"`) que se utilizará para identificar las filas en las que el usuario ha efectuado una modificación.

Con este proceso de identificación, cualquier entrada es recuperada en el script PHP con la forma de una matriz multidimensional. Cada línea de la matriz corresponde a una línea del formulario con la clave igual al identificador (o de -1 a -5 para las nuevas líneas) y el valor igual a una matriz asociativa que los elementos introducidos.

Para identificar las líneas modificadas por el usuario, las zonas de entrada del nombre y del precio de las líneas existentes contienen el siguiente código JavaScript:

```
onChange="document.formulario[$n].value=1"
```

Este pequeño fragmento de código JavaScript tiene como efecto, cada vez que la zona correspondiente es modificada, poner un 1 en la zona oculta asociada a la línea. Con el formulario que se llama `formulario` (`<form name = "formulario"...`), la expresión `document.formulario[n]` designa la enésima zona del formulario `formulario` del documento actual, teniendo la primera zona del formulario el número 0. En el código fuente, la variable `$n` es calculada para cada línea `$i` del formulario mediante la fórmula `$n = 4 * ($i - 1)`: la zona oculta de la línea 1 tiene el número 0 (es la primera del formulario), la de la línea 2 el número 4, así sucesivamente.

Este ejemplo puede (debe) ser mejorado:

- para controlar la entrada del usuario;
- para gestionar los errores.

Código fuente

```
<?php
// Inclusión del archivo que contiene las funciones generales.
include('funciones.inc') ;
// Conexión.
$db = mysqli_connect('localhost','eniweb','web','eni');
// Procesamiento del formulario.
if (isset($_POST['aceptar'])) {
  // Eliminar la posible protección "magic quotes"
  // de las matrices GPC.
  eliminar_codificacion_MQ_GPC();
  // Recuperar la matriz que contiene la entrada.
  $filas = $_POST['entrada'];
  foreach($filas as $id => $fila) {
    // Limpieza de la entrada.
    $nombre = trim($fila['nombre']);
    // Para el precio, sustituir la coma por un punto
    // y eliminar los espacios.
    $precio_siniva = str_replace(',','.',$fila['precio_siniva']);
    $precio_siniva = str_replace(' ','',$precio_siniva);
    // En este punto, habría que comprobar la entrada...
    // Definición de la consulta que debe ejecutarse.
    // Para cada acción, vamos a utilizar una consulta
    // preparada. Cuando se encuentra un caso por primera vez,
    // hay que preparar la consulta y enlazar las variables.
    $consulta = NULL;
```

```
    if ($id < 0 and $nombre.$precio_siniva != '') {
      // Identificador negativo y algo en la entrada
      // = creación = INSERT
      if (! $req_ins) {
        $sql = 'INSERT INTO coleccion(nombre,precio_siniva) ' .
               'VALUES(?,?)';
        $req_ins = mysqli_prepare($db,$sql);
        $ok = mysqli_stmt_bind_param
               ($req_ins,'sd',$nombre,$precio_siniva);
      }
      $consulta = $req_ins;
    } elseif (isset($fila['eliminar'])) {
      // Casilla "eliminar" marcada = eliminación = DELETE
      if (! $req_del) {
        $sql = 'DELETE FROM coleccion WHERE id = ?';
        $req_del = mysqli_prepare($db,$sql);
        $ok = mysqli_stmt_bind_param($req_del,'i',$id);
      }
      $consulta = $req_del;
    } elseif ($fila['modificar']==1) {
      // Zona "modificar" TRUE (1) = modificación = UPDATE
      if (! $req_upd) {
        $sql = 'UPDATE coleccion ' .
               'SET nombre = ?, precio_siniva = ? ' .
               'WHERE id = ?';
        $req_upd = mysqli_prepare($db,$sql);
        $ok = mysqli_stmt_bind_param
               ($req_upd,'sdi',$nombre,$precio_siniva,$id);
      }
      $consulta = $req_upd;
    }
    // Si se ha definido una consulta, ejecutarla.
    if ($consulta) {
      $ok = mysqli_execute($consulta);
      // En este punto, habría que probar si hay errores…
    }
  }
}
// Descargar las colecciones (aquí con una consulta
// no preparada).
$sql = 'SELECT * FROM coleccion';
$resultado = mysqli_query($db,$sql);
// En este punto, habría que probar si hay errores…
// Visualización de la página…
?>
<!DOCTYPE html PUBLIC "-//W3C//DTD XHTML 1.0 Strict//EN"
  "http://www.w3.org/TR/xhtml1/DTD/xhtml1-strict.dtd">
<html xmlns="http://www.w3.org/1999/xhtml">
  <head><title>Gestión de las colecciones</title></head>
  <body>
```

```
<!-- construcción de una tabla HTML en el interior
++++ de un formulario -->
<form action="formulario-lista.php" name="formulario" method="post">
<table border="1" cellpadding="4" cellspacing="0">
<!-- fila de título -->
<tr align="center">
<th>Identificador</th><th>Nombre</th><th>Precio sin IVA</th>
            <th>Eliminar</th>
</tr>
<?php
// Código PHP para las líneas de la matriz.
if ($resultado) { // Si hay un resultado que mostrar
  // Inicialización de un contador de línea.
  $i = 0;
  // Bucle de fetch.
  while ($fila = mysqli_fetch_assoc($resultado)) {
    // Incremento de un contador de líneas.
    $i++;
    // Cálculo del número de orden en el formulario
    // de la zona oculta correspondiente al identificador.
    $n = 4 * ($i - 1);
    // Formato de los datos.
    $fila['nombre'] = hacia_pagina($fila['nombre']);
    $fila['precio_siniva'] =
      hacia_pagina
        (number_format($fila['precio_siniva'],2,"," ," "));
    // Generación de la fila de la tabla HTML.
    // Inserción de las etiquetas INPUT del formulario.
    printf(
    "<tr><td>%s</td><td>%s</td><td>%s</td><td>%s</td></tr>",
    "$fila[id]
     <input type=\"hidden\"
        name=\"entrada[$fila[id]][modificar]\" />",
    "<input type=\"text\"
        name=\"entrada[$fila[id]][nombre]\"
        value=\"$fila[nombre]\"
        onchange=\"document.formulario[$n].value=1\" />",
    "<input type=\"text\"
        name=\"entrada[$fila[id]][precio_siniva]\"
        value=\"$fila[precio_siniva]\"
        onchange=\"document.formulario[$n].value=1\" />",
    "<input type=\"checkbox\"
        name=\"entrada[$fila[id]][eliminar]\"
        value=\"$fila[id]\" />");
  } // while
  // Añadido de 5 línea vacías para la creación
  // (sin identificador, sin casilla de eliminación).
  for($i=1;$i<=5;$i++) {
    printf(
    "<tr><td>%s</td><td>%s</td><td>%s</td><td>%s</td></tr>",
```

```
        "",
        "<input type=\"text\"
            name=\"entrada[-$i][nombre]\"
            value=\"\" />",
        "<input type=\"text\"
            name=\"entrada[-$i][precio_siniva]\"
            value=\"\" />",
        "");
      } // for
    }
    ?>
    </table>
    <p><input type="submit" name="aceptar" value="Guardar" /></p>
    </form>
  </body>
</html>
```

3. Formulario de búsqueda

Presentación del formulario

- Visualización inicial:

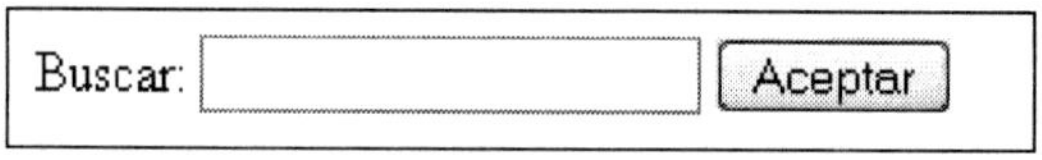

- Resultado de una búsqueda:

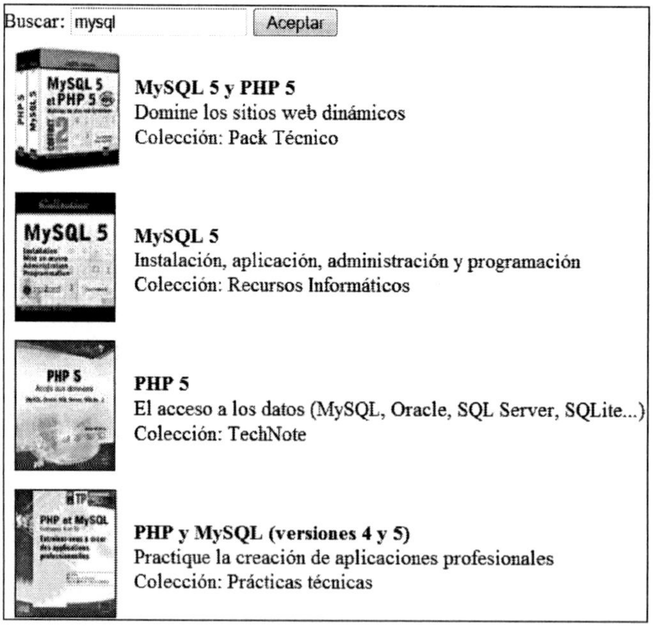

El formulario de búsqueda es muy sencillo: efectúa una búsqueda de texto completo a partir de un texto introducido en la zona única. El resultado es mostrado en forma de una lista con la imagen de portada del libro y algún dato sobre el libro.

Para que la búsqueda de texto completo funcione, hay que crear un índice FULLTEXT (véase el capítulo Técnicas avanzadas con MySQL - Realizar búsquedas de texto completo).

Ejemplo

```
mysql> CREATE FULLTEXT INDEX ix_texto
    -> ON libro(titulo,subtitulo,descripcion);
Query OK, 9 rows affected (0.01 sec)
Records: 9  Duplicates: 0  Warnings: 0
```

Código fuente

```
<?php
// Inclusión del archivo que contiene las funciones generales.
include('funciones.inc') ;
// Variable para un posible mensaje.
$mensaje = '';
// Procesamiento del formulario.
if (isset($_POST['aceptar'])) {
  // Eliminar la posible protección "magic quotes" de las matrices GPC.
    eliminar_codificacion_MQ_GPC();
  // Recuperar el texto introducido.
  $búsqueda = $_POST['búsqueda'];
  if (empty($búsqueda)) {
    $mensaje = 'Debe introducir el texto que desea buscar.';
  } else {
    // Conexión.
    // Utilización del operador @ para ocultar las alertas.
    $db = @mysqli_connect('localhost','eniweb','web','eni');
    if ($db === FALSE) {
      $mensaje = 'Error de conexión a la base de datos.';
    } else {
      // Ejecución de la consulta de búsqueda.
      $sql = 'SELECT lib.id,lib.titulo,lib.subtitulo,col.nombre ' .
             'FROM libro lib JOIN coleccion col ' .
             '     ON (lib.id_coleccion = col.id) ' .
             'WHERE MATCH(titulo,subtitulo,descripcion) ' .
             '      AGAINST(?)';
      if ($consulta = mysqli_prepare($db,$sql)) {
        $ok = mysqli_stmt_bind_param($consulta,'s',$búsqueda);
        if ($ok) {
          $ok = mysqli_stmt_bind_result
                ($consulta,$id,$título,$subtítulo,$colección);
        }
        if ($ok) { $ok = mysqli_execute($consulta); }
        if (! $ok) { $mensaje = mysqli_stmt_error($consulta);}
      } else {
        $mensaje = mysqli_error($db);
```

```
      }
      if ($mensaje) {
        $mensaje = "Error en la búsqueda ($mensaje).";
      }
    }
  }
}
// Visualización de la página…
?>
<!DOCTYPE html PUBLIC "-//W3C//DTD XHTML 1.0 Strict//EN"
  "http://www.w3.org/TR/xhtml1/DTD/xhtml1-strict.dtd">
<html xmlns="http://www.w3.org/1999/xhtml">
  <head><title>Buscar un libro</title></head>
  <body>
    <!-- Formulario de búsqueda (¡muy sencillo!) -->
    <form action="busqueda-libro.php" method="post">
    <div>Buscar:
    <input type="text" name="búsqueda"
       value="<?php echo hacia_formulario($búsqueda); ?>" />
    <input type="submit" name="aceptar" value="Aceptar" /></div>
    </form>
    <!-- Resultado de la búsqueda -->
    <?php
    // Contador de un número de libros encontrados.
    $número_libros = 0;
    if ($consulta) { // Si hay un resultado que mostrar
      // Etiqueta de apertura de la tabla HTML.
      echo '<table border="0" cellpadding="4">',"\n";
      // Bucle de fetch.
      while (mysqli_stmt_fetch($consulta)) {
        $número_libros++;
        // Formato de los datos.
        $titulo = hacia_pagina($título);
        $subtítulo = hacia_pagina($subtítulo);
        $colección = hacia_pagina($colección);
        // Generación de la fila de la tabla HTML.
        // La imagen se muestra por la llamada a otro script.
        printf(
        "<tr><td>%s</td><td>%s<br />%s<br />%s</td></tr>\n",
        "<img alt=\"\" src=\"imagen-libro.php?id=$id\" />",
        "<b>$título</b>",
        $subtítulo,
        "Colección: $colección");
      } // while
      // Etiqueta de cierre de la tabla HTML.
      echo '</table>',"\n";
      // Si el resultado está vacío, mostrar un mensaje.
      if ($número_libros == 0) {
        $mensaje = 'No se ha encontrado ningún libro.';
      }
```

```
    } // if ($consulta)
    ?>
    <div><?php echo hacia_pagina($mensaje); ?></div>
  </body>
</html>
```

La imagen se muestra por medio de un segundo script.

Código fuente

```
<?php
// Recuperación del identificador del libro
// del que hay que mostrar la imagen de la portada: pasado en la direc-
ción URL.
// Utilización de un filtro para asegurarse de que el valor
// pasado es realmente un entero.
$id = filter_input(INPUT_GET,'id',FILTER_VALIDATE_INT);
// El filtro ha "fallado" : salir del script.
if ($id === FALSE OR $id === NULL) {
  exit('Parámetro no válido o ausente.');
}
// Conexión y selección de la base de datos.
$db = mysqli_connect('localhost','eniweb','web','eni');
if (! $db) {
  exit('Fallo en la conexión.');
}
// Tipo MIME de las imágenes.
$tipo_mime = 'image/jpeg';
// Ejecución de una consulta de lectura de la imagen.
$sql = "SELECT cubierta FROM libro WHERE id = $id";
$consulta = mysqli_query($db,$sql);
$fila = mysqli_fetch_assoc($consulta);
// Desconexión.
$ok = mysqli_close($db);
// Envío de la imagen al explorador (el tipo MIME de la imagen
// es comunicado al explorador mediante la función
// header).
header("Content-type: $type_mime");
echo $fila['cubierta'];
?>
```


4. Formulario de entrada

Presentación del formulario

- Visualización inicial:

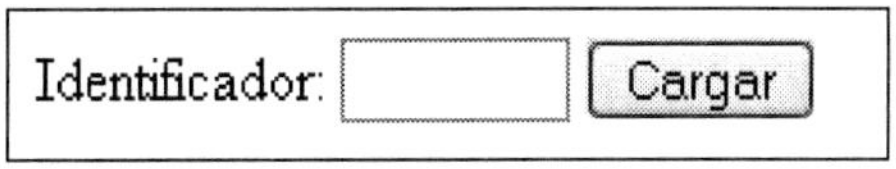

- Libro mostrado en el formulario:

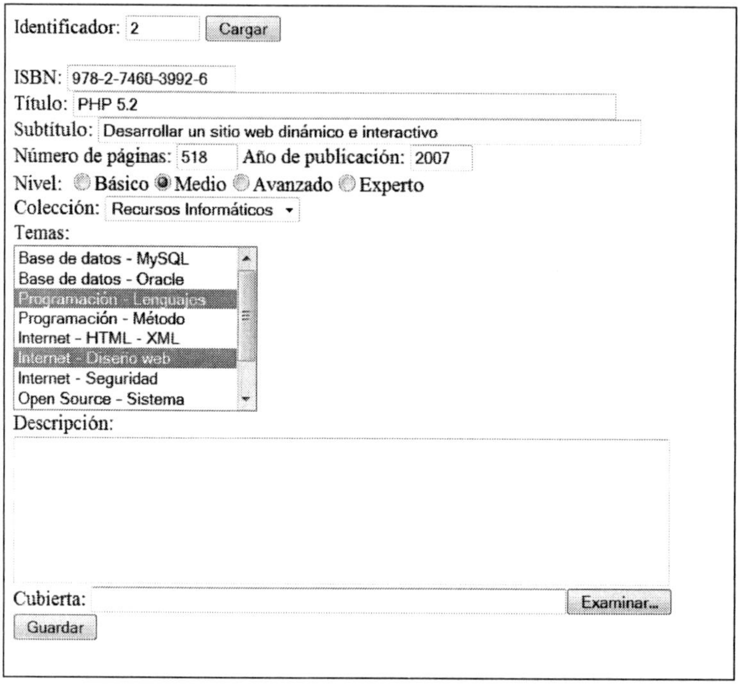

El pequeño formulario mostrado en la parte superior de la página permite introducir el identificador del libro que hay que modificar; cuando el usuario hace clic en el botón **Cargar**, el libro se carga en el formulario.

El botón **Guardar** permite guardar las modificaciones en la base. Una vez guardado, el libro es recargado en el formulario para el control.

El botón **Examinar** permite seleccionar un archivo que se almacenará en la base y se asociará como imagen de portada al libro. Cuando una imagen de portada está asociada al libro, se muestra en el formulario, con la misma técnica que en el formulario de búsqueda.

Ejemplo

Código fuente

```
<?php
// Inclusión del archivo que contiene las funciones generales.
include('funciones.inc') ;
// Sin protección "magic quotes" para los datos leídos
// en la base base de datos o en los archivos.
set_magic_quotes_runtime(0);
// Eliminación de la posible protección "magic quotes"
// de las matrices GPC.
eliminar_codificacion_MQ_GPC();
// Variables que indican si un libro debe cargarse y/o
// si un libro debe guardarse.
$cargar_libro = FALSE;
$guardar_libro = FALSE;
// Variable para un posible mensaje.
$mensaje = '';
// Comprobar si el script es invocado en el proceso de un formulario.
if (isset($_POST['cargar']) OR isset($_POST['aceptar'])) { // sí
  // Recuperar el identificador del libro.
  // Utilización de un filtro para asegurarse de que el valor
  // recuperado es realmente un entero.
  $id_libro = filter_input(INPUT_POST,'id',FILTER_VALIDATE_INT);
  // Identificador ausente o no válido => mensaje.
  // Si no, determinar la acción que debe llevarse a cabo.
  if ($id_libro === FALSE OR $id_libro === NULL) {
    $mensaje = 'Identificador ausente o no válido.';
  } else {
    $guardar_libro = isset($_POST['aceptar']);
    $cargar_libro = // guardar => recarga
      (isset($_POST['cargar']) OR $guardar_libro);
  }
}
// Conexión si es necesario.
if ($cargar_libro OR $guardar_libro) {
  // Utilización del operador @ para ocultar las alertas.
  $db = @mysqli_connect('localhost','eniweb','web','eni');
  // En caso de error, se detiene todo.
  if ($db === FALSE) {
    $mensaje = 'Error de conexión a la base de datos.';
    $cargar_libro = FALSE;
    $guardar_libro = FALSE;
  }
}
// Si hay un libro que guardar…
if ($guardar_libro) {
  // Recuperar el contenido del formulario.
  // Habría que comprobar la entrada…
  $libro = $_POST;
```

```
// Grabación del libro.
$sql = 'UPDATE libro SET ' .
         'isbn = ?,' .
         'titulo = ?,' .
         'subtitulo = ?,' .
         'numero_paginas = ?,' .
         'anio_publicacion = ?,' .
         'nivel = ?,' .
         'id_coleccion = ?,' .
         'descripcion = ? ' .
       'WHERE id = ?';
if ($ok = ($req_act = mysqli_prepare($db,$sql))) {
  $ok = mysqli_stmt_bind_param
          (
          $req_act,
          'sssiisisi',
          $libro['isbn'],
          $libro['titulo'],
          $libro['subtitulo'],
          $libro['numero_paginas'],
          $libro['anio_publicacion'],
          $libro['nivel'],
          $libro['coleccion'],
          $libro['descripción'],
          $id_libro
          );
  if ($ok) { $ok = mysqli_stmt_execute($req_act); }
  if (! $ok) { $mensaje = mysqli_stmt_error($req_act);}
  mysqli_stmt_close($req_act);
} else {
  $mensaje = mysqli_error($db);
}
// Grabación de los temas del libro.
// Anula (DELETE) y sustituye (INSERT) el existente.
if ($ok) {
  // Eliminación de los temas actuales.
  $sql = 'DELETE FROM tema_libro WHERE id_libro = ?';
  if ($ok = ($req_act = mysqli_prepare($db,$sql))) {
    $ok = mysqli_stmt_bind_param($req_act,'i',$id_libro);
    if ($ok) { $ok = mysqli_stmt_execute($req_act); }
    if (! $ok) { $mensaje = mysqli_stmt_error($req_act);}
    mysqli_stmt_close($req_act);
  } else {
    $mensaje = mysqli_error($db);
  }
  // Inserción de los nuevos temas (si hay).
  if ($ok AND ($temas = $libro['temas'])) {
    $sql = 'INSERT INTO tema_libro(id_libro,id_tema) '.
           'VALUES(?,?)';
```

```
    if ($ok = ($req_act = mysqli_prepare($db,$sql))) {
      $ok = mysqli_stmt_bind_param
              ($req_act,'ii',$_POST['id'],$id_tema);
      if ($ok) {
        foreach ($temas as $id_tema) {
          $ok = mysqli_stmt_execute($req_act);
          if (! $ok) {
            $mensaje = mysqli_stmt_error($req_act);
            break;
          }
        }
      }
      mysqli_stmt_close($req_act);
    } else {
      $mensaje = mysqli_error($db);
    }
  }
}
// Grabación de la imagen de la portada
if ($ok) {
  // Si un archivo ha sido cargado con éxito,
  // leer su contenido.
  switch ($_FILES['cubierta']['error']) {
    case UPLOAD_ERR_NO_FILE :
      break;
    case UPLOAD_ERR_OK :
      $cubierta =
        file_get_contents($_FILES['cubierta']['tmp_name']);
      if (! $cubierta) {
        $mensaje = 'problema con la imagen de la cubierta';
      }
      break;
    default :
      $mensaje = 'imagen de cubierta no transferida';
      break;
  }
  if ($cubierta) { // hay una imagen...
    $sql = 'UPDATE libro SET cubierta = ? WHERE id = ?';
    if ($ok = $req_act = mysqli_prepare($db,$sql)) {
      $ok = mysqli_stmt_bind_param
              ($req_act,'bi',$cubierta,$_POST['id']);
      if ($ok) {
        $ok = mysqli_stmt_send_long_data
                ($req_act,0,$cubierta);
      }
      if ($ok) { $ok = mysqli_stmt_execute($req_act); };
      if (! $ok) { $mensaje = mysqli_stmt_error($req_act);}
      mysqli_stmt_close($req_act);
    } else {
      $mensaje = mysqli_error($db);
```

```
      }
    }
  }
  // Completar el mensaje de error si es necesario.
  if ($mensaje) {
    $mensaje =
      "Error en la grabación del libro ($mensaje).";
  }
}
// Si hay un libro para cargar...
if ($cargar_libro) {
  // Cargar la información sobre el libro propiamente dicho,
  // en la matriz asociativa $libro.
  $sql = "SELECT * FROM libro WHERE id = $id_libro";
  if ($ok = ($req_lib = mysqli_query($db,$sql))) {
    $libro = mysqli_fetch_assoc($req_lib);
    if (! $libro) {
      $mensaje = 'No se ha encontrado ningún libro.';
    }
  }
  // Si todo está bien en este punto, seleccionar la lista
  // de las colecciones (para la lista desplegable).
  // El fetch se realizará más tarde.
  if ($ok AND $libro) {
    $sql = 'SELECT id,nombre FROM coleccion';
    $ok = ($req_col = mysqli_query($db,$sql));
  }
  // Si todo está bien en este punto, seleccionar la lista
  // de los temas (para la lista de seleccion).
  // El fetch se realizará más tarde.
  if ($ok AND $libro) {
    // La consulta utilizada permite tener una columna
    // 'seleccion' que se encuentra en 1 cuando el tema
    // es seleccionado para el libro.
    $sql =
      "SELECT tem.id,tem.titulo,tel.seleccion
      FROM
        ( /* lista de los subtemas, con la forma
            '<tema> - <subtema>' */
        SELECT ste.id,CONCAT(tem.titulo,' - ',ste.titulo) titulo
        FROM tema ste JOIN tema tem
            ON (ste.id_primario = tem.id)
        WHERE ste.id_primario IS NOT NULL
        ) tem
        LEFT JOIN
        ( /* lista de los temas seleccionados para el libro */
        SELECT id_tema,1 seleccion
        FROM tema_libro
        WHERE id_libro = $id_libro
        ) tel
```

```
        ON (tem.id = tel.id_tema)";
    $ok = ($req_tem = mysqli_query($db,$sql));
  }
  // En caso de error, inicialización de un mensaje y eliminación
  // de la matriz $libro.
  if (! $ok) {
    $mensaje = 'Error en la carga del libro.';
    unset($libro);
  }
}
// Visualización de la página…
?>
<!DOCTYPE html PUBLIC "-//W3C//DTD XHTML 1.0 Strict//EN"
  "http://www.w3.org/TR/xhtml1/DTD/xhtml1-strict.dtd">
<html xmlns="http://www.w3.org/1999/xhtml">
  <head><title>Introducir un libro</title></head>
  <body>
    <!-- Formulario de entrada del identificador. -->
    <form action="entrada-libro.php" method="post">
    <div>
    Identificador:
    <input type="text" name="id" size="6"
       value="<?php echo hacia_formulario($id_libro); ?>" />
    <input type="submit" name="cargar" value="Cargar" />
    </div>
    </form>
    <!-- Formulario de entrada del libro (mostrado únicamente
         si un libro ha sido cargado con éxito) -->
    <?php if ($libro): ?>
    <form action="entrada-libro.php" method="post"
     enctype="multipart/form-data">
    <div>
      <br />ISBN:
      <input type="text" name="isbn" size="20" maxlength="20"
       value="<?php echo hacia_formulario($libro['isbn']); ?>" />
      <br />Título:
      <input type="text" name="titulo" size="75" maxlength="75"
       value="<?php echo hacia_formulario($libro['titulo']); ?>" />
      <br />Subtítulo:
      <input type="text" name="subtitulo" size="75" maxlength="75"
       value=
        "<?php echo hacia_formulario($libro['subtitulo']); ?>" />
      <br />Número de páginas:
      <input type="text" name="numero_paginas" size="4" maxlength="4"
       value=
        "<?php echo hacia_formulario($libro['numero_paginas']); ?>" />
      Año de publicación:
      <input type="text" name="anio_publicación"
       size="4" maxlength="4"
       value=
```

```
"<?php echo hacia_formulario($libro['anio_publicacion']); ?>"
/>
<br />Nivel:
<?php
// Generación dinámica de los botones de opción utilizados
// para el nivel.
$niveles = array('Básico','Medio','Avanzado','Experto');
foreach ($niveles as $nivel) {
  // Nivel del libro = nivel actual => botón marcado.
  if ($libro['nivel'] == $nivel) {
    $seleccion = 'checked="checked"';
  } else {
    $selección = '';
  }
  printf
    (
    '<input type="radio" name="nivel" %s value="%s" />%s',
    $seleccion,$nivel,$nivel
    );
}
?>
<br />Colección:
<select name="coleccion">
<?php
// Generación dinámica de la lista utilizada
// para la colección.
while ($colección = mysqli_fetch_assoc($req_col)) {
  // Colección del libro = colección actual
  // => fila seleccionada.
  if ($libro['id_coleccion'] == $colección['id']) {
    $seleccion = 'selected="selected"';
  } else {
    $selección = '';
  }
  printf
    ('<option %s value="%s">%s</option>',
     $seleccion,$colección['id'],$colección['nombre']);
}
?>
</select>
<br />Temas:<br />
<select name="temas[]" multiple="multiple" size="8">
<?php
// Generación dinámica de la lista utilizada para
// los temas.
while ($tema = mysqli_fetch_assoc($req_tem)) {
  // Columna 'selección' = 1 = tema del libro
  // => fila seleccionada.
  if ($tema['selección'] == 1) {
    $seleccion = 'selected="selected"';
```

```
        } else {
          $seleccion = '';
        }
        printf
          ('<option %s value="%s">%s</option>',
           $seleccion,$tema['id'],$tema['titulo']);
      }
      ?>
      </select>
      <br />Descripción:<br />
      <textarea name="description" rows="6" cols="65"><?php
      echo hacia_formulario($libro['descripcion']); ?></textarea>
      <br />
      <!-- La imagen de cubierta se muestra mediante una llamada
           a otro script PHP. -->
      <img alt="cubierta:"
       src="imagen-libro.php?id=<?php echo $id_libro; ?>" />
      <input type="file" name="portada" value="" size="65" />
      <input type="hidden" name="id"
       value="<?php echo $id_libro; ?>" />
      <br />
      <input type="submit" name="aceptar" value="Guardar" />
    </div>
    </form>
    <?php endif; ?>
    <div><?php echo hacia_pagina($mensaje); ?></div>
  </body>
</html>
```

El formulario actual permite únicamente modificar un libro existente. Puede modificarse fácilmente para permitir la entrada de un nuevo libro.

Capítulo 12 : Gestionar las sesiones

A. Descripción del problema

El protocolo HTTP (*HyperText Transfer Protocol*) es un protocolo "sin estado": nada permite identificar que es el último usuario quien estaba anteriormente en la página A y que ahora accede a la página B.

En cuanto a PHP, veíamos que el alcance de una variable es el script en el que está definida y esta existe sólo durante la ejecución del script.

Ahora bien, un sitio web interactivo que va más allá de la simple visualización de una serie de páginas, necesita a menudo, desde el punto de vista de la lógica aplicativa, identificar un usuario de una página a la otra y conservar datos relativos a dicho usuario de una página a la otra (un caso típico sería el carro de la compra de un usuario en una página y que debe permanecer definido en la página prevista para el pago).

El término "sesión" designa el periodo de tiempo correspondiente a la navegación continua de un usuario en un sitio web. "Gestionar las sesiones" consiste, por lo tanto, en estar en condiciones de identificar el momento en el que un nuevo usuario accede a una página del sitio web y conservar información relativa a este usuario hasta que abandona dicho sitio web. El usuario no es forzosamente un usuario autenticado por un nombre y una contraseña, sino que puede ser perfectamente un "anónimo", no referenciado por el sitio web, quien realiza una compra. Muchos sitios web interactivos proponen funcionalidades de identificación (miembro, suscriptor...), ya que esto permite conservar información sobre el usuario de una visita a otra (preferencias, por ejemplo). Esta posibilidad también se estudiará en este capítulo, pero desde un punto de vista de la noción de sesión: la visita del usuario realizada el viernes corresponderá a una sesión diferente de su visita del lunes, aunque algunos datos introducidos el lunes son susceptibles de ser restituidos el viernes.

Este capítulo tiene como objetivo presentar las diferentes técnicas que van a permitir, por una parte identificar un usuario y, por otra, hacer un "seguimiento" de este usuario, y los datos que lleva asociados de una página a otra.

Como preámbulo, vamos a ver cómo autenticar a un usuario.

Finalmente, terminaremos el capítulo evocando las técnicas que permiten conservar información de una visita a otra.

En el capítulo Gestionar los formularios y los vínculos con PHP, hemos visto cómo pasar información de una página a otra mediante un formulario (con la posibilidad de utilizar zonas ocultas si es necesario) o una dirección URL. Estas técnicas pueden utilizarse para gestionar las sesiones, pero es algo "artesanal"; es preferible utilizar las características nativas de PHP para gestionar las sesiones.

B. Autenticación

1. Visión de conjunto

Algunos sitios web necesitan autenticar a los usuarios que acceden a ellos para comprobar que están bien inscritos.

Esta autenticación incluye normalmente dos etapas:

- introducción de datos identificativos por parte del usuario, típicamente un nombre y una contraseña;
- comprobación de que la identificación introducida corresponde realmente con un usuario inscrito.

2. Entrada de la identificación

La identificación puede introducirse de dos maneras:

- por mediación de un formulario previsto para ello;
- mediante las funciones de autenticación HTTP.

a. Identificación por formulario

Es muy sencillo crear un pequeño formulario que permita al usuario introducir un nombre y una contraseña.

Ejemplo de script PHP (`login.php`)

Este script muestra este formulario (función de comprobación de momento no definida)

```
<?php
// Inclusión del archivo que contiene las funciones generales.
include('funciones.inc') ;
// Función que comprueba que la identificación introducida
// es correcta.
function usuario_existe($identificador,$contraseña) {
   // Aleatorio, esperando completar…
   return (bool) rand(0,1);
}
// Definición de las variables.
$identificador = '';
$contrasenia = '';
$mensaje = '';
//Procesamiento del formulario.
if (isset($_POST['conexión'])) {
   // Recuperar los datos introducidos.
   $identificador = valor_introducido($_POST['identificador']);
   $contrasenia = valor_introducido($_POST['contraseña']);
   // Comprobar que el usuario existe.
   if (usuario_existe($identificador,$contraseña)) {
      // El usuario existe…
```

```
      // Salir a otra página e interrumpir
      // el script.
      header('location: inicio.php');
      exit;
   } else {
      // El usuario no existe...
      // Mostrar un mensaje y ofrecer
      // de nuevo la identificación
      $mensaje = 'Identificación incorrecta. ';
      $mensaje .= 'Inténtelo de nuevo.';
      // Dejar que se muestre el formulario de nuevo...
   }
}
?>
<!DOCTYPE html PUBLIC "-//W3C//DTD XHTML 1.0 Strict//EN"
  "http://www.w3.org/TR/xhtml1/DTD/xhtml1-strict.dtd">
<html xmlns="http://www.w3.org/1999/xhtml">
  <head><title>miSitio.com</title></head>
  <body>
    <form action="login.php" method="post">
    <table border="0">
    <tr>
      <td align="right">Identificador:</td>
      <td><input type="text" Name="identificador" value=
           "<?php echo hacia_formulario($identificador); ?>" /></td>
    </tr>
    <tr>
      <td align="right">Contraseña:</td>
      <td><input type="password" Name="contraseña" value=
           "<?php echo hacia_formulario($contraseña); ?>" /></td>
    </tr>
    <tr>
      <td></td>
      <td align="right"><input type="submit" name="conexión"
                         value="Conexión" /></td>
    </tr>
    </table>
    <?php echo $mensaje; ?>
    </form>
  </body>
</html>
```

Resultado

- Visualización inicial:

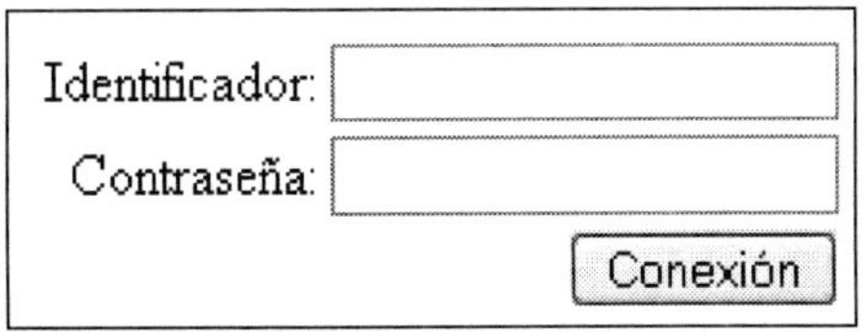

- Entrada:

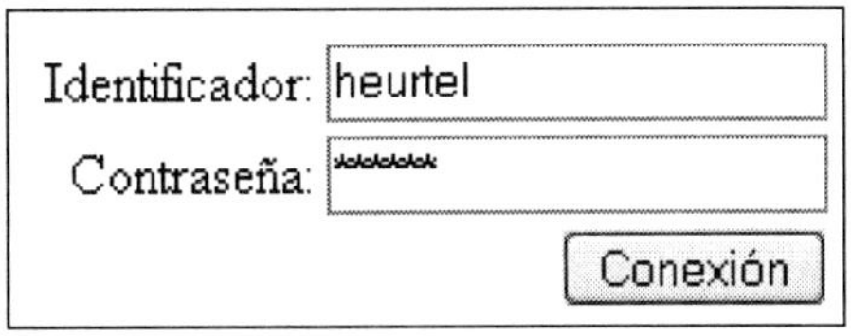

- Resultado si la identificación no es correcta:

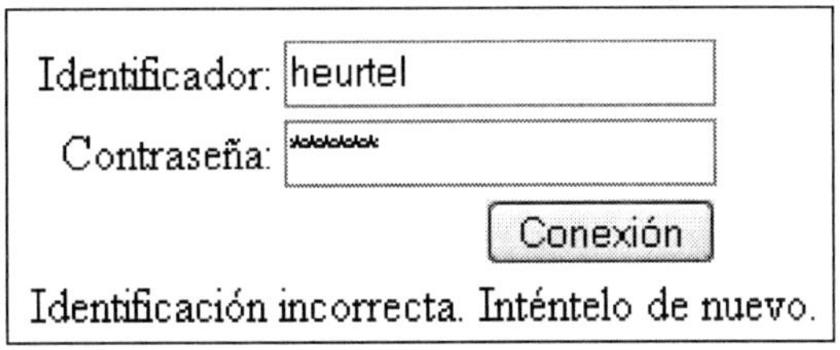

La utilización de una zona de tipo `password` permite ocultar la entrada de la contraseña.

Si la entrada es incorrecta, la página se muestra de nuevo. En caso contrario, se muestra una página de inicio.

b. Identificación por autenticación HTTP

Mediante la función `header` (véase el capítulo Utilizar las funciones PHP - Manipular los encabezados HTTP), es posible solicitar al explorador que muestre un cuadro de diálogo invitando al usuario a introducir un nombre y una contraseña. El mensaje de encabezado que debe enviarse es:

```
WWW-Authenticate: Basic realm="xxxxx"
```

Con

`xxxxx` = nombre mostrado (nombre de organización, por ejemplo)

Si el usuario hace clic en el botón **Aceptar**, el script es invocado de nuevo con los valores introducidos disponibles en las variables `PHP $PHP_AUTH_USER` y `$PHP_AUTH_PW`.

Por cuestiones de seguridad, es preferible recuperar esta información por mediación de la matriz asociativa `$_SERVER`, con las claves `PHP_AUTH_USER` y `PHP_AUTH_PW`.

Ejemplo de script `login.php` utilizando esta técnica

```
<?php
// Inclusión del archivo que contiene las funciones generales.
include('funciones.inc') ;
// Función que comprueba que la identificación introducida
// es correcta.
function usuario_existe($identificador,$contraseña) {
  // Aleatorio, esperando completar…
  return (bool) rand(0,1);
}
// Función que muestra la autenticación HTTP.
function autenticacion($mensaje) {
  header("WWW-Authenticate: Basic realm=\"$mensaje\"");
  // Si el usuario hace clic en el botón cancelar,
  // Las líneas siguientes se ejecutan (si no, el script
  // es invocado de nuevo, pero con $PHP_AUTH_USER completado
  // y el script ya no pasará por aquí).
  // Mostrar un mensaje y ofrecer al usuario
  // un nuevo intento
  echo 'Debe introducir un nombre y una contraseña ',
       'para acceder a este sitio web.<br />';
  echo '<a href="login.php">Intentar de nuevo</a>';
  exit;
}
if (! isset($_SERVER["PHP_AUTH_USER"])) {
  // Sin variable $PHP_AUTH_USER = primera llamada al script.
  // Solicitud de identificación.
  autenticacion("MiSitio.com");
} else {
  // Variable $PHP_AUTH_USER existe = llamada tras entrada.
  // Recuperar los datos introducidos.
  $identificador = valor_introducido($_SERVER["PHP_AUTH_USER"]);
  $contrasenia = valor_introducido($_SERVER["PHP_AUTH_PW"]);
  // Comprobar que el usuario existe.
  if (usuario_existe($identificador,$contraseña)) {
    // El usuario existe…
    // Salir a otra página e interrumpir el script
    header('location: inicio.php');
    exit;
  } else {
    // El usuario no existe…
    // Intentar de nuevo.
    autenticacion('MiSitio.com: Identificación incorrecta');
  }
}
?>
```

Resultado

- Visualización inicial (Firefox):

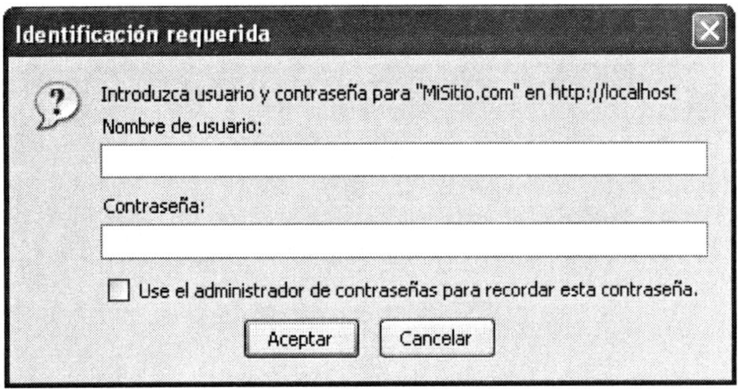

- Clic en el botón **Cancelar**:

Debe introducir un nombre y una contraseña para acceder a este sitio web.
Intentar de nuevo

- Nueva visualización (por el vínculo) y entrada:

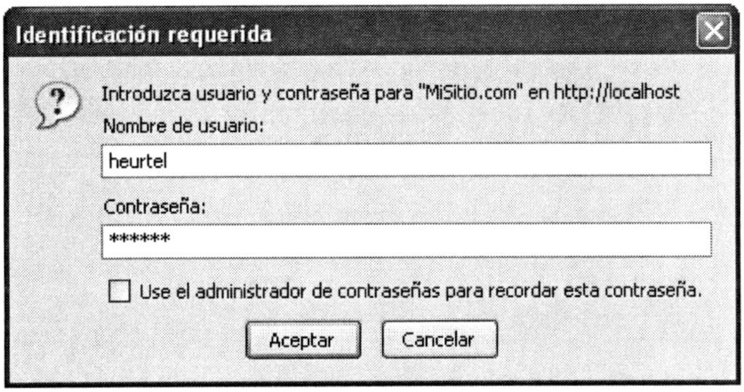

- Mostrar de nuevo si la identificación no es correcta:

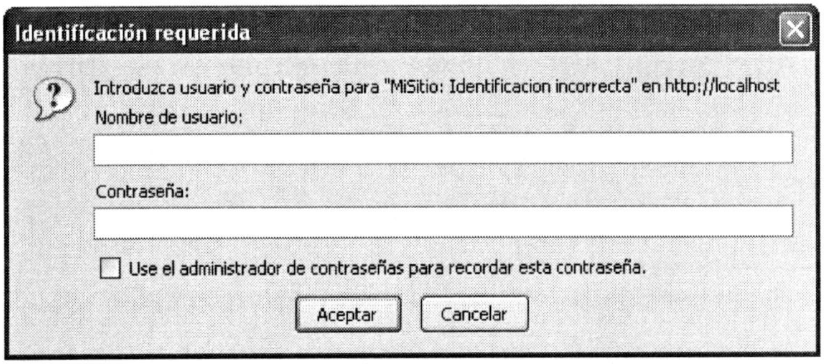

Si la identificación es correcta, se muestra una página de inicio.

De momento, en los dos ejemplos, el acceso a la página de inicio no está protegida: un usuario que solicite esta página accede a ella sin problemas.

3. Comprobar la identificación introducida

Cualquiera que sea el método utilizado en el punto anterior, conviene comprobar que los datos introducidos corresponden con un usuario "conocido".

Típicamente, este control se realizará mediante una base de datos que contiene la lista de los usuarios.

En adelante, supondremos que existe en una base MySQL, una tabla `usuarios` con dos columnas, `identificador` y `contrasenia`.

Ejemplo

```
<?php
// Función que comprueba que la identificación introducida
// es correcta.
function usuario_existe($identificador,$contraseña) {
  // Conexión y selección de la base de datos.
  $conexión = mysqli_connect('localhost','root');
  mysqli_select_db($conexión,'eni');
  // Definición y ejecución de una consulta preparada
  $sql = 'SELECT 1 FROM usuarios ';
  $sql .= 'WHERE identificador = ? AND contrasenia = ?';
  $consulta = mysqli_stmt_init($conexión);
  $ok = mysqli_stmt_prepare($consulta,$sql);
  $ok = mysqli_stmt_bind_param
          ($consulta,'ss',$identificador,$contrasenia);
  $ok = mysqli_stmt_execute($consulta);
  mysqli_stmt_bind_result($consulta,$existe);
  $ok = mysqli_stmt_fetch($consulta);
  mysqli_stmt_free_result($consulta);
  // La identificación es correcta si la consulta ha devuelto
  // una línea (el usuario existe y la contraseña
  // es correcta).
  // Si es el caso $existe contiene 1; si no,
  // está vacía. Es suficiente con devolverla como booleano.
  return (bool) $existe;
}?>
```

Pueden considerarse otros métodos de autenticación que no se basan en una base de datos (archivo simple, por ejemplo).

C. Utilizar cookies

1. Idea general

Una cookie es un pequeño archivo almacenado por un sitio web en el equipo del usuario que puede contener información. Las cookies son automáticamente enviadas al servidor web por el explorador cuando el usuario navega en las páginas del sitio en cuestión.

PHP permite recuperar muy fácilmente, en variables, los datos almacenados en la cookie.

La función `setcookie` permite guardar una cookie en el sistema del cliente.

Sintaxis

```
booleano setcookie(cadena nombre [, cadena valor [, entero caducidad [,
cadena ruta [, cadena dominio [, booleano segura[, booleano
http_únicamente]]]]]])
```

`nombre`	Nombre de la cookie.
`valor`	Valor almacenado en la cookie.
`caducidad`	Fecha de caducidad de la cookie (*timestamp* Unix)
`ruta`	Ruta del directorio en el servidor en el que la cookie está disponible. Poner `/` para que la cookie esté disponible en el dominio entero o `/dir/` para que esté disponible en el directorio `/dir/` del dominio y todos sus subdirectorios. De manera predeterminada, igual al directorio desde el que la cookie ha sido guardada.
`dominio`	Dominio al que se envía la cookie. `.miSitio` (con un punto al principio) permite, por ejemplo, hacer que la cookie esté disponible para todos los subdominios de `miSitio.com`.
`segura`	Poner `TRUE` para indicar que la cookie sólo debe ser enviada a una conexión segura (`FALSE`, de manera predeterminada).
`http_únicamente`	Poner `TRUE` para indicar que la cookie sólo debe ser enviada para el protocolo HTTP (`FALSE`, de manera predeterminada). Añadido en la versión 5.2.0.

Si la función sólo es invocada con el parámetro `nombre`, la cookie que lleva este nombre es eliminada del equipo del usuario. Si los parámetros `dominio` y `ruta` hubieran sido establecidos al guardar la cookie, hay que especificarlos de idéntica manera para eliminar la cookie (poner una fecha de caducidad en el pasado).

Si se especifica el parámetro `valor`, se envía una cookie con el nombre `nombre` y el valor `valor` al sistema del cliente; si ya existe una cookie con ese nombre, este último es actualizado con el nuevo valor.

El parámetro caducidad permite determinar la fecha de caducidad de la cookie (y, por lo tanto, la fecha de su eliminación en el sistema del cliente); si este parámetro no está especificado (o es igual a 0), la cookie expira al final de la sesión, es decir, cuando el usuario abandona el sitio web.

Las cookies son enviadas en el encabezado de la página. A semejanza de la función header, la función setcookie debe invocarse antes de cualquier instrucción (PHP o HTML) que tenga como efecto comenzar a construir la página HTML. En caso de problema, se muestra un mensaje del siguiente tipo:

```
Warning: Cannot add header information - headers already sent by
(output started at /app/scripts/test.php:1)
in /app/scripts/test.php on line 7
```

La función setcookie devuelve TRUE si la instrucción ha podido ejecutarse (no se han enviado datos todavía) y FALSE en caso contrario. Por el contrario, el código de retorno de la función no da ninguna información sobre el hecho de que la cookie se haya podido guardar en el equipo del usuario: si este último rechaza las cookies, la función setcookie devuelve igualmente TRUE, aunque la cookie no haya sido guardada.

Las cookies son gestionadas por sitio web; dos cookies de sitios diferentes pueden llevar el mismo nombre. La cookie es guardada en el equipo del usuario mediante la función setcookie y luego se envía en el momento de la visita de cualquier página del sitio web.

Ejemplo

```
<?php
// Colocación de una cookie llamada "nombre" que contiene
// el valor "Olivier" y expira al final de la sesión.
$ok = setcookie('nombre','Olivier');
// Idem pero expirando en la fecha actual (time() en segundos)
// más 30 veces 24 veces 3600 segundos (es decir, 30 días).
$ok = setcookie('nombre','Olivier',time()+(30*24*3600));
// Eliminación de la cookie llamada "nombre".
$ok = setcookie('nombre');
?>
```

Cuando la cookie es enviada al servidor web por el explorador al solicitar una página PHP, el valor de la cookie está disponible en una variable PHP según un mecanismo similar al aplicado para los formularios y las direcciones URL.

El valor de cada cookie enviada por el explorador es automáticamente guardado en la matriz asociativa $_COOKIE: la clave de la matriz es igual al nombre de la cookie.

Las variables de cookie también están disponibles en la matriz asociativa $_REQUEST o pueden importarse en el script mediante la llamada a la función import_request_variables (véase el capítulo Gestionar los formularios y los vínculos con PHP - Visión de conjunto).

Ejemplo

- Script pagina1.php que guarda dos cookies:

```
<?php
// Primera cookie que expira al final de la sesión.
$ok1 = setcookie('nombre','Olivier');
// Segunda cookie que expira en 30 días.
$ok2 = setcookie('apellido','Heurtel',time()+(30*24*3600));
// Resultado.
if ($ok1 and $ok2) {
   $mensaje = 'Cookies almacenadas (al menos, en principio)';
} else {
   $mensaje = 'Una de las cookies no ha posido ser guardada';
}
?>
<!DOCTYPE html PUBLIC "-//W3C//DTD XHTML 1.0 Strict//EN"
  "http://www.w3.org/TR/xhtml1/DTD/xhtml1-strict.dtd">
<html xmlns="http://www.w3.org/1999/xhtml">
  <head><title>Página 1</title></head>
  <body>
    <div>
    <?php echo $mensaje; ?><br />
    <!-- vínculo hacia la página 2 -->
    <a href="pagina2.php">Página 2</a>
    </div>
  </body>
</html>
```

- Script pagina2.php que muestra el valor de las dos cookies:

```
<!DOCTYPE html PUBLIC "-//W3C//DTD XHTML 1.0 Strict//EN"
  "http://www.w3.org/TR/xhtml1/DTD/xhtml1-strict.dtd">
<html xmlns="http://www.w3.org/1999/xhtml">
  <head><title>Página 2</title></head>
  <body>
    <div>
<?php
if ( isset($_COOKIE["apellido"]) ) {
      echo "\$_COOKIE[\"nombre\"] = {$_COOKIE['nombre']}
";
} else {
      echo "\$_COOKIE[\"nombre\"] =
";
}
if ( isset($_COOKIE["apellido"]) ) {
      echo "\$_COOKIE[\"apellido\"] = {$_COOKIE['apellido']}
";
} else {
      echo "\$_COOKIE[\"apellido\"] =
";
}
```

```
?>
    </div>
  </body>
</html>
```

Resultado

- Visualización de la página 1

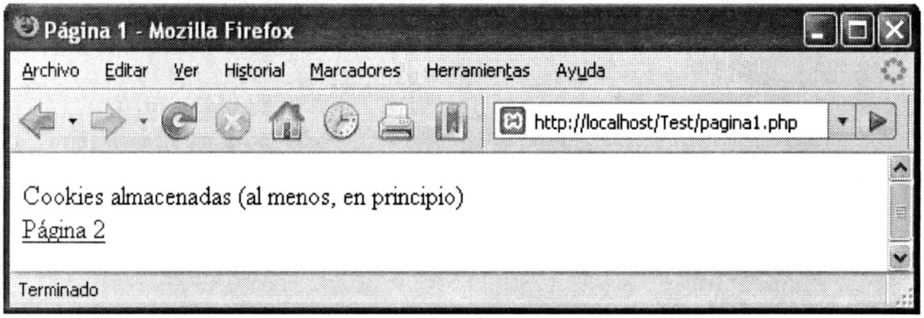

- Resultado del clic en el vínculo

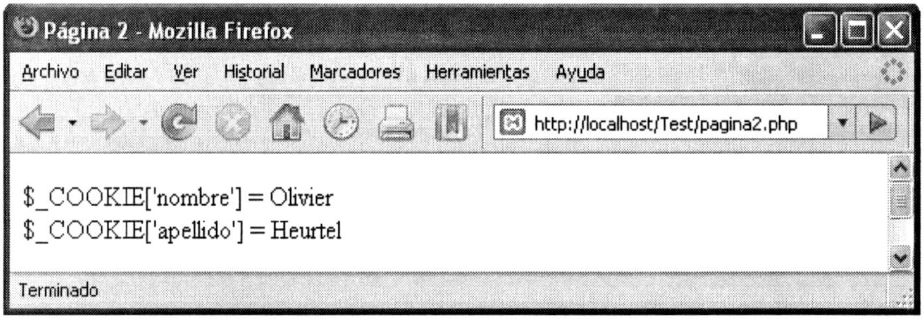

- Resultado de una vuelta, antes de treinta días, a la página 2 del mismo sitio web:

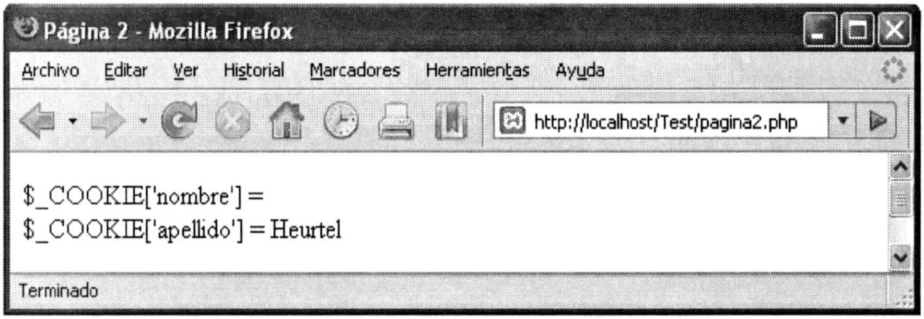

La cookie que caducaba con la sesión ya no existe y la información se ha perdido; la información almacenada en la otra cookie sigue disponible (en el límite de su caducidad).

Es posible almacenar cualquier cadena en la cookie sin tener que preocuparse de la codificación/descodificación: la codificación y la descodificación se realizan automáticamente.

La cookie es almacenada en el sistema del usuario mediante la función `setcookie` y se envía posteriormente en el momento de la visita de cualquier página del sitio web; la cookie no está disponible inmediatamente en la página que la ha guardado.

Ejemplo

```
<?php
// Valor de la cookie antes.
$antes = (isset($_COOKIE ['hora']))?$_COOKIE ['hora']:'';
// Almacenamiento de la cookie que expira al final de la sesión.
$ok = setcookie('hora',date('H:i:s'));
// Valor de la cookie después.
$después = (isset($_COOKIE ['hora']))?$_COOKIE ['hora']:'';
// hora actual
$actual = date('H:i:s');
// Visualización
echo "Actual: $actual<br />";
echo "Antes: $antes<br />";
echo "Después: $después<br />";
?>
```

Resultado de la primera llamada

```
Actual: 08:28:55
Antes:
Después:
```

En la primera llamada, la cookie no existe antes (es lo normal) y todavía no existe después, ya que simplemente ha sido enviada y aún no ha "vuelto" (por decirlo de alguna manera).

Resultado de la segunda llamada (en la misma sesión)

```
Actual: 08:29:19
Antes: 08:28:55
Después: 08:28:55
```

En la segunda llamada, el valor de la cookie está disponible desde el principio del script (la cookie ha vuelto con la consulta de la página) y tiene un valor que corresponde al momento en el ha sido almacenada; en cambio, su valor "después" no refleja inmediatamente la realidad (ocurre lo mismo que para el primer envío de la cookie: la cookie ha sido almacenada pero todavía no ha "vuelto").

Una de las consecuencias de este modo de funcionamiento es que no es posible, inmediatamente después de haber colocado la cookie, probar si la cookie ha sido aceptada o no por el sistema cliente.

Para saber si un equipo admite cookies, hay que guardar una cookie y actualizar un
na en la que la presencia o no de la cookie permitirá determinar si el equipo las ac

Ejemplo de script `probar_cookie.php` que permite hacer esta prueba

```
<?php
// Comprobar si es la segunda invocación de la página.
if (! isset($_GET['vuelta'])) {
  // No...
  // Almacenar la cookie.
  setcookie('test','test');
  // Y recargar la página con información en la URL
  // indicando que es la segunda vez que se visita.
  header('Location: probar_cookie.php?vuelta=1');
} else {
  // Sí...
  // Probar si la cookie ha "vuelto".
  if (isset($_COOKIE['test'])) { // sí ...
    echo 'Cookie aceptada';
  } else { // no...
    echo 'Cookie rechazada';
  }
}
?>
```

Es posible recuperar una matriz como valor de cookie a condición de utilizar una notación de tipo matriz cuando se almacena la cookie.

Ejemplo (basado en el ejemplo anterior)

```
<?php
//Inclusión del archivo que contiene las funciones generales.
include('funciones.inc') ;
// Comprobar si es la segunda invocación de la página.
if (! isset($_GET['vuelta'])) {
  // No...
  // Almacenar la cookie.
  setcookie('test[0]','cero');
  setcookie('test[1]','uno');
  // Y recargar la página con información en la URL
  // indicando que es la segunda vez que se visita.
  header('Location: probar_cookie.php?vuelta=1');
} else {
  // Sí...
  // Probar si la cookie ha "vuelto".
  if (isset($_COOKIE['test'])) { // sí ...
    echo 'Cookie aceptada<br />';
    mostrar_matriz($_COOKIE['test']);
  } else { // no...
    echo 'Cookie rechazada';
  }
}
?>
```

Resultado

```
Cookie aceptada
0 = cero
1 = uno
```

En la práctica, hay realmente varias cookies almacenadas en el sistema del usuario, pero los valores se recuperan en el script PHP en forma de matriz. Para almacenar una única cookie con varios valores, puede proceder por concatenación, o utilizar una función como `implode` (y `explode` cuando vuelva la cookie).

2. "magic quotes": de nuevo

Como para los datos `GET` y `POST`, el valor recuperado en una cookie puede recibir la codificación "magic quotes" si la directiva de configuración `magic_quotes_gpc` (*Get/Post/Cookie*) se encuentra en `on` (véase el capítulo Utilizar las funciones PHP - Gestionar las "comillas mágicas" ("magic quotes")).

Por consiguiente, en la recuperación de una información transmitida por URL, puede ser conveniente invocar la función `stripslashes` o nuestras funciones genéricas `valor_entrada` o `eliminar_codificacion_MQ_GPC` para eliminar la codificación "magic quotes".

3. Aplicación a la gestión de las sesiones

Las cookies pueden utilizarse para gestionar las sesiones con la ventaja de ser perfectamente independientes de la navegación por etiquetas `<a href=...>` y de la gestión de los formularios.

Presentan, en cambio, un gran inconveniente: pueden ser rechazadas por los internautas. Por otro lado, el número de cookies está limitado a 20 por servidor y el tamaño de una cookie también está limitado.

Una gestión de las sesiones en la que un identificador de sesión es transmitido de una página a otra (estando el resto de los datos almacenados en el servidor) puede ser relativamente fácil de aplicar utilizando las cookies, si el usuario las acepta, y utilizando la dirección URL en caso contrario. Es exactamente lo que se propone la gestión de las sesiones de PHP que vamos a detallar a continuación.

Veremos asimismo en este capítulo (véase Conservar información de una visita a otra), que la cookie es una buena herramienta (siempre con el acuerdo del usuario) para almacenar información de una sesión a otra (utilizando una cookie que tenga una duración especificada en la creación).

D. Utilizar la gestión de las sesiones de PHP

1. Principios

Desde la versión 4, PHP ofrece un conjunto de funciones que facilitan la gestión de las sesiones. Los principios básicos son los siguientes:

- Un identificador único es automáticamente atribuido a cada sesión.
- Este identificador único es transmitido de una página a otra, bien mediante cookies (si el sistema acepta las cookies), bien por dirección URL en caso contrario; en cualquier caso, es PHP el que elige automáticamente el método adecuado y garantiza esta transferencia (con alguna reserva ligada a la configuración).
- Los datos de los que se desea conservar el valor de una página a otra durante la sesión se indican a PHP, quien se encarga automáticamente de restituir dicho valor al principio del script y de guardarlo al final del script.

En resumen, PHP se encarga de toda la gestión.

2. Aplicación

Las principales funciones del módulo de gestión de las sesiones son las siguientes:

Nombre	Cometido
`session_start`	Abre una nueva sesión o reactiva la sesión actual.
`session_id`	Devuelve (o, si es necesario, modifica) el identificador de la sesión.
`session_name`	Devuelve (o, si es necesario, modifica) el nombre de la variable utilizada para almacenar el identificador de la sesión.
`session_destroy`	Elimina la sesión.

Adicionalmente, la matriz `$_SESSION` permite manipular muy fácilmente las variables de sesión.

Varias funciones (sobre todo `session_register` y `session_unregister`) son conservadas por PHP por razones de compatibilidad ascendente y sólo funcionan cuando la directiva de configuración `register_globals` se encuentra en `on`. Se recomienda la utilización de `$_SESSION`, la cual hace inútiles estas funciones; no son detalladas, por lo tanto, es este libro.

No olvide que la directiva de configuración `register_globals` se encuentra en `off` de manera predeterminada desde la versión 4.2 y que pasará definitivamente a `off` en una próxima versión.

session_start

Sintaxis

```
booleano session_start()
```

La función `session_start` consulta al entorno para detectar si una sesión ha sido ya abierta para el usuario actual. En caso afirmativo, los datos guardados en la sesión son restituidos. Si no, se abre una nueva sesión con la atribución de un identificador.

La función `session_start` devuelve siempre `TRUE`.

Cualquier script relacionado con la gestión de las sesiones debe invocar `session_start` para poder tener acceso a las variables de sesión.

Si no se ha abierto todavía la sesión, la función `session_start` intentará almacenar una cookie que contenga el identificador de sesión en el sistema del usuario: es, pues, primordial, como para las funciones `header` y `setcookie` que el principio de la página no haya sido enviado todavía al explorador. En caso de problema, se muestra un mensaje del siguiente tipo:

```
Warning: session_start() [function.session-start]: Cannot
send session cookie - headers already sent by (output started
at /app/scripts/test.php:1) in /app/scripts/test.php on line 4
```

Ejemplo

```
<?php
// Abrir/reactivar la sesión.
session_start();
?>
```

session_id

Sintaxis

```
cadena session_id([cadena nuevo_valor])
```

`nuevo_valor`	Nuevo valor atribuido al identificador de la sesión.

Invocada sin parámetro, la función `session_id` devuelve el valor del identificador de la sesión. Este valor estará siempre vacío si `session_start` no ha sido invocado en el script.

Invocada con un parámetro, la función `session_id` modifica el valor atribuido al identificador de la sesión. En la práctica, y en la mayoría de los casos, esto no tiene gran interés.

Ejemplo

```
<?php
// Recuperar el valor de session_id antes.
$antes = session_id();
// Abrir/reactivar la sesión.
session_start();
// Recuperar el valor de session_id después.
$después = session_id();
```

```
// Visualización.
$actual = date("H:i:s");
echo "Hora: $actual<br />";
echo "Antes: $antes<br />";
echo "Después: $después<br />";
?>
```

Resultado

- Primera llamada

```
Hora: 20:15:40
Antes:
Después: 3abfb1ff70a7dc7ad13d1d47d890880e
```

- Segunda llamada sin salir del sitio web (misma sesión)

```
Hora: 20:15:56
Antes:
Después: 3abfb1ff70a7dc7ad13d1d47d890880e
```

session_name

Sintaxis

```
cadena session_name([cadena nuevo_valor])
```

`nuevo_valor`	Nuevo valor atribuido al nombre de la variable que almacena el identificador de la sesión.

Invocada sin parámetro, la función `session_name` devuelve el nombre de la variable en la que se almacena el identificador de la sesión. La función `session_name` devuelve un resultado aunque la función `session_start` no haya sido invocada en el script.

Invocada con un parámetro, la función `session_name` modifica el nombre de la variable. En la práctica, y en la mayoría de los casos, esto no tiene gran interés (es, en cualquier caso, restablecido a su valor predeterminado al final del script).

Ejemplo

```
<?php
// Recuperar el valor de session_name antes.
$antes = session_name();
// Abrir/reactivar la sesión.
session_start();
// Recuperar el valor de session_name después.
$después = session_name();
// Visualización.
echo "Antes: $antes<br />";
echo "Después: $después<br />";
// Visualización del valor.
// El identificador de sesión se transmite, bien por cookie,
// bien por URL, y, por lo tanto, está disponible como variable
// en la matriz $_REQUEST.
echo "$después = {$_REQUEST[$después]}<br />";
```

```
// Comparación con el valor devuelto por session_id().
echo 'session_id() = ',session_id();
?>
```

Resultado

```
Antes: PHPSESSID
Después: PHPSESSID
PHPSESSID = 3abfb1ff70a7dc7ad13d1d47d890880e
session_id() = 3abfb1ff70a7dc7ad13d1d47d890880e
```

El nombre de la variable es definido por la directiva de configuración `session.name`. Puede modificar esta directiva para utilizar otro nombre.

Manipular las variables guardadas en la sesión

Tras invocar la función `session_start`, los datos de la sesión pueden manipularse directamente en la matriz asociativa `$_SESSION`. Todas las entradas almacenadas en la matriz `$_SESSION` son automáticamente guardadas como datos de sesión.

Para guardar un nuevo dato en la sesión, sólo hay que almacenar este dato en la matriz `$_SESSION`, con la clave de su elección.

Para leer o modificar un dato de sesión previamente guardado, simplemente debe accederse a la matriz `$_SESSION` utilizando la clave correspondiente.

No olvide invocar la función `session_start` para poder manipular los datos de sesión por medio de la matriz `$_SESSION`.

Ejemplo

- Script `pagina1.php` que abre una sesión y guarda datos en la sesión.

```
<?php
// Abrir/reactivar la sesión.
session_start();
// Guardar dos datos en la sesión.
$_SESSION['nombre'] = 'Olivier';
$_SESSION['datos'] =  // es una matriz...
      array('nombre'=>'Olivier','apellido'=>'Heurtel');
?>
<!DOCTYPE html PUBLIC "-//W3C//DTD XHTML 1.0 Strict//EN"
  "http://www.w3.org/TR/xhtml1/DTD/xhtml1-strict.dtd">
<html xmlns="http://www.w3.org/1999/xhtml">
  <head><title>Página 1</title></head>
  <body>
    <div><a href="pagina2.php">Página 2</a></div>
  </body>
</html>
```

- Script `pagina2.php` que muestra el valor de las variables de sesión.

```
<?php
// Llamada a session_start.
session_start();
// Visualización.
echo '$_SESSION[\'nombre\'] = ',
     isset($_SESSION['nombre'])?$_SESSION['nombre']:'',
     '<br />';
echo '$_SESSION[\'datos\'][\'apellido\'] = ',
     isset($_SESSION['datos']['apellido'])?
                 $_SESSION['datos']['apellido']:'',
     '<br />';
?>
```

Resultado en la página 2 tras visualizar la página 1 hacer clic en el vínculo

```
$_SESSION['nombre'] = Olivier
$_SESSION['datos']['apellido'] = Heurtel
```

No hay ninguna codificación (ni siquiera "magic quotes") en los datos guardados en la sesión.

La matriz `$_SESSION` es una variable "superglobal": está disponible en la totalidad del script, incluso dentro de las funciones, sin tener que declararla global (`global $_SESSION` es inútil).

Como muestra el ejemplo anterior, la función `isset` puede utilizarse para comprobar si se ha guardado un dato en la sesión.

Si se desea eliminar un dato de sesión, puede utilizarse la función `unset` para eliminar la entrada en la matriz `$_SESSION : unset($_SESSION['nombre'])`

Para eliminar de una vez todos los datos de sesión, puede asignarse una matriz vacía (`array()`) a la matriz `$_SESSION`.

En los dos casos, hay que prestar atención a no eliminar toda la variable `$_SESSION` (`unset($_SESSION)`).

session_destroy

Sintaxis

booleano `session_destroy()`

Después de invocar la función `session_destroy`, la sesión deja de existir; una llamada ulterior a la función `session_start` abrirá una nueva sesión.

La función `session_destroy` devuelve `TRUE` en caso de éxito y `FALSE` en caso de error.

La función `session_destroy` falla (y, por lo tanto, devuelve `FALSE`) y muestra una alerta si es invocada antes de la función `session_start`.

La función `session_destroy` no elimina los datos de sesión durante el script actual. Para eliminar inmediatamente todos los datos de sesión, puede asignarse una matriz vacía a `$_SESSION`.

Igualmente, esta función no destruye la cookie de sesión utilizada, si se da el caso, para propagar el identificador de sesión. Para eliminar la cookie de sesión, puede utilizar la función `setcookie` (véase en este capítulo Utilizar cookies).

Ejemplo

- Script `pagina1.php`

```
<?php
// Abrir/reactivar la sesión.
session_start();
// Guardar una información en la sesión.
$_SESSION['nombre'] = 'Olivier';
?>
<!DOCTYPE html PUBLIC "-//W3C//DTD XHTML 1.0 Strict//EN"
  "http://www.w3.org/TR/xhtml1/DTD/xhtml1-strict.dtd">
<html xmlns="http://www.w3.org/1999/xhtml">
  <head><title>Página 1</title></head>
  <body>
    <div>
    <b>Página 1</b><br />
    <?php
    echo 'Hola',$_SESSION['nombre'],'<br />';
    echo 'session_id() = ',session_id(),'<br />';
    ?>
    <a href="pagina2.php">Página 2</a><br />
    </div>
  </body>
</html>
```

- Script `pagina2.php`

```
<?php
// Abrir/reactivar la sesión.
session_start();
// Destruir la sesión.
session_destroy();
?>
<!DOCTYPE html PUBLIC "-//W3C//DTD XHTML 1.0 Strict//EN"
  "http://www.w3.org/TR/xhtml1/DTD/xhtml1-strict.dtd">
<html xmlns="http://www.w3.org/1999/xhtml">
  <head><title>Página 2</title></head>
  <body>
    <div>
    <b>Página 2</b><br />
    <?php
    echo 'Hola',$_SESSION['nombre'],'<br />';
    echo 'session_id() = ',session_id(),'<br />';
```

```
    ?>
    <a href="pagina3.php">Página 3</a><br />
    </div>
  </body>
</html>
```

- Script `pagina3.php`

```
<?php
// Abrir/reactivar la sesión.
session_start();
?>
<!DOCTYPE html PUBLIC "-//W3C//DTD XHTML 1.0 Strict//EN"
  "http://www.w3.org/TR/xhtml1/DTD/xhtml1-strict.dtd">
<html xmlns="http://www.w3.org/1999/xhtml">
  <head><title>Página 3</title></head>
  <body>
    <div>
    <b>Página 3</b><br />
    <?php
    echo 'Hola',$_SESSION['nombre'],'<br />';
    echo 'session_id() = ',session_id(),'<br />';
    ?>
    </div>
  </body>
</html>
```

Resultado

- Página 1

```
Página 1
Hola Olivier
session_id() = defbd28027131043572a86e1bf41299b
Página 2
```

- Página 2

```
Página 2
Hola Olivier session_id() =
Página 3
```

- Página 3

```
Página 3
Hola session_id() =
defbd28027131043572a86e1bf41299b
```

En la segunda página, el dato de sesión no se ha eliminado todavía. En cambio, en la tercera página, el dato está vacío. Es, de hecho, una nueva sesión, pero se ha reutilizado el mismo identificador, ya que la cookie se sesión no había sido suprimida.

Es posible modificar el script `pagina2.php` para que destruya completamente la sesión.

Ejemplo

```
<?php
// Abrir/reactivar la sesión.
session_start();
// Borrar todos los datos de sesión.
$_SESSION = array();
// Eliminar la cookie de sesión (si es utilizada).
// La cookie lleva el nombre de la variable que almacena
// el identificador de sesión.
if (isset($_COOKIE[session_name()])) {
  setcookie(session_name(),'',time()-1,'/');
}
// Destruir la sesión.
session_destroy();
?>
<!DOCTYPE html PUBLIC "-//W3C//DTD XHTML 1.0 Strict//EN"
  "http://www.w3.org/TR/xhtml1/DTD/xhtml1-strict.dtd">
<html xmlns="http://www.w3.org/1999/xhtml">
  <head><title>Página 2</title></head>
  <body>
    <div>
    <b>Página 2</b><br />
    <?php
    echo 'Hola',$_SESSION['nombre'],'<br />';
    echo 'session_id() = ',session_id(),'<br />';
    ?>
    <a href="pagina3.php">Página 3</a><br />
    </div>
  </body>
</html>
```

Resultado

- Página 1

```
Página 1
Hola Olivier
session_id() = defbd28027131043572a86e1bf41299b
Página 2
```

- Página 2

```
Página 2
Hola session_id() =
Página 3
```

- Página 3

```
Página 3
Hola session_id() = 99f7fc425b98e6ff51d28c6da8502fc4
```

El dato de sesión se ha eliminado en la segunda página, y se utiliza un nuevo identificador se sesión en la tercera página.

3. Gestionar uno mismo la transmisión del identificador de sesión

a. Descripción del problema

Normalmente, el identificador de sesión es enviado automáticamente por PHP, bien por una cookie, bien por la URL (si el usuario no acepta las cookies).

Sin embargo, tres directivas de configuración controlan este comportamiento:

- `session.use_cookie`
- `session.use_trans_id`
- `session.use_only_cookie`

Si la directiva `session.use_cookie` es igual a 0, PHP ni siquiera intenta utilizar las cookies para enviar el identificador de sesión. Por el contrario, si la directiva es igual a 1 (valor predeterminado), PHP intenta utilizar las cookies.

Si la directiva `session.use_trans_sid` es igual a 0 (valor predeterminado), PHP no utiliza la URL para enviar el identificador de sesión. En cambio, si la directiva es igual a 1 y el identificador de sesión no puede ser enviado por cookie (debido a la configuración o al rechazo del usuario), entonces PHP utiliza la URL para enviar el identificador de sesión.

Si la directiva `session.use_only_cookie` es igual a 1, sólo se utilizan las cookies para enviar el identificador de sesión. De manera predeterminada, la directiva se encuentra en 0 (compatibilidad ascendente).

La consecuencia principal es la siguiente: si la directiva `session.use_trans_sid` es igual a 0 (valor predeterminado) y si el identificador de sesión no puede ser enviado por cookie (debido a la configuración o al rechazo del usuario), la gestión de las sesiones no funciona.

En términos de seguridad, se desaconseja permitir la transmisión del identificador de sesión por URL. Es preferible utilizar cookies, aunque para ello sea necesario que el usuario las acepte. Los valores predeterminados de las directivas de configuración van por ese camino.

Ejemplo

- Script `pagina1.php`

```
<?php
// Abrir/reactivar la sesión.
session_start();
// Recuperar el identificador de sesión.
$sesión = session_id();;
// Guardar una información en la sesión.
$_SESSION['nombre'] = 'Olivier';
?>
<!DOCTYPE html PUBLIC "-//W3C//DTD XHTML 1.0 Strict//EN"
  "http://www.w3.org/TR/xhtml1/DTD/xhtml1-strict.dtd">
<html xmlns="http://www.w3.org/1999/xhtml">
  <head><title>Página 1</title></head>
  <body>
    <div>
```

```
    <b>Página 1</b><br />
    <?php
    // Mostrar el ID de la sesión.
    echo 'session_id() = ',session_id(),'<br />';
    // Mostrar el dato de sesión.
    echo 'nombre = ',
         isset($_SESSION['nombre'])?$_SESSION['nombre']:'','<br />';
    ?>
    <a href="pagina2.php">Página 2</a><br />
    </div>
  </body>
</html>
```

- Script pagina2.php

```
<?php
// Abrir/reactivar la sesión.
session_start();?>
<!DOCTYPE html PUBLIC "-//W3C//DTD XHTML 1.0 Strict//EN"
  "http://www.w3.org/TR/xhtml1/DTD/xhtml1-strict.dtd">
<html xmlns="http://www.w3.org/1999/xhtml">
  <head><title>Página 2</title></head>
  <body>
    <div>
    <b>Página 2</b><br />
    <?php
    // Mostrar el ID de la sesión.
    echo 'session_id() = ',session_id(),'<br />';
    // Mostrar el dato de sesión.
    echo 'nombre = ',
         isset($_SESSION['nombre'])?$_SESSION['nombre']:'','<br />';
    ?>
    </div>
  </body>
</html>
```

Resultado (primer caso)

- Visualización inicial de la página 1

```
Página 1
session_id() = 7580071d734e76516999f37d00a96cb7
nombre = Olivier
Página 2
```

- Visualización de la página 2 después de hacer clic en el vínculo Página 2 (si el usuario rechaza las cookies y session.use_trans_sid = 0)

```
Página 2
session_id() = 161492b7dd7f5738b9c8105bedf3250b
nombre =
```

Los datos de sesión no han sido transmitidos y la llamada a la función `session_start` ha abierto una nueva sesión.

Resultado (segundo caso)

- Visualización inicial de la página 1

```
Página 1
session_id() = 0283b72fb608b8255874c4e9144f8d47
nombre = Olivier
Página 2
```

- Visualización de la página 1 después de hacer clic en el vínculo Página 2 (si el usuario rechaza las cookies y `session.use_trans_sid = 1`)

```
Página 2
session_id() = 0283b72fb608b8255874c4e9144f8d47
nombre = Olivier
```

En este caso, la sesión se ha conservado.

Observemos el código fuente HTML de la primera página para comprender lo que ha sucedido:

```
<!DOCTYPE html PUBLIC "-//W3C//DTD XHTML 1.0 Strict//EN"
  "http://www.w3.org/TR/xhtml1/DTD/xhtml1-strict.dtd">
<html xmlns="http://www.w3.org/1999/xhtml">
  <head><title>Página 1</title></head>
  <body>
    <div>
    <b>Página 1</b><br />
    session_id() = 0283b72fb608b8255874c4e9144f8d47<br />nombre
= Olivier<br />    <a
href="pagina2.php?PHPSESSID=0283b72fb608b8255874c4e9144f8d47">
Página 2</a><br />
    </div>
  </body>
</html>
```

La etiqueta `<a href>` ha sido automáticamente reescrita por PHP para integrar la transmisión del identificador de sesión (llamado `PHPSESSID` de manera predeterminada). Si hubiera habido un parámetro en la URL, PHP habría añadido el parámetro `PHPSESSID` en la URL (`&PHPSESSID=...`).

No obstante, existe un problema en caso de retorno a la página 1 por medio del botón "Anterior" del explorador:

```
Página 1
session_id() = 6be4fb067efdb037c4c6bb63fa0b5536
apellido = Olivier
Página 2
```

Como el identificador de sesión no es reenviado al entrar en esta página, se abre una nueva sesión.

De la misma manera, si una página contiene un formulario, PHP añade una zona oculta automáticamente para transmitir el identificador de sesión al enviar el formulario.

Ejemplo

```
<input type="hidden" name="PHPSESSID"
value="556e46fb45de467e0b2a18ce46855016" />
```

En cambio, la información no es transmitida al redireccionar con la función `header`.

b. Solución

Si el identificador no es transmitido automáticamente por PHP, conviene realizar uno mismo esta transmisión, siendo lo más sencillo por URL (como lo haría PHP si la opción estuviera activada).

Una primera posibilidad consiste en utilizar las funciones `session_name` y `session_id` para construir el parámetro que debe insertarse en la URL con la forma `nombre_identificador=valor_identificador`

La segunda posibilidad (más sencilla), consiste en utilizar una constante, llamada `SID`, que es automáticamente inicializada por PHP con una cadena `nombre_identificador=valor_identificador`

Ejemplo

```
<?php
// Abrir/reactivar la sesión.
session_start();
// Construir la cadena uno mismo.
echo 'Mi SID: ',session_name(),'=',session_id(),'<br />';
// Mostrar la constante SID.
echo 'SID: ',SID;
?>
```

Resultado

```
Mi SID: PHPSESSID=8e7ebe7660d0441de4337d64bbec409a
SID: PHPSESSID=8e7ebe7660d0441de4337d64bbec409a
```

En los dos casos, si el nombre de la variable ha sido modificado en el archivo `php.ini`, las dos construcciones lo tienen en cuenta.

La constante `SID`, tal como está definida, puede utilizarse directamente para construir una URL que transmita el valor del identificador de sesión.

Ejemplos

- En una etiqueta `<a href=...>` :

```
<a href="pagina2.php?<?php echo SID; ?>">Página 2</a>
```

- En el atributo `action` de la etiqueta `<form>`:

```
<form action="pagina2.php?<?php echo SID; ?>" method="post">
```

- En una redirección con la función `header`:

```
header('Location: pagina2.php?'.SID);
```

En cambio, en una zona oculta de un formulario, hay que utilizar las funciones `session_name` y `session_id`.

Ejemplo

```
<input type = "hidden"
name="<?php echo session_name(); ?>"
value="<?php echo session_id(); ?>" />
```

La constante `SID` no se escribe si la cookie es aceptada, salvo en el script que acaba de abrir la sesión (ya que PHP no sabe todavía si la cookie ha sido aceptada por el cliente). Integrar un `SID` vacío en una URL no es muy elegante, pero no plantea ningún problema (`<a href="pagina2.php?">` es válida). Si se integra sistemáticamente el `SID` en las URL y la transmisión automática funciona (bien por cookie, bien por URL), tampoco es muy elegante, pero no hay ningún problema.

Para escribir código adaptable y elegante, es conveniente integrar manualmente el `SID` en la `URL` sólo cuando sea necesario.

Una función genérica puede encargarse muy bien de esta tarea comprobando la directiva de configuración y la constante `SID`.

Ejemplo

```
<?php
function url($url) {
// Si la directiva de configuración session.use_trans_sid
// se encuentra en 0 (sin transmisión automática por URL)
// y si SID no está vacía (el sistema cliente ha rechazado la cookie),
// es necesario gestionar manualmente la transmisión.
if ((get_cfg_var('session.use_trans_sid') == 0)
    and (SID != '')) {
   // Añadir la constante SID al final de la URL con un ?
   // si todavía no hay parámetros, o con un &
   // en caso contrario.
   $url .= ((strpos($url,'?') === FALSE)?'?':'&').SID;
   }
   return $url;
}
// Abrir/reactivar la sesión.
session_start();
// Algunas pruebas
echo url('pagina2.php'),'<br />';
echo url('pagina3.php?nombre=Olivier'),'<br />';
?>
```

Resultado

- Si `session.trans_id = 0` y cookie rechazada:

```
pagina2.php?PHPSESSID=dda5ca567f453851a717ff118040e29f
pagina3.php?nombre=Olivier&PHPSESSID=dda5ca567f453851a717ff118040e29f
```

- Si `session.trans_id = 0` y cookie aceptada (pero 1ª llamada):

```
page2.php?PHPSESSID=66312cb7e9c351fd73fb74b0bbdacd76
pagina3.php?nombre=Olivier&PHPSESSID=66312cb7e9c351fd73fb74b0bbdacd76
```

- Si `session.trans_id = 0` y cookie aceptada (pero 2ª llamada):

```
pagina2.php
pagina3.php?nombre=Olivier
```

- Si `session.trans_id = 1` y la cookie es rechazada o aceptada:

```
pagina2.php
pagina3.php?nombre=Olivier
```

En el primer caso, cuando la cookie es rechazada, es PHP el que añade automáticamente el `SID` en la URL (ya que la directiva `session.trans_id` se encuentra en `on`).

Esta función puede ser invocada en cualquier punto donde sea necesario construir una URL susceptible de transmitir el identificador de sesión.

Cualquiera que sea la configuración, esta función debe utilizarse en una redirección con la función `header` (ya que PHP no reescribe nunca las URL invocadas por esta función).

4. Algunas directivas de configuración adicionales

Además de las ya mencionadas, es aconsejable conocer las directivas siguientes:

`session.save_path`

Directorio en el que se guardan los archivos temporales que contienen los datos de sesión.

`session.auto_start`

Si se encuentra en 1, la función `session_start` es automáticamente invocada al principio de cada script (para un código portátil, es preferible invocar explícitamente la función `session_start`).

`session.cookie_lifetime`

Duración de las cookies almacenada en el equipo del usuario. El valor 0 ofrecido de manera predeterminada se adapta bien para una cookie de sesión.

session.cache_limiter

Determina el comportamiento con relación al caché de todas las páginas concernidas por la gestión de las sesiones enviadas al explorador. Posibles valores: nocache, private, public. Esta información es transmitida en el encabezado de la respuesta del servidor web. nocache de manera predeterminada.

session.cookie_path

Ubicación en el servidor donde la cookie de sesión está disponible (ver la función setcookie). / de manera predeterminada.

session.cookie_domain

Dominio al que se envía la cookie (ver la función setcookie). Vacía de manera predeterminada.

session.cookie_secure

Indica si la cookie sólo debe ser transmitida por una conexión segura (ver la función setcookie). Off de manera predeterminada.

session.cache_expire

Duración en minutos de las páginas en el caché. 180 de manera predeterminada. Sin efecto si el valor nocache es especificado en session.cache_limiter.

5. Ejemplo de aplicación

Los principios presentados en los puntos anteriores pueden ilustrarse en una gestión de sesión con autenticación de los usuarios.

Código fuente

- Script login.php para la autenticación

```
<?php
// Inclusión del archivo que contiene las funciones generales.
include('funciones.inc') ;
// Función que comprueba que la identificación introducida
// es correcta.
function usuario_existe($identificador,$contraseña) {
  // Conexión y selección de la base de datos.
  $conexión = mysqli_connect('localhost','root');
  mysqli_select_db($conexión,'eni');
  // Definición y ejecución de una consulta preparada
  $sql = 'SELECT 1 FROM usuarios ';
  $sql .= 'WHERE identificador = ? AND contrasenia = ?';
  $consulta = mysqli_stmt_init($conexión);
  $ok = mysqli_stmt_prepare($consulta,$sql);
  $ok = mysqli_stmt_bind_param
          ($consulta,'ss',$identificador,$contrasenia);
  $ok = mysqli_stmt_execute($consulta);
  mysqli_stmt_bind_result($consulta,$existe);
```

```
  $ok = mysqli_stmt_fetch($consulta);
  mysqli_stmt_free_result($consulta);
  // La identificación es correcta si la consulta ha devuelto
  // una línea (el usuario existe y la contraseña
  // es correcta).
  // Si es el caso $existe contiene 1; si no,
  // está vacía. Es suficiente con devolverla como booleano.
  return (bool) $existe;
}
// Definición de las variables.
$identificador = '';
$contrasenia = '';
$mensaje = '';
//Procesamiento del formulario.
if (isset($_POST['conexión'])) {
   // Recuperar los datos introducidos.
   $identificador = valor_introducido($_POST['identificador']);
   $contrasenia = valor_introducido($_POST['contraseña']);
   // Comprobar que el usuario existe.
   if (usuario_existe($identificador,$contraseña)) {
      // El usuario existe…
      // Abrir una sesión y guardar los datos
      // de sesión.
      session_start();
      $_SESSION['fecha'] = date("\l\e d/m/Y - H:i:s");
      $_SESSION['identificador'] = $identificador;
      // Para redirigir al usuario hacia la página de inicio
      // invocando la función genérica url() para estar seguro
      // de que el identificador de sesión es enviado
      // cualesquiera que sean las condiciones.
      header('location: '.url('inicio.php'));
      exit;
   } else {
      // El usuario no existe…
      // Mostrar un mensaje y ofrecer
      // de nuevo la identificación.
      $mensaje = 'Identificación incorrecta. ';
      $mensaje .= 'Inténtelo de nuevo.';
      // Dejar que se muestre el formulario de nuevo…
   }
}
?>
<!DOCTYPE html PUBLIC "-//W3C//DTD XHTML 1.0 Strict//EN"
  "http://www.w3.org/TR/xhtml1/DTD/xhtml1-strict.dtd">
<html xmlns="http://www.w3.org/1999/xhtml">
  <head><title>MiSitio.com - Identificación</title></head>
  <body>
    <form action="login.php" method="post">
    <table border="0">
    <tr>
```

```
      <td align="right">Identificador:</td>
      <td><input type="text" Name="identificador" value=
         "<?php echo hacia_formulario($identificador); ?>" /></td>
    </tr>
    <tr>
      <td align="right">Contraseña:</td>
      <td><input type="password" Name="contraseña" value=
         "<?php echo hacia_formulario($contraseña); ?>" /></td>
    </tr>
    <tr>
      <td></td>
      <td align="right"><input type="submit" name="conexión"
                         value="Conexión" /></td>
    </tr>
    </table>
    <?php echo $mensaje; ?>
    </form>
  </body>
</html>
```

- Script `inicio.php` para la página de inicio

```
<?php
// Inclusión del archivo que contiene las funciones generales.
include('funciones.inc') ;
// Abrir/reactivar la sesión.
session_start();
// Probar si la sesión es nueva
// (abierta por la llamada a session_start() más arriba)
// o antigua (abierta por una llamada anterior a session_start()).
// Lo mejor es probar si uno de nuestros datos de sesión
// ya está guardado.
if (! isset($_SESSION['identificador'])) {
  // Dato "identificador" todavía no guardado:
  // => el usuario no está conectado;
  // => redirigirlo hacia la página de login.
  header('location: login.php');
  exit;
} else {
  // Dato "identificador" ya guardado:
  // => el usuario está conectado;
  // => recuperar los datos de sesión utilizados
  // en el script.
  $fecha = $_SESSION ['fecha'];
  $identificador = $_SESSION['identificador'];
  // Recuperar el identificador de la sesión (para el ejemplo).
  $sesión = session_id();
  // Preparar un mensaje.
  $mensaje = "Sesión: $sesión - $identificador - $fecha";
}
// Determinación de la fecha y de la hora actual
```

```
// (no la de la apertura de la sesión).
$actual = 'Estamos a '.date('d/m/Y').
          '; son las '.date('H:i:s');
?>
<!DOCTYPE html PUBLIC "-//W3C//DTD XHTML 1.0 Strict//EN"
  "http://www.w3.org/TR/xhtml1/DTD/xhtml1-strict.dtd">
<html xmlns="http://www.w3.org/1999/xhtml">
  <head><title>MiSitio.com - Inicio</title></head>
  <body>
    <div>
      <b>Inicio - <?php echo $actual; ?></b><br />
      <?php echo $mensaje; ?><br />
      <!-- Vínculo hacia otra página.
           Utilizar nuestra función genérica url() para estar seguro
           de que el identificador de sesión es enviado
           cualesquiera que sean las condiciones. -->
      <a href="<?php echo url("accion.php"); ?>">Acción</a>
    </div>
  </body>
</html>
```

La primera llamada a la dirección `http://.../inicio.php` provoca la redirección del usuario hacia la página de identificación; tras una identificación correcta, el usuario vuelve a la página inicio que muestra la siguiente información:

Inicio - Estamos a 08/02/2008; son las 13:51:40.
Sesión: 64b1740cbf6422491cd5860d3fa33a4a - heurtel - el 08/02/2008 a 13:51:40 Acción

Si actualiza el contenido de la página más tarde, la hora actual cambia, pero no la hora de apertura de la sesión:

Inicio - Estamos a 08/02/2008; son las 13:53:59.
Sesión: 64b1740cbf6422491cd5860d3fa33a4a - heurtel - el 08/02/2008 a 13:51:40 Acción

6. Advertencia y conclusión

Los usuarios maliciosos o malintencionados

El paso del identificador de sesión por URL puede plantear problemas de seguridad.

Consideremos el script `pagina.php` siguiente:

```
<?php
// Abrir/reactivar la sesión.
session_start();
// Mostrar el id de sesión.
echo 'session_id = ',session_id();
?>
```

Si la URL `http://.../pagina.php?PHPSESSID=abc` es invocada y si la directiva `session.use_only_cookie` se encuentra en 0, obtenemos el siguiente resultado:

```
session_id : abc
```

El valor dado a la variable `PHPSESSID` en la URL ha sido tomado como identificador de sesión. Esto puede permitir a un usuario (malicioso o malintencionado) que su aplicación crea que ya tiene una sesión abierta, o utilizar una sesión abierta por otro usuario.

Este caso se produce incluso si la directiva `session.use_trans_id` se encuentra en 0, lo que prohíbe a PHP transmitir el identificador de sesión en la URL, pero no recibirlo.

Para impedir esta situación, hay que establecer la directiva de configuración `session.use_only_cookies` en 1, para forzar la utilización de una cookie para la transmisión del identificador de sesión. El inconveniente es que el usuario puede rechazar las cookies y este método tampoco es, en cualquier caso, completamente seguro; la única solución realmente segura consiste en utilizar una conexión segura (HTTPS).

Al margen de esto, es relativamente sencillo protegerse contra la utilización de un falso identificador de sesión, bien guardando en el lado del servidor los identificadores de sesión abiertos, bien comprobando la existencia de un dato de sesión en `$_SESSION`.

Ejemplo

```
<?php
// Abrir/reactivar la sesión.
session_start();
if (! isset($_SESSION['identificador'])) {
  // Si el dato de sesión "identificador"
  // no existe, es que la sesión no ha sido
  // realmente abierta por la aplicación.
  // Hacer lo que corresponda...
  // Para este ejemplo:
  // - mostrar un mensaje
  echo 'Sesión no abierta','<br />';
  // - simular la apertura aplicativa de la sesión
  $_SESSION['identificador'] = '123';
} else {
  // Si el dato de sesión 'identificador' existe,
  // es que la sesión ha sido realmente abierta
  // por la aplicación.
  echo 'Sesión abierta','<br />';
  echo 'identificador = ',$_SESSION['identificador'],'<br />';
}
// Mostrar el id de sesión
echo 'session_id = ',session_id(),'<br />';
?>
```

Resultado:

- Primera llamada del tipo `http://.../pagina.php?PHPSESSID=abc`:

```
Sesión no abierta
session_id = abc
```

- Segunda llamada (sin cerrar el explorador):

```
Sesión abierta
identificador = 123
session_id = abc
```

PHP ha conservado el identificador de sesión inicial. En caso de necesidad, la función `session_regenerate_id` puede ser invocada para regenerar un identificador de sesión.

Ejemplo:

```
<?php
// Abrir/reactivar la sesión.
session_start();
if (! isset($_SESSION['identificador'])) {
  // Si el dato de sesión "identificador"
  // no existe, es que la sesión no ha sido
  // realmente abierta por la aplicación.
  // Hacer lo que corresponda...
  // Para este ejemplo:
  // - regenerar un identificador de sesión
  session_regenerate_id();
  // - mostrar un mensaje
  echo 'Sesión no abierta','<br />';
  // - simular la apertura aplicativa de la sesión
  $_SESSION['identificador'] = '123';
} else {
  // Si el dato de sesión 'identificador' existe,
  // es que la sesión ha sido realmente abierta
  // por la aplicación.
  echo 'Sesión abierta','<br />';
  echo 'identificador = ',$_SESSION['identificador'],'<br />';
}
// Mostrar el id de sesión
echo 'session_id = ',session_id(),'<br />';
?>
```

Resultado:

- Primera llamada del tipo `http://.../pagina.php?PHPSESSID=abc`:

```
Sesión no abierta
session_id = 1863f3b9f496b9923e8b90fb2cb6b96b
```

- Segunda llamada (sin cerrar el explorador):

```
Sesión abierta
identificador = 123
session_id = 1863f3b9f496b9923e8b90fb2cb6b96b
```

Esta técnica no protege del uso abusivo por parte de un usuario del identificador de sesión de otro usuario.

Resultado:

- Un primer usuario realiza una llamada del tipo `http://.../pagina.php`:

```
Sesión no abierta
session_id = a5e762abc38f20f6a431ae81544fd080
```

- Un segundo usuario consigue recuperar el identificador de sesión del primer usuario y efectúa una llamada del tipo `http://.../pagina.php?PHPSESSID=a5e762abc38f20f6a431ae81544fd080`

```
Sesión abierta
identificador = 123
session_id = a5e762abc38f20f6a431ae81544fd080
```

Si se requiere un elevado nivel de seguridad, utilice una conexión segura.

Conclusión

Con un poco de rigor en el código, la gestión de las sesiones de PHP es fácil de aplicar y es independiente de las técnicas de navegación utilizadas (vínculos, formularios). Para casos en los que se requiera una seguridad avanzada, puede utilizarse fácilmente en el marco de una conexión segura; en ese caso, se trata sobre todo de una cuestión de configuración del servidor web y no hay nada que hacer en particular en lo que respecta a PHP.

E. Conservar información de una visita a otra

Si se desea poder conservar información sobre un usuario de una visita a otra (posiblemente muy alejadas en el tiempo), existen dos soluciones principales:

- almacenar una cookie en su equipo (si es posible, con su acuerdo previo);
- guardar la información en el lado del servidor (lo más práctico sería utilizar una base de datos), y asociar esta información a una identificación (típicamente, un nombre y una contraseña) que el usuario deberá introducir en cada visita.

Una solución intermedia, elegante y respetuosa de cara al usuario es la que utilizan algunos sitios web; esta solución consiste en proponer al usuario almacenar en su equipo una cookie que sólo contiene uno o dos datos que permiten la conexión automática al sitio (sin introducir nombre y contraseña), guardando la información complementaria en una base de datos.

Ilustraremos esta solución mediante dos páginas:

- una página de personalización (script `personalizar.php`) que permite al usuario activar o desactivar la conexión automática;
- una página de identificación (script `login.php`) que, según el caso, efectúa la conexión automática o solicita al usuario que se conecte.

Cada conexión del usuario es una sesión.

Código fuente

- Script `personalizar.php`:

```
<?php
// Inclusión del archivo que contiene las funciones generales.
include('funciones.inc') ;
// Abrir/reactivar la sesión.
session_start();
// Definición de las variables.
$mensaje = '';
// ¿Se ha abierto la sesión a nivel de aplicación?
if (isset($_SESSION['identificador'])) { // sí
  // Recuperar todos los datos de sesión.
  $identificador = $_SESSION['identificador'];
  $contrasenia = $_SESSION['contraseña'];
  // ¿El script es invocado en el proceso del formulario?
  if (isset($_POST['activar'])) { // sí
    // Activar la conexión automática.
    // Almacenar dos cookies de una duración de 30 días,
    // una para el identificador del usuario
    // y otra para su contraseña.
    $caducidad = time()+ (30 * 24 * 3600);
    setcookie('identificador',$identificador,$caducidad);
    setcookie('contraseña',$contraseña,$caducidad);
    // Preparar un mensaje.
    $mensaje = 'Conexión automática activada';
  } elseif (isset($_POST['desactivar'])) { // sí
    // Desactivar la conexión automática.
    // Eliminar las dos cookies.
    setcookie('identificador');
    setcookie('contraseña');
    // Preparar un mensaje.
    $mensaje = 'Conexión automática desactivada';
  }
} else { // Sesión no abierta a nivel aplicativo.
  // Redirigir al usuario hacia la página de login
  header('Location: login.php');
  exit;
}
?>
<!DOCTYPE html PUBLIC "-//W3C//DTD XHTML 1.0 Strict//EN"
  "http://www.w3.org/TR/xhtml1/DTD/xhtml1-strict.dtd">
```

```
<html xmlns="http://www.w3.org/1999/xhtml">
  <head><title>MiSitio.com - Personalizar</title></head>
  <body>
    <form action="personalizar.php" method="post">
    <div>
    <input type="submit" name="activar"
           value="Activar la conexión automática" /><br />
    <input type="submit" name="desactivar"
           value="Desactivar la conexión automática" /><br />
    <?php echo $mensaje; ?><br />
    </div>
    </form>
  </body>
</html>
```

- Script `login.php` (variante simple de la versión anterior):

```
<?php
// Inclusión del archivo que contiene las funciones generales.
include('funciones.inc') ;
// Función que comprueba que la identificación introducida
// es correcta.
function usuario_existe($identificador,$contraseña) {
  // Conexión y selección de la base de datos.
  $conexión = mysqli_connect('localhost','root');
  mysqli_select_db($conexión,'eni');
  // Definición y ejecución de una consulta preparada
  $sql = 'SELECT 1 FROM usuarios ';
  $sql .= 'WHERE identificador = ? AND contrasenia = ?';
  $consulta = mysqli_stmt_init($conexión);
  $ok = mysqli_stmt_prepare($consulta,$sql);
  $ok = mysqli_stmt_bind_param
         ($consulta,'ss',$identificador,$contrasenia);
  $ok = mysqli_stmt_execute($consulta);
  mysqli_stmt_bind_result($consulta,$existe);
  $ok = mysqli_stmt_fetch($consulta);
  mysqli_stmt_free_result($consulta);
  // La identificación es correcta si la consulta ha devuelto
  // una línea (el usuario existe y la contraseña
  // es correcta).
  // Si es el caso $existe contiene 1; si no,
  // está vacía. Es suficiente con devolverla como booleano.
  return (bool) $existe;
}
// Definición de las variables.
$identificador = '';
$contrasenia = '';
$mensaje = '';
$acción = '';
// ¿El script es invocado en la validación del formulario?
if (isset($_POST['conexión'])) { // sí
```

```
  // => conexión manual.
  // Recuperar los datos introducidos.
  $identificador = valor_introducido($_POST['identificador']);
  $contrasenia = valor_introducido($_POST['contraseña']);
  // Indicar la acción que debe llevarse a cabo a continuación.
  $acción = 'conexión';
  // Preparar un mensaje en caso de problema.
  $mensaje = 'Identificación incorrecta. '.
             'Inténtelo de nuevo.';
// Si no, ¿existe una cookie 'identificador'?
} elseif (isset($_COOKIE['identificador'])) { // sí
  // => conexión automática.
  // Recuperar la información de las cookies.
  $identificador = valor_introducido($_COOKIE['identificador']);
  $contrasenia =  valor_introducido($_COOKIE['contraseña']);
  // Indicar la acción que debe llevarse a cabo a continuación.
  $acción = 'conexión';
  // Preparar un mensaje en caso de problema.
  $mensaje = 'Identificación automática incorrecta. '.
             'Inténtelo manualmente.';
}
// Finalmente, ¿qué se hace?
if ($acción == 'conexión') { // intentar una conexión
  // Comprobar que el usuario existe.
  if (usuario_existe($identificador,$contraseña)) {
    // El usuario existe…
    // => abrir la sesión a nivel de la aplicación
    session_start();
    session_regenerate_id(); // por si acaso...
    $_SESSION['identificador'] = $identificador;
    $_SESSION['contraseña'] = $contraseña;
    // Redirigir al usuario hacia otra página del sitio web
    // (¡sólo hay una!).
    header('location: '.url('personalizar.php'));
    exit;
  } // usuario_existe
} // $acción == 'conexión'
// Si es la primera llamada, o si la conexión manual
// o automática ha fallado, dejar que se muestre el formulario.
?>
<!DOCTYPE html PUBLIC "-//W3C//DTD XHTML 1.0 Strict//EN"
  "http://www.w3.org/TR/xhtml1/DTD/xhtml1-strict.dtd">
<html xmlns="http://www.w3.org/1999/xhtml">
  <head><title>MiSitio.com - Identificación</title></head>
  <body>
    <form action="login.php" method="post">
    <table border="0">
    <tr>
      <td align="right">Identificador:</td>
      <td><input type="text" Name="identificador" value=
```

```
          "<?php echo hacia_formulario($identificador); ?>" /></td>
    </tr>
    <tr>
      <td align="right">Contraseña:</td>
      <td><input type="password" Name="contraseña" value=
          "<?php echo hacia_formulario($contraseña); ?>" /></td>
    </tr>
    <tr>
      <td></td>
      <td align="right"><input type="submit" name="conexión"
                         value="Conexión" /></td>
    </tr>
    </table>
    <?php echo $mensaje; ?>
    </form>
  </body>
</html>
```

Resultado

- Primera llamada:

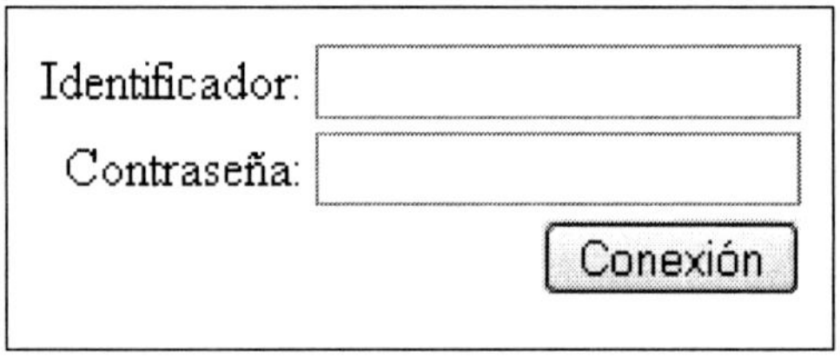

- Conexión manual incorrecta:

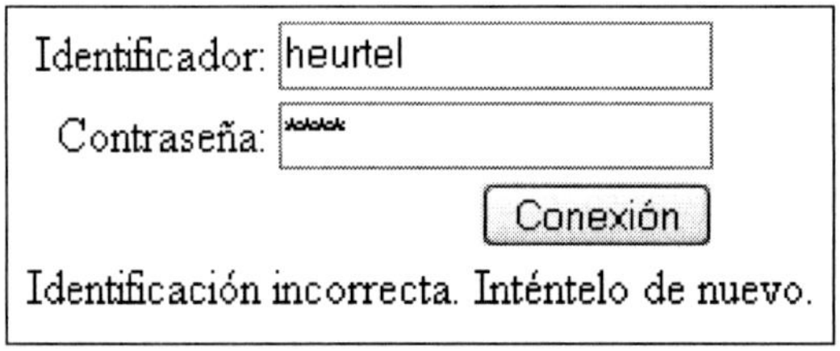

- Después de una conexión satisfactoria:

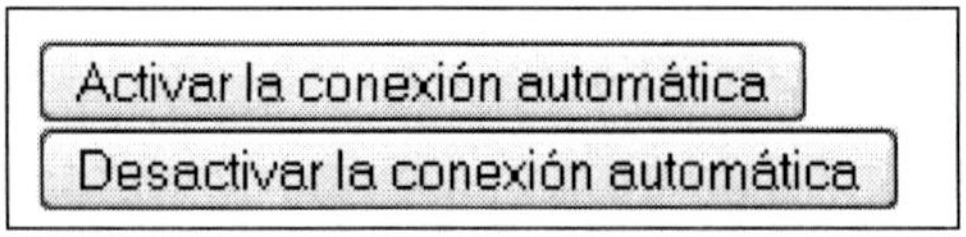

- Clic en el botón **Activar**:

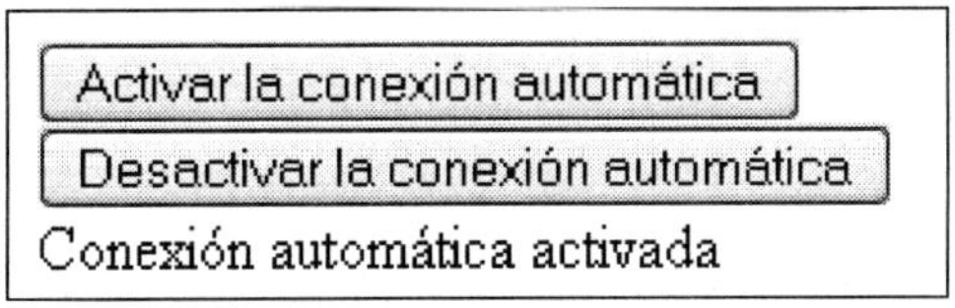

- Salir y volver a una de las dos páginas. Entrada directa en la página de personalización (se ha efectuado una conexión automática):

- Clic en el botón **Desactivar**:

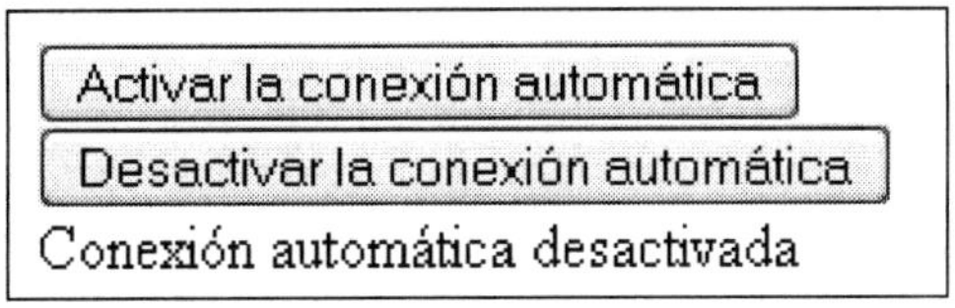

- Salir y volver a una de las dos páginas. Se muestra la página de identificación (ya no hay conexión automática):

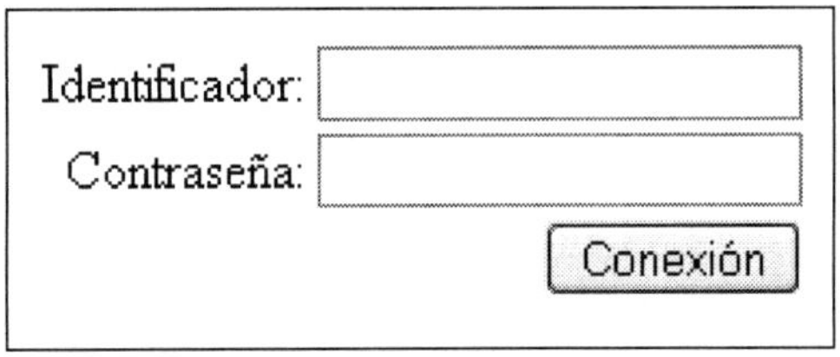

Es preferible almacenar la contraseña del usuario encriptada o utilizar un identificador de conexión automático asociado al usuario. De esta manera, en los dos casos, la contraseña del usuario no está expuesta a miradas indiscretas.

F. Conclusiones sobre las variables GPCS (Get/Post/Cookie/Session)

Desde el principio de este libro, hemos encontrado variables "particulares", las asociadas a datos de formulario, a datos enviados por una dirección URL, a datos de una cookie y a datos de sesiones.

Estos diferentes tipos de variables se designan bajo la denominación de variables GPCS (*Get/Post/Cookie/Session*).

Hemos visto que estas variables funcionaban según los mismos principios:

- Son accesibles directamente con la forma `$x` si la directiva de configuración `register_globals` se encuentra en `on`.
- También puede accederse a ellas por mediación de las matrices asociativas `$_GET`, `$_POST`, `$_COOKIE` y `$_SESSION`. Además, la matriz asociativa `$_REQUEST` agrupa el contenido de las matrices `$_GET`, `$_POST` y `$_COOKIE`.
- Las variables *Get/Post/Cookie* también pueden ser importadas explícitamente en el script gracias a la función `import_request_variables`.

Para cada tipo, el consejo siempre es el mismo: utilícese preferentemente el acceso mediante la matriz asociativa correspondiente. Dos razones justifican este consejo:

- Es la única manera de estar seguro de que la información que es leída llega realmente por el medio esperado.
- La directiva de configuración `register_globals` se encuentra en `off` de manera predeterminada y pasará definitivamente a `off` en una próxima versión de PHP.

La matriz `$_REQUEST` debe utilizarse con precaución, ya que contiene datos proporcionados al script mediante diferentes mecanismos; no se puede estar seguro, por lo tanto, de que la información leída llega realmente por el medio esperado.

El hecho de que se creen las matrices `$_GET`, `$_POST`, `$_COOKIE` y `$_SESSION` depende de la directiva de configuración `variables_order`.

Esta directiva es una cadena compuesta por los caracteres `G`, `P`, `C` y `S` que corresponden a los tipos ya evocados y por un quinto carácter, `E`, que corresponde a las variables de entorno.

Las variables de entorno corresponden a las variables de entorno del sistema operativo disponibles en el entorno PHP, bien directamente con la forma `$x` (si la directiva de configuración `register_globals` se encuentra en `on`), bien a través de la matriz asociativa `$_ENV`.

Cuando la directiva de configuración `register_globals` se encuentra en `on`, el orden de aparición de las letras `EGPCS` en la directiva `variables_order` corresponde a un orden de prioridad creciente en la creación de las variables.

El contenido de la matriz `$_REQUEST` también está condicionado por la directiva `variables_order`.

De manera predeterminada, la directiva `variables_order` es igual a `EGPCS`.

Ejemplo

- Script `pagina1.php`:

```
<?php
// Abrir una sesión y guardar información
// de sesión llamada "x" de valor "SESSION".
session_start();
$_SESSION['x'] = 'SESSION';
// Almacenar una cookie llamada "x" de valor "COOKIE".
```

```
setcookie('x','COOKIE');
?>
<!DOCTYPE html PUBLIC "-//W3C//DTD XHTML 1.0 Strict//EN"
  "http://www.w3.org/TR/xhtml1/DTD/xhtml1-strict.dtd">
<html xmlns="http://www.w3.org/1999/xhtml">
  <head><title>Página 1</title></head>
  <body>
    <!-- En un formulario, poner una variable dada
         llamada "x" de valor "GET" en la dirección URL
         del atributo "action" -->
    <form action="pagina2.php?x=GET" method="post">
    <!-- Poner también una zona llamada "x" de
         valor "POST" -->
    <input type="hidden" name="x" value="POST" />
    <!-- Más un botón para ir a la página 2 -->
    <input type="submit" name="aceptar" value="Página 2">
    </form>
  </body>
</html>
```

- Script `pagina2.php`:

```
<?php
// Reactivar la sesión.
session_start();
// Mostrar los valores de 'x' a partir de las matrices.
echo '$_GET[\'x\'] = ',
     isset($_GET['x'])?$_GET['x']:'','<br />';
echo '$_POST[\'x\'] = ',
     isset($_POST['x'])?$_POST['x']:'','<br />';
echo '$_COOKIE[\'x\'] = ',
     isset($_COOKIE['x'])?$_COOKIE['x']:'','<br />';
echo '$_SESSION[\'x\'] = ',
     isset($_SESSION['x'])?$_SESSION['x']:'','<br />';
echo '$_REQUEST[\'x\'] = ',
     isset($_REQUEST['x'])?$_REQUEST['x']:'','<br />';
?>
```

En el primer script, varios datos diferentes se asocian al mismo identificador "x".

Resultado en la presentación de la página 1 y hacer clic en el botón Página 2

```
$_GET['x'] = GET
$_POST['x'] = POST
$_COOKIE['x'] = COOKIE
$_SESSION['x'] = SESSION
$_REQUEST['x'] = COOKIE
```

La matriz `$_REQUEST` contiene el valor "COOKIE", puesto que, en la directiva `variables_order`, la letra `C` aparece tras las letras `G` y `P`: la información procedente de la cookie es, por lo tanto, prioritaria con relación al resto (la información de sesión no aparece en la matriz `$_REQUEST`).

Si la directiva `variables_order` es modificada en `CP`, obtenemos el siguiente resultado:

```
$_GET['x'] =
$_POST['x'] = POST
$_COOKIE['x'] = COOKIE
$_SESSION['x'] = SESSION
$_REQUEST['x'] = POST
```

La matriz `$_GET` ya no es alimentada y la matriz `$_REQUEST` contiene desde ese momento el valor "POST". Como muestra el ejemplo, la matriz `$_SESSION` contiene información aunque la letra `S` no esté presente en la directiva `variables_order`.

Un problema similar puede producirse en la utilización de la función `import_request_variables`. El primer parámetro de esta función indica los tipos de variables para importar, con la forma de una combinación de las letras `G`, `P` y `C`: `CP` por ejemplo. Las variables son importadas en el orden indicado y sobrescriben las variables de mismo nombre anteriormente importadas. En nuestro ejemplo, el valor "COOKIE" sobrescribirá el valor "POST". Para evitar este tipo de problema, es posible invocar varias veces la función, indicando cada vez un prefijo diferente para el nombre de la variable (segundo parámetro).

No es una buena costumbre de programación utilizar el mismo nombre para varios datos; un programador sensato no tendrá este problema. Al margen de esta situación, hay que ser consciente de que un usuario (malicioso o malintencionado) puede proporcionar fácilmente un valor por un medio dado (GPC, por ejemplo), a una variable de la que se creía controlar el origen. Escribir código cuyo funcionamiento está ligado a un cierto valor de la directiva `variables_order` tampoco es claramente una buena idea desde el punto de vista de la portabilidad y del mantenimiento.

El consejo dado por el equipo de desarrollo de PHP es, por lo tanto, el siguiente:

Recupere los valores "EGPCS" mediante matrices asociativas para evitar cualquier problema.

Por ello, la directiva `register_globals` se encuentra en `off` de manera predeterminada y pasará definitivamente a `off` en una próxima versión de PHP.

Anexos

A. Variables PHP predefinidas

PHP predefine un gran número de variables relativas a su funcionamiento. Puede accederse directamente a estas variables en forma `$x` si la directiva de configuración `register_globals` se encuentra en `on`, pero no es el método recomendado. Para acceder a esta información, es preferible utilizar las matrices asociativas propuestas por PHP.

Las matrices asociativas son las siguientes:

Nombre	Contenido
$GLOBALS	Matriz asociativa de todas las variables disponibles dentro del alcance del script (capítulo Escribir funciones y clases PHP).
$_COOKIE	Matriz asociativa de las variables pasadas al script por las cookies (capítulo Gestionar las sesiones).
$_GET	Matriz asociativa de las variables pasadas al script por un método GET (capítulos Gestionar los formularios y los vínculos con PHP).
$_POST	Matriz asociativa de las variables pasadas al script por un método POST (capítulos Gestionar los formularios y los vínculos con PHP).
$_FILES	Matriz asociativa que contiene la información sobre los archivos descargados del equipo del usuario hacia el servidor web (capítulo Gestionar los formularios y los vínculos con PHP).
$_ENV	Matriz asociativa de las variables de entorno del sistema operativo pasadas al script (capítulo Gestionar las sesiones).
$_SERVER	Matriz asociativa de las variables del servidor pasadas al script (variable de entorno y variables del servidor HTTP principalmente).
$_REQUEST	Matriz asociativa que agrupa las matrices `$_GET`, `$_POST` y `$_COOKIE` (capítulos Gestionar los formularios y los vínculos con PHP y Gestionar la sesiones).
$_SESSION	Matriz asociativa de los datos de sesión accesible en el script (capítulo Gestionar las sesiones).

Estas matrices asociativas son variables "superglobales": están disponibles en la totalidad del script, incluso dentro de las funciones, sin tener que declararlas globales (`global $...` es inútil).

Ejemplo: visualización parcial del contenido de `$_SERVER`.

```
HTTP_HOST = xampp
HTTP_USER_AGENT = Mozilla/5.0 (Windows; U; Windows NT 5.1; fr; rv:
.8.1.11) Gecko/20071127 Firefox/2.0.0.11
HTTP_ACCEPT = text/xml,application/xml,application/xhtml
```

```
+xml,text/html;q=0.9,text/plain;q=0.8,image/png,*/*;q=0.5
HTTP_ACCEPT_LANGUAGE = es,es-es;q=0.8,en-us;q=0.5,en;q=0.3
HTTP_ACCEPT_ENCODING = gzip,deflate
HTTP_ACCEPT_CHARSET = ISO-8859-1,utf-8;q=0.7,*;q=0.7
HTTP_KEEP_ALIVE = 300
HTTP_CONNECTION = keep-alive
HTTP_REFERER = http://xampp/eni/
CONTENT_TYPE = application/x-www-form-urlencoded
CONTENT_LENGTH = 97
SERVER_SOFTWARE = Apache/2.2.6 (Unix) DAV/2 mod_ssl/2.2.6 OpenSSL/0.9.8e
PHP/5.2.4 mod_apreq2-20051231/2.5.7 mod_perl/2.0.2 Perl/v5.8.7
SERVER_NAME = xampp
SERVER_ADDR = 192.168.154.200
SERVER_PORT = 80
REMOTE_ADDR = 192.168.154.1
DOCUMENT_ROOT = /opt/lampp/htdocs
SERVER_ADMIN = you@example.com
SCRIPT_FILENAME = /app/scripts/index.php
REMOTE_PORT = 42134
GATEWAY_INTERFACE = CGI/1.1
SERVER_PROTOCOL = HTTP/1.1
REQUEST_METHOD = POST
QUERY_STRING =
REQUEST_URI = /eni/
SCRIPT_NAME = /eni/index.php
PHP_SELF = /eni/index.php
REQUEST_TIME = 1202411345
```

Algunos datos interesantes se muestran en negrita.

La función `phpinfo` muestra estos datos (entre otros).

B. Constantes PHP predefinidas

PHP predefine un gran número de constantes, entre las cuales:

Nombre	Contenido
`__FILE__` *	Nombre del archivo en ejecución. Da el nombre del archivo incluido si es utilizado en un archivo incluido.
`__LINE__` *	Número de la línea actualmente ejecutada. Da el número de línea en el archivo incluido si es utilizada en un archivo incluido.
`PHP_VERSION`	Versión de PHP.
`PHP_OS`	Sistema operativo del servidor PHP. Ejemplos (no exhaustivos): `AIX`, `Linux`, `SunOS`, `WINNT`.

Nombre	Contenido
TRUE *	Valor booleano verdadero (`TRUE`).
FALSE *	Valor booleano falso (`FALSE`).
E_*	Código de los errores (capítulo Gestionar los errores en un script PHP).
DIRECTORY_SEPARATOR	Carácter de separación utilizado en los nombres de directorio para la plataforma en la que está instalado PHP.
PHP_EOL	Secuencia de caracteres utilizada por la plataforma para representar una nueva línea. Añadido en la versión 5.0.2.
PHP_INT_MAX	Valor de entero más grande. Añadido en la versión 5.0.5.
PHP_INT_SIZE	Tamaño de los enteros (número de octetos). Añadido en la versión 5.0.5.

Las constantes seguidas de un asterisco no distinguen entre mayúsculas y minúsculas, y pueden introducirse, por lo tanto, de las dos formas.

C. Ejemplos adicionales

1. Introducción

La potencia del lenguaje PHP se ve reforzada por la existencia de un gran número de bibliotecas que extienden las funcionalidades del lenguaje: corrección ortográfica, generación de documentos PDF (*Portable Document Format*), manipulación de documentos XML (*Extensible Markup Language*), acceso a servidores FTP (*File Transfer Protocol*), acceso a servidores IMAP (*Internet Message Access Protocol*), acceso a servicios de directorio LDAP (*Lightweight Directory Access Protocol*), cifrado, generación de documentos Shockwave Flash, gestión del protocolo SNMP (*Simple Network Management Protocol*), compresión, etc. Ciertas bibliotecas necesitan bibliotecas complementarias. Estas diferentes bibliotecas corresponden a necesidades particulares y no se detallan en este libro.

En esta parte del anexo, vamos a dar tres ejemplos comentados de utilización de estas bibliotecas que corresponden a tres necesidades frecuentes:

- leer un documento XML;
- generar un documento PDF;
- generar una imagen.

Para obtener más información sobre las bibliotecas disponibles o sobre una función, consulte la ayuda en línea disponible en el sitio web oficial de PHP (www.php.net/manual/es/).

2. Leer un documento XML

Este ejemplo ilustra las posibilidades de la extensión SimpleXML aparecida en la versión 5.

Para este ejemplo, suponemos que hay una lista de artículos almacenada en un archivo llamado `articulos.xml`:

```
<?xml version='1.0' encoding='UTF-8'?>
<articulos>
     <articulo codigo="A1" color="amarillo">
          <identificador>1</identificador>
          <nombre>Albaricoques</nombre>
          <precio>35.5</precio>
     </articulo>
     <articulo codigo="A2" color="rojo">
          <identificador>2</identificador>
          <nombre>Cerezas</nombre>
          <precio>48.9</precio>
     </articulo>
     <articulo codigo="A3" color="rojo">
          <identificador>3</identificador>
          <nombre>Fresas</nombre>
          <precio>29.95</precio>
     </articulo>
     <articulo codigo="A4" color="amarillo">
          <identificador>4</identificador>
          <nombre>Melocotones</nombre>
     <precio>37.2</precio>
     </articulo>
</articulos>
```

Codigo

```
<?php

// Cargar el documento XML = simplexml_load_file()
// - devuelve un objeto de la clase simplexml_element.
//   o FALSE en case de error (documento XML mal formado, por ejemplo)
$xml = simplexml_load_file('articulos.xml');
if (! $xml) { exit; }

// El objeto $xml tiene una estructura que corresponde
// a la estructura de nuestro documento:
// - artículo (matriz de objetos)
//     - identificador
//     - nombre
//     - precio

// Recorrer nodo artículo (matriz).
echo "<b>Recorrer \$xml->articulo</b><br />\n";
foreach ($xml->articulo as $articulo) {
  printf("%s,%s,%s,%s,%s<br />\n",
```

```
          $articulo->identificador,
          $articulo->nombre,
          $articulo->precio,
          $articulo['codigo'],
          $articulo['color']);
}

// Acceso a un dato concreto.
echo "<b>Acceso a un dato concreto</b><br />\n";
printf("Antes - Precio de %s = %s (codigo = %s)<br />\n",
       $xml->articulo[2]->nombre,
       $xml->articulo[2]->precio,
       $xml->articulo[2]['codigo']);
$xml->articulo[2]->precio = 123;
$xml->articulo[2]['codigo'].= '+';
printf("Después - Precio de %s = %s (codigo = %s)<br />\n",
       $xml->articulo[2]->nombre,
       $xml->articulo[2]->precio,
       $xml->articulo[2]['codigo']);

// Extracción de atributos de un nodo = método attributes()
// - devuelve un objeto de la clase simplexml_element.
// - en nuestro ejemplo, recuperación de los atributos del 1er artículo
$atributos = $xml->articulo[0]->attributes();

// Recorrer atributos así recuperados.
echo "<b>Atributos del primer artículo</b><br />\n";
foreach($atributos as $nombre => $valor) {
  printf("%s = %s<br />\n",$nombre,$valor);
}

// Extraer de elementos secundarios de un nodo = método children()
// - devuelve un objeto de la clase simplexml_element.
echo "<b>Recorrer el árbol</b><br />\n";
echo "raíz<br />\n";
foreach ($xml->children() as $nombre1 => $nivel1) {
  printf("----%s (%s,%s)<br />\n",
         $nombre1,$nivel1['codigo'],$nivel1['color']);
  foreach ($nivel1->children() as $nombre2 => $nivel2) {
    printf("--------%s = %s<br />\n",$nombre2,$nivel2);
  }
}

// Realizar una búsqueda Xpath = método xpath()
// - devuelve una matriz de objetos de la clase simplexml_element
echo "<b>Búsqueda Xpath: /articulos/articulo</b><br />\n";
$resultado = $xml->xpath("/articulos/articulo");
foreach ($resultado as $valor) {
  printf("%s,%s<br />\n",$valor->identificador,$valor->nombre);
}
```

```
echo "<b>Búsqueda Xpath: articulo/nombre</b><br />\n";
$resultado = $xml->xpath("articulo/nombre");
foreach ($resultado as $valor) {
  printf("%s<br />\n",$valor);
}
echo "<b>Búsqueda Xpath: //precio</b><br />\n";
$resultado = $xml->xpath("//precio");
foreach ($resultado as $valor) {
  printf("%s<br />\n",$valor);
}

// Generar una cadena XML = método asXML()
echo "<b>Cadena XML</b><br />\n";
file_put_contents ('los_articulos.xml', $xml->asXML());
file_put_contents ('un_articulo.xml', $xml->articulo[0]->asXML());
echo "Ver los archivos 'los_articulos.xml' y 'un_articulo.xml'<br />\n";

?>
```

Resultado en la pantalla

```
Recorrido $xml->articulo
1,Albaricoques,35.5,A1,amarillo
2,Cerezas,48.9,A2,rojo
3,Fresas,29.95,A3,rojo
4,Melocotones,37.2,A4,amarillo
Acceso a un dato concreto
Antes - Precio de Fresas = 29.95 (codigo A3 = A3)
Después - Precio de Fresas = 123 (codigo A3 = A3+)
Atributos del primer artículo
codigo = A1
color = amarillo
Recorrido del árbol
raíz
----articulo (A1,amarillo)
--------identificador = 1
--------nombre = Albaricoques
--------precio = 35.5
----articulo (A2,rojo)
--------identificador = 2
--------nombre = Cerezas
--------precio = 48.9
----articulo (A3+,rojo)
--------identificador = 3
--------nombre = Fresas
--------precio = 123
----articulo (A4,amarillo)
--------identificador = 4
--------nombre = Melocotones
--------precio = 37.2
```

```
Búsqueda Xpath: /articulos/articulo
1,Albaricoques
2,Cerezas
3,Fresas
4,Melocotones
Búsqueda Xpath: articulo/nombre
Albaricoques
Cerezas
Fresas
Melocotones
Búsqueda Xpath: //precio
35.5
48.9
123
37.2
Cadena XML
Ver los archivos 'los_articulos.xml' y 'un_articulo.xml'
```

Contenido del archivo `los_articulos.xml`

```
<?xml version="1.0" encoding="UTF-8"?>
<articulos>
     <articulo codigo="A1" color="amarillo">
          <identificador>1</identificador>
          <nombre>Albaricoques</nombre>
          <precio>35.5</precio>
     </articulo>
     <articulo codigo="A2" color="rojo">
          <identificador>2</identificador>
          <nombre>Cerezas</nombre>
          <precio>48.9</precio>
     </articulo>
     <articulo codigo="A3+" color="rojo">
          <identificador>3</identificador>
          <nombre>Fresas</nombre>
          <precio>123</precio>
     </articulo>
     <articulo codigo="A4" color="amarillo">
          <identificador>4</identificador>
          <nombre>Melocotones</nombre>
          <precio>37.2</precio>
     </articulo>
</articulos>
```

Contenido del archivo `un_articulo.xml`

```
<articulo codigo="A1" color="amarillo">
          <identificador>1</identificador>
          <nombre>Albaricoques</nombre>
          <precio>35.5</precio>
     </articulo>
```

3. Generar un documento PDF

La extensión PDF de PHP permite generar documentos PDF. Esta extensión utiliza la biblioteca PDFlib que necesita una licencia (http://www.pdflib.com/products/pdflib-family/).

Existen varias alternativas gratuitas para generar documentos PDF, entre las que se encuentra FPDF (http://www.fpdf.org/). Esta biblioteca no viene instalada de manera predeterminada con PHP, pero está presente en el paquete XAMPP. Es esta biblioteca la que vamos a utilizar en este ejemplo.

El código siguiente permite generar este documento PDF:

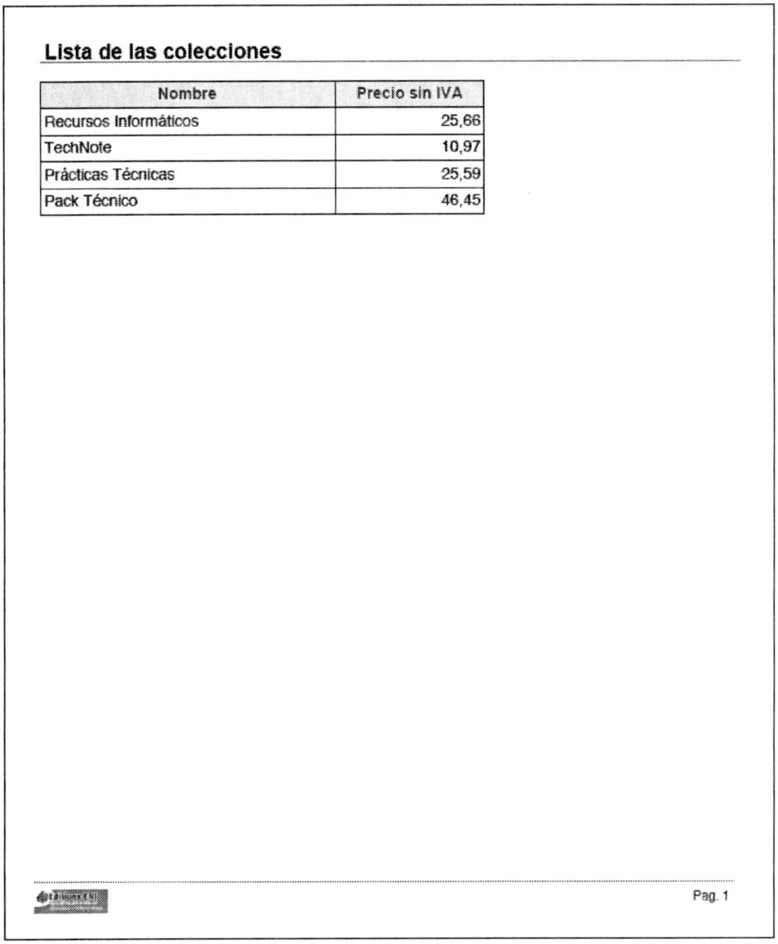

Lista de las colecciones

Nombre	Precio sin IVA
Recursos Informáticos	25,66
TechNote	10,97
Prácticas Técnicas	25,59
Pack Técnico	46,45

Pag. 1

La lista de las colecciones es leída en la base de datos.

Codigo

```
<?php

// Inclusión de la biblioteca...
include ('fpdf.php');

// Seleccionar los datos en la base de datos.
set_magic_quotes_runtime(0);
$db = @mysqli_connect('localhost','eniweb','web','eni');
if (! $db) {
  exit('Error en la conexión.');
}
$sql = 'SELECT nombre,precio_siniva FROM coleccion LIMIT 4';
$ok = ($consulta = mysqli_prepare($db, $sql));
if ($ok) { $ok = @mysqli_stmt_execute($consulta); }
if ($ok) { $ok = @mysqli_stmt_bind_result($consulta,$nombre,$precio); }
if (! $ok) {
  exit('Error en la selección de los datos en la base.');
}

// Crear un nuevo documento PDF = new FPDF()
// - primer parámetro = orientación
//      > P = vertical - L = Horizontal
// - segundo parámetro = unidad de medida
//      > pt = punto - mm = milímetros - cm = centímetros
// - tercer parámetro = format (A3, A4, etc.)
// Todos los parámetros son opcionales. Predeterminados = P, mm, A4.
$pdf = new FPDF('P','mm','A4');

// Definir los saltos de página automáticos = SetAutoPageBreak()
// - primer parámetro = automático (true/false)
//      > P = vertical - L = Horizontal
// - segundo parámetro = margen
//      > distancia con relación al límite inferior de la página
//        que provoca el salto (2 cm de manera predeterminada,
//        si está activo)
$pdf->SetAutoPageBreak(false);

// Crear una nueva página en el documento = AddPage()
// - primer parámetro = orientación
//      > P = vertical - L = Horizontal
//        De manera predeterminada, la del documento.
$pdf->AddPage();

// Definir los datos de resumen del documento = SetTitle(),
// SetAuthor(), SetSubject().
$pdf->SetTitle('Lista de las colecciones');
$pdf->SetAuthor('Olivier Heurtel');
$pdf->SetSubject('Colecciones');
```

```
// Establecer la fuente = SetFont()
// - primer parámetro = familia
//     > nombre de una familia estándar (Courier, Helvética o Arial,
//       Times, Symbol, ZapfDingbats) o de un nombre definido
//       por AddFont().
// - segundo parámetro (opcional) = style
//     > combinación de: B = negrita - I = cursiva - U = subrayado
// - tercer parámetro (opcional) = tamaño en puntos
// Véase también el método SetFontSize() para modificar el tamaño.
$pdf->SetFont('Arial','B',16);

// Escribir texto a partir de la posición actual = Write()
// - primer parámetro = altura de la línea
// - segundo parámetro = texto que debe escribirse
// Utiliza las características actuales de fuente, colores, etc.
// El salto de línea es automático cuando el margen derecho
// se alcanza (o se encuentra el carácter \n).
$pdf->Write(5, 'Lista de las colecciones');

// Realizar un salto de línea = Ln()
// - primer parámetro (opcional) = altura de la línea
// La abscisa vuelve al valor del margen izquierdo.
$pdf->Ln(10);

// Cambiar el tamaño de fuente = SetFontSize()
// - primer parámetro = tamaño en puntos
$pdf->SetFontSize(12);

// Establecer el color para el texto = SetTextColor()
// - si un solo parámetro = nivel de gris (entre 0 y 255)
// - si 3 parámetros = componentes RGB (entre 0 y 255)
$pdf->SetTextColor(255,0,0); // rojo

// Establecer el color para el fondo = SetFillColor()
// - si un solo parámetro = nivel de gris (entre 0 y 255)
// - si 3 parámetros = componentes RGB (entre 0 y 255)
$pdf->SetFillColor(255,255,140); // amarillo claro

// Escribir una celda = Cell()
// - primer parámetro = anchura (0 = hasta el margen derecho)
// - segundo parámetro = altura
// - tercer parámetro = texto que debe escribirse
// - cuarto parámetro = borde
//     > bien un número: 0 = ningún borde - 1 = marco
//     > bien una cadena: combinación de L (izquierda), T (superior),
//                        R (derecha), B (inferior)
// - quinto parámetro = posición al final
//     > 0 = a la derecha - 1 = principio línea siguiente - 2 = por debajo
// - sexto parámetro = alineación
//     > L o cadena vacía = a la izquierda - C = centrado - R = a la derecha
// - séptimo parámetro = relleno
//     > 0 = no - 1 = sí
// Sólo es obligatorio el primer parámetro.
```

```
$pdf->Cell(80,7,'Nombre',1,0,'C',1); // título de columna
$pdf->Cell(40,7,'Precio sin IVA',1,1,'C',1); // título de columna

// Cambiar de color y de fuente
$pdf->SetFont('Arial','',12); // '' = normal
$pdf->SetTextColor(0,0,0); // negro

// En un bucle, escribir los datos de la matriz.
while (mysqli_stmt_fetch($consulta)) { // fetch de la consulta
  $precio = number_format($precio,2,',',' ');
  $pdf->Cell(80,7,$nombre,1);
  $pdf->Cell(40,7,$precio,1,1,'R'); // fila siguiente más a la derecha
}

// Colocarse en un lugar preciso en la página = SetXY()
// - primer parámetro = abscisa (x)
// - segundo parámetro = ordenada (y)
// El origen es la esquina superior izquierda.
// Si los valores son negativos, el origen es la esquina
// inferior derecha.
// Ver también SetX() y SetY().
$pdf->SetXY(10,-10); // 1 cm a la izquierda, 1 cm
// desde la parte inferior

// Visualizar el número de página = PageNo()
$pdf->SetFontSize(10);
$pdf->Cell(0,0,'Página '.$pdf->PageNo(),0,0,'R');

// Mostrar una imagen = Image()
// - primer parámetro = nombre del archivo
// - segundo parámetro = abscisa de la esquina superior izquierda
// - tercer parámetro = ordenada de la esquina superior izquierda
// - cuarto parámetro (opcional) = anchura de la imagen
//     > 0 o ausente = calculada automáticamente
// - quinto parámetro (opcional) = altura de la imagen
//     > 0 o ausente = calculada automáticamente
// - sexto parámetro (opcional) = tipo
//     > JPG o JPEG o PNG
//     > Deducido de la extensión si está ausente
$pdf->Image('logo.jpg',10,285,20);

// Establecer el color para el dibujo = SetDrawColor()
// - si un solo parámetro = nivel de gris (entre 0 y 255)
// - si 3 parámetros = componentes RGB (entre 0 y 255)
$pdf->SetDrawColor(128); // nivel de gris
$pdf->line(10,15,200,15); // línea horizontal superior
$pdf->line(10,285-2,200,285-2); // línea horizontal inferior

// Enviar el documento a un destino = Output()
// - primer parámetro (opcional) = nombre del archivo
// - segundo parámetro (opcional) = tipo de destino
//     > F = archivo en el servidor
//     > I = explorador (en línea)
```

```
//      > D = explorador (descarga)
// Si ningún parámetro: destino = I
// Si se especifica un nombre: destino predeterminado = F
$pdf->Output(); // explorador (en línea)

?>
```

4. Generar una imagen

La extensión GD de PHP permite crear y manipular imágenes.

El código siguiente permite generar esta página:

Mi gráfico

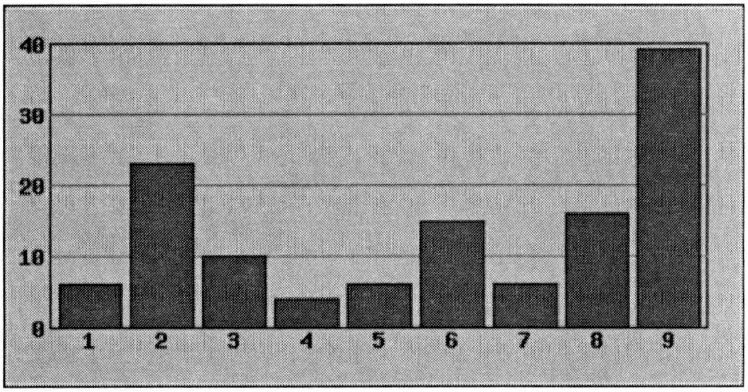

La generación del gráfico se realiza dinámicamente en la llamada a la página; para este ejemplo, los datos del gráfico son calculados aleatoriamente.

Codigo ==

```
<!DOCTYPE html PUBLIC "-//W3C//DTD XHTML 1.0 Strict//EN"
  "http://www.w3.org/TR/xhtml1/DTD/xhtml1-strict.dtd">
<html xmlns="http://www.w3.org/1999/xhtml">
  <head>
    <title>Mi gráfico</title>
  </head>
  <body>
    <div>
    <b>Mi gráfico</b>
    <p>
    <img alt="Mi gráfico" src="mi-grafico.php" />
    </p>
  </body>
</html>
```

Nótese que el código fuente de la imagen es un script PHP que crea la imagen dinámicamente cuando se muestra la página. Esta técnica también puede utilizarse para mostrar en una página una imagen que es almacenada en una base de datos.

Script `mi-gráfico.php`

```
<?php

// Definir un encabezado indicando que se trata de una imagen (aquí, PNG).
header('Content-type: image/png');

/*

Las funciones definidas en el script utilizan dos variables globales:
- $imagen = recurso imagen creándose
- $altura_imagen = altura de la imagen

Para las coordenadas, el origen es la imagen es la esquina superior izquier-
da.
Para dibujar nuestro gráfico, utilizamos un origen
en la esquina inferior izquierda (más práctico). Las funciones efectúan
la conversión.


*/

// Función de dibujo de un rectángulo
// - $x1,$y1         = punto 1
// - $x2,$y2         = punto 2
// - $borde, $fondo = colores del borde y del fondo
//
function rectangulo($x1,$y1,$x2,$y2,$borde,$fondo) {

  global $imagen;
  global $altura_imagen;

  // Conversión del sistema de coordenadas para el eje y.
  $y1 = $altura_imagen - 1 - $y1;
  $y2 = $altura_imagen - 1 - $y2;

  // Diseñar el borde de un rectángulo = imagerectangle
  imagerectangle($imagen,$x1,$y1,$x2,$y2,$borde);

  // Relleno (si se solicita, p. ej. $fondo indicado)
  if ( ( $fondo != NULL) and ($x1 != $x2) and ($y1 != $y2) ) {

    // Rellenar un rectángulo = imagefilledrectangle
    imagefilledrectangle($imagen,$x1+1,$y1-1,$x2-1,$y2+1,$fondo);
  }
}

// Función de dibujo de una línea
// - $x1,$y1         = punto 1
```

```
// - $x2,$y2          = punto 2
// - $color = color
//

function linea($x1,$y1,$x2,$y2,$color) {

  global $imagen;
  global $altura_imagen;

  // Conversión del sistema de coordenadas para el eje y
  $y1 = $altura_imagen - 1 - $y1;
  $y2 = $altura_imagen - 1 - $y2;

  // Dibujar una línea = imageline
  imageline($imagen,$x1,$y1,$x2,$y2,$color);

}

// Función de dibujo de un texto
// - $fuente      = código de la fuente predefinida (de 1 a 5)
// - $x,$y        = punto de referencia
// - $texto = texto
// - $color = color
// - $horizontal = alineación horizontal con relación al punto
//                 de referencia
//       > D = alineado a la derecha, C = centrado, G = alineado a la izquierda
// - $vertical    = alineación vertical con relación al punto de referencia
//       > H = texto superior, C = centrado, B = texto inferior
//
function texto($fuente,$x,$y,$texto,$color,$horizontal,$vertical) {

  global $imagen;
  global $altura_imagen;

  // Conversión del sistema de coordenadas para el eje y
  $y = $altura_imagen - 1 - $y;

  // Calcular la anchura de un carácter en una fuente =
  // imagefontwidth
  $anchura = imagefontwidth($fuente) * strlen($texto);

  // Calcular la altura de un carácter en una fuente =
  // imagefontheight
  $altura = imagefontheight($fuente);

  // Cálculo de las coordenadas en función de la alineación
  switch ($horizontal) {
    case 'D':
      $x = $x - $anchura;
      break;
    case 'C':
      $x = $x - floor($anchura/2);
      break;
```

```
    case 'G':
      break;
  }
  switch ($vertical) {
    case 'H':
      $y = $y - $altura;
      break;
    case 'C':
      $y = $y - floor($altura/2);
      break;
    case 'B':
      break;
  }

  // Dibujar un texto = imagestring
  imagestring($imagen,$fuente,$x,$y,$texto,$color);
}

// Para este ejemplo, los datos del gráfico
// se calculan aleatoriamente.
// - unidad, valor mín. y valor máx. para el eje y
$eje_y_unidad = 10;
$eje_y_mín = 0;
$eje_y_máx = 40;
// - número de barras: entre 5 y 15
$número_barras = rand(5,15);
// - poner los datos en la matriz
$datos = array();
for ($i = 1; $i <= $número_barras ; $i++) {
  $datos[$i] = rand($eje_y_mín,$eje_y_máx);
}

// Dimesiones del dibujo (píxeles)
$anchura_imagen    = 400; // anchura de la imagen
$altura_imagen     = 200; // altura de la imagen
$margen_blanco     =   2; // margen blanco
$margen_izquierdo =  25; // margen izquierdo con la zona de trazado
$margen_derecho    =  20; // margen derecho con la zona de trazado
$margen_superior   =  20; // margen superior con la zona de trazado
$margen_inferior   =  30; // margen inferior con la zona de trazado
$distancia_barras =   5; // distancia entre las barras

// Deducir la anchura y la altura de la zona de trazado.
$anchura_trazada = $anchura_imagen - $margen_derecho - $margen_izquierdo;
$altura_trazada = $altura_imagen - $margen_superior - $margen_inferior;

// Deducir la anchura de las barras y la escala del eje y.
$anchura_barra = ($anchura_barra-$distancia_barras)/$número_barras -
$distancia_barras;
$escala_eje_y = ($altura_trazada-1) / $eje_y_máx ;

// Crear la imagen = imagecreatetruecolor
$imagen = imagecreatetruecolor($anchura_imagen,$altura_imagen);
```

```
// Definir colores = imagecolorallocate
// - en RGB
$blanco = imagecolorallocate($imagen, 255, 255, 255);
$negro = imagecolorallocate($imagen, 0, 0, 0);
$gris_claro = imagecolorallocate($imagen, 192, 192, 192);
$gris_oscuro = imagecolorallocate($imagen, 100, 100, 100);
$verde = imagecolorallocate($imagen, 0, 128, 0);

// Coordenadas de la imagen.
$ox1 = 0; $oy1 = 0;
$ox2 = $anchura_imagen - 1; $oy2 = $altura_imagen - 1;
// dibujar el marco exterior
rectangulo($ox1,$oy1,$ox2,$oy2,$negro,$blanco);

// Coordenadas de la imagen menos el borde blanco.
$mx1 = $ox1 + $margen_blanco; $my1 = $oy1 + $margen_blanco;
$mx2 = $ox2 - $margen_blanco; $my2 = $oy2 - $margen_blanco;
// dibujar el fondo gris claro
rectangulo($mx1,$my1,$mx2,$my2,$gris_claro,$gris_claro);

// Coordenadas de la zona de trazado.
$tx1 = $ox1 + $margen_izquierdo; $ty1 = $oy1 + $margen_inferior;
$tx2 = $ox2 - $margen_derecho; $ty2 = $oy2 - $margen_superior;
// dibujar el marco de la zona de trazado
rectangulo($tx1,$ty1,$tx2,$ty2,$negro,NULL);

// Dibujo de las líneas horizontales con su etiqueta.
$x1 = $tx1;
$x2 = $tx2;
for ($eje = $eje_y_mín ; $eje <= $eje_y_máx; $eje += $eje_y_unidad) {
  $y1 = $ty1 + $eje * $escala_eje_y;
  $y2 = $y1;
  // no dibujar la línea inferior y superior
  if ( ( $eje > $eje_y_mín ) and ( $eje < $eje_y_máx ) ) {
    linea($x1,$y1,$x2,$y2,$gris_oscuro);
  }
  texto(3,$x1-2,$y1,$eje,$negro,"D","C");
}

// Dibujo de barras.
$i = 0;
foreach($datos as $clave => $valor) {
  $i++;
  $x1 = $tx1 + $distancia_barras + ($i-1)*($distancia_barras+$anchura_barra);
  $x2 = $x1 + $anchura_barra;
  $y1 = $ty1;
  $y2 = $y1 + $valor * $escala_eje_y;
  rectangulo($x1,$y1,$x2,$y2,$negro,$verde);
  texto(3,($x1+$x2)/2,$y1,$clave,$negro,"C","B");
}
```

```
// Generar la imagen en formato PNG = imagepng
// - bien en pantalla (sin segundo parámetro)
// - bien en un archivo (segundo parámetro = nombre del archivo)
// Existen funciones similares para otros formatos.
imagepng($imagen /*, 'imagen.png' */);

// Eliminar la imagen = imagedestroy
imagedestroy($imagen);

?>
```

!

A

B

C

D

E

F

G

N

O

P

R

S

T

X

Y